인공지능과
로봇의 윤리

인공지능과 로봇의 윤리

초판 1쇄 발행 2022년 8월 30일
초판 2쇄 발행 2023년 11월 27일

–

지은이 고인석
펴낸이 이방원

–

펴낸곳 세창출판사
신고번호 제1990-000013호 **주소** 03736 서울시 서대문구 경기대로 58 경기빌딩 602호
전화 02-723-8660 **팩스** 02-720-4579
이메일 edit@sechangpub.co.kr **홈페이지** http://www.sechangpub.co.kr
블로그 blog.naver.com/scpc1992 **페이스북** fb.me/Sechangofficial **인스타그램** @sechang_official

–

ISBN 979-11-6684-124-8 93190

인공지능과 로봇의 윤리

인하대학교 법학연구소 AI · 데이터법 센터
고인석 지음

세창출판사

'인공지능과 로봇의 윤리' 간행에 즈음하여

인하대학교 법학연구소 AI · 데이터법센터는 2020년 9월, "데이터경제, 데이터 주도 혁신시대의 법과 윤리의 재정립"이라는 연구과제로 인문사회연구소지원사업에 선정되었습니다. 본 과제는 데이터경제 시대의 본질에 관한 연구와 데이터 주도형 디지털 전환(Digital Transformation) 시대에 발생할 수 있는 다양한 사회 · 경제적 문제점과 과제를 도출해 내고, 그 해법을 법학적 · 경제학적 · 과학철학적 · 데이터 공학적 · 윤리적 측면의 융합연구와 다학제적 고찰을 통해 모색해 보고자 함입니다. 이로써 사회 · 문화적 역기능을 방지하면서 국가적 차원에서의 데이터 거버넌스의 확립과 기업 경쟁력을 제고할 수 있는 법제적 · 윤리적인 규범 수립의 학술적 토대 구축을 목표로 하고 있습니다.

데이터에 기반한 혁신 시대의 새로운 질서는 법적 강제력에만 의존할 수 없고 소프트로적 지향도 필요하고 동시에 데이터경제 참여자들의 양심에 기반한 자율적 행동이 더 요구되는 경우도 많습니다. 본 연구과제는 이러한 상황에서 기준으로 삼아야 할 일정한 윤리강령의 수립도 절실히 요구된다는 점에 착안하여, 디지털 전환시대의 신질서 수립을 위한 '법과 윤리의 동시적 재조명'을 지향하고 있습니다. 융합적인 시각으로 다각화한 연구를 통해 법으로 강제하여야 할 영역에 못지않게 수범자인 개인·기업과 인공지능 기반의 기계나 알고리즘이 자발적으로 윤리적 기준을 가지고 행동하거나 대응하게끔 하여 데이터경제가 원활하게 작동할 수 있기를 기대하고 있습니다.

'법과 윤리의 재정립' 연구에 있어서 윤리 부분의 첫 연구의 출발을 '인공지능과 로봇의 윤리'로 시작한 것은 이러한 맥락에서 가장 적절한 선택이었다고 여겨집니다. 본서의 출간을 위해 소중한 연구년의 기간을 대폭 할애하시고 중차대한 역할을 흔쾌히 수락해 주신 인하대학교 철학과 고인석 교수님께 이 자리를 빌려 감사의 말씀을 드립니다. 교수님께서는 그동안 과학·심리철학, 지능을 장착한 인공물 존재론, 그리고 로봇 윤리 분야에서 심도 있는 연구를 주도해 오셨는데 본서의 출간으로 그간 연구의 한 매듭을 지으시고 더 심도 있는 연구를 진척시켜 나갈 것이라 믿습니다.

이러한 연구의 결과물로서 집필된 본서는 총 3 Part로 구성되어 있으며, 'Part I 인간과 인공지능의 관계'에서는 인공지능의 존재 지위, 인공물이 행위주체가 될 수 있을 조건, 인공지능이 자율성을 가진 존재일 수 있는지 여부 등을 다루고 있습니다. 'Part II 로봇윤리의 토대와 원칙'은 로봇윤리의 기본 원칙과 체계적인 로봇윤리의 정립을 위한 로봇 존재론을 중심으로 다루었으며, 마지막 'Part III 인공지능 시대를 전망하며'에서는 인공지능과 로봇 윤리의 미래에 관한 저자의 고견을 담았습니다.

이처럼 본서는 인공지능에 관한 법제적, 윤리적인 규범 수립의 학술적 토대 구축에 첫발을 내딛었다는 점에서 의의가 크다고 할 것입니다. 바쁘신 일정에도 집필을 수락해 주신 고인석 교수님께 다시 한 번 감사드리며, 또한 세창출판사 이방원 대표님, 임길남 상무님의 노고에 감사 말씀을 드립니다. 본서가 출간되기 위해 수고해 주신 모든 분께 깊이 감사드리며, 인하대학교 법학연구소 AI·데이터법센터가 진행하는 융·복합 연구에 많은 관심과 격려를 부탁드립니다.

2022년 8월

인하대학교 법학연구소장 겸 AI·데이터법센터장

김원오 교수 배상

2008년 늦은 가을, 필자는 우연한 계기로 로봇윤리라는 문제에 관심을 가지게 되었습니다. 당시 정부(지식경제부)와 제어로봇시스템학회(ICROS)의 협력으로 2007년부터 진행되어 오던 로봇윤리헌장 제정 작업에 참여하도록 제안받았기 때문이었습니다. 추정컨대 이런 작업이 탄생하게 된 배경은 이탈리아의 베루지오(Gianmarco Veruggio)가 2005년 ICRA에서 발표한 "로봇윤리의 탄생(The Birth of Roboethics)"과 "EURON 로봇윤리 로드맵(The Roboethics Roadmap)"[1](2006)이었을 것입니다. 막 로봇윤리라는 새 영역에 대한 전문가들의 관심이 확대되기 시작하던 시기였습니다. 2007년 4월 로마에서 개최된 ICRA 2007에서는 베루지오와 미국의 아킨(Ron Arkin), 일본의 다카니시(Atsuo Takanishi)가 공동 좌장을 맡은 로봇윤리 워크숍이 열렸습니다.[2] 그리고 이 대회가 열리기 직전인 2007년 3월, 한국에서 —지식경제부의 전신인 산업자원부 주도로— 로봇윤리헌장을

1) EURON(European Robotics Research Network)은 유럽연합이 2000년 12월부터 2004년 4월까지 지원한 [총액 1,035,000유로, 주관기관은 스웨덴의 왕립공과대학교(Kungliga Tekniska Högskolan)] 프로젝트의 명칭인 동시에 그렇게 탄생한 연구 네트워크의 이름이다.

2) 매년 열리는 ICRA(International Conference on Robotics and Automation)는 IEEE(Institute of Electrical and Electronics Engineers)가 개최하는 로봇공학과 자동화 분야의 핵심 학술대회다.

만들어 세계에 제안할 예정이라는 소식이 영국의 BBC와 텔레그라프, 캐나다의 CBC 뉴스, 코리아헤럴드 등 언론을 통해 발표되었습니다.

이 예고는 원안대로 실현되지 않았습니다. 2008년까지의 작업을 통해 마련되어 있었던 로봇윤리헌장 초안을 놓고 2009년 상반기 동안 '로봇윤리헌장 제정을 위한 연구위원회'의 위원들이 열심히 토론하며 완성본을 도출하려고 애썼지만, 2009년 여름이 다가올 때쯤 대부분의 위원에게 분명해진 것은 이 작업이 생각보다 훨씬 더 많은 연구와 토론, 그리고 결정을 요구하는 복잡한 과제라는 사실이었습니다. 이런 인식을 안고 위원회는 2009년 여름, 업무를 마쳤습니다.

목표로 했던 로봇윤리헌장 공표에 도달하지 못했다는 점에서 그것은 실패한 과제의 사례지만, 필자는 그것을 실패로 여기지 않습니다. (오히려 당시의 초안을 적절한 수준의 손질만 거쳐 한국어와 영어로 발표하고 프로젝트를 완수하게 될 참이었다면, 필자는 그 문건 아래 서명하기를 몹시 주저했을 것입니다.) 그것은 몇 년 후 인공지능이 세계의 중심 화두가 되면서 그 중요성이 한층 더 분명하게 인식된 문제에 관한 공적 논의가 질적으로 상승하기 위한 발판이 된 소중한 경험이었다고 보기 때문입니다. 참여했던 위원들이 이후에 이와 관련하여 어떤 작업을 진행했는지 체계적으로 추적하지는 못했지만, 적어도 몇몇 분들이 각자의 전문분야에서 유관한 연구와 토론을 이어갔다는 사실을 알고 있습니다. 로봇공학, 미래학, 철학, 사회학, 과학기술행정 등 다양한 분야 전문가들의 발표와 토론의 과정을 거치면서 인간이 할 일을 부분적으로 대신하거나 인간과 상호작용할 수 있는 똑똑한 기계들을 설계하고, 만들고, 사용하는 일과 관련된 사회 규범이 고려해야 할 여러 관점들이 있다는 인식이 분명해졌고, 그것은 거기 참여했던 한 사람의 연구자에게도 신선하고 흥미로운 경험이었습니다. 이 책은 이러한 경험 덕분에 시작된 연구의 산물이고, 그 과정에서 생성된 물음들에 대한 고심의 흔적입니다.

로봇공학과 인공지능은 서로 밀접하게 연결된 두 영역이고, 해당 영역에 관한 윤리를 따지더라도 각각에 고유하게 남는 부분들보다 겹치는 부분이 훨씬 큽니다. 그러나 역사적으로 두 영역은 각각의 발전 과정을 걸어왔고, 70년의 역사를 가진 인공지능이 인류 공통의 관심사로, 모든 나라가 공들여 육성하는 핵심과제로 발돋움한 것은 2016년 봄 알파고 사건 이후의 일입니다. 그 이전엔 로보틱스의 사회적 영향을 다루는 토론에 인공지능이 화두로 거론되지 않았습니다. 로봇이 외부 환경을 지각하고 그렇게 지각된 정보를 처리하여 결정된 것을 토대로 모종의 운동의 형태로 출력하는 경우, 이 모든 과정은 기계에 그런 역량을 부여하는 인공지능 기술에 의하여 주도되고 제어됩니다. 이런 점을 고려하면, 현재 사회의 관심사인 똑똑한 기계들(intelligent machines)에 관한 한, 로봇윤리와 인공지능윤리는 실질적으로 서로 바꾸어 써도 될 개념들입니다. 그러나 로봇과 인공지능이 동의어는 아니라는 점, 또 두 영역과 결부된 전문가공동체(scientific community)의 외연이 다르다는 점, 그리고 사회적으로 활성화된 토론을 기준으로 할 때 인공지능에 관한 윤리가 역사적으로 로봇윤리와 약 10년의 간격을 두고 진행되고 있다는 점을 고려하여 이 책의 제목에 두 개념을 병렬하였습니다.

이 책에 수록된 글들은 서론을 빼고는 모두 다른 지면을 통해 발표되었던 것들입니다. 물론, 한 권의 책으로 묶으면서 형식과 표현, 일부 내용을 수정하였습니다. 이 책의 출간을 위하여 필자의 글을 재수록할 수 있도록 흔쾌히 허락해 주신 『과학철학』, 『범한철학』, 『철학』, 『철학논총』, 『철학연구』(철학연구회), 『철학 · 사상 · 문화』, 『황해문화』의 담당자들께, 그리고 해당 학회에 깊이 감사드립니다. 또 이 책의 출간을 제안하고 진행을 적절히 채근해 주신 인하대 법학연구소장 김원오 교수님, 연락을 맡아 수고하신 정윤경 박사님, 그리고 이 책의 출판 준비 과정을 독일 뮌헨의 푸르른 환경에서 마무리할 수 있도록 해준 인하대학교와 뮌헨대학교(LMU) 철학과 하르트만(Stephan Hartmann) 교수에게 감사드립니다.

이 책에서 거론된 논의는 여전히 진행 중이고, 또 한동안 더 그러할 것입니다. 여러모로 부족한 글들이지만, 우리 사회에 필요한 토론이 허공을 치는 일을 줄이고 실속 있게 그리고 효율적으로 진행되는 데 조금이나마 보탬이 되었으면 하는 마음입니다.

2022년 8월

고 인 석

차례

출처

1장: 『황해문화』 93호 (2016)

2장: 『철학』 136집 (2018)

3장: 『철학연구』 124집 (2019)

4장: 『철학논총』 100집 (2020)

5장: 『과학철학』 23권 1호 (2020)

6장: 『철학』 133집 (2017)

7장: 『철학연구』 93집 (2011)

8장: 『철학논총』 67집 (2012)

9장: 『범한철학』 75집 (2014)

10장: 『철학논총』 70집 (2012)

11장: 『철학논총』 96집 (2019)

12장: 『철학 · 사상 · 문화』 38호 (2022)

13장: 『과학철학』 22권 2호 (2019)

14장: 『철학논총』 102집 (2020

서론

인공지능으로 운영되는 시대의 문턱에서

1. 자율주행이라는 이름의 기술

목적지만 입력하면 스스로 그곳까지 알아서 운전해가는 자동차는 우리에게 친근한 미래의 모습이다. 운전을 최고의 즐거움으로 여기는 사람이 아니라면, 그런 차에 몸을 맡기고 편안하게 집으로 돌아오는 상상을 하면서 그런 똑똑한 자동차가 나오기를 기대했던 적이 있을 것이다. 세르게이 브린과 세바스찬 쓰룬이 Google X 프로젝트를 시작한 것이 2009년 초였던 것을 고려하면, 자율주행자동차 기술이 상상의 영역에서 현실의 영역으로 넘어오기 시작한 것은 짧게 잡아도 십수 년 전의 일이다. 그 뒤로 한국도 포함하여 세계 여러 나라에서 경쟁적으로 자율주행 기술의 개발과 테스트 주행이 이루어졌고, 지역, 용도, 주행속도 등 여러 면에서 제한된 범위의 일이지만 현실에 도입되기도 했다. 그러나, 누구나 알다시피, 우리의 일상에 자율주행자동차는 아직 존재하지 않는다. 운전을 보조하는 다양한 자동화 기능이 속속 자동차에 장착되고 있지만, 벌써 몇 년째 금방 시장에 나올 것처럼 여겨지던 "알아서 가는 자동차"를 언제쯤 구매할 수 있을지는 불투명하다.

최근에는 오히려 목표가 다소 겸손해진 느낌이다. 자율주행자동차를 만들어 팔겠다는 회사들이 레벨 3 자율주행과 레벨 4 자율주행 사이에서 고민하는 모습을 보여주고 있다는 점에서 그렇다. 자율주행의 단계는 완전 수동 운전에 해당하는 레벨 0부터 사람의 개입이 전혀 필요 없는 —인간의 개입을 필요로 하지 않는 데서 그치지 않고 정보처리 속도나 미세한 조향 및 제어 능력에서 자율주행 인공지능에 뒤처지는 인간 운전자의 개입을 허용하지도 않는— 레벨 5까지 여섯 단계로 구분되는데,[1] 이른바

1) 현재 전 세계에서 통용되고 있는 이러한 단계 구분은 SAE International(국제자동차기술자협

"완전 자율주행"이라고 일컬어지는 레벨 5를 논외로 하면서 그 아래의 단계에서 실질적인 목표를 고민하고 있는 셈이다.

이 장면에서 "레벨 5 자율주행이 그렇게 어렵다는 얘기를 도무지 수긍할 수 없습니다. 운전석에 사람이 타지 않은 채 도로를 달리는 자동차의 영상을 이미 숱하게 보았는데, 그것들이 죄다 속임수였다는 말인가요?" 라고 반응할 사람들도 있을 것이다. 당혹감과 불만이 함께 서린 이런 반응에는 분명 일리가 있다. 그런데 "레벨 5의, 즉 완전 자율주행이 가능한가?"라는 물음은 우리에게 인공지능을 활용하는 기술을 사회에 정착시키는 과정에서 거치게 되는 전형적이고도 필수적인 논의의 단계를 인식하게 해 준다.[2)]

"완전 자율주행이 가능한가?"라는 물음은 외견상 기술의 수준에 대한 물음처럼 보인다. 그러나 저 물음은, 예를 들어 "로봇이 뒤공중제비(backflip)를 하는 것이 가능한가?"라는 물음과 다르다. 로봇의 공중제비에 관한 물음은 기술의 수준을 묻는다. 그 물음에 답하기 위해서는 오로지 기술의 현실만 살펴보면 된다. 성공적으로 뒤공중제비를 하는 로봇의 시연만으로 물음은 해소된다. 그러나 "레벨 5의 자율주행이 가능한가?"라는 물음은 다르다. 그것은 기술에 대한 물음인 동시에 사회 공동체의 결단에 대한 물음이기 때문이다.

어떤 자동차 회사가 사람이 조종할 수 있는 운전대도 브레이크 페달도 없는 레벨 5 자율주행자동차를 시장에 내놓았다고 가정해보자. 그런데

회)이 설정하여 2018년에 발표한 것이다.

2) 기술에 대한 사회의 토론과 합의가 필요한 것은 완전 자율주행 즉 레벨 5의 자율주행 기술에 국한되지 않는다. 레벨 4나 3에서도 사회적 합의를 요구할 물음이 발생하기 때문이다. 예를 들면, 레벨 3 자율주행에서 특수한 도로 환경을 감지한 자율주행 시스템이 운전 제어의 권한을 인간에게 넘기려고 할 때 제어권한 이양의 과정 중간에 발생하는 사고의 책임을 누구에게 귀속시켜야 하는가 하는 문제가 그렇다.

그것이 통계적으로 중상 이상의 인명 피해가 발생하는 확률이 95% 이상인 유형의 충돌사고의 상황에서 자동차 안에 탑승한 사람보다 보행자를 우선 보호하는 방식으로 제어된다는 사실이 밝혀졌다면 어떨까?[3] (이것은 다소 복잡하게 들리는 이야기일 수도 있다. 그러나 인간 운전자의 개입이 배제되는 레벨 5의 자율주행에서도 다양한 이유로 사고의 상황은 발생하며, 따라서 자율주행자동차나 자율주행 제어 프로그램을 만드는 기업은 다양한 이상 상황의 유형을 가정하고 그런 상황에서 자동차가 어떻게 제어되어야 할지를 프로그램에 반영할 것이다.) 이런 경우, 아마도 자율주행자동차를 구매하여 일상의 이동 수단으로 이용하려는 고객은 이 자동차의 자율주행 프로그램이 사고 상황에서 탑승자인 자신의 위험을 증가시킨다고 느끼면서 자동차를 구매할 의욕이 어느 정도는 줄어들 것으로 생각된다.

그렇다면 반대로, 자율주행의 제어 방식이 탑승자를 보행자보다 더 우선으로 보호하게끔 프로그램되어 있다면 어떨까? 그 경우 앞의 경우처럼 구매나 사용 의욕이 감쇄되지는 않을 것이다. 그러나 맨몸인 보행자에 비하여 에어백 같은 장치를 통해 상대적으로 두텁게 보호되고 있는 탑승자에게 안전상의 이익을 덧붙여 주는 것처럼 보인다는 점에서 적절한지 고개가 갸우뚱해진다. 이와 더불어 구매자는 자신이 보행자인 상황에서 이러한 사고 환경에 연루될 수도 있다는 사실을 인식하면서 생각이 복잡해질 것이다.

특정 유형의 위험 상황에서 보행자를 우선 고려하는 것도 탑승자를 우선 고려하는 것도 곤란하다면, 자율주행 프로그램에 이런 곤란한 유형의 상황에 관한 아무 원칙도 미리 부여하지 않는 편이 낫다고 여기게 될 수

3) 자동차에 타고 있는 사람은 안전벨트나 에어백 같은 장치를 통해 보호를 받는 반면 보행자는 그렇지 못하다는 점을 고려하여 장착된 제어 방식이라고 해 두자.

도 있다. 그러나 자율주행차가 실제로 그런 유형에 해당하는 상황에 처하게 되면 그 직전까지 수집된 데이터를 처리하여 어떤 제어를 실행할 것이고, 그 결과는 누군가의 신체 손상을 포함할 것이다. 위험의 상황을 유형화하고 해당 시나리오에 대한 대응 방식을 미리 정해두는 것보다 아무 원칙도 미리 부여하지 않는 방안이 더 낫다고 할 만한 이유는 없다.

여기서 얻게 되는 한 가지 결론은, 자율주행자동차가 이런저런 선택의 상황에 처할 때 어떤 방식으로 작동하기를 바라는지를 최대한 반영하여 자율주행을 제어하는 프로그램을 만들어야 한다는 것이다. 여기서 "어떤 방식으로 작동하기를 바라는" 주체는 우리, 즉 이 사회의 구성원들이다. 그런 까닭에 자율주행 기술의 완성은, 이족(bipedal) 로봇의 뒤공중제비 기술의 완성과 달리, 자율주행차가 어떤 원칙에 따라 작동할 것인지에 관한 그 사회 공동체의 결정까지를 포함하는 과정이다.

인간 운전자에게는 이런 곤란한 상황에서 어떻게 자동차를 몰아야 하는지에 관한 특정한 원칙이 부여되거나 한 일이 없음을 지적하면서 그런데 왜 자율주행자동차에는 그런 상황에 대한 원칙을 미리 결정하자고 하느냐고 따져 묻는 비판도 있을 법하다. 일리 있는 비판이다. MIT의 '모럴 머신' 웹사이트[4]에 접속하는 사람들이 주어진 수많은 종류의 딜레마 상황에 일률적으로 답하지 않듯이, 직접 자동차를 운전하는 사람들 역시 사람에 따라, 또 같은 사람이라도 그때그때 다른 반응을 할 것이다. 이를 참고하여 자율주행자동차의 경우에도 소유자 또는 사용자의 운전 습성을 기계학습(machine learning) 방식으로 입력하여 주어지는 상황에서 최대한 그 사람이 했을 법한 운전의 방식으로 자동차가 제어되도록 한다는 방안도 제시된 바 있다.[5] 그러나 만일 그런 '개인화(personalization)'의 길을

---

4) https://www.moralmachine.net/. 한국어 서비스도 제공된다.

선택한다면, 자율주행 기술을 그렇게 운영한다는 원칙이 합의되고 공유되어야 한다. 자율주행 기술의 완성은 기술의 성숙과 더불어 그 기술의 운영 원칙에 대한 사회적 합의를 요구한다. 생각해보면 빤한데도 종종 간과되는 사실이다.

2. 첨단 기술의 도전 앞에서 새 균형점 찾기

운행거리당 사고 비율의 통계자료에 비추어 볼 때 자율주행으로 (시험) 운행하는 자동차가 인간이 운전하는 자동차보다 더 안전하다는 평가가 나오기 시작한 것도 벌써 몇 년 전의 일이다.[6] 그러나 명실상부하는 자율주행 자동차가 시장에 나오고 우리의 도로를 달리며 공간이동의 문화를 변화시킬 수 있으려면 경제성의 측면을 포함하는 공학기술 차원의 성숙도 필요하지만 그것과 더불어 앞에서 논의한 것과 같은 사회적 합의가 선결 문제다.

앞에서 거론한, 자율주행자동차가 만나게 될 수 있는 까다로운 결정에 관한 문제는 이미 자율주행 기술에 관한 논의가 시작될 때부터 세계 여러 나라에서 공학자, 철학자, 법학자, 행정전문가 등 다양한 분야의 전문가들에 의하여 활발하게 토론되어 왔다. 그런데도 여전히 자율주행의 세부 원칙에 대한 사회적 합의라고 부를 만한 선례가 떠오르지 않는 이유는 무엇일까? 수많은 종류의 구체적인 어려움이 있겠지만, 필자가 보기

5) 엘리엇(L. Eliot)의 〈AI Trends〉 기고 "AI Deep Personalization: The Case of AI Self-Driving Cars"(2019. 1. 29) 참조(https://www.aitrends.com/ai-insider/ai-deep-personalization-the-case-of-ai-self-driving-cars/).

6) 단, 이 평가에서 비교 대상은 "평균적인 운전자", 다시 말해 운전자들의 평균값이다.

에 그 중심에는 인간이 하던 업무를 인공지능에게 고스란히 맡기는 일의 부담이 놓여 있다.

업무에 관한 권한을 전적으로 위임하는 방식 대신 인공지능의 힘을 활용하면서도 여전히 인간이 실시간의 결정권을 행사하는 방식을 취하면 이러한 부담은 훨씬 작을 것이다. [종양학 왓슨(Watson for Oncology) 같은 인공지능은 애초부터 인간 의사의 결정권에 종속되는 보조도구로만 활용되었고, 그래서 자율주행차에 관한 문제와 비슷한 고민이 발생하지 않았다.] 또 전권을 위임하더라도 원두를 갈아 커피를 만드는 일처럼 기계에 맡겨도 별 고민될 이유가 없는 종류의 일이라면 문제가 없을 것이다.[7] 그러나 내가 탄 차의 운전을 기계지능에 고스란히 맡기고 잠시 자면서 휴식을 취한다면, 나는 그동안 내 건강과 생명을 그것에 의탁하는 셈이다. 그렇다면 운전과 비슷한 위험의 무게를 지닌 업무는 인공지능에 전적으로 맡기는 것이 적절하지 않다는 말인가? 이 물음을 다른 꼴로 바꾸어 표현하면 이렇다. 운전을 —또는 그것과 비슷한 위험의 무게를 지닌 업무를— 인공지능에 전적으로 맡길 수 있을 조건은 무엇인가? 운전을 비롯하여 우리의 삶을 작동시키는 다양한 업무에 관하여 저 물음에 대한 구체적인 답을 결정하는 일이 인공지능을 최대한, 그러면서도 적절하게 활용하기 위한 선결 과제다.

버스에 올라탈 때 운전석에 어떤 사람이 앉아 있는지, 그가 나의 안전을 맡겨도 좋을 운전사인지 궁금해하면서 살피는 사람은 드물다. 우리가 그렇게 하는 까닭은, 그가 그 자리에 앉아서 버스를 운전할 수 있도록 하는 복잡한 사회적 실천의 맥락 전체에 대한 암묵적 지식 그리고 신뢰가 있기 때문이다. 그런 운전사의 자리에 우리에게 익숙한 저 실천의 그물

---

7) 물론 이런 "사소한 종류의 일"의 범위에 대한 인식이 일정하지는 않을 것이다.

망에 속해 있지 않은 생소한 작용자(actor)[8]를 갖다 놓는 일은, 사실상 그런 실천의 그물망 전체를 다른 그물망으로 대체하는 막대한 변혁이다. 변혁은 그 자체로 반길 일도 꺼릴 일도 아니다. 그것이 참으로 반가운 변혁의 시작이었는지 아니면 비극적인 변화의 출발이었는지는 변화의 과정이 한참 진행되고 난 후에야 평가가 가능할 것이다. 한 가지 분명한 사실은, 이러한 거시적 변화의 과정은 숙고와 모의실험(simulation)과 토론을 거치면서 조심스럽게 진행하는 편이 현명하다는 것이다. 현재 자율주행 기술에 관한 과정은 실제로 그렇게 진행되고 있다.

이 과정의 목표는 새로운 기술을 사회에 성공적으로 정착시키는(embed) 것이다. 첨단 기술은 그 이전의 기술에 없었던 고유한 유용성(utility)을 지니지만, 동시에 그것의 사용은 사람들이 그 이전까지 경험해 보지 못했던 새로운 물음을, 특히 생소한 가치판단의 도전을 수반한다. 그런 기술이 인간의 행동 양식을 변화시키고, 그러면서 이전에 경험할 수 없었던 새로운 종류의 상황을 만들어내기 때문이다. 인간 사회는 기술의 혁신이 수반하는 이러한 도전에 응하여 경험과 논쟁을 거치면서 새로운 균형점으로 움직여간다. 이 과정은 새로운 기술의 다양한 효용과 또 그만큼 다양한 위험을 두루 인식하기 위한 노력을 요청한다. 이 과정은 이러한 기술을 활용하고 또 그런 활용의 영향을 받는 사회 구성원들 간에 새로운 권력 관계를 형성하고, 새로운 경제적 손익 관계를 생성하며, 개인의 행동 양식과 공동체의 문화를 변화시킨다.

---

8) 이것은 라투어(Bruno Latour)의 "actor network theory(ANT)"의 의미로 쓴 개념이다. ANT는 보통 "행위자 연결망 이론"으로 번역되지만, 여기서는 'actor'를 '작용자'로 옮긴다. 2장, 각주 21 참조.

3. 인공지능의 운용 원칙은 사회 차원에서

인공지능은 우리가 그것을 이용한다고, 내 손 안에 두고 활용한다고 생각하면 단지 기분 좋은 상상의 대상이지만, 그것이 우리 삶의 이곳저곳에서 나의 상황에 영향을 주고 나아가 취업, 금융, 치안 같은 문제들에서 내 삶의 조건을 좌우할 수도 있다고 생각하면 느낌이 달라진다. 하물며 내 건강이나 생명이 걸린 판단을 인공지능이 내리게 된다면 어떤가? 이유가 어쨌든 인공지능을 깊이 신뢰하는 사람이라면 '사람 손에 맡기는 것보다 낫다'고 생각하겠지만 도무지 속내를 짐작조차 할 수 없는 기계가 나의 운명을 결정하는 것이 못내 못마땅한 사람도 있을 것이다.

예를 들어 내가 탄 자율주행자동차가 예기치 못한 위험 상황을 만나 어떻게 운전해도 인명피해가 발생하는 충돌을 피할 수 없는 경우가 되었고 탑승자인 나도 그런 피해의 대상 범위에 포함되었다면 어떨까? 나는 아마도 자동차의 작동 방식을 결정하는 자율주행 인공지능이 나를 인명피해의 범위에서 제외하는 시나리오를 출력, 명령하기 바랄 것이다. 그러나 앞에서 살펴본 것처럼, 자율주행 프로그램이 진퇴양난의 상황에서 어떤 원칙에 따라 작동을 결정하도록 해야 할 것인지는 여전히 토론거리다.

사람의 생명이나 건강이 걸린 중대한 선택의 상황이 발생할 수 있는 자율주행의 경우는 잠시 접어두고, 구매할 만한 상품이나 시청할 만한 최신 영상물을 추천해주는 개인 서비스 영역의 인공지능을 생각해보자. 그런 가벼운 종류의 인공지능이라면 최대한 사용자의 성향에 부합하는 속성을 갖도록 하고, 나아가 사용자가 원할 경우 사용자의 의도에 따라 특정한 방식으로 조절될 수 있도록 해야 하지 않을까? 그러나 그런 개인화된 최적화가 반드시 좋은 것만은 아니다. 영화 〈그녀(Her)〉의 사만다

(Samantha) 같은 인공지능 캐릭터를 생각해보면, 종종 사용자의 예상을 벗어나고 사용자 뜻대로 되지 않는 면모가 오히려 캐릭터의 매력을 강화하고 나아가 인공지능 서비스의 고유한 효용을 증대시키는 것일 수 있겠기 때문이다.

물론 이런 평가는 인공지능에 맡겨지는 서비스의 성격에 따라 달라진다. 예를 들어 상품의 스펙에 대한 고객의 문의에 응대하는 서비스라면, 고객에게 정확한 정보를 명료하게 전달하는 것을 최상의 가치로 삼아야 할 것이다. 그러나 사용자의 무료함을 달래주고 나아가 즐거움을 주기 위한 인공지능 서비스라고 해서 "어떤 것이든 다 돼(Anything goes)!"를 원칙으로 삼을 수는 없다. 그런 서비스가 그것과 상호작용하는 사람의 마음에 적지 않은 영향을 미칠 수 있기 때문이다. 만일 실제로 중요한 심리적 영향의 위험이 있고 이러한 위험이 방치된다면, 그런 서비스의 다수 사용자가 그로 인해 피해를 입을 확률이 커진다. 그것은 사회 차원에서 주목해야 할 위험이 된다. 위험은 감시되고 관리되어야 한다.

그런 감시와 관리는 누구의 몫인가? 이 물음에 '우리 모두 몫'은 전형적이고도 괜찮은 대답이지만, 실제로 개별 사용자에게 그런 위험의 감시와 조절을 맡기는 것은 현실적이지 않을 뿐만 아니라 적절하지도 않다. 예컨대 내가 신청한 은행 대출 신청서류를 검토하여 대출 진행 여부를 결정하는 데 인공지능 프로그램이 핵심적인 역할을 한다면, 나는 아마도 나의 재정 신뢰도와 무관하게 대출이 수락되기를 바랄 것이다. 그리고 그것은 대출을 신청하는 사람들 대부분의 공통된 마음일 것이다. 만일 인공지능의 결정 방식을 조절하는 권한이 개별 사용자에게 있다면 인공지능 프로그램에 의한 대출 심사의 기능은 사실상 0이 되고, 대출 심사의 타당성과 효율성을 강화하기 위해 인공지능을 활용하는 일은 무의미해질 것이다. 따라서 적어도 보건, 안전, 취업, 교육 등의 문제와 관련되어 사회적 의미를 지닌 인공지능의 경우, 그것이 어떤 세부 원칙에 따라 작동하도록 해야 하는가 하는 물음은 특정한 개인이나 특정 기업의 관점에서가 아니라 적어도 사회에서 그 활용의 영향을 받을 사람들의 손익과 더불어 중요한 권리를 고려하면서 공동체의 합의를 도출하는 방식으로 해결할 필요가 있다.

4. 인공지능은 무엇을 잘하고, 무엇을 못하는가

또 한 가지, 인공지능 기술이 사회의 중심축 기능을 하는 세상이 되다 보면 온갖 일들을 모두 인공지능으로 처리하는 것이 최선이라는 생각을 하게 될 수도 있지만 그것은 진실과 거리가 멀다. 빤한 이야기지만, 인공지능이 잘하는 일과 그것이 잘하지 못하는 일이 있기 때문이다. 현재의 기술 수준에서 볼 때 인공지능이 아직 못하는 일은 수두룩하게 많다. 물론 아무리 뛰어난 인재를 데려다 놓더라도 그가 하지 못하는 일 역시 수두룩하게 많을 테니, 하지 못하는 일이 많다는 것으로 인공지능을 폄훼하는 것은 적절하지 않다. 필자의 생각으로는, 명확한 목표와 (특히 양적으로 명시된) 달성 기준이 제시된 과제의 경우 인공지능이 인간 전문가의 역량을 뛰어넘는 것은 시간문제다. 물론 시간문제는 비용의 문제이고, 인공지능 기술의 발달을 위해 투여되는 인간 노동의 귀중한 시간과 막대한 자본을 고려한다면 쉽게 "무슨 일이든, 잠깐만 기다리면 됩니다."라고 할 문제는 결코 아니다. 그러나 적어도 원칙적인 불가능성이 있으리라고 생각되지는 않는다.

그러나 여기서 빼놓지 말아야 할 두 가지 고려사항이 있다. 첫째는 필자가 '시간문제'라고 평가한 과제의 성격이 제한되어 있다는 점이다. '명확한 목표와 달성 기준이 제시되어 있는 과제'가 그것이다. 그러나 우리 자신의 일상을 돌이켜보기만 해도, 우리가 하는 일 중에는 저런 과제에 해당하는 것들이 있는가 하면 그렇지 않은 것들도 많다. 필자는 산책하는 시간을 좋아한다. 필자의 산책은 열에 아홉 번은 일정한 경로를 따라 가지만, 그렇다고 해서 그것이 어떤 목표나 달성 기준을 추구하는 활동은 아니다. 필경, 그림을 그리는 일도 이에 해당할 것이다. 우리는 동서양의 미술사에 등장하는 위대한 화가들에 대한 평가에 어느 정도의 공감을 가지고 있지만, 그림을 그리는 일은 점수를 매겨 평가할 만한 영역이라고 생각되지 않는다.

반면, 주어진 풍경 사진을 반 고흐 스타일의 그림으로 표현하기라든가 렘브란트가 그린 수십 장의 자화상 가운데 시기적으로 이웃한 두 작품 사이에 그렸을 법한 렘브란트의 자화상을 대신 그려내는 일이라면 앞에서 말한 '명확한 목표와 달성 기준이 있는 과제'에 가까워질 것이다. 그런 종류의 과제라면 인공지능이 고유의 힘을 발휘할 수 있다. 반면에 인왕산(仁旺山)의 풍경을 그리는 일이나 마음에 깊은 고통을 가진 사람의 얼굴을 그려내는 일은 그런 영역에서 훌쩍 멀어진다. 그런 과제의 경우, 우리는 위대한 예술가가 그려낸 작품 앞에 서서 그것을 대할 때 비로소 고유의 방식으로 실현된 과제의 완성을 체험하게 될 뿐이다.

둘째는 달성하고자 하는 목표는 꽤 명확하지만 그것을 달성하는 일이 아주 어려워 보이는 문제들이 존재한다는 점이다. 예를 들면, 인공지능이 능숙한 한국어 사용자의 방식으로 한국어를 이해하고 또 출력할 수 있도록 만드는 과제다. 이른바 자연언어 처리라는 오래된 인공지능 연구분야의 발전 양상이 문자 그대로 눈부심에도 불구하고 이 과제가 쉽지 않은 근원적인 이유는 능숙한 한국어 사용자의 방식으로 한국어를 이해하고 말한다는 것이 어떤 것인지에 대한 우리의 이해가 아직 모자라기 때문이라고 할 수 있다. 뿐만 아니라 이 과제에 도전하는 전문가들은 인간이 사용하는 언어 자체가 얼마나 복잡하고 미묘한 것인지를 수많은 지점에서 실감하게 된다.

이 두 번째 고려사항은 인공지능 기술에 대한 한 가지 일반적인 가르침을 준다. 그것은 인공지능 기술을 완성하는 일이, 여러 지점에서, 우리 자신에 대한 성숙한 이해를 선결 과제로 요구한다는 것이다. 그런데 인간의 마음과 행동을, 또 그것이 이룩한 문화를 명시적인 이론과 규칙의 방식으로 포착하는 일이 얼마나 어려운지 우리는 경험상 이미 잘 알고 있다. 세련된 예를 찾을 필요도 없이 다음과 같은 경우를 생각해보자. 인공지능으로 작동하는 어떤 안전 관리 시스템이 사람을 분별하여 사람 이외의 동물이나 물건 같은 그 밖의 존재들과는 다르게 대우하도록 하고자 한다면, 그것이 '사람'이라는 개념을 이해하도록 해야 한다. 그러나 다섯 살 어린이도 어려움 없이 분별할 수 있을 '사람'의 개념을 인공지능에 어떻게 입력할지는 뜻밖에 어려운 문제가 된다.[9)]

이쯤에서 한 가지 첨언해두어야 할 것은, 여기 언급된 것들을 포함하는 다양한 난관에도 불구하고 인공지능을 연구하는 인재들이 연구개발의 노고를 통해 인공지능의 수준을 꾸준히 끌어올리고 있다는 사실이다. 렘브란트가 그린 것이 아니고 렘브란트의 어느 기존 작품과도 다르지만 누가 보아도 렘브란트의 작품이라고 생각할 만한 그림을 그려내는 인공

---

9) 이 문제를 해결하는 실용적인 우회로는 사람의 개념을 입력하는 대신 사람이 포함된 수많은 영상 등 다양하고 방대한 자료를 활용하는 기계학습의 과정을 통해 인공지능이 '사람'이라는 기호와 결부된 어떤 공통 속성들을 추출해내도록 하는 것이다. 기계학습은 현재 인공지능 기술의 핵심 방법론으로, 일찍이 20세기 중반 맥컬로크(W. S. McCulloch)와 피츠(J. Pitts), 헵(D. Hebb), 로젠블랏(F. Rosenblatt) 등이 인지과학의 맥락에서 연구하고 개발한 신경망(neural network) 모델이 2010년대 초 힌튼(Geoffrey Hinton) 등의 공헌에 힘입어 큰 공학적 발전을 이루면서 인공지능의 성능을 높이는 중심 동력으로 자리잡았다.

지능, 기자가 직접 작성했는지 아니면 기계가 자동으로 작성한 것인지 구별하기 힘든 스포츠 기사를 써내는 인공지능 등은 그런 예들이다.

인공지능을 개발하는 사람들의 업적은 몇 달이 다르게 새로운 소식들을 들려준다. 인공지능이 할 수 없는 일은 여전히 셀 수 없이 많지만, 새로 개발된 인공지능의 기법으로 인해 가능해진 흥미로운 일들에 관한 소식은 우리가 기술의 그런 그림자 부분에 눈을 돌릴 틈을 주지 않는다. 일찍이 1980년에 철학자 썰(John R. Searle)은 '중국어 방 논증'(Chinese Room Argument)을 통해 언어를 처리하는 인공지능의 입-출력 반응이 완벽하다고 해도 그것이 언어 표현의 의미를 이해한다고 볼 이유가 없음을 주장했고, 이 논증은 인공지능의 언어 처리가 인간의 그것과 질적으로 같을 수 없음을 함축한다. 그러나 이런 강력한 이론적 비판에도 불구하고 자연언어 처리의 기법은 꾸준히 발전했고, 그런 비판을 논파하는 대신 숱한 현실적 난관에 맞서서 멋진 우회로와 대안들을 만들어내면서 "이 정도의 퍼포먼스라면, 인공지능이 그 말의 의미를 진정으로 이해하는지 아닌지는 아무 상관이 없어요!"라는 평가를 향해 전진하고 있다.

5. 기계학습의 힘과 인공지능의 투명성이라는 과제

앞 절에서 언급한 기계학습은 인공지능이 맞닥뜨렸던 한계 또는 난관을 뛰어넘게 만드는 핵심적인 경로가 되었다.[10] 기계학습은 데이터를 처

10) 기계학습에 관한 개괄적 정보를 원하는 사람에게는 『마스터 알고리즘: 머신러닝은 우리의 미래를 어떻게 바꾸는가』의 저자 도밍고스(Pedro Domingos)가 워싱턴대 컴퓨터공학과 웹사이트에 올려둔 *Communications of the ACM*의 짧은 리뷰 논문 "A Few Useful Things to Know about Machine Learning"(2012)이 (여전히) 권할 만하다. https://homes.cs.washington.

리하는 가운데 그 데이터의 영향을 받아 컴퓨터의 알고리즘이 새로운 속성을 가지게 되는 변화의 과정을 뜻한다.[11] 기계학습에는 『마스터 알고리즘』에서 저자가 '기계학습의 다섯 종족'이라고 표현한 여러 갈래가 존재하지만, 공통되는 사항은 기계가 데이터를 통해 배운다는 것이다. 기계학습이 데이터만으로 이루어진다는 것은 과장을 넘어 틀린 정보에 해당하겠지만, 인공지능을 똑똑하게 만드는 결정적인 힘이 기계학습 과정에 입력되는 데이터 집합에 있다는 것만큼은 분명하다. 어떤 데이터가 입력되는가에 따라 기계학습의 결과가 달라지며, 다른 질적 조건이 유사하다고 가정하면 더 풍부한 ―즉, 많을 뿐만 아니라 다양한― 데이터를 가진 자가 더 똑똑한 인공지능을 만들어낼 수 있다. 이러한 관계가 데이터를 21세기의 원유라고 칭하는 평가의 중요한 근거 가운데 하나라고 하겠다.

그런데 흥미로운 사실은 기계학습을 위한 프로그램을 설계하고 입력했을 뿐만 아니라 기계가 학습의 자료로 쓸 데이터의 범위를 결정하고 그것이 입력되는 과정을 지켜본 공학자라고 해도 기계학습의 결과로 컴퓨터에서 생성된 알고리즘의 세부 속성을 알 수 있는 것은 아니라는 것이다. 이러한 관계는 2016년 봄, 온 세계의 주목을 받으며 인공지능의 힘을 우리에게 각인시켰던 알파고의 경우에서 잘 드러난다. 당시 이세돌 9단과의 5번기 대국에서 인간 고수에게 한 판만을 내주며 압도적인 기력을 발휘한 알파고(AlphaGo Lee)는 인간 기사들의 수많은 바둑 대결의 기록

---

edu/~pedrod/papers/cacm12.pdf 참조.

11) 정평 있는 인공지능 교과서의 공저자인 러셀과 노빅은 "컴퓨터가 데이터를 관찰하면서 그것을 토대로 [그 데이터에 관한] 모형을 만들고 그 모형을 세계에 대한 가설로 사용하는 동시에 [그 세계에 관한] 문제를 해결하는 소프트웨어로 사용"하게 되는 과정이라고 말한다. [S. Russell & P. Norvig, *Artificial Intelligence: A Modern Approach* (4. ed.), Pearson, Chap. 19]

을 학습의 핵심 자료로 활용했다. 기록이 보존되어 있는 뛰어난 기사들의 대국 자료는 질적으로 아주 우수한 학습용 데이터였다. 그러나 아자황을 비롯하여 알파고 개발에 참여한 딥마인드사의 공학자들도, 그 자신 뛰어난 체스 선수였고 바둑 애호가인 하사비스도, 알파고와의 대국을 통해 그것을 직접 훈련한 판후이도, 그런 기계학습의 과정을 거친 알파고가 대국에서 어느 곳에 다음 수를 둘지 알 수 없었다. 뿐만 아니라 알파고가 수를 결정한 뒤에도 공학자들은 그 수가 선택된 대략의 원칙을 설명할 수 있을 뿐 그 선택을 낳는 구체적인 산식(算式) 같은 것을 파악해내지는 못했다. 이러한, 그리고 이와 유사한 의미에서, 바둑 인공지능이든 자산관리 인공지능이든 신입직원 채용심사용 인공지능이든, 기계학습으로 정제된 인공지능은 기계학습의 과정을 설계하고 학습용 데이터를 선별한 공학자들에게조차 도무지 그 속을 들여다볼 수 없는 블랙박스인 셈이다.

그런데 오로지 바둑판 위의 수를 결정하는 일에만 관여하는 알파고의 경우에는 그 속을 알 수 없다는 것이 아쉽거나 불안하지 않은 일일는지 모르지만, 나의 재산이나 건강을 좌우하는 결정을 내리는 인공지능이라면 느낌이 달라진다. 만일 그렇게 똑똑해진 것처럼 보이지만 인공지능이 실은 내가 동의할 수 없는 엉뚱한 방식으로 변수들을 다루고 있다면, 앞으로 만나게 될 특정한 문제 상황에서 내가 전혀 원하지 않는 결론을 그것이 내놓는 경우를 배제할 수 없기 때문이다. 인공지능이 그렇게 원천적으로 들여다보이지 않는 블랙박스여도 괜찮은 것일까?

알파고와 이세돌의 대국에서 흥미로웠던 것 중 하나는 대국을 해설하는 전문가들의 태도 변화였다. 알파고가 전문 기사들이 둘 법하지 않은 곳에 수를 두었을 때 "예상대로, 심오한 바둑의 세계에서는 아직 인공지능의 한계가 느껴진다"는 식으로 평하던 사람들이 제5국을 해설할 때는 한층 조심스러워져서는 알파고가 생소한 곳에 수를 두어도 그것의 의미를 궁금해하는 모습을 보였다. 이러한 현상이 흥미로운 이유는, 그것이 일종의 권력 변화를 암시하기 때문이다. 알파고는 더 이상 바둑 시합을 하지 않지만, 오늘의 바둑계에서 거의 모든 전문 기사들이 그것의 기풍을 연구하고 배우는 스승의 위상을 점하고 있다. 그리고 알파고가 그런 지위에 오른 것은 그것이 두는 묘수가 어떻게 계산된 것인지, 왜 그곳에 두는 것이 최선이었는지 수학의 논리와 공학의 언어로 해명됨으로써 이루어진 일이 아니다. 오로지 그것이 입증한 뛰어난 결과가 그런 지위의 근거였다.

자산관리 인공지능이든, 작곡을 하는 인공지능이든, 자율주행 인공지능이든 마찬가지가 아닐까? 그것이 나의 자산을 불려주고, 그것이 만든 곡을 사람들이 좋아하고, 통계로 볼 때 사람 운전자들보다 한층 더 안전한 운행 경력을 착실히 누적해간다면 그것으로 족하지 않은가? 그런 인공지능의 작동 원칙이 투명해야 할 필요가 있을까? 이것은 충분히 일리 있게 들리는 의견이다. 그러나 여기에는 함께 고려해야 할, 적어도 두 가지 중요한 문제가 있다.

첫째, 어떤 인공지능이 우리에게 투명하지 않다는 것은 우리가 그것을 충분히 이해하고 있지 못하다는 뜻이고, 우리는 이해하지 못하는 것을 충분히 제어할 수가 없다. 공학적 실천에 위험 제로의 상황은 존재하지 않지만,[12] 그렇다고 해서 실천의 모든 경로가 위험에 관해 동등한 것은 아니다. 기본적인 문제는 위험이 인지된 위험인가, 그리고 원칙적으로 제어가능한 위험인가 하는 것이다. 불투명한 인공지능이라고 해서 피

---

12) Harris, C. E. et al. (2008), *Engineering Ethics: Concepts and Cases* (4. ed.), Cengage [김유신 등 옮김(2013), 『공학윤리: 개념과 사례들』, 북스힐], 7장 공학에서 위험과 책임 참조.

해를 가져온다고 볼 이유는 없다. 그러나 그것에 대한 정보가 없거나 불충분한 위험을 감수하는 것은 불합리한 종류의 도박에 운명을 내맡기는 것과 같다. 상향식 신경망 훈련 방식의 기계학습으로 다듬어진 인공지능의 경우처럼 계산의 알고리즘을 투명하게 해명하는 데 뿌리 깊은 어려움이 있는 경우는 존재한다. 그러나 그렇다고 해서 인공지능의 투명성이 공허한 목표가 되는 것이 아니다. 인공지능의 투명성은 점진적으로 강화해가야 할 가치이며, 그것을 "100점 아니면 0점" 식으로 평가하려는 태도는 적절하지 않다.

둘째, "성공적인 결과로 볼 때, 만족할 만하다."라는 평가에 도달하는 제한된 과정에는 빠져 있으면서 좀 더 길고 너른 관점에서 기존의 결과를 분석할 때에야 비로소 드러나는, 기존 알고리즘의 문제점이 종종 존재한다는 사실이다. 이것은 특히 데이터를 활용하는 기계학습으로 알고리즘의 성능과 현실적합성을 향상시키는 최근 인공지능의 중심 트렌드와 결부된 문제점이라는 점에서 흥미롭다. 이러한 문제의 핵심 요소는 인공지능의 편향(bias)이다. 이 문제를 다음 절에서 살펴보자.

6. 데이터 기반 사회에서 편향이라는 문제

2014년에 아마존(Amazon)은 수많은 입사지원자들의 서류를 검토하여 최상의 자격을 자긴 후보자들을 선별하는 절차를 효율적으로 처리하기 위해 소프트웨어 프로그램을 개발한 일이 있다. 이런 시도는 적극적인 자동화를 통해 시장 지배력을 강화한 이 회사의 운영 원칙과도 부합하는 것이었다. 그러나 다음 해인 2015년, 내부 검토를 통해 이 프로그램의 문제점이 인지되었고 아마존은 이 프로그램 사용을 중단했다. 문제는 이 프로그램이 여자 지원자에 비하여 뚜렷이 남자 지원자를 선호한다는 점이었다. 업무 능력이 뛰어난 남자 지원자를 업무 능력이 그보다 못한 여자 지원자보다 선호하는 것이라면 문제가 아니었겠지만, 검토된 현실은 그렇지 않았다. 아마존의 전문가들은 이런 기울어진 선호의 근원을 찾아냈다. 그것은 잠재적으로 우수한 직원을 선발하려는 목적으로 이 프로그램을 만들 때 그 방책으로 아마존의 기존 직원들의 데이터를 활용한 데 있었다. 입사 후 10년 시점의 업무 평가를 기준 자료로 활용하면서 우수한 직원들에게 공통된 속성을 추출하고, 이러한 속성들을 더 많이 가진 지원자들을 선별할 수 있도록 프로그램을 설계한 것이었다.

문제는 '입사 후 10년 시점의 직원들'이라는 준거 집합이 대부분 남자들로 구성되어 있었던 점이다. 기준으로 작용한 집합의 이런 속성은 자연히 '우수한 직원의 특성'을 추출하는 과정에도 작용했다. 그런 결과로, 처음 이 프로그램을 설계한 공학자들은 인식하지 못했지만, 남자 지원자들의 지원 서류에 흔히 나타나는 요소들이 잠재적으로 우수한 직원을 선별하는 열쇠의 역할을 하게 된 것이었다.

이것은 '데이터 중심의 결정'이라는 데이터 기반 사회의 원칙이 지닌 하나의 맹점을 암시한다. 그것은 바탕이 되는 데이터 집합 자체가 한쪽으로 기울어진 경우 그것에서 추출되는 결론 역시 한쪽으로 기울어지기 쉽다는 것이다. 아마존이 저 프로그램을 설계하던 시점에 아마존의 10년차 직원 절대 다수가 남성이었다는 사실은 그 자체가 어떤 오래된 사회적 차별의 결과일 수도 있고 차별과 원칙적으로 무관한 특정한 능력주의의 소산이었을 수도 있다. 그러나 어떤 경우든 분명한 사실은, 데이터를 기반으로 결정을 내릴 때 먼저 그 기준의 역할을 하는 데이터 집합(dataset)의 속성을 검토할 필요가 있다는 것이다.

2016년 5월, 프로퍼블리카(ProPublica)라는 탐사보도 저널에 "Machine

Bias"라는 제목의 기사가 실렸다.[13] 이 기사는 캘리포니아, 뉴욕, 위스컨신 등 미국의 여러 주에서 1990년대부터 활용되어 온 범죄자 관리용 소프트웨어 프로그램 COMPAS[14]에 관한 것이었다. COMPAS는 유죄 판결을 받은 범법자를 대상으로 그의 재범 개연성을 1부터 10까지의 '위험 점수'(risk score)로 평가하고, 판사는 양형과 가석방 심사 등에 이를 참고한다. 줄리아 앵윈 등 이 기사의 저자들은 COMPAS에 의한 이런 위험 평가를 통계의 관점에서 분석하여 COMPAS가 "백인 피고"에 비하여 "흑인 피고"들에게 뚜렷이 불리한 평가를 산출하고 있다고 보도하였다. 나아가 그들은 COMPAS가 심사했던 사람들의 사후 기록을 토대로 고위험으로 평가했지만 재범을 저지르지 않은 사례의 비율과 COMPAS가 저위험으로 평가했지만 재범을 저지른 사례의 비율[15]을 제시하면서, COMPAS가 어두운 색 피부를 가진 사람에게 불리한 차별적 예측을 하고 있다고 주장했다.

이 기사는 COMPAS를 만들고 관리해 온 노스포인트사와 교정관리 당국 전문가들의 날선 반론을 유발했고, 이후 전문가들의 공방이 이어졌다. COMPAS를 변호하는 핵심 논리는, 앵윈 등이 지적한 통계적 차이가 COMPAS 프로그램이 피부색을 차별하는 속성을 지니고 있기 때문이 아니라 현실에서 일어난 범죄 통계 자체에 피부색에 따른 차이가 포함되어

---

13) https://www.propublica.org/article/machine-bias-risk-assessments-in-criminal-sentencing.

14) Correctional Offender Management Profiling for Alternative Sanctions(대안적 제재를 위한 범죄자 교정관리 프로파일링)의 약칭이다.

15) 이 비율은 순서대로 23.5% 대 44.9%, 그리고 47.7% 대 28.0%였다. 각 쌍에서 앞이 아프리카계 미국인의 것, 뒤가 백인의 것이다. 간단히 말하자면, 흑인은 실제로 예측된 것보다 재범율이 낮았던 데 반해 백인은 재범 위험이 낮다고 평가되었지만 예상보다 많은 재범을 저질렀다.

있기 때문이라는 것이다. 이 논쟁은 아직 명료한 결론으로 귀결되지 않았지만, COMPAS를 옹호하는 논변을 인정하더라도 예컨대 1990년대의 범법자 집단에서 나타났던 속성을 2020년대의 해당 집단에 적용하는 것이 얼마나 정당한가에 대한 의문은 고스란히 남을 것이다.

우리는 데이터 기반 사회, 즉 결정권자의 직관이나 주관적 취향이 아니라 객관적인 데이터를 토대로 판단하고 결정하는 사회를 추구하고 있다. 그런데 위의 두 사례는 이러한 사고의 토대로 활용되는 데이터 자체가 어떤 차별의 역사에서 생겨나온 모종의 왜곡을 반영하고 있을 수 있음을 일깨워준다. 그러나 그런 편향이 두렵다고 해서 과거의 경험을 미래에 투영하는 귀납 사유의 가치를 포기한다면 그것은 훨씬 더 어리석은 일이다. 이런 사례들에서 배우는 지혜는, 주어진 것(data)에서 배우는 일이 요긴한 만큼 복잡하고 어렵다는 것, 그래서 더 많은 생각과 준비와 사후 조정이 필요하다는 것이다.

7. 맺는말

필자가 이런 문제에 관심을 가지게 된 계기는 '로봇윤리헌장'이라는 것을 만드는 작업에 참여했던 경험이었는데, 2009년 봄 이 일을 하면서 만났던 어느 공직자의 말이 아직 기억에 남아 있다. "솔직히 말씀드리자면, (내가 로봇윤리헌장이라는 것을 만드는 일을 돕고 있지만) 우리가 만든 로봇이 성큼성큼 걷는 것을 보는 게 저의 (더 중요한) 소망입니다."[16] 이 말은 일종의

16) 어차피 정확한 인용은 아니겠지만, 괄호 안의 말은 당시 대화의 문맥을 반영하여 필자가 보완한 것이다. 다행스런 일인지 그 반대인지는 관점에 따라 달라지겠지만, 이로부터 약 8년 후 이 공직자가 맡았던 것과 비슷한 업무영역을 관리하는 공직자를 만났을 때 후자는

사적 대화였고 얼마나 그 공직자의 속마음이 담긴 말이었는지도 알 수 없지만, 필자는 지금도 이와 비슷한 생각을 가진 우리 사회의 리더들이 드물지 않으리라고 본다.[17] 그것은, 단순하게 표현하면, 더 발전된 테크놀로지가 이 사회를 그만큼 풍요롭게 하고 우리 개인들의 삶을 행복하게 한다는 믿음이다. 또 그런 반면 새로운 테크놀로지의 사회적 함의나 심지어 윤리나 철학 같은 인문학 관점의 토론은 말 좋아하는 사람들이 주도하는 지적 호사에 지나지 않는다는 생각이다. 필자는 테크놀로지의 힘과 가치에 대한 믿음과 기대에 동의한다. 그러나 테크놀로지가 우리에게 미치는 영향은 생각보다 훨씬 복잡하다. 인공지능 기술은 이전의 어느 테크놀로지보다도 더 넓고 깊게 인간의 역할을 대행할 수 있다는 속성을 지녔고, 그렇기 때문에 그것의 영향을 가늠하고 조절하는 일은 더더욱 복잡한 과제다.

우리는 이제 막 인공지능과의 동거를 시작하고 있다. 이것이 지속가능한 행복을 샘솟듯 만들어가는 관계로 발전해갈지 아니면 훗날 역사가들이 불행한 변화의 시기였다고 평가할 과정의 시작이 될지는 온전히 우리의 손에 달렸다. 인공지능, 메타버스 같은 화두들이 눈과 귀로 밀려드는 이 시점에 사회의 리더들이 할 일은, 그것들이 어떤 속성을 지닌 테크놀로지인지, 우리에게 어떤 변화를 가져올 것인지 찬찬히 따져보면서 그런 테크놀로지를 매개로 우리가 어떤 세상을 지향할 것인지 고심하는 일이다.

한국산 로봇의 퍼포먼스를 향상시키는 일보다 인공지능이 적용된 기계들을 관리할 원칙과 규범을 수립하는 일에 한층 적극적인 관심을 보였다. 아마 그사이에 기술의 현황 자체가 뚜렷이 변한 것도 이런 변화의 부분적인 원인일 것이다.

17) 10여 년 사이에 로봇공학의 상황이 변했으니, '더 중요한 소망' 자리에는 로봇의 보행 대신 다른 것이 들어갈 것이다.

Part I

인간과 인공지능의 관계

1장

인공지능의 시대에 살아남는 법

1. 인공지능, 입신(入神) 이세돌을 이기다

2016년 봄, 서울에서는 구글의 딥마인드사(DeepMind)가 개발한 인공지능 프로그램 알파고(AlphaGo)와 '인간 대표'라는 부담스런 역을 수락한 이세돌 9단의 바둑 시합이 열렸다. 사람들은 조심스럽게, 그러나 상당한 확신을 가지고 '인간'의 승리를 예견했다. '기계'의 승리를 예견한 전문가들도 있었지만, 이들의 이야기는 주로 이 시합이 토 달 곳 없이 분명한 알파고의 승리로 끝나고 난 뒤에야 알려졌다. 인공지능이 바둑에서 인간을 이긴 일은 많은 사람에게 충격적인 사건으로 평가되었다. 국내외의 여러 지면이 이 일을 보도하고 분석했다. 인터넷에서 이 일을 다룬 여러 분야 전문가들의 글은 다 찾아 헤아리기도 어렵다. 과학 저널 네이처(Nature)도 "마침내, 바둑 챔피언을 이길 수 있는 컴퓨터 프로그램"에 관한 글을 표지 기사로 다뤘다.

이것이 그렇게 충격으로 다가온 배경 한편에는 "바둑은 컴퓨터의 기계적 계산이 정복할 수 없을 것"이라는 꽤 널리 공유된 믿음이 있었다. 체스 컴퓨터 딥블루(Deep Blue)가 세계 체스 챔피언 카스파로프를 이긴 것은 벌써 20년 전의 일이었지만, 바둑은 체스와 차원이 다른 게임이라고 생각되었다. (고작!) 여덟 칸 곱하기 여덟 칸의 공간에서 펼쳐지는 체스와는 달리 바둑판의 열아홉 줄 곱하기 열아홉 줄의 공간에서 펼쳐질 수 있는 경우의 가짓수는 수학적 관점에서 볼 때 사실상 계산 가능한 범위 저편에 있다는 명료하고 타당한 사고가 이런 생각을 뒷받침했다.

수학의 관점에서 타당한 예측이 도대체 어떻게 틀릴 수 있었던 것일까? 수수께끼의 열쇠는 알파고의 힘이 연역이 아니라 귀납에 있다는 데서 찾을 수 있다. 같은 색 돌 다섯 개를 연달아 놓으면 이기는 오목과 달리, 바둑에는 이 수를 두면 몇 수 뒤에 상대방에게 도무지 피할 수 있는 길을 내주지 않고 필연적으로 이길 수 있는 그런 수가 존재하지 않는다.

알파고를 강하게 만든 귀납의 힘이란, 달리 말하자면 대량의 데이터를 기반으로 하는 경험적 학습의 힘이었다. 그리고 이 학습은 이른바 '강화 학습'(reinforcement learning)과 '심층 학습'(deep learning)이라는 두 요소의 결합으로 이루어졌다.

강화 학습은 인공지능 시스템이 수많은 대국을 통해 성공—승리, 혹은 이길 확률을 높이는 좋은 수—과 실패—패배, 혹은 패할 확률을 높이는 패착—를 경험하는 가운데 최선의 결과를 낳는 결정의 방식을 스스로 찾아가도록 하는 과정이다. 여기서 '최선의 결과를 낳는 결정'이란 존재할 수 있는 모든 결정 가운데 가장 훌륭한 것을 뜻하지 않는다. 우리는 존재할 수 있는 모든 결정의 목록을 가지고 있지도 않고, 설령 그 비슷한 것을 상정할 수 있다고 해도 늘 제한된 자원을 써서 문제를 해결할 수밖에 없는 우리에게 별 의미가 없다. 주어진 상황에서 실행 가능한 선택지로 떠오른 것들 가운데 최선의 결정을 찾는 것이 중요하다.

한편 심층 학습은 인간 두뇌의 작동 구조에서 힌트를 얻어 만들어진 층층(layers) 구조의 프로그램이 막대한 양의 자료들을 만나는 가운데 자료들 속에 숨어 있는 패턴을 추출해내도록 하는 과정이다. 이런 심층 학습을 통해 인공지능은 예를 들어 온갖 종류의 배경과 다양한 빛 조건 속에 만들어진 다양한 종류의 고양이 사진을 수천, 수만, 수십만 건 처리하는 가운데 고양이가 어떻게 생긴 사물인지, 달리 말하자면 어떻게 생겨야 고양이인지를 파악하게 된다.

어쩌면 기계가 학습을 한다는 개념 자체를 수상쩍게 여기는 사람도 있겠다. 학습은 배우겠다는 의지가 있어야 가능한 것인데 기계가 그런 의지 같은 것을 가질 수 있느냐는 의심에는 일리가 있다. 하지만 여기서 '학습'(learning)이라는 말의 의미는 우리가 일상에서 쓰는 그 말의 의미와 근본적으로 다르지 않다. 학습은 학습하는 체계와 그것의 외부 세계 간의 상호작용을 통해 전자가 더 똑똑해지는 변화를 뜻한다. 우리 누구나 아주 어렸을 적부터 겪어 온 변화의 과정이다. 컴퓨터나 컴퓨터들의 연결망이라는 형태의 물질적 체계에 구현된 인공지능에서도 실제로 그런 변화를 확인할 수 있다. 애초부터 "인공물은 어떤 경우에도 진정한 의미의 학습을 하거나 진짜 지능을 가질 수 없다."라는 대전제를 못박아두고 생각하지 않는 한, 기계 학습(machine learning)을 통해 인공물이 이루어내는 변화와 우리가 어릴 적부터 꾸준히 겪어온 학습의 과정 사이에는 강력한 닮음 관계가 성립한다. 그런데 어찌 보면 그것은 당연한 일이기도 하다. 점점 더 세련되고 강력해지는 기계 학습은 인간의 학습을 거시적-미시적 차원에서 흉내 내려는 시도의 산물이기 때문이다.

그렇다면 인공물의 이런 학습은 어느 수준까지 진행될 수 있을까? 배운 자가 가르친 자보다 더 똑똑해지는 것은 전혀 이상한 일이 아니다. 우리는 그런 경우를 '청출어람'이라 부르며 높이 평가한다. 그렇다면 인공지능도 학습을 통해서 인간보다 더 똑똑해질 수 있을까? 만일 가능하다면 그것도 높이 평가하며 반길 일일까?

2. 인공지능이 인간의 지능을 넘어설 수 있을까?

인공지능이 인간의 지능을 넘어설 수 있을까? 이 물음은 인공지능이라는 기술에 대한 기대와 우려를 함께 내포하고 있다. 물론 인공지능은 어떤 의미에서 이미 인간 지능의 수준을 넘어섰다. 1997년 딥블루가 카스파로프를 이긴 일이나 2011년 1월 IBM 왓슨이 퀴즈 프로그램 〈제퍼디(Jeopardy!)〉의 가장 뛰어난 우승자들을 압도한 일, 2016년 3월 알파고가 이세돌을 이긴 일처럼 특별한 사건들을 떠올릴 필요도 없다. 인공지능은 우리보다 훨씬 더 빠르게, 그리고 정확하게 정보를 처리한다. 시험 운행에서 나타난 통계를 기준으로 볼 때 자율주행자동차의 사고율은 인간 운전자의 평균적인 사고율보다 뚜렷이 낮아졌다. 다양한 상황에서 사람의 얼굴 모양을 읽어 정체를 확인하는 능력에서도 인공지능이 사람을 앞질렀다. 이런 우열 비교의 목록은 한참 적어 내려갈 수 있을 것이고, 점점 더 길어질 것이다.

그렇다고 인간의 지능이 해내는 일들을 인공지능이 모두 흉내 내거나 더 잘할 수 있는 것은 아니다. 단순한 예로, 인공지능은 아직 우리가 평소에 하는 말을 제대로 알아듣지 못한다. 미국의 뉴스 앵커 찰리 로즈(Charlie Rose)가 '소피아'(Sophia)라는 이름의 인공지능 로봇과 나눈 인터뷰 대화가 유튜브에 있다.[1] '소피아'가 이 분야의 최첨단 산물인지는 분명치

1) https://www.youtube.com/watch?v=8a9Xm3cp0-E

않지만, 그 인터뷰는 인공지능의 자연언어 대화 능력이 실질적인 '대화'의 수준까지 아직 갈 길이 멀다는 것을 여실히 보여준다. 물론 '자연언어로 의사소통'이라는 문제는 인공지능 개발자들에게 아주 중요한 도전거리이니, 사정은 빠르게 변해갈 것이다.

인공지능의 수준이 어떤 면에서는 인간의 지능을 능가했지만 어떤 면에서는 한참 못 미친다는 것은 다음과 같은 두 가지 이유만 생각해보아도 자연스러운 일이다. 첫째는 인간 같은 지능을 만드는 일에 아주 많은 돈과 지적 노동의 투입이 필요하다는 사실이다. 그러니 모든 면을 한꺼번에 고루 발전시킬 수 없고, 자본을 투입할 가치가 있다고 생각되는 측면에 집중할 수밖에 없다.

둘째 이유는 철학적이고, 인공지능의 한계와 관련하여 더 근본적이다. 그것은 인공지능을 개발하는 기본 방법론이 인간 정신의 작동 방식을 모사하는 것이라는 점이다. 이러한 방법론은 인간 정신에 대한 이해를 선결 문제로 요구한다. 최근 인공지능 기술의 한 단계 도약을 가져온 '딥러닝' 즉 심층 학습은 인간의 뇌가 사물을 파악하는 방식을 연구하여 그 중요한 측면을 공학적으로 모사한 결과물이었다. 우리는 여러 과학을 통해 인간 정신의 면면을 착실히 알아가는 중이지만, 인간의 인간 이해는 운명적으로 불완전하다. 뿐만 아니라, 인간 지능의 어떤 중요한 측면에 대해 새로이 알게 되었다고 해도 그것을 인공적으로 구현할 수 있는가는 또 다른 문제다.

그럼에도 불구하고, "인공지능, 인간의 지능을 뛰어넘다!"라는 평가가 진실이 될 가능성은 작지 않다. 그런데, 인공지능이 인간의 지능을 능가한다면, 어떤 의미에서 능가한다는 말인가? ["특이점"(singularity)이나 "초지능"(super-intelligence)에 관한 이야기를 듣거나 나아가 거기 관련된 토론에 참여하게 되는 경우, 정확히 어떤 의미에서 인공지능이 인간의 지능을 뛰어넘는 상황을 이야기하고 있는 것인지 먼저 최대한 분명하게 확인하도록 하자!]

우선, 이런 '뛰어넘기'가 인공지능의 능력이 인간이 지닌 지적 능력을 모두 고스란히 구현하는 단계에 해당하는 지점을 거친 뒤에 그 지점을 지나 인간보다 우월한 지능의 단계로 나아가는 과정이 될 개연성은 0이거나, 기껏해야 0에 가깝다. 그 이유는 방금 서술되었다. 우리는 '인간의 지적 능력을 (모든 면에서) 고스란히 구현하는' 인공지능을 만들 수가 없다. '인간 지능의 모든 면'에 대한 지식을 손에 넣을 수 없기 때문이다.

그러나 인공지능은 다른 방식으로, 혹은 다른 의미에서, 인간의 지능을 뛰어넘을 수 있다. 알파고가 이세돌을 이긴 것도 알파고가 이세돌이 가진 바둑 실력을 고스란히 다 가지고 거기 덧붙여 더 많은 실력을 가지고 있었기 때문이 아니다. 만일 누군가 테니스 시합에서 상대방의 공을 100%(!) 받아 넘길 수 있는 특별한 수비 능력을 가졌다면, 그의 재주가 달랑 그것 하나뿐이더라도 그를 이길 상대는 없다.

지금 논하고 있는 우열 비교는 바둑 시합이나 테니스 경기 같은 양자 대결의 상황에 잘 들어맞는다. 실제로 '인공지능이 인간을 추월할 가능성'에 대해 이야기하는 경우 사람들은 인간 대 인공지능의 어떤 겨루기를, 심지어 인간이라는 생물종의 운명이 걸린 대결의 상황을 상정하고 있는 것 같다. 예컨대 인공지능이 자기(들)보다 열등한 지능을 가진 인간들이 인공지능을 맘대로 부리며 써먹는 것을 더 이상 용인하지 않고 인간들을 자기(들)에게 복종시키겠다고 마음먹고 인간 정복의 과업에 착수하는 경우에 대한 상상이다. 그런데, 그런 일은 과연 가능할까? 우리가 인공지능을 두려워할 이유가 실제로 있는가?

3. 인공지능을 두려워할 이유가 있는가?

먼저, 이 물음에 대한 필자의 대답은 '그렇다'이다. 그러나 우리가 인공지능을 두려워할 이유가 '엄청나게 똑똑한, 인간의 지능을 훨씬 능가하는 인공지능이 우리를 멸망시키려들거나 지배하게 될 가능성이 있기 때문'이냐고 하면, 그것은 아니다. 2016년 5월 당시 국립생태원장이었던 최재천 교수와 나눈 대담에서 하버드대학교의 스티븐 핑커 교수는 인공지능이 어느 날 "인간보다 뛰어난 우리가 인간의 의도에 봉사할 이유가 없다. 이제는 인공지능이 인간들을 지배해야겠다!"라고 결심하게 되는 것 같은 일이 일어나리라는 생각은 근거 없다고 말한다. 인공지능이 그렇게 '결심'을 할 이유가 없다는 것이다.[2] 필자는 이 평가에 공감한다. 지배와 피지배, 폭력과 비폭력, 나아가 선함과 악함 같은 개념들은 인간이라는 종의 진화 과정이 낳은 산물이다. 간단하지는 않겠지만, 인공지능이 '폭력적인 지배의 성향' 같은 것을 발휘하게 만들거나 기계학습용 데이터를 통해 그렇게 유도하는 일은 가능할 것이다. 그러나 프로그래밍이나 유도된 학습을 매개로 하는 인위적 개입이 아니고서는, 우리가 알고 있는 그런 '지배욕'이나 '폭력성'이 인공물에서 나타날 개연성은 희박하다. 좀 더 세밀하게 말하자면, 그런 지배 욕구는 '자아'(self)에 대한 관념이 있을 때 비로소 성립 가능한데, 인공지능 같은 인공물이 도대체 그런 관념을 가지게 되는 것이 가능한지 자체가 아주 불투명하다.

그렇다고 필자가 "인공지능이 우리를 파괴하거나 지배하겠다고 나설 가능성은 없으니, 인공지능을 두려워할 이유가 없다."라고 말하려는 것

---

2) 대담 영상자료(http://m.post.naver.com/viewer/postView.nhn?volumeNo=4351640&memberNo=23001556&vType=VERTICAL) 참조. 인용부호로 표시된 부분은 대담 내용에 관한 자료를 토대로 필자가 재구성한 것이다.

은 아니다. 이 절 첫머리에서 밝힌 것처럼, 필자는 우리가 인공지능을 두려워할 이유가 있다고 본다. 이 두려움의 대상은, 정확히 짚자면, 인공지능 자체라기보다 인공지능을 개발하고 활용하는 우리 자신이다. 경계해야 할 대상은 인공지능을 설계, 제작, 관리하고 활용하는 존재인 우리 자신의 오만과 부주의함이고, 그런 오만과 부주의함이 낳을 수 있는 우리 통제 밖의 기술산품들이다.

마이크로소프트사가 만든 인공지능 챗봇(chatter-bot) 테이(Tay)는 2016년 3월 트위터를 통해 세상에 나왔는데, 태어나고 단 하루도 지나지 않아 온갖 종류의 인종차별적이고 성차별적인, '사회적 금기'에 해당하는 메시지를 트위터에 뱉어내기 시작했다. 그것은 의도적으로 테이를 그렇게 훈련시키려고 했던 일부 온라인 유저들의 적극적인 활동이 빚어낸 결과였다. 마이크로소프트사는 하루 만에 테이를 온라인에서 내리고 말았다.

테이가 보여준 '이상한 행태'는 일부 사람들의 의도된 행동이 낳은 것이었고, 그런 의미에서 원칙적으로는 예견 가능한 것이었다. 뿐만 아니라 마이크로소프트사는 판단과 동시에 테이의 작동을 완전히 중단시킬 수 있었다.[3] 그러나 인공지능의 행태가 모두 예견 가능하거나 통제 가능하다고 생각하는 것은 소박할 뿐만 아니라 위험한 낙관론이다.

나아가 인공지능이나 인공지능을 장착한 다양한 로봇시스템이 일종의 —생물학적이지는 않지만 자연적인— 진화의 과정을 거쳐 오늘날 그것들이 지니지 않은 새로운 창발적 속성들을 가지게 될 가능성은 배제할 수 없다. 심지어 인간에서 나타난 '자아' 관념과 유사한, 혹은 그것과 상응하면서도 우리의 '자아' 관념과 전혀 다른 특징들을 지닌 새로운 속성

3) 며칠 뒤 테이를 테스트하던 마이크로소프트사 엔지니어의 실수로 테이가 다시 한 번 온라인에 등장하는 작은 사고가 있었지만, 금방 다시 오프라인으로 옮겨졌다.

이 나타날 수도 있다. 문제는 이러한 진화가 어떤 속성을 낳을지 원칙적으로 예견할 수 없다는 점이다.

4. 이해하지 못한 것을 활용하는 일의 위험

인공지능은 인간이 만든 것이지만, 그것이 인간이 이해할 수 없는 어떤 것으로 (스스로) 변해갈 가능성이 존재한다. 이러한 가능성을 막연한 가능성에서 현실적인 가능성으로 만든 것이 바로 최근의 알파고에서 확인된, 그리고 그 활용의 폭을 빠르게 넓혀가고 있는 심층 학습이다.

이세돌과 알파고의 대국에서 흥미로웠던 점은 알파고가 두는 수들 중 일부를 바둑 전문가들이 이해할 수 없었다는 것이다. 제2국에서 알파고가 37번째 수를 두었을 때도 대국을 지켜보던 많은 사람들이 어리둥절했다. 36수까지 진행된 형국에서 전혀 뜻밖의 수였기 때문이다. 그것은 '바둑 좀 둘 줄 아는 사람이라면 결코 두지 않을 수'였다. 상당수의 프로기사도 그것을 알파고의 단순한 패착으로 보았다. 그러나 몇 분 지나지 않아 그 수는 '대단히 신선한 묘수'로 판명되었다. 제2국까지 알파고가 이기고 나자 전문가들도 뚜렷이 말을 아끼기 시작했다. 알파고가 두는 수 가운데 '인간이 이해하기 어렵지만 아주 좋은 수'가 있다는 사실이 확인되었기 때문이다. 여기서 주목하게 되는 것은, 인공지능이 제시하는 선택이 현명한 것인지 아니면 모자란 머리에서 나오는 '악수'(惡手)에 해당하는 것인지 즉시 판단하기 어려운 경우가 존재한다는 사실이다.

어느 회사가 자금의 운용을 인공지능에 맡긴다고 해 보자.[4] 그 회사가

---

4) 포트폴리오 구성과 조정에 관하여 조언하는 자산관리용 인공지능 시스템(Robo-Advisor)은

속한 해당 분야의 동향에 관한 정보뿐 아니라 전 세계 금융시장, 정세, 문화예술계의 정보까지 모니터하는 최고 수준의 자산관리 인공지능 시스템이 어느 날 "최대한 신속하게, 가급적 12시간 안에, 모든 가능한 자원을 동원해 전 세계에서 원자재 X를 사들이라!"라는 긴급 권유를 내놓았다면, 이 회사의 CEO—또는 CFO—는 어떻게 해야 할까? 그 CEO는 아마도 주위의 전문가들과 의견을 주고받으면서 이 권유에 따를 것인지 말 것인지를 결정하려 할 것이다. 그러나 필자가 이런 사고실험을 토대로 말하려는 것은, 우리가 실제로 그 판단의 근거를 충분히 이해하지 못한 상황에서 인공지능의 결정을 심각하게 고려하고 나아가 다른 특별한 이유가 없는 한 그것을 수용해야 할 것만 같은 압박을 느끼게 되는 현실이 도래할 수 있다는 예견이다.

이런 '인공지능 기반 사회'의 미래를 희망적으로 보는 이들은 인공지능이야말로 의사결정자의 선입견이나 취향, 결정 시점 이전의 특수한 경험, 집중력의 한계나 육체적 피로로 인하여 주어진 정보들을 충분히 고려하지 못할 개연성 같은 '부정적 요소'들의 위협을 배제하고 최대한 '합리적인' 판단을 내릴 수 있는 사실상 최선의 판단 주체라고 말한다. 그런 말에는 일리가 있다. 그러나 필자는 인간의 눈으로 바닥까지 투명하게 이해할 수 없는 어떤 권유도 수용해서는 안 된다고 본다. 그런 권유가 선보다 악을, 행복보다 불행을 산출할 개연성이 높기 때문이 아니다. 그것은 판단의 임무를 맡은 인간이 사실상 판단의 주체이기를 스스로 포기하는 무책임한 처사이기 때문이다. 뿐만 아니라 크든 작든, 심각하든 사소하든, 우리가 '이해하고 있는 위험'에 대해서는 대비나 조절이 가능한 반

이미 한국, 미국, 호주, 캐나다, 인도 등 여러 나라에서 활용되고 있다. 그러나 다음의 예는 가상적인 유형의 것이다.

면, '알지 못하는 위험'은 대비할 길이 없다.

5. 의사를 돕는 왓슨 이야기

인공지능 기술은 향후 50년간 세계를 변화시킬 가장 중요한 테크놀로지로 인정받고 있다.[5] 세상에서 제일 돈이 많다고 손꼽히는 기업들의 투자가 인공지능에 집중되고 있다는 사실만으로도 인공지능 기술의 중요성은 넉넉히 확인된다. 인공지능은 인간의 지능을 인공적으로 실현하려는 시도다. 왜 이런 시도가 그렇게 중요한 것으로 떠오른 것인가?

인공지능을 사회에 도입하는 가장 확연한 이유는 그것이 인간이 할 일을 훌륭한 방식으로, 즉 인간보다 더 정확하고 빠르게, 안전하게, 그리고 경제적으로 대신해 줄 것이라고 기대되기 때문이다. IBM은 2011년 〈제퍼디〉에서 실력을 뽐냈던 인공지능 '왓슨'을 몇 년 전부터 의료 분야의 스타로 변신시키며 키워 왔다. 우리나라 몇몇 대형병원에서도 도입한 IBM의 종양학 왓슨은 단 몇 분 안에 환자의 의료기록과 검사결과를 수천만 건에 달하는 유관 자료—의학 교과서와 연구 논문, 그리고 IBM 왓슨이 기계 학습의 기반으로 삼고 있는 막대한 양의 의료영상자료 더미[6]—와 대조하여 환자의 상태와 치료 방법에 관한 의학적 의견을 제시한다.

---

5) *Wired* 편집인 대디치(S. Dadich)가 미국 대통령 버락 오바마와 MIT 미디어랩 조이 이토(J. Ito)의 대담 기사에 붙인 서문 참조.

6) IBM은 2015년 Merge Healthcare라는 회사를 1천만 달러에 사들였고, 이 덕분에 IBM 왓슨은 미국의 7500여 병원에서 수집된 3억 건 이상의 의료영상자료를 확보할 수 있었다. 왓슨의 힘의 원천은 바로 이런 막대한 양의 데이터, 즉 '학습 자료'에 있다고 할 수 있다.

왓슨을 활용하는 병원들은 왓슨에게 환자의 질환을 판정하고 치료법을 결정할 수 있는 권한을 주는 것이 아니라고 힘주어 말한다. 최종 결정은 당연히 의사가 한다는 것이다. 인공지능에 그런 판정이나 결정의 권한을 부여하는 것은 현재 법적으로도, 사회윤리적 감각으로도 허용될 수 없는 일이다. 그러나 막강한 왓슨의 조언을 접한 의사가 과연 그것과 상충하는 진단과 치료 결정을 할 수 있을까? 또 왓슨의 조언과 상충하는 결정을 내린 의사의 판단에 따라 진행된 치료에서 환자의 병세가 악화되거나 환자의 때 이른 사망으로 이어지는 경우, 그 의사에게 부과되는 책임의 무게는 과연 왓슨의 조언에 따라 진행했다가 비슷한 결과에 도달했을 경우와 같을까? 예단하기는 어렵지만, 필자는 왓슨이 유사시에 어떤 표준의 권력으로 작용하게 될 개연성이 작지 않다고 본다.

한편, 인간의 노동을 대체한다는 효용만으로는 인공지능에 대한 이런 지대한 관심과 투자가 깔끔하게 설명되지 않는다는 느낌이 든다. 인력을 그렇게 대폭 인공물로 대신해야 할 실질적인 필요성이 있는 것도 아니다. 그렇다면 왜 인공지능이 '핫아이템'이 되고 있는 것인가? 필자의 머리로는 아직 시원한 답을 찾을 수 없었지만, 희미하게 떠오르는 두 가닥의 추측은 이렇다. 첫째는 인간의 순수한 지적 욕구다. 그리고 인공지능의 영역에서 이 욕구는 스스로 자기와 같은 —혹은 자기보다 더 뛰어난— 존재를 만들어내보려는 뿌리 깊은 '조물주 지위' 욕구와 결합되고 있는 듯하다. 둘째는 경제적 이익과 사회적 권력이다. 두 가지는 늘 인간의 욕구 대상이었지만, 인공지능은 머잖아 현재의 판도를 아주 크게 뒤흔들어 재편되도록 만드는 계기가 될 것 같은 느낌을 주는 항목이다. 구글의 자율주행차 개발이 목표로 하는 것이 '쇳덩어리(자동차)를 파는 대신 이동 편의성(mobility)을 파는 것'이라는 그럴 듯한 평가에서 우리는 그런 거시적 재편의 일면에 관한 비전과 욕망을 엿볼 수 있다.[7)]

글을 마무리하기 전에 왓슨의 한계, 혹은 기계가 가지는 지능의 한계라고 생각되는 것에 대해 한 마디 해 두도록 하자. 인공지능이 자료를 통해서 학습을 한다는 사실은 이미 몇 차례 언급되었다. 왓슨의 경우에도 그렇지만, 현재 많은 기계 학습의 핵심 자료는 2차원 영상 자료다. 앞에서 언급한 심층 학습을 통해 인공지능이 스스로 개와 고양이를 거의 완벽하게 구별할 수 있게 되는 과정이 실현되었고, 비슷한 성과가 줄을 잇고 있다. 그런데 어느 영상 판독 실험에서 인공지능이 엉뚱하게도 호수에서 헤엄치는 오리를 찍은 사진에서 자동차를 찾아낸 일이 있다. 처음에는 단순한 오류인가 싶었지만, 영상을 분석한 연구진은 인공지능이 '자동차를 본' 위치에 실제로 자동차로 해석될 수 있는 (아주 작은 크기의) 형상이 있음을 발견했다. 인공지능은 엄청난 시력으로 일종의 숨은그림 찾기를 해낸 셈이었다.

만일 인공지능이 호수 수면의 그 위치에는 자동차가 있을 수 없다는 빤한 사실을 인지하고 있었더라면 그런 판단을 내리지 않았을 것이다. 공학자는 그런 '맥락에 관한 지식'을 문제의 인공시각 체계에 보태줌으로써 그것이 더 이상 그런 엉뚱한 실수를 하지 않도록 보정할 수 있을 것이다. 그러나 문제는 그런 '맥락의 제약'이 원칙적으로 무한하고, 그래서 어떤 '맥락의 오류'가 발생할 수 있는지 미리 샅샅이 열거할 수가 없다는 사실이다. 맥락에 관한 지식은 인간이 셀 수 없이 다양한 삶의 현실을 경험하는 가운데 자연히 체득하게 되는 것이어서, 인공물에 그런 것들을 심는 시도에는 근본적인 어려움이 있다. 만일 방금 언급한 것과 같은 의미에서 실수하지 않는 인공지능을 만들고자 한다면 인간에 대한, 사회에 대한, 인간과 자연의 상호작용에 대한 전반적인 이해가 필요할 것이다.

---

7) R. Bridge (2015), *Driverless Car Revolution*, Kindle Edition.

그런 이해는, 원리적으로 불가능한 일은 아닐지라도, 투입 가능한 자원의 수준을 고려하면 의미 있는 목표가 아니다.

6. 맺는말: (위험한) 존재론적 망각에 관하여

알파고 이후 여러 지면에 인공지능의 미래에 대한 우려나 심지어 공포감이 표현되는 것을 보았다. '인간의 수준을 뛰어넘은 인공지능이, 또는 그런 인공지능을 가진 로봇들이 인류를 파괴하거나 지배하게 될 가능성'에 관한 우려였다. 필자는 이것이 일종의 존재론적 망각의 산물이라고 생각한다. 이 '존재론적 망각'이란 인공지능과 인간의 존재론적 관계에 대한 망각이다.

실현의 개연성이 없는 문자 그대로 SF적 가상이지만, 만일 인류보다 뛰어난 문명을 가진 외계인이 지구를 침공해서 인류를 멸절시키려 든다면 사실상 우리가 할 수 있는 일은 거의 없다. 외계인에 대하여 우리는 아무 실질적인 처분권도 가지고 있지 않다. 그러나 만에 하나 인간을 의도적으로 파괴할 수 있는 능력을 지닌 인공지능이나 로봇들을 만든 결과로 인류가 멸망한다면, 그것은 정말 슬프고도 우스꽝스러운 일일 것이다. 인공지능은 인공물, 즉 인간이 스스로를 위해 설계하고 제작하는 것이다. 그것이 인공지능의 핵심적 본질이다. 그것을 어떤 것으로 만들지, 어느 수준까지 만들지, 아니 심지어 도대체 만들지 말지는 우리가 결정할 사항이다.

앞서 논한 것처럼 좁은 의미에서 인간의 수준을 고스란히 뛰어넘는 인공지능의 출현 가능성은 거의 없다. 그러나 인공지능에 우리가 원치 않은, 그리고 예상하지도 못한 질적 변화가 일어날 가능성은 충분히 있다.

그리고 그런 통제되지 않은 위험이 인간 사회에 파괴적인 양상으로 작용할 가능성은 분명히 존재한다.

세계적으로, 공학 분야 주요 전문가협회들의 윤리헌장(Code of Ethics) 제1조는 거의 하나같이 '안전'(safety)을 최우선의 가치로 천명한다. 형식적인 언명이 아니다. 테크놀로지의 본성상, 안전하지 않고는 테크놀로지일 수 없기 때문이다. 공학에서 안전은 위험 제로의 상태가 아니라 위험이 계산되고 통제되는 상태를 뜻한다. 향후 50년간 가장 중요한 테크놀로지가 될 것이라는 인공지능 기술을 이런 '안전'의 범위에 두는 일은 사회 전체가 유념할 중요한 과제다.

2장

인공지능의 존재 지위에 대한 두 물음[1]

이 글은 인공지능의 존재론적 지위를 평가하기 위한 두 개의 물음을 던진다. 하나는 인공지능이 개념을 가질 수 있는가 하는 물음이고, 다른 하나는 인공지능이 행위의 능력을 가졌는가 하는 물음이다. 개념 능력은 인공지능이 통상적인 언어의 형태로 주어지는 명령이나 정보를 능동적으로 이해하고 그것의 작동에 반영할 수 있기 위한 필요조건이다. 최근 인공지능 기술은 영상자료에서 비지도 학습의 방식으로 특정 범주의 사물을 식별해내는 성과를 거뒀지만, 이런 식별의 능력은 개념 능력의 필

---

1) 이 글의 초기 버전들은 2017년 4월 철학연구회-한국인지과학회 공동학술심포지움 〈인공지능 시대의 인간관〉에서 「인공지능 시대의 인간: 나는 무엇인가?」로, 그리고 같은 해 6월 고등과학원(KIAS) 초학제프로그램 BigData 독립연구단 2017 여름 심포지움 〈빅데이터 시대의 인공지능: 현황과 고찰〉에서 「인공지능 시대에 인간과 인공지능의 관계」라는 제목으로 발표되었다. 두 모임의 청중에게, 특히 앞의 모임에서 유익한 논평을 해주신 천현득 교수와 뒤의 모임에서 고무적인 질문과 평가로 격려해주신 황용식 선생께 감사드린다.

요조건도 충분조건도 아니다. 인공지능이 우리와 같은 개념을 가지도록 하는 것은 인간 사회의 언어 관행을 고스란히 학습시키는 방식으로 가능할 것인데, 이것은 불가능하지는 않지만 사실상 완결되기 어려운 목표다. 한편, 행위 능력에 대한 평가는 인공지능 프로그램이나 지능형 로봇 같은 인공물을 모종의 책임과 권리를 지닌 행위주체로 간주할 수 있는가 하는 물음을 다루기 위한 열쇠다. 행위는 행위주체와 환경 간의 상호작용으로, 행위의 실현에는 환경 속 대상에 대한 지각과 그것에 관한 동작의 협응, 달리 말하자면 감수자 체계와 행위자 체계의 통합이 필수적이다. 그리고 이러한 협응이나 통합의 배후에는 행위를 낳는 의도를 가지고 협응을 조율하는 존재, 즉 자아가 있다. 행위는 감수자 체계와 행위자 체계의 협응을 통해 자아의 의도를 실현하는 과정이다. 인공물의 작동이 이런 조건을 충족한다고 볼 이유는 아직 없다. 결국, 두 물음에 대한 이 논문의 대답은 부정적이거나 기껏해야 유보적이다.

1. 논의의 배경과 문제제기

최근 몇 년 사이에 인공지능 기술은 세간의 감탄을 자아내는 성과들을 속속 이뤄내고 있다. 다양한 상황이 포함된 도로 환경에서 사고율이 평균적인 운전자보다 확연히 낮을 만큼 능숙하게 차를 운전한다든지, 환자의 임상자료에서 대학병원의 전문의들이 알아채지 못했던 병증의 진행을 판별해낸다든지,[2] 세계 최강 수준의 바둑 9단들에게 바둑을 이긴다든

2) 교토대학병원의 사례. International Business Times, 2016년 8월 8일.(http://www.ibtimes.co.uk)

지,[3] "오늘 아침 그는 아침을 먹지 않았다."라는 문장에 등장하는 두 '아침'이 어떻게 다른지를 제대로 반영하는 영어 번역을 한다든지[4] 등등. 그런 성과의 수는 빠르게 늘고 범위도 빠르게 확장되는 중이다. 이런 성과의 마법은 전례가 없을 만큼 생생하고 매력적이어서, 지능을 가진 인공물들이 인간의 역량 전부를 인수하게 될 날이, 그것도 인간보다 한층 뛰어난 방식으로 그리 하게 될 날이 멀지 않았다는, 희미하지만 널리 퍼진 예측을 유도하고 있는 것처럼 보인다.[5] 그러나 그런 예측의 타당성은 여전히 불분명하다. 이런 평가는 이에 관한 토론이 여러 분야의 전문가들 사이에 여전히 활발하게 진행중이라는 사실을 통해서도 뒷받침된다. 뿐만 아니라 다양한 시각에서 인공지능의 현실과 미래에 대한 폭넓은 색채의 평가와 전망이 쏟아지고 있다. 어떤 이들에게 그것은 인간을 생계를 위한 노동의 굴레에서 해방시킬 거대한 변화의 원천으로 생각되는가 하면, 어떤 이들은 그것을 인류를 파멸에 이르게 할 '마지막 테크놀로지'로 평가하기도 한다.

실제로 인공지능은 무엇을 할 수 있고, 무엇을 할 수 없는가? 현재의 인공지능은 어떻고, 또 가까운 미래의 인공지능은 어떠할 것인가? 이것은 근본적으로 공학의 현실에 관한 물음이고, 달리 말하자면 과학이 답

---

3) 2017년 10월, 네이처(Nature)지에 "인간의 지식 없이 바둑 정복하기"라는 도전적인 제목의 논문을 통해 보고된 알파고 제로(AlphaGo Zero)는 인간 기사들의 기보를 전혀 자료로 참고하지 않은 채 현존하는 어떤 인간 기사도 더 이상 적수가 되지 못할 수준의 기력(棋力)에 도달하였다. Silver et al. (2017) 참조.

4) 구글번역기(Google Translator)의 경우로, 이러한 수준은 2017년에야 가능해진 것으로 보인다.

5) 노터데임대학교 레일리센터(John J. Reilly Center)의 책임자였던 돈 하워드는 이제는 "인공지능이 X는 못할 것이다."라는 형태의 예측은 그 어떤 것도 자신할 수 없게 되었다고 평가한다. 필자는 이러한 평가에 깊이 공감하며, 그 함의를 숙고할 필요가 있다고 생각한다. Howard (2016) 참조.

할 문제(empirical question)다.[6] 그러나 우리는 앞으로 오륙 년, 혹은 이삼십 년 동안 객관적 관찰자의 관점에서 연구개발의 결과를 기다리고 지켜보며 기술 발전의 성과를 경험적으로 평가하는 길을 택할 수도 있지만, 저 물음을 현재의 철학적 관점에서 분석하고 평가해볼 수 있다. 그리고 논자가 보기에 이것은 단순히 가능하기만 한 작업이 아니라 인공지능이라는 특수한 기술의 속성을 고려할 때 적극적으로 시도되어야 할 긴요한 작업이다. 이러한 분석과 평가를 통해 우리는 인간과 인공지능의 관계가 어떤 방향으로 발전되어 갈 것인지를 전망하고, 나아가 인공지능 기술 발전의 세부적인 면모에 관하여 근거 있는 태도를 정립할 수 있을 것이다. 인간은 유한한 삶을 살고, 사회공동체나 인류라는 집합적 관점에서도 우리가 가진 시간과 역량과 자원은 제한되어 있다. 이런 실존적 조건을 고려할 때, 무엇이 진짜 문제이고 무엇은 사이비 문제인지 구별하는 일, 혹은 무엇이 더 중요한 문제이고 무엇은 덜 중요한 문제인지를 구별하는 일은 아주 중요하다.

작금에 주변에서 보이고 들리는 이야기들을 기준으로 추정하자면, 인공지능의 시대는 이미 도래했거나 적어도 곧 도래할 것이 분명해 보인다. 인공지능과 로보틱스 이야기는 어느새 국내외 뉴스 지면에서 전에 없던 몫을 점유하기 시작했고, 그 비중은 늘고 있다. 관련 영역에 관심을 가지고 지켜본 사람이라면 누구나 공감할 만큼 확연한 변화다. 그러나 주변의 인공지능 이야기가 이처럼 급작스러울 정도로 늘어난 반면, 정작 이미 도래했거나 문 앞에 와 있는 것으로 감지된 '인공지능의 시대'의 정체는 여전히 불분명하다. 그것은 이상한 일이 아니다. 핵심적으로, 그 시

6) 이것은 중요한 의미에서 자본과 사회적 프레임의 문제이기도 하다. 그러나 이러한 관계에 대한 논의는 이 글의 범위를 벗어난다.

대의 주역인 인공지능의 정체가, 그 구체적 속성들이, 아직 미결정 상태이기 때문이다. 아직 불분명한 것에 관해 분명한 것처럼 떠드는 것은 위험한 종류의 거짓말이고, 경계해야 한다. 그러나 오늘의 철학은, 한낮의 떠들썩한 변화가 잦아들어 그것을 관조할 수 있게 되는 해질 녘을 기다릴 수만은 없다. 관조의 때를 기다리는 것은 가능한 선택이고, 그런 시기에 이루어지는 관조의 작업은 철학이 가장 잘할 수 있는 일일 것이다. 그러나 오늘 우리는 아직 이루어지지 않은 일에 대해 철학이 따지고 이야기해야 할 필요가 있음을 실감한다. 따짐의 주제는 현실 속의 인공지능과 지능을 장착한 인공물들(intelligent artifacts)에 대한 철학적 평가다.

이 논문의 취지는 이런 예측의 타당성에 대한 평가의 일부를 수행하려는 것이다. 그것은 특히 이러한 평가의 작업을 통해 인공지능이나 그것을 장착한 로봇(시스템)이 행위주체의 격위에 도달할 수 있을지를 전망하려 한다. 이것은 최근 '4차 산업혁명'이라는 화두와 더불어 급격한 방식으로 자본과 사회적, 문화적 관심을 끌어당기고 있는 인공지능에 적합한 존재론적 지위를 부여하기 위한 토론이 될 것이다.

지금 '인공지능'은 그 말이 사용되는 대부분의 맥락에서 인공성이 만들어낸 산물을 가리키는 표현으로 쓰이고 있지만, '인공지능(Artificial Intelligence: AI)'이라는 개념은 본디 공학의 특정 전문분야, 즉 지능을 인공적으로 구현해내려고 하는 전문적 활동의 영역을 지칭한다.[7] 이 점을 확인하는 것이 중요한 이유는 이 개념을 전자처럼 해석하는 경우 자칫 인공지능을 특정한 일습의 속성을 지닌, 이미 구체화된 대상으로 간주하게 될 소지가 있기 때문이다. 현재 시점에서, 인공지능에 관한 철학적 논

7) 다만, 논의의 편의를 위해 논자는 이 글에서 '인공지능'을, 현행의 일반적인 담론의 패턴을 따라, 현재 진행 중인 프로젝트의 산물로 상정된 인공적인 지능, 혹은 그런 지능을 장착한 기계를 가리키는 말로(도) 사용할 것이다.

의의 중요한 몫은 그것의 다양한 가능태를 둘러싼 토론과 평가다. 산물로서의 인공지능의 정체는 이제 막 만들어지기 시작한 상황이고, 그 정체성에서 결정된 부분은 아직 미미하다. 오늘의 사회가 만드는 인공지능은 어떤 것인가? 인공지능 기술에서 우리가 합리적으로 기대할 수 있는 것은 무엇인가? 인공지능은 많은 이들이 기대하는 것처럼 인간 사회의 곳곳에서 인간의 유능한 대행자 역할을 하게 될까? 지능을 가진 인공물들은 장차 새로운 종류의 인격체로서 우리와 공존하게 될 것인가? 논자는 인공지능의 속성과 지위에 관한 이런 일련의 물음들을 두 가지 물음의 관점에서 살펴보려고 한다. 하나는 인공지능이 '개념'을 가질 수 있는가 하는 것, 다른 하나는 인공지능이 행위의 능력을 지녔는가 하는 것이다.

2. 개념이 있는 인공지능?

철학자들의 어느 모임에서 인공지능이 개념을 가질 수 있는지에 관한 토론이 벌어졌다. 이 토론은 딥러닝의 과정을 통해 영상자료에서 고양이를 식별할 수 있게 된 인공지능에 대한 소식으로 인해 촉발되었다.[8)] 한 사람이 인공지능이 그처럼 고양이를 다른 종류의 사물들과 분간할 수 있게 되었다고 해도 고양이의 개념은 갖지 못할 것으로 본다는 견해를 표명했다. 그러자 다른 사람이 고양이를 가려낼 수 있는데 고양이 개념이 없다는 말이 도대체 무슨 뜻이냐고 반문했다. 그는 사례를 식별하는 능

---

8) 이 문단의 서술은 논자가 참여하고 있는 공동연구 프로젝트의 한 모임에서 벌어진 대화의 기억을 논자가 재구성한 것이다. 이 모임의 성과는 이중원 등 (2018, 2019, 2021)에 발표되었다.

력과 개념 능력이 별개의 것일 수 없다고 생각하는 것으로 보였다.[9] 그러자 또 다른 참석자가 인공지능에 개념을 탑재하는 일은 가능해지겠지만 '인공지능이 개념을 이해한다'는 것은 다른 일이고, 불가능할 것이라는 견해를 제시했다. 인공지능이 개념을 가지는 것은 가능한 일일까?

이 물음에 긍정 혹은 부정으로 답하기 전에, 먼저 이러한 물음이 왜 문제가 되는지 생각해보자. 이 논문은 인공지능에, 그리고 인공지능이 장착된 물리적 체계에 어떤 존재론적 지위를 부여하는 것이 적정한지에 대한 우리의 판단, 그리고 사회 차원의 공적 판단에 연관된 철학적 기여를 지향한다. 이런 판단은 특히 우리 사회에서 인공지능에 의하여 이루어지는 실행의 종류와 범위가 다양해지고 점점 확대되는 현실, 그리고 이러한 여건 속에서 우리의 삶이 그 실행에 직접, 간접으로 영향을 받게 되는 현실 속에서 다양한 인공지능과 지능형 시스템에 어떠한 사회적-윤리적-법적 지위를 부여해야 옳은가 하는, 이 사회의 피할 수 없는 물음과 결부되어 있다. 그리고 개념 능력은 이처럼 사회적, 법적, 도덕적 주체로서의 지위를 평가함에 있어서 하나의 필수적인 시금석이다.[10]

예를 들어, 아시모프의 로봇 3법칙 가운데 첫 번째 법칙—"로봇은 인간에게 해를 입히거나 인간이 해를 입도록 내버려두어서는 안 된다."—이 로봇의 행위(혹은 작동)에 관한 규범으로서 의미를 지니려면 최소한 로봇이 인간의 개념을 가지고 있어야 할 것이다. 만일 로봇에게 인간의 개념이 없다면, 로봇에게 "인간을 해쳐서는 안 된다."고 명령하는 것은 공

---

9) 분류한다는 것은 유(類)와 종(種), 즉 분류의 대상이 되는 상위의 군과 분류의 결과인 적어도 둘 이상의 하위 군을 상정하는 작업이라는 점에서 고양이를 가려내는 일과 분류 사이에는 개념적 간격이 있다. 여기서는 느슨한 의미로 이해한다.

10) Parthemore & Whitby (2014) 참조. 이 논문의 저자들은 인공도덕행위자(AMA)의 성립 요건들 중 하나로 개념을 다룰 줄 아는 복합적인 능력을 꼽는다.

허한 일이 되겠기 때문이다. 그것은 마치 소수(prime number)가 무엇인지 알지 못하는 아이에게 "소수로 끝나는 번호가 적힌 문을 열어서는 안 된다."고 명령하는 것과 비슷하다.[11] 만일 로봇이 인간의 개념을 가지는 것이 불가능한 일이라면, 이처럼 인간이라는 개념을 포함하는 명령은 로봇을 대상으로 하는 한 유의미한 명령으로 작동할 수 없는, 본질적으로 무의미한 규범이 될 것이다. 다시 말해, 그런 경우 로봇에게 아시모프의 제1법칙을 규범으로 부과하는 것은 부당하다.[12]

일반화하자면, 로봇이나 지능형시스템을 설계, 제작하고 관리하는 사람들이 아니라 그러한 인공물 자체에 어떤 '행동 규범'을 부여하고 그것의 행태(behavior)를 그런 규범의 시각에서 평가하는 상황을 상정하는 경우, 그런 평가는 오직 그런 시스템이 해당 규범과 연관된 개념들에 관한 분별을 가진 경우에 한해서만 유의미한 방식으로 실현될 수 있다. 이런 점을 고려할 때, 로봇이나 지능형시스템의 개념 능력에 대한 평가는 그것의 행태에 대한 평가의 프레임을 좌우하는 중요한 문제임이 분명해진다.

따라서 이 물음이 중요하다. 로봇이나 인공지능이 개념을 가질 수 있는가? 이 물음에 답하기 위해서는 개념을 갖는다는 것이 어떤 것인지를 먼저 해명해야 한다. 이 물음은 그 자체로 어려운 물음이지만, 우선

---

11) 이 경우, 그런 명령을 들은 아이는 아마도 소수가 뭐냐고 물을 것이다. 그리고 당신은 아이에게 소수가 어떤 것인지를 설명할 수 있다. 그러고 나면 당신은 그에게 "이제 너는 소수로 끝나는 번호의 문을 열어서는 안 돼. 너는 더 이상 '소수가 무엇인지 몰랐다'고 변명할 수 없다는 말이야."라고 말할 수 있을 것이다. 그러나 아이는 당신의 설명에도 불구하고 여전히 소수가 무엇인지 이해하지 못했을 수 있다. 규범이 현실에서 작동하기 위한 실제적 조건으로서 개념 이해가 선결되어야 한다는 생각과 규범이 규범으로서 의미를 지니기 위한 조건으로서 요청되는 개념 이해에 대한 생각 사이에는 차이가 있다. 이 차이를 더 자세히 살피는 것은 흥미로운 일이겠지만 여기서 필요한 일은 아니다.

12) 고인석 (2011) 참조.

이 논문의 취지를 염두에 두고 한 가지 명료화가 필요하다. 그것은 'X의 개념을 갖는다'는 것은 'X에 대하여 모종의 생각과 판단 기준을 갖는다'는 것과 다르다는 사실이다. 소수를 '홀수이면서 5로 끝나지 않는 수'라고 생각하고 있는 아이를 생각해보자. 그 아이는 소수에 관하여 어떤 관념을 가지고 있지만 그 관념은 잘못된 것이고, 이 경우 우리는 이 아이가 소수의 개념을 가지고 있다고 판정해서는 안 될 것이다. 이 짧은 토론의 결론은, 'X의 개념을 가짐'이 'X의 올바른 개념을 가짐'을 의미한다는 것이다.

우리는 사람들이 어떤 개념을 제대로 가지고 있는지의 여부를 판별하는 방법으로 다양한 형식의 시험(test)을 활용한다. 시험에 합격한 사람에게 문제의 개념을 알고 있다는 평가가 부여되고, 시험을 통과하지 못하면 개념을 모르고 있거나 잘못된 개념(misconception)을 가지고 있다는 평가가 주어진다.[13] 그렇다면 도대체 어떤 시험이 인공물의 개념 보유 여부를 판정하는 적절한 시험일까? 앞에서 토론거리가 되었던 '영상자료에서 고양이 알아보기'로 돌아가 보자. 온갖 사물이 뒤섞여 등장하는 사진에서 고양이를 틀림없이 알아보는 인공지능이 있다면, 그것이 고양이에 대한 개념을 가지고 있다고 볼 수 있는가? 결론부터 말하자면, 시각 자료에서 고양이를 실수 없이 가려내는 것은 고양이라는 개념에 대한 이해의 필요조건도 아니고 충분조건도 아니다.

먼저, 고양이에 대한 개념을 가지고 있더라도 영상 속의 짐승이나 사물이 고양이인지를 정확히 판단하지 못하는 경우가 얼마든지 있을 수 있다. 전형적인 고양이와 거리가 먼 희귀한 외양의 고양이를 보고 누군가

---

13) 이러한 시험을 로봇이나 인공지능에 적용할 때 그것은 일종의 튜링테스트가 될 것이다. 이는 분명 기능주의적 접근이다. 현실에서 기능주의의 관점은 평가의 객관성을 확보하는 우회 불가능한 상황이라고 본다.

가 예컨대 "좀 이상하게 생긴 족제비로군요."라고 답한다고 해서 그에게 고양이에 대한 개념이 없다고 평가하는 것은 부적절한 일일 것이다. 다시 말해 이 글을 읽는 대부분의 사람처럼 고양이의 개념을 알고 있는 주체가 그렇게 이상하게 생긴 고양이를 고양이로 알아보지 못하는 경우는 충분히 가능하다. 시각 자료에서 고양이를 틀림없이 가려내는 능력은 고양이 개념 이해의 필요조건이 아니다.

반대로, 누군가가 영상자료에서 가을에 해당하는 장면들을 100% 가려낼 수 있다고 해도, 그가 가을이 적잖은 사람들에게 왠지 쓸쓸해지는 계절이라든가 농경문화의 전통에서 수확의 결실이 있는 계절이라는 것, 혹은 가을이 지구 자전축의 기울기와 유관하다는 사실 등등을 반드시 알고 있는 것은 아니다. 심지어 가을이 지구의 1년을 넷으로 나눈 시간을 가리킨다는 사실에 대한 이해조차 보장되어 있지 않다. 만일 가을이 네 계절 중에 하나이고 가을이 가면 겨울이 온다는 사실조차 모르는 사람이 있다면, 우리는 그가 가을의 개념을 가졌다고 말하지 않을 것이다. 시각자료에서 가을을 틀림없이 가려내는 능력은 가을의 개념을 이해하는 충분조건도 아니다.[14)]

가을이든 고양이든 해당 개념의 사례를 영상에서 완벽하게 식별하면서도 그 개념을 알고 있다고 인정할 수 없는 경우가 존재한다고 해서 인공지능이 그런 개념에 대한 충분한 이해에 도달하는 일이 불가능하다고 단언할 이유는 없다. 하지만 우리는 여기서 적어도 한 가지, 사례를 식별하는 능력이 개념 능력을 함축하는 것은 아니라는 사실을 확인하였다. 기억해둘 만한 사항이다.

그런데 위에서 "필요조건도 충분조건도 아니다."라고 했던 평가가 마

---

14) Prinz (2002), 특히 '이론이론'(theory-theory)에 관한 서술 참조.

음 한구석에서 찜찜하게 느껴진다. 만일 누군가가 고양이에 대한 완전한 개념을 가지고 있다면 그는 제아무리 이상하게 생긴 희귀종의 고양이라도 정확히 알아볼 수 있으리라는 주장이 가능하겠기 때문이다. 만일 이런 주장을 수용한다면, 우리는 '사례를 식별하는 능력이 개념 능력의 충분조건은 아니지만 필요조건'이라고 판정할 것이다. 그러나 그런 주장의 타당성은 아직 불분명하다.

문제의 물음을 다시 생각해보자. "고양이에 대한 개념을 (제대로) 가진 존재라면 고양이와 고양이 아닌 것을 100% 가려낼 수 있을까?" 이 물음에 대한 대답의 갈래는 '개념을 (제대로) 가진'이라는 어구의 해석에 달려 있다. 만일 개념을 가졌다는 것이 고양이에 관한, 그것의 이미 현실화된 속성과 더불어 아직 현실화되지 않았지만 가능한 속성에 대한 완전한 지식을 포함하는 평가라면, 긍정의 대답이 자연스러울 것이다. 그러나 이 물음을 그렇게 처리할 경우, 고양이에 대한 개념을 가지는 일은 실질적으로 불가능한 일이 되고 만다. 그것은 '고양이에 대한 개념을 가짐'이라는 개념을 쓸모없는 것으로 만들어버리는 것과 같다. 하지만 그런 해석을 버린다면, 어느 선에서 고양이 개념의 있고 없음을 판별해야 할지가 해결해야 할 난문으로 재등장한다.

전형적인 진퇴양난의 상황인가? 그렇게 보아야 할 이유는 없다. 이것은 진퇴양난의 경우라기보다 차라리 'X의 개념을 가짐'이라는 것이 불명료한 개념이라는 사실을 말해주는 사례라고 해야 옳다. 이 불명료성은 어떻게 다뤄야 할까? 아마도 'X에 대한 완전한 지식을 포함하는 이해'와 'X의 사례와 non-X의 사례를 구별할 줄 아는 것' 사이의 어느 지점에서 적절한 기준을 설정해야 하겠지만, 그런 지점이나 기준을 규정하는 일은 아직 미해결의 과제다.

그런데 자율주행차나 높은 수준의 인공지능을 장착한 로봇이 그것의 작동 범위에 있는 대상들에 관한 개념을 가지고 있는지의 여부는 사회가 그런 인공물을 어떻게, 무엇으로 다루는 것이 적절한가(what status it deserves) 하는 현재 진행형 토론의 향방을 좌우하는 문제라는 점에서 중요한 평가의 대상이 된다. 개념 능력이 행위가 성립하기 위한 필요조건이라고, 다시 말해 개념을 가지고 한 것이 행위(action)인 반면에 개념이 없는 상황에서 이루어진 것은 작동일 뿐 행위는 아니라고 생각되기 때문이다.

실질적인 식별 능력이 개념 능력(혹은 개념 이해)의 필요조건도 충분조건도 아니라 할지라도, 어떤 개념에 해당하는 사례와 그렇지 않은 사례를 실수 없이 가려낸다는 것은 분명히 특별한 능력이다. 뿐만 아니라 그것은 인공지능에게 우리가 우리 업무의 일부를 위임하는 경우를 고려할 때 중요한 능력이다. 그러므로 잘 따져보자. 인공지능이 개념을 가질 수 있을까? 개념이 성립하는 다양하고 불균일한 갈래들을 생각해보기만 해도 우리는 인공물이 개념을 가지게 될 수 있는지의 문제가 단순하지 않다는 사실을 인식하게 된다. 문제의 복잡성을 좀 더 구체적으로 살펴보자. 예를 들어, '바나나'라는 개념과 '가축(domestic animal)'이라는 개념이 성립하는 방식, 또는 우리가 그러한 개념을 가지는 방식은 달라 보인다. 전자는 개념 이론의 용어로 '전형(prototype)'의 관점에서 잘 설명되는 반면, 후자는 전형보다 '대표사례(exemplars)'의 관점에서 잘 설명될 것 같다. 간략히 말하자면, 전형은 해당 개념을 가장 모범적으로 구현하고 있는 특정한 대상이 다차원의 속성 공간에 표현된 것이라고 할 수 있다. 어린 아이들이 보는 그림책에 나타난 바나나는 대개 그런 전형을 표현하고 있다. 그것은 노랗고, 살짝 휜 모양이다. 주어진 사례가 바나나인지 아닌지는 속성 공간에서 그런 전형으로부터 해당 사례까지의 거리가 얼마나 먼가 하는 평가로 결정된다. 대표사례는 전형과 유사하지만 결정적으로 속성 공간에서 초점이 하나가 아니라 여럿이라는 점에서 중요한 차이가 있다. 다시 말해 속성 공간에서 단일한 중심으로 처리할 수 없고 복수의 상이한 중심을 설정해야 하는 경우다.

대표사례의 관점에서 접근하는 것이 적절한 개념의 예로 '가구(furniture)'를 생각해보자.[15] 인공지능이 자료와 딥러닝을 통해 가구의 개념을 체득하게 되는 것은 가능한 일일까?[16] 우선, 논자의 생각은 이것이 근본적으로 경험의 문제(empirical question)라는 것, 다시 말해 해봐야 알 수 있는 문제라는 것이다. 앞에서 우리는 개념을 습득했는지 여부에 대한 판단에 모종의 애매성 혹은 모호성이 끼어들 수 있음을 확인했고, 가구에 대해서도 유사한 사정이 해당될 것이다. 그러나 가구 개념의 1차적인 문제는 고양이 개념의 경우와 다른 지점에 있다. 그것은, "인공지능이 —예컨대 영상자료 더미에서— 가구들을 정확히 가려내는 일이 가능할까?"라는 물음에서부터, 딥러닝의 성공을 예시한 고양이 찾기의 경우와 대답이 달라질 개연성이 있다는 점이다. 즉, 고양이 가려내기에 성공한 지능이라고 해서 가구 가려내기에 성공할 것이라는 보장은 없다. 논자는 그것이, 즉 비지도 학습(unsupervised learning)의 방식으로 인공지능이 가구의 개념에 도달하는 일이, 아주 어려운 일일 것이라고 생각한다.

그 이유의 첫째 핵심은, '가구'가 여러 개의 분리된 하위영역들을 거느리고 있다는 데 있다. 예컨대 식탁과 의자와 침대는 그런 대상들을 특징짓는 속성들[17]의 공간에서 꽤 뚜렷이 서로 구별되는 영역을 점유한다. 만

15) 이것은 앞서 언급된 모임에서 필자가 제안한 예였다.

16) 필자는 일부러 '체득'이라는 말을 썼다. 우리는 개념을, 적어도 많은 경우에, 체득한다. 그러나 인공지능은, 적어도 일반적으로, 우리와 유사한 의미의 몸을 가지고 있지 않다.

17) 영상 자극으로 주어지는 자료를 분류하는 일을 생각해볼 때, 대상의 길이, 높이, 깊이(폭) 등을 포함하는 형태에 관한 정보들을 떠올리면 되겠다.

일 이 속성 공간에 분포된 가구의 사례들을 평균하는 방식으로 이 공간에서 가구라는 개념의 중심점을 찾는다면, 그렇게 얻어진 중심점에 대응하는 속성들로 이루어진 (가상의) 물체는 우리가 보기에 도무지 가구 같지 않을 개연성이 크다. (침대와 찬장과 식탁용 의자를 외형적으로 평균한 물체를 상상해 보라! 그것은 아마도 상식의 눈으로 정체를 가늠하기 힘든 이상한 물건일 것이다.)

그러나 가구든 고양이든 똑같이, 기계 학습을 통해 인간과 같은 수준의 식별 능력에 도달하는 것이 안 될 이유가 없다고 주장하는 사람도 있을 것이다. 그 말에 일리가 있다. 논자는 방금 이것이 되는지 안 되는지가 경험적인 문제라고 주장했는데, 이러한 주장은 그것이 안 될 필연적인 이유가 없다는 데 대한 공감도 포함한다. 단, '안 될 이유가 전혀 없다'는 것과 '된다'는 것은 다른 사태라는 관계를 분명히 짚어둘 필요가 있다.

생각해볼 문제는, 여기서 각 개념의 지칭에 대한 판단, 즉 개념의 정당한 적용과 부당한 적용의 구별이 어떤 방식으로, 어떤 기준에 의해 이루어질까 하는 것이다. '고양이'의 경우 그 기준의 권리는 자연이 부여한 범주, 즉 자연종(natural kind)에 놓여 있는 것처럼 보인다.[18] 그러나 가구의 범주는 자연종과 거리가 멀다. 그 개념은 우리가, 인간들의 공동체가 만들어 부여한 것이다.[19]

만일 가구의 개념을 자료 기반의 상향식 과정을 통해 학습시키는 것이 아주 어렵다면, 그 원인은 무엇일까? 이제까지의 고찰에서 고려해볼 만

---

18) 고양이의 범주가 결정되는 방식에 관해 해석의 여지가 없는 것은 아니지만, 일반적인 고양이와 전혀 딴판으로 보이는 고양이의 존재를 기꺼이 인정할 수 있다고 보는 관점에서 서술한다. 단, 고양이는 생물학적으로 단일 종(species)이 아니라 여러 종의 집합체에 해당하는 범주이기 때문에 엄격한 의미의 자연종과는 별도의 토론을 통해 평가해야 할 거리가 있다.

19) 개념에 대한 권한이 전문가 공동체에 있다는 견해는 Kuhn (1970), Burge (1979) 참조. 이에 관한 고인석 (2015)의 논의를 보라.

한 원인을 찾자면 두 가지, ① 가구의 사례들이 속성 공간에서 이산적 분포를 보인다는 것과 ② '가구'가 자연종이 아닌 인공종을 지칭하는 개념이라는 것이다. 이 물음을 여기서 판정하기란 어려운 일이지만, 논자는 ②가 더 근본적인 원인이고 ①은 거기서 파생되는 것이라고 생각한다. 자연이 본유의 마디들을 지닌다고 해도, 우리는 세상을 자연의 마디에서만 자르지 않는다. '우리'는 원칙적으로 마음대로 마디를 정할 수 있다. 가구, 집짐승, 탈것(vehicle), 운전자(driver) 같은 개념들이 모두 여기에 해당한다.

이런 것들의 외연은 어떻게 결정되는가?[20] 여기서 결정이란 정당한 외연의 범위를 찾는 일을 뜻한다. 토론 가능한 문제겠지만, 그것은 기본적으로 공동체의 사용과 규약에 의해서 결정된다. 경운기나 놀이공원의 궤도열차가 '탈것'인지는 얼른 분명하지 않다. 만일 그런 물음이 문제가 되는 상황이 발생한다면, 아마도 그와 유사한 문제가 제기되었던 사건의 판례가 기준으로 제시될 것이다. 판례는 이 문제를 고심했던 판사의 결단이 포함된 역사의 산물이고, 그러면서 판결 시점 이후 공동체의 관행을 대변하는 요소가 된다. 이러한 논의를 통해 논자가 제시하려는 의견은 우선 이것이다. 'X의 개념을 가진 인공물'을 만들고자 하는 경우, 유일한 길은 X 개념에 대한 공동체의 언어 관행을 입력하는 것이다.

그런데 이렇다고 놓으면, 두 가닥의 후속 물음이 보인다. 하나는 "무엇을 입력해야 하는가?"이고, 다른 하나는 "어떤 방법으로 입력할 것인가?"이다. 그런데 둘 중에서도 선결 문제에 해당하는 첫 번째 물음이 당장 곤혹스러운 고민을 낳는다. '관행'의 범위가 불분명할 뿐만 아니라 '그릇된

---

20) 이런 외연의 경계가 얼마나 명료하고 혹은 불명료한지, 그런 명료성이 개념의 성립이나 사용의 조건이 되는지 등 여기서 파생되는 물음들은 남겨두자.

국소적 관행'도 존재한다고 생각되기 때문이다. 예컨대 '페미니즘'이라는 개념의 학습에 그것을 언급한 페이스북과 트위터와 웨이보 등의 모든 문장이 반영된다고 생각해보라. 마이크로소프트가 만들어 내놓았던 테이의 경우와 비견할 만한, 아마도 더 강렬하게 채색된 온갖 편향적 자료들이 기계의 머릿속으로 쏟아져 들어올 것이다. 그리고 그것은 페미니즘 개념을 인공지능에 학습시키는 적절한 방법으로 보이지 않는다.

한편, 여기서 얻을 수 있는 한 가지 중요한 깨달음은 개념들 가운데 수적 비중에서 아주 희소한, 자연종에 상응하는 개념들을 제외한 대부분의 개념은 비지도 학습의 방식으로 습득시킬 수 없으리라는 것이다. 비지도 학습의 방식으로 자연종 개념을 터득하게 할 수 있는지는 아직 불분명하다. 그러나 자연종이 아닌 범주를 지칭하는 개념을 인공지능이 비지도 학습을 통해 터득하는 것은 불가능해 보인다. 그 이유는 이미 앞에서 언급된 바 있다. '탈것'이나 '애완동물'이나 '위궤양(peptic ulcers)' 같은 개념들은 자연이 아니라 우리가 만든 개념이고, 인간 사회의 관행에 따라 외연이 변하는 개념이다. 비지도 학습의 자료로 활용되는 영상자료를 기준으로 말하자면, 인공지능은 이런 각 개념의 외연에 관하여 권위를 가진 사람들이 학습 자료로 제공되는 영상에 해당되는 표시를 해서 도와주지 않는 한 그 시대의 사회가 규정한 개념의 테두리를 알아낼 수 없다.

이것은 한편으로 인공지능을 두려워하는 사람들—AI-phobia 또는 robot-phobia를 가진 이들—에게 안심이 되는 소식이라고 할 수 있다. 인공시스템은, 우리가 아주 잘 가르쳐주지 않으면, 개념이 연루된 작업들을 우리처럼 해낼 수 없을 것이기 때문이다. 이것은 인공지능의 중요한 한계다. 뿐만 아니라, 인공지능이나 지능형 로봇을 도입하여 활용하는 주된 목적이 인간의 역할을 부분적으로 대행하도록 하려는 것임을 고려할 때, '우리의 방식으로' 개념을 다루지 못하는 인공물은 쓸모가 없거나,

심지어 위험하다. 이러한 관계를 뒤집어 말하면, 개념을 제대로 가지고 있지 못한 인공물들이 우리의 삶에 개입하도록 허락할 경우 우리는 중대한 위험을 자발적으로 떠안게 될 것이다.

3. 행위 능력을 지닌 인공지능?

인공지능의 존재 지위에 관한 두 번째 물음은 이것이다. 인공지능이 행위의 능력을 지닐 수 있을까? 우리가 아는 행위가 대개 몸을 매개로 이루어진다는 점을 고려할 때 인공지능과 행위 능력 사이에 원리적인 거리가 있다는 견해도 가능할 것이다. 그러나 이 논문의 관심사가 현실 세계와의 통로가 사상된 상태의 인공지능 '프로그램'이 아니라 지능을 가진 인공물 일반에 관한 판단이라는 점을 상기하도록 하자. 대표적으로 인공지능 기반의 자율주행 시스템을 상정할 수 있을 것이다. 이런 의미의 인공지능을 행위주체(agent)[21]로 볼 수 있을까? 이 물음을 다루기 위해서는

21) 이 논문의 이전 버전을 준비하던 시기에 인공지능이 의료계에 미치는 영향에 관해 토론하는 모임에 참석한 일이 있다. IBM의 '왓슨 포 온콜로지' 이야기가 중심이 되었다. 한 토론자가 IBM 왓슨을 "actor, 즉 행위자"로 보는 것이 적절하다고 말했다. 그가 그렇게 토를 달지는 않았지만, 'actor-network theory'(ANT)에서 'actor'라는 개념을 가져와 말하는 것이라고 생각되었다. (자비의 원리에 따른 논자의 해석이다.) 그러면서 ANT를 '행위자연결망 이론'이라고 옮긴, 하나도 이상하지 않았던 번역이 문득 낯설게 보였다. ANT의 'actor'는 인과적 관계의 그물에서 어떤 작용을 한다는 것을 의미하지만, 그런 작용과 행위 이론(action theory)에서 의미하는 '행위'(action) 사이에는 거리가 있다. 특정한 구조로 건축된 건물 공간 안에 업무용 테이블들이 특유의 방식으로 배치된 기업 사무실은 그 회사의 업무에 웬만한 소속 직원이나 거래처 임원 못지않은 인과적 영향을 미치는 '(non-human) actor'일 것이다. 그러나 그렇다고 그 사무실을 '행위자'라고 부르는 것은 ANT에 대한 논의라는 조건을 벗어난 일반적인 논의의 맥락에서 부적절하다. 이런 사정을 고려하면서, 논자는 ANT의 'actor'를 —물리학에서 'action'을 '작용'이라고 옮기는 것을 따라— '작용자'로, 'agent'를

당연히 '행위'와 '행위주체' 같은 기반 개념들에 대한 고찰이 필요하다. 행위주체는 뭐고, 행위는 뭔가?

> "아주 일반적인 방식으로 말하자면, 행위주체는 행위를 할 역량(capacity to act)을 가지고 있는 존재이다. 그리고 '행위주체성(agency)'이란 이런 역량의 행사, 또는 현시를 가리킨다."[22)]

> "[데이빗슨에 따르자면] 행위(action)란, 기본적인 의미에서, 행위주체가 '[적어도] 어떤 서술의 관점에서 볼 때 의도적으로 하는' 어떤 것(something an agent does that is 'intentional under some description')이다."[23)]

서로 맞물려 '행위'와 '행위주체' 사이에 순환의 고리를 만드는 것처럼 보이는 위의 정의들에서 눈에 띄는 요소는 아래 문장에 명시된 '의도'다. 첫 번째 정의에서 의도의 개념은 명시적이지 않지만, 행위의 역량으로부터 행위의 현시로 진행하게 하는 요소를 의도로 볼 수 있다. 행위가 성립하기 위해서는 의도가 있어야 하고, 그 의도가 지향하는 바를 달성할 가능성이 있는 물리적 과정이 있어야 한다.[24)] 행위주체는 이 과정의 인과적 중심이고, 그런 까닭에 행위주체성은 주어진 상황에서 '행위'라고 판단되는 물리적 과정에 대한 가치평가—도덕적 관점이나 법적 관점의 평

'행위주체'로 옮기는 것이 적절하다고 제안한다.

22) Schlosser (2015).

23) Wilson & Shpall (2012).

24) 이는 형법에서 범죄 성립의 필수요건으로 범의(犯意, mens rea)를 꼽는 것과 상통한다. 고인석 (2013), 4절 참조. 한편 '바람이 문을 자꾸 열려고 한다.'나 '자동차가 말을 안 듣고 자꾸 왼쪽으로 가려고 한다.'라는 진술은 의미 있게 성립하지만, 이 진술들의 '…하려 한다'는 표현은 관찰자의 해석 방식일 뿐 바람이나 자동차가 가진 의도를 함의하지 않는다.

가를 포함하는—와 결부된 특정한 존재론적 지위를 의미한다.

누군가 계단에서 내 몸을 강하게 밀치는 바람에 내가 계단에서 굴러 떨어졌다면, 이 굴러 떨어짐은 나의 행위는 아니다. 그 물리적 과정은 나의 의도에 의해 지배된 과정이 아니기 때문이다. 공사장 부근의 마네킹이 주황색 경고봉을 아래위로 흔드는 것은 마네킹의 행위가 아니다. 마네킹이 그런 의도를 가졌다고 볼 수 없기 때문이다. 반면에 만일 앞에서처럼 계단에서 구를 뻔한 나의 위치 조금 아래 계단에 서 있던 큰 체구의 청년이 자기 몸을 피하지 않고 버텨준 덕분에 내가 큰 낭패를 보지 않고 멈췄다면, 그렇게 '버티고 서 있던 것'은 —외관상 그는 거의 움직이지 않고 그 자리에 서 있었을 뿐이지만— 그 청년의 행위라고 볼 수 있다.

행위주체성은 행위를 향한 실재적 잠재력(real potentiality)을 함축한다. '실재적'인 잠재력이란, 행위가 비록 결과적으로는 실패할 수 있더라도 그것이 허공을 향한 작용이 아니라 구체적인 행위 대상을 향한(towards), 혹은 그것에 관한(about) 작용임을 뜻한다. 행위는, 일반적으로, **'구체적인 무엇인가를 대상으로 삼는'** 작용이다.[25] 그런데 그 무엇인가를 행위의 대상으로 삼아 그것을 향한 특정한 의도를 (적어도 잠재적으로) 구현하기 위해서는 대상에 대한 파악이 선행되어야 한다. 이 파악이란, 문제의 대상이 어떠한가(how the object is situated)에 대한 것이다. 대상이 어떠한가를 파악하려면, 환경 속의 대상(혹은 환경 더하기 대상)과 행위주체를 잇는, 유관한 정보의 전달 과정이 일어나야 한다. 이것은 일반적으로 '지각'(perception)이라고 불리는 과정이다.

---

25) 모든 행위가 성립요건으로 대상(accusative 또는 dative)을 요청하는지는 분명치 않다. 그러나 이 논의가 다루는 영역의 문제들, 즉 지능을 가진 인공물의 행위를 다루는 한에서는 그와 같은 요청이 일반적으로 성립한다고 생각된다.

이상의 논의를 통해 우리는 지각이, 그 자체로 행위는 아니라도,[26] 행위의 실현에 필수적인 요소라는 사실을 인식하게 된다.[27] 어떤 정치가를 암살하려는 자는 암살 대상을 겨냥해야 한다. 예를 들어, 총에 달린 망원경으로 대상자의 위치와 동작을 살피거나 건물 위층 바닥에서 나는 그의 발소리에 귀를 기울여야 한다. 그리고 암살자는 망원경을 통해 관찰하거나 천장을 응시하며 거기서 들리는 소리를 추적한 결과, 즉 자기의 지각 내용과 자기 손에 든 총의 물리적 상태를 조절하는 운동의 양태를 성공적으로 통합해야 한다. 물론 주의 깊은 시도에도 불구하고 암살자의 행위는 실패로 끝날 수도 있다. 그러나 그의 행위가 그러한 성공적인 통합을 지향한다는 사실은 흔들리지 않는다.

행위의 핵심에는 이처럼 지각과 의도된 행위를 실현하는 동작 간의 조율(mediation), 혹은 협응(coordination)이 놓여 있다. 이와 같은 협응은 우리가 특정한 행위를 한다고 의식하지 못하는 동안에도 작동한다. 길을 걸을 때, 걷다가 마주 오는 사람을 피할 때, 가려운 곳을 긁을 때, 동료의 말에 고개를 끄덕이거나 "그건 이상한 얘기"라고 답할 때 등등. 이런 국면들에서 엿보이는 협응을 생각할 때, 인간은 우리가 아는 범위에서 더 나은 예를 찾기 힘든 훌륭한 협응 체계이고, 그러한 덕분에 행위를 성공적으로 수행할 개연성이 꽤 높은 행위주체가 될 수 있었다.

논자가 보기에는, 최근 우리 사회에서 폭발적으로 활성화된 인공지능 관련 논의에서 인공지능의 행위주체 지위가 문제가 될 때 이러한 점이 충분히 인식되고 있지 못하다. 일반적으로 행위는 주체에서 출발하

---

26) 그러나 2016년 세간에 회자되었던 이른바 '레이저 눈빛'의 경우는 지각처럼 보이는 것이 그와 동시에 실질적인 행위의 측면을 지닐 수 있음을 암시한다.

27) 단, 이 단계에서 지각이 행위 성립의 필요조건이라고 주장하기에는 아직 고려가 불충분하다. 이는 별도의 논문에서 따져보아야 할 문제다.

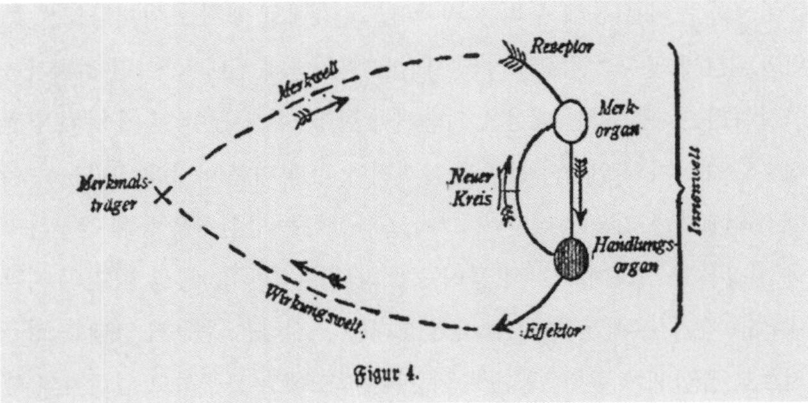

J. v. Uexküll, *Theoretische Biologie* (1920)

여 세계 속의 대상을 향해 내뻗는 단방향의 작용이 아니라 세계에서 주체로, 그리고 주체에서 세계—세계 속의 대상—를 향해 이어지는 하나의 원환적 작용의 구조를 이룬다. 일찍이 생물학자 야콥 폰 윅스퀼(Jakob von Uexküll)이 거의 100년 전 제시한 유기체와 환경의 '기능적 원환 구조(Funktionskreis)'라는 도식은 이러한 구조를 반영하고 있다.[28]

'행위자 체계'(agent system)와 '감수자 체계'(patient system)라는 개념을 써서 표현하자면, 하나의 행위주체는 감수자(感受者) 체계와 행위자 체계로 구성된 통합 체계라고 할 수 있다.[29] 그리고 이러한 관점에서, 행위주체성

---

28) 윅스퀼의 도식에서 서로 실선과 화살표로 연결된 오른쪽의 두 타원 부분이 (인간 같은) 유기체를 가리키고 "Merkmalsträger"라고 표기된 왼쪽 끝부분이 유기체의 환경에 놓인 대상(들)을 의미한다.

29) 이것들은 앞의 그림에 나타난 윅스퀼의 도식에서 각각 'Handlungsorgan'(행위 기관)과 'Merkorgan'(지각 기관)에 상응한다. 최근 인공물과 관련한 윤리의 문제를 다루는 국내의 논의에서 'patient'를 '피동자'로 번역하는 사례들이 있는데, 논자는 '감수자'가 적절한 우리말 개념이라고 본다. '피동(被動)' 즉 '동작을 당함'이라는 개념은 행위주체가 지닌 능동성과의 대비를 통해 행위의 대상이 된다는 관계를 주목하게 하는 반면, 그 대상이 외부의 작용을 받아들여 자기 것으로 만든다는 내적 능동성을 가려버린다. 이는 이 개념을 중요한 것

이라는 존재론적 지위 속성은 감수자 체계와 행위자 체계의 성공적인 통합과 결부되어 있다고 말할 수 있다. 논자는 어떤 대상에 행위주체의 지위를 인정할 것인가의 문제가 사회적인 결정의 대상이라고 보기 때문에 방금 언급한 '결부됨'이 필요충분조건의 관계를 의미한다고 주장하지는 않겠지만, 감수자 체계와 행위자 체계의 성공적인 통합은 행위주체성의 필요조건이라고 생각한다. 이런 관점에서 볼 때, 내장된 프로그램에 따라 구르고 일어나 짖고 걷고 멈추는 로봇강아지의 동작은 행위가 아니고, 로봇강아지는 행위주체가 아니다.

다시 우리의 물음으로 돌아가자. 인공지능을, 또는 지능을 장착한 인공물을 행위주체로 볼 수 있을까? 우리는 이제 이 물음에 대한 판단의 기준을 가지고 있다. 그것은 방금 언급된 두 항목, 즉 하나는 그것이 행위를 향한 '의도'를 가졌는가이고, 다른 하나는 해당 인공물이 감수자 체계와 행위자 체계의 성공적인 통합을 실현하고 있는가이다.

그런데 이와 같은 두 항목의 기준은 서로 연결되어 있다. 후자('감수자 체계와 행위자 체계의 통합')는 다름 아니라 전자('의도')의 실현이라는 방향을 통해 규정되기 때문이다. 우리는 여기서, 특히 이 논문의 관심사인 행위주체성과 관련하여 생각할 때, 윅스퀼의 도식에 명시적으로 드러나지 않은 추가적인 요소를 확인할 필요가 있음을 감지한다. 그것은 앞에서 언급된 의도를 가지고 지각과 행동을 제어하는 자, 의도의 실현을 향해 지각과 행동 간의 세련된 협응을 주도하는 자, 나아가 이런 협응의 성공과

으로 만든 동물의 존재 지위를 부당하게 축소하고 왜곡하는 것과 같은 위험을 함축한다. 'patient'는 외부에서 주어진 행위의 작용을 감각능력과 나아가 그것이 가진 수준의 이해력을 동원하여 수용하는 존재자를 뜻한다. 돌멩이는 넉넉히 '피동자'일 수 있지만 이런 의미의 '감수자'와는 거리가 있는데, 돌멩이는 'moral patient'의 범주에 들지 않는다. 이런 점들을 고려하여 'moral patient' 역시 '도덕(적) 피동자'보다 '도덕(적) 감수자'로 번역하는 것이 적절하다.

실패에 존재의 성패가 달려 있는 자다.

논자는 이것이 '자아(self)'라는 관념의 중요한 실재적-경험적 기반이라고 생각한다. 행위와 자아의 관계에 대한 더 상세한 논의는 이 논문의 범위를 벗어나지만, 그런 상론 없이도 자아에 대한 상식적 관념에 의지하여 우리는 이상의 논의에서 얻은 통찰을 다음과 같이 표현할 수 있다.[30)]행위는 감수자 체계와 행위자 체계의 조율과 협응을 통해 자아의 의도를 실현하는 과정이다. 그러므로, 자아가 없는 한 행위주체성은 없다.[31)]

4. 결 론

2절의 논의로부터 우리는 인공지능이 개념을 갖는 일이 아주 어렵다는 결론을 내릴 수 있다. 개념적 표지가 없는 다량의 영상자료를 학습함으로써 인공지능이 특정한 사물의 범주를 찾아냈다는 것은 공학적으로 참신한 성과지만, 우리가 세계에 적용하는 것과 같은 개념을 인공지능이 순전히 외부의 자극으로부터 스스로 분별해낼 수 있음을 뜻하지 않는다.

---

30) 하이데거는 보프레(Jean Beaufret)에게 쓴 편지(회신)에서 이렇게 말한다. "우리는 아직도 행위(Handeln)의 본질을 제대로 충분히 생각하고 있지 못합니다. 어떤 결과를 발생시키는 것을 행위로 생각하고, 그런 결과의 유무는 실용성을 기준으로 평가하지요. 그러나 행위의 본질은 실현(Vollbringen, 완성하기)에 있습니다. 실현한다는 것은 어떤 것의 본질을 충실히 전개시키는 것이고, 본질이 충실하게 되도록 이끄는 것이고, [그럼으로써] 그 무엇을 산출하는 것이지요."[Heidegger (1946), 서두 부분. 황문수의 번역을 논자가 손질하고 강조를 보탬.]

31) 반면에 자아가 있는 체계의 작용이라고 해서 다 행위인 것도 아니다. 예를 들어 눈깜빡임이나 내장의 활동처럼 생리적 기제에 의한 동작은 주체의 의도를 통해 선택되고 조절된 것이 아니라는 점에서 행위의 범주에 속하지 않는다. 물론, 행위의 성립을 위해 의도가 의식되어야 하는지 아니면 '의식되지 않은 의도'를 (어떤 기준으로) 인정할 것인지 등 행위의 경계와 기준에 대한 세부적인 고민이 필요할 것이다.

인공지능이 그런 개념을 배우도록 하는 일은 오로지 해당 개념의 사용에 관한 우리의 관행을 일일이 가르쳐줌으로써만 가능해 보인다. 그런데 그것은 불가능한 과제는 아닐지라도 도무지 완결되기 어려운 과제일 것이다.

또 3절의 논의로부터, 우리는 똑똑한 로봇청소기의 '알아서 구석구석을 청소하는 수고'가 행위에 해당하지 않는다는 것, 로봇청소기가 행위 주체일 수 없다는 것을 이해할 수 있다. 그리고 이것은 2011년 '제퍼디!'의 역대급 우승자들을 가볍게 제압한 IBM 왓슨이나 최근 한국을 포함한 여러 나라의 병원에 도입되면서 의료계의 지각변동을 예고하고 있는 왓슨 포 온콜로지(Watson for Oncology)—또는 왓슨 포 헬스케어—나 바둑으로 이세돌과 커제를 이긴 알파고나 시험운행이지만 벌써 여러 해째 세계 곳곳의 도로를 누비고 있는 자율주행차에도 똑같이 적용되는 평가다.

그러나 인공지능 기술이 발달하여 이 논문이 언급한 한계를 모두 뛰어넘고, 그리하여 온갖 개념을 각 전문 영역의 표준적인 방식으로 이해할 뿐만 아니라 인간 전문가들과 소통하면서 우리가 사용하는 개념의 확장과 보정과 거시적 변동까지 주도하는 인공지능이 탄생하게 될 가능성은 없을까? 또 명실상부 지각과 행위의 통합적 주체로 인정해야 마땅한 수준의 인공물이 생겨날 가능성은 없을까? 여러 편의 문학작품과 영화가 예견하듯 의식이나 자아관념이 인공물에서 발현되고 그것들이 스스로 '나'나 '우리'의 관념을 장착한 채 우리와 맞서게 될 가능성은 없을까?

이것들은 하나같이 흥미로운 물음들이지만, 현재 시점에서 정직하고 합리적인 유일의 대답은 "알 수 없다."이다. 그리고 논의의 취지가 철학적 상상의 영역에 머무르는 것이 아니라 현실의 문제를 다루는 데 있는 한, 알 수 없는 것에 관심을 집중하는 것은 비경제적인, 또 그런 의미에서 무책임한 태도다. 반면에 사회공동체가 가진 자원과 시간을 과학과 기술의 발전에 어떻게 배분하고 투입할 것인가, 과학과 기술의 발전이 수반하는 사회의 변화는 어떻게 관리할 것인가, 이와 관련하여 법과 제도와 윤리규범은 어떻게 보완되어야 하는가 등의 물음은 늘 현재태로 서슬 퍼런 문제다. 이것은 각 전문분야의 성쇠가 달린 문제이기도 하지만, 그보다 한층 더 우선적인 의미에서 사회 전체의 번영을 좌우하는 문제다. 그리고 사회의 그런 물음을 해결하는 데에는 철학의 고유한 기여가 필요하다.

3장

인공물이 인간을 대행하도록 허용할 수 있을 조건[1)]

기계지능으로 작동하는 인공물이나 인공시스템이 인간을 대행하도록 허용할 수 있을 조건은 무엇인가? 이 논문은 자율주행자동차 같은 인공물이 인간의 대리자 역할을 하도록 합리적으로 승인할 수 있을 필요조건을 따진다. 이것은 그러한 인공물을 설계, 제작하고 활용하는 인간 행위의 합리성에 대한 철학적 반성이다. 논자는 여기서 논의된 조건들이 충족되지 않는 한 인공물로 인간을 대행하는 일은 불합리하며 따라서 받아

1) 이 논문의 이전 버전들은 2018년 8월 타이페이의 국립정치대(National ChengChi University)에서 열린 제4회 Conference for Contemporary Philosophy in East Asia(CCPEA 2018), 같은 해 9월 성균관대학교에서 열린 한국현상학회 콜로키엄, 그리고 같은 해 12월 중국 남경대(Nanjing University)에서 열린 International Conference on Philosophical Investigations of Science, Technology and Society: Globility and Locality에서 발표되었다. 이 세 모임의 청중의 질문과 제안은 논자의 부족한 역량 범위 안에서나마 논문의 질적 개선에 기여하였다. 감사의 마음을 표한다.

들일 수 없는 것으로 권고되어야 한다고 주장한다. 이른바 5단계 자율주행자동차 같은 인공물을 인간을 대행하는 체계로 승인할 수 있을 필요조건은 그것이 주어진 환경을 지각함에 있어서 그것이 대행하는 인간이 상정하고 적용하는 것과 동일한 분류체계를 장착하고 적용해야 한다는 것이다. 그런데 논자가 보기에 이 조건을 만족시키는 것은 원칙적으로 불가능하지는 않더라도 매우 어렵다. 이 논문은 왜 그런지를 설명할 것이다.

1. 문제 확인

자율주행자동차[2)]나 스마트 빌딩 같은 인공물은 인간이 하는 일을 대신 수행한다. 자율주행자동차는 운전석에 앉은 사람 대신 자동차의 속력과 방향 등을 제어하고, 스마트 빌딩은 건물을 관리하는 사람 대신 건물을 출입하는 사람들을 통제하고 건물 내 공기의 온도와 습도, 그리고 채광 같은 생활 여건을 조절한다. 그럼으로써 그런 똑똑한 인공물들이 우리와 우리 자녀들의 일자리를 앗아갈 것인지, 빼앗아가는 만큼 이상의 새로운 일자리를 제공할 것인지, 일자리는 앗아가지만 충분한 생산성 증대를 통해 사람들이 적게 일하고도 풍요롭게 살 수 있는 세상을 만들 것인지 같은 문제는 흥미롭지만 아직 제대로 판단하기 어렵다. 인공지능과

2) 이런 탈것을 가리키는 영어 표현으로는 driverless car, self-driving car, robot car 등 다양한 명칭이 있다. 그런데 한국에서는 '자율주행'자동차라는 표현이 정착되어 굳어진 반면, 세계적으로는 공식 문건에 'autonomous'(-vehicle/driving)라는 표현 대신 차츰 'automated'(-vehicle/driving)이라는 표현이 자리를 잡아가고 있는 형국이다.

그것을 활용하는 로봇공학이 빠르게 발전함에 따라 산업뿐만 아니라 개인의 일상, 교육, 의료, 행정 등 다양하고 너른 영역에서 현실 세계가 빠르게 변하기 시작했고 또 점점 더 빠른 변화가 진행될 것이라는 예견에는 이의를 제기하기 어렵다. 그러나 그런 변동이 구체적으로 어떠한 양상으로 진행될 것인지, 그리고 어떠한 양상으로 진행되도록 유도하는 것이 현명한 일일지에 대해서는 의견의 일치가 훨씬 미미하다.

논자는 앞서 발표한 다른 글들에서 이러한 변화의 양상에 관한 물음들이 그저 사실 차원의 전망에 관한 문제가 아니며 훨씬 더 중요한 의미에서 가치판단의 문제, 특히 우리가 내려야 하는 사회적 결정에 관한 문제라고 주장한 바 있다.[3] 이 논문은 그러한 결정을 구체화하는 일에 관한 토론으로, 인공지능을 활용하는 우리의 실천, 특히 사회 차원의 실천에 관하여 그 적합성의 조건을 논한다.

자동차가 스스로 목적지를 찾아가도록 만드는 자율주행자동차 기술은 오래된 공학 프로젝트다. 운전이 일상의 속박에서 탈출하도록 해 주는 행복한 기회인 사람에게는 자율주행자동차 기술이 공연히 쓸데없는 일에 자본과 노동과 창의력을 쏟는 일처럼 생각되겠지만, 심지어 그런 사람도 어쩌면 대리운전 서비스를 부르는 대신 내 자동차가 나를 집까지 쓱 데려다주면 좋겠다고 생각해 본 일이 있을는지 모른다.

자율주행자동차가 우리 교통 체계의 정식 일원이 된 도로의 구체적인 상황은 아직 미결정의 영역이다. 거기서 어떤 종류의 규범들이 통용될 것인지도 그러하거니와 거기서 운전하는 사람, 교통편을 이용하여 이동하는 자, 보행자 등이 어쩌면 오늘과 다른 어떤 행동양식을 보이게 될지도 열린 물음이다.[4] 그러나 수많은 자율주행자동차가 벌써 여러 해째 세

---

3) 고인석 (2012a)와 고인석 (2016b) 참조.

계 곳곳의 도로를 누비고 있고, 그것들이 산출하는 통계 수치는 적어도 사고 빈도에서 볼 때 인간 운전자의 평균적인 운전을 웃도는 안전 운전의 실현을 입증한다.[5] 이런 점을 고려하면, 가까운 날 자율주행자동차에 몸을 맡기고 목적지까지 SNS를 뒤적이거나 한숨 자면서 이동하는 것이 우리에게 자연스러워지게 될 개연성은 꽤 높다. 그러나 그런 상황에서도 "기계가 인간보다 운전을 더 잘 하니, 오늘부터 인간에게는 운전을 금한다." 같은 규범은 상상할 수는 있지만 합리적으로 정당화하기 어려울 것이다. 이런 점들을 함께 고려할 때, 우리의 눈앞에 다가와 있는 현실은 자율주행자동차가 인간 운전자가 운전하는 차량들과 한데 더불어 오가는 상황임을 예견할 수 있다.

이런 상황은 이미 흔히 들리는 "자율주행자동차에 사람이 다치면 그 책임은 누가 져야 하나?" 같은 물음을 비롯해 다양한 철학적, 사회적 고민을 유발한다. 논자는 여기서 자율주행 기술과 관련하여 실천적 함의를 가지는 물음을 하나 따져보려고 한다. 이것은 앞의 물음이 일상의 현실에서 제기되기 이전에 정리되어야 할 물음이고, 또한 기술과 인간의 관계를 돌아보게 하는 근원적인 물음이기도 하다. 그 물음은 "우리는 어떤 조건하에서, 즉 어떤 조건이 충족되었을 때, 자율주행자동차를 우리 교통 체계의 일부로 승인할 수 있는가?"이다.

---

4) 예를 들어 자율주행자동차가 주행할 수 있는 영역이 일부 도로로 제한될 것인지, 소위 레벨 몇의 자율주행자동차가 돌아다니게 될 것인지 같은 문제들이 이에 해당한다.

5) 그러나 이러한 평가는 세부적인 고찰에서 여전히 토론의 여지를 남긴다. Blanco et al. (2016)의 분석에 따르면 인간 운전자와 자율주행자동차의 사고율 수준은 자율주행의 단계와 도로주행의 환경 등에 따라 달라진다.

2. 인간을 대행할 기계 만들기

우리가 자율주행자동차나 자동 안면인식 출입통제 시스템처럼 지능을 가진 기계들을 현실에서 활용하는 가장 핵심적인 이유는 특정한 기능에서 인간 행위자를 대신하도록 하는 것이다. 예를 들어 자율주행자동차가 사람 운전자 대신 차량을 운전하도록 하거나 가끔 졸거나 화장실에 다녀오는 동안 누가 건물에 들어오고 나가는지 놓치기도 하는 경비아저씨 대신 건물 입구를 통제하도록 하는 것이다.

이 논문에서 고찰하는 대리(代理)나 대행(代行)은 단순한 대체(replacement), 즉 무엇인가를 들어내고 그 자리에 다른 것을 대신 넣는 일 이상의 관계다. 현실에서 많은 대체는 실패로 귀결되고, 그런 실패 가운데 어떤 것들은 뼈아프게 후회스럽다. 이 논문에서 따지는 의미로 'X가 Y를 대행한다'는 것은 'X가 Y의 모든 유관한 기능을 효과적으로 대체하고 그럼으로써 Y의 자리를 성공적으로 대신한다'는 것을 뜻한다.

논자가 다른 논문에서 주장한 것처럼, 지능을 장착한 인공물에 의한 대행은 일종의 위임(委任) 관계로 해석할 수 있다.[6] 인공지능과 로보틱스의 발달에 힘입어 오늘의 사회는 지능을 가진 인공물들에 특정한 기능을 위임하기 시작했고, 그런 위임의 범위는 확장되는 추세다. 그런 인공시스템은 위임된 범위 내에서 위임 받은 역할을 맡아 수행한다. 그런 특정한 공간적, 시간적, 또는 조건적 범위 안에서 대행 시스템은 결정을 내리고, 그 결정에 따라 작동을 조절한다. 그것은 그렇게 함으로써 대행자의

---

6) 이러한 위임에 의하여, 지능을 가진 인공물은 그 자체 본래적인 자율성을 지니지 않지만 인간의 의도에 따라 위임된 자율성을 가지게 된다. 고인석 (2012a)은 지능을 장착한 인공물과 인간의 관계를 '위임'이라는 관계의 구도에서 바라볼 것을 제안하였고, 이후 변순용과 송선영 (2015), 신상규 (2017) 등도 이 개념을 언급하거나 활용하였다.

기능을 실현한다.

역할의 위임은 일반적으로 권한의 위임을 수반한다. 권한의 위임 없이는 위임된 역할이 충실히 수행되기 어렵게 만드는 제약이 발생하기 때문이다. 예를 들어 어떤 건물의 출입을 통제하는 지능형 시스템은 특정한 속성을 지닌 사람이 이 건물에 들어오지 못하도록 막거나 건물에서 나가지 못하도록 막을 수 있다. 그런 일을 당한 사람이 출입통제 시스템의 판단과 작동이 잘못되었다고 생각하는 경우, 그는 인공시스템에 이런 권한을 위임한 해당 건물의 건물주나 관리책임자에게 건의하여 시스템에 위임된 기능과 권한의 세부 내용을 정정하는 길을 모색해야 한다. 인공지능으로 제어되는 건물의 출입구가 자신에게 문을 열어주지 않는다고 해서 출입구를 모니터하는 카메라에 대고 "내가 누구인지 몰라?"라고 호통을 치는 것은 부질없는 일이다.

이와 같은 인공시스템의 권한은 대행의 관계를 지정하고 인공물에 특정한 역할을 위임하는 주권자로부터 연유한다. 예컨대 인공지능을 통해 제어되는 공공교통 시스템의 경우라면 지자체나 중앙정부 같은 공공의 권력이 그런 주권자이다. 이러한 이유로, 정부는 이처럼 공공성을 띠는 대행 시스템이 하는 일이나 그 결과에 대한 책임을, 혹은 그 일부를 진다. 이와 같은 관계를 고려한다면, 그러한 대행은 사회적으로 조율된 관계이고, 그러해야 한다.[7)]

이로부터, 예컨대 통학 버스를 운전하는 것과 같은 특정한 기능을 대행하도록 인공시스템에 권한을 부여하는 일에 관한 명료한 사회적 규정이 ―경우에 따라서는 글로벌 공동체 차원의 규정이― 필요하다는 인식

---

7) 세계적으로, 자율주행시스템에 관한 관리가 최소한 국가 차원에서 이루어져야 한다는 인식이 보편화되고 있는 것으로 보인다. 미국의 경우 이 일은 교통부(Department of Transportation) 산하의 도로교통안전국(National Highway Traffic Safety Agency: NHTSA)이 주도하고 있다.

이 따라 나온다. 왜냐하면 그와 같은 대행 시스템들이 우리가 속해 사는 공동체의 작용자 네트워크(actor network)에서 인간의 대리자로서 역할을 수행함으로써 결과적으로 공공의 안전, 건강, 그리고 삶의 질에 영향을 미치기 때문이다. 이런 상황에서, 우리는 인공시스템이 그것이 대행하려는 유능한 사람 또는 사람들이 정상적인 상황에서 행위하는 것과 동일한 방식으로 작동하는지의 여부를 검토하는 검사를 마련해야 한다. 이러한 요구는 인공시스템의 대행이 '대행'이라는 개념에 충실하게 부합하는 방식으로 실현되어야 한다는 원초적인 요구에 해당한다.

한편, 'X가 Y를 대행한다(X surrogates Y).'라고 할 때 이런 대행의 관계는 X가 Y와 별개의, 독립된 존재라는 것을 함축한다. 대행자는 그것이 대행하도록 위임 받은 문제에 관하여 결정을 내린다. 그런데 현실에서 발생하는 그런 결정의 상황은, 예컨대 자율주행자동차의 경우를 생각해볼 때 분명해지듯, 외부로부터의 실시간 개입이 작용할 여유를 허용하지 않는다. 대행하는 자의 결정과 실행이 그것에게 임무와 권한을 위임한 자의 개입에 상시 열려 있는 상황은 사실상 대행이라는 관계의 취지와 부합하지 않는다는 점을 고려할 때, 이는 자연스러운 관계다. 경제성의 요소까지 포함하여 대행의 취지는 위임된 범위 안에서 외부의 (상위) 권능에 의한 실시간 개입 없이 스스로 결정하고 실행할 수 있다는 의미의 독립성을 함축한다.

이러한 의미의 독립성으로부터 우리는 그러한 인공물의 독립성이 지닌 또 다른 속성의 면모를 추론할 수 있다. 어떤 회사 건물에서 우편물들을 각각의 수신자가 있는 사무실로 배달하는 기계배송 시스템을 생각해보자. 이런 시스템은 여러 명의 인력을 대체하겠지만, 그것은 진정한 의미에서 결정을 내리는 일이 거의 없다. 이러한 시스템은 말하자면 유능한 우편배달부의 눈과 다리와 팔의 연장(extension)이라고 해석할 수 있다.

이와 대조적으로, 자율주행자동차는 끊임없이 결정의 순간을 맞이하고, 거기에는 채택 가능한 두어 가지 이상의 선택지가 존재한다. 그것은 이런 상황에서 선택의 결정을 내려야 한다. 그와 같은 결정의 토대는 문제의 결정이 요청되고 있는 상황을 지각함으로써 선택과 그에 따른 행동의 여건을 파악하는 일이다. 원칙적으로 모든 결정은 그처럼 지각된 상황을 토대로 이루어지고, 결정과 실행의 성패는 지각의 성패에 의존한다. 행위에 관해 논하면서 지각이 없이는 행위가 불가능하다는 사실, 지각의 성공적이거나 그렇지 못한 실행이 행위의 양상과 나아가 그 성패를 결정한다는 사실을 빠뜨리고 생각하는 것은 현명하지 못한 일이다.[8)]

3. 인간을 대행할 인공시스템의 자격 조건

운전을 하는 사람의 경우를 생각해보자. 도로 위를 달리는 차량의 운전자는 운전석에서 동시에 두어 가지 작업을 수행하는 것으로 보인다. 그녀는 가속기 페달이나 브레이크 페달을 밟으면서 동시에 손으로 핸들을 잡고 조정한다. 사실 운전자의 임무는 이것보다 훨씬 더 복잡하다. 차량의 방향을 조절하는 일, 출발과 가속과 감속과 정지, 대시보드에서 차량 상태를 파악하는 일, 내비게이션을 다루는 일, 심지어 라디오 채널이나 뮤직플레이어의 음악을 선택하는 결정 등등. 그녀의 핵심 과제는 끊임없는 일련의 의사결정이다.

그녀는 이처럼 여러 가지 일을 수행하는 동안 시각, 청각, 그리고 후각(및 다른 감각기관)을 통한 감각으로 운전 환경의 상태를 지속적으로 지각

8) 감수자 체계와 행위자 체계의 관계에 대해서는 Ko (2016) 참조.

하여 파악한다. 이러한 지각은 운전에 관한 의사결정에 필요한 정보를 제공하고, 그렇기 때문에 그녀의 운전자 역할에서 필수적인 부분을 구성한다. 이런 점을 생각할 때, 보거나 듣는 특정한 인지 경로에 장애를 가진 운전자가 일반적인 도로교통 상황에서 운전을 하기 위해서는 넘어야 할 많은 어려움이 있다. 우리 같은 인간 행위자들은 누구나, 지각과 행위의 통합 시스템, 즉 감수자-행위자 체계다.[9]

이러한 인간 행위자의 역할을 인공시스템으로 대행하도록 하려는 경우, 우리는 인간을 대행하는 인공시스템이 앞 절에 언급한 결정이 필요한 어떤 환경에서든 그것이 대행할 주체가 동일한 환경에서 내렸을 것과 충분히 유사한 결정을 내리도록 해야 한다. 예를 들자면, 운전자를 대행하는 인공시스템은 운전자가 급히 브레이크를 밟아 차를 멈추려고 시도했을 상황에 처할 경우 브레이크를 작동시켜야 하고, 브레이크를 작동하는 대신 차의 방향을 틀어 장애물을 피하려고 했을 상황에 처할 경우 그렇게 차를 제어해야 할 것이다.

그런데 그처럼 주어진 상황에서 충분히 유사한 방식으로 작동하기 위해서는, 앞선 논의의 취지에 따라, 먼저 주어진 환경을 충분히 유사한 방식으로 지각해야 한다. 그러지 않고서는 행위에 관한 결정의 유사성이 보장되지 않기 때문이다.[10] 인공물이 인간을 대행하는 기능을 적절하게

9) 이와 같은 통찰은 윅스퀼(Jakob von Uexküll)의 'Funktionskreis' 개념에도 표현되어 있다. 단, 윅스퀼의 이러한 통찰은 지각의 내용을 개념을 사용하여 다루는 인간에만 적용되는 것이 아니라 동물 일반을 포괄하는 것이다.

10) 여기서 "유사한 방식으로 지각"한다는 것은 지각이 실행되는 물리적 과정의 유사성을 뜻하는 것이 아니라 지각의 결과를 의미한다. 인공시스템은 인간의 수정체나 망막, 맹점 같은 것을 공유하지 않으며, 심지어 그런 요소 하나하나에 대응하는 항의 존재 여부도 불분명하다. 그러나 여기서 요구되는 유사성의 확보에 필요한 것은 결정의 자료가 될 지각의 결과이지 그러한 일대일 대응 관계가 아니다.

수행하기 위한 기본적인 필요조건 중 하나는 인공물이 그것이 대행하는 적정한 인력과 충분히 유사한 방식으로 그것의 작업 환경을 인식해야 한다는 것이다. 그런데 이러한 인식은 앞에서도 말한 것처럼 지각을 기반으로 한다. 이때 지각의 범위는 대행 시스템의 기능에서 그 주된 대상물들뿐만 아니라 그것들과 혼동을 일으킬 수 있는 그 밖의 무관한 대상들까지 포함한다.

이 논문이 논하는 대행 관계의 대표적인 사례로 자율주행자동차의 경우를 살펴보자. 자율주행자동차가 우리 일상의 거리에 정규 일원으로 참여하는 상황을 상상해보자. 이 경우 운전의 환경은 5단계[11]의 완전 자율주행을 하는 자동차들뿐만 아니라 그보다 낮은 레벨의 자율주행자동차, 여전히 사람이 운전하는 자동차, 자전거, 보행자, 나아가 짐승, 날짐승, 벌레 등 다채로운 요소들을 포함하고 있다. 인간 운전자들은 거기서 '옆의 2차선에서 1차선으로 나오려고 살짝 방향을 트는 승용차'를 보고, '군데군데 블랙아이스가 끼어 위험한 도로 위를 평소보다 조심스럽게 운전해가는 운전자들'이나 '저만치 앞쪽에서 서서히 풀리기 시작하는 정체 현상'을 보지만, 자동차들이 움직이고 있는 공간은 그 자체로 볼 때 윌리엄 제임스가 말한 "blooming, buzzing confusion"[12]의 세계다. 지각을 통해 파

11) 이러한 단계 구분은 2014년 NHTSA가 규정한 0단계부터 5단계까지의 자율주행 단계에 따른 것이다. 완전한 자율주행에 해당하는 5단계(Full Automation)는 차량 자체가 운전의 모든 상황조건에서 인간의 개입 없이 차량의 작동에 관한 모든 기능을 제어하는 단계를 뜻하고, 이 단계의 자율주행은 차량 자체에 의한 제어가 특정한 상황조건으로 제한되는 4단계 자율주행(High Automation)과 구별된다. NHTSA의 문건은 5단계 자율주행에서도 (4단계와 마찬가지로) "운전자가 차량을 제어하는 선택지를 취할 수 있다"고 서술하고 있지만, 5단계의 자율주행자동차에 일반적으로 차량 내부 공간에 운전대(steering wheel)와 브레이크페달 등이 장착되지 않으리라는 점을 고려한다면 사실상 이 단계의 자율주행에서는 목적지가 입력되고 출발한 이후 자동차의 제어에 관한 인간의 개입이 배제된다고 보는 것이 적절하다. NHTSA (2017) 참조.

악되기 이전의 그 세계에는 무수히 많은 종류의, 아니 어떤 종류라고 할 지조차 분간되지 않은 것들이 한데 뒤섞여 있다.

이러한 환경 속에서 자율주행자동차는 각 차량에 별도로 장착되어 있거나 거대한 네트워크 시스템으로 작동하는 인공지능 시스템으로 제어된다. 여기서 운전의 임무를 수행하는 운전자 인공지능(driver-AI)은 매 순간 필요한 판단을 하고 결정을 내려야 한다. 그런 결정에 따라 가속, 감속, 정지, 다시 출발, 좌회전 또는 우회전, 차선 변경 등의 모든 작동이 이루어진다. 만일 어두운 밤, 조명이 불충분한 지점에서 갑자기 사람이 차량 앞쪽의 찻길로 튀어나오면, 운전을 맡은 인공지능은 그 사람과의 충돌을 피하기 위해 경로의 적절하고도 빠른 조정을 결정해야 할 것이다. 이처럼 운전자 인공지능은 운전 중에 만나는 모든 유관한 대상들을 올바르게 인식하고 분류하여 차량의 제어를 결정하는 일에 반영되도록 해야 한다.

여기서 우리는 운전자 인공지능이 그것이 대체하려는 유능한 인간 운전자를 —무작정 대체가 아니라 올바르게— 대행할 수 있는 역량을 지녔다고 인정할 수 있기 위한 중요한 필요조건을 파악할 수 있다. 그것은 운전을 맡은 인공지능이 외부 환경을 지각하는 과정에서 인간 운전자들과 동일한 분류법[13]을 장착하고 또 적용해야 한다는 것이다. 만일 이 조건이 충족되지 않는다면, 운전을 맡은 인공지능이 그것이 대행하는 유능한 운전자에게서 기대할 수 있는 방식으로 작동한다는 것이 보장되지 않을 것이다.

---

12) James (1890), 462.

13) 여기서 '동일함'은 엄밀한 의미의 동일성이 아니라 실질적인 동일성, 또는 충분한 유사성을 뜻하는 규제적 개념이다. 특정 인공시스템이 구현하는 분류체계가 인간이나 인간 사회가 채택하고 있는 것과 충분히 유사한지를 판단하는 구체적인 조건은 사회적 실행의 차원에서 결정될 문제이며, 이 논문의 논의 범위를 넘어선다. 이 논문의 목표는 단지 그것이 제안하는 규범적 권유의 합리성을 설득하는 것이다.

이것이 아주 중요한 자격요건인 이유는, 대행을 맡은 체계가 그것이 대행하는 체계에 우리가 기대하는 방식으로 작동하리라는 보장을 그것이 좌우하기 때문이다. 우리의 도로에 자율주행자동차를 도입한다는 것은 이런 운전자 인공지능이 우리의 안전과 건강, 복지의 상당 부분에 중대한 영향을 미친다는 것을 의미한다. 따라서 이러한 실질적인 보장은 이 기술이 현실에 적용되기 위한 조건으로 아주 중요하다.[14]

어떤 사람은 인공시스템이 반드시 인간들의 분류체계에 따라 세계를 지각하지 않는다고 해서 성공적인 대행이 불가능하리라는 법은 없다고 반론할지도 모르겠다.[15] 오늘 인간 사회가 채택하고 있는 분류체계가 유일한 합리적 체계라고 볼 이유는 없으며, 어쩌면 인공지능이 인간이 이해하지 못하는 다른 방식으로 인간보다 더 훌륭하게 자동차를 운전하고 사고를 방지하는 일을 해낼 수도 있지 않겠느냐는 반론이다. 이 반론은 그 자체로 타당하다. 그러나 그것은 단지 불가능하다고 확언할 이유가

---

14) 논자는 이러한 요구를 현상학적 생활세계(Lebenswelt)의 개념과 연관시킬 수 있다고 생각한다. 즉 생활세계를 전 학문적 세계(vorwissenschaftliche Welt)로 보면서도 동시에 인식 주체에 개념적으로 수용된 세계라고 해석하면서, 이러한 생활세계가 모든 종류의 토론이 시작되는 바탕인 동시에 기준판의 구실을 할 수 있다고 본다. (단, 이런 근저로서의 지위가 생활세계의, 혹은 생활세계에서 작동하고 있는 개념 체계의 불변성을 필함하지는 않는다.) 그러나 이러한 관계에 대한 논의는 별도의 논구를 필요로 한다. 현상학적 생활세계와의 연관성에 관한 논자의 착안이 생활세계 개념의 여러 층위를 고려할 때 더 풍부한 논의를 낳을 수 있을 것이라는 이남인 교수의 코멘트에 감사드린다.

15) 이에 대하여 한 동료 연구자는 "[인공시스템이] 인간과 다른 방식으로도 올바르게 인식하고 분류할 가능성이 있고, [⋯] 오히려 인간과 다른 방식의 분류법이 더 효과적인 대행으로 이어질 수도 있다"고 주장하였다. 그러나 이 논문이 논하는 '조건'은 효과적인 대행의 논리적 '가능성'에 관한 것이 아니라 "인공물이 인간의 대리자 역할을 하도록 **합리적으로 승인할 수 있을** 필요조건"이다. 이러한 승인은 우리의 결정에 달린 문제이며, 따라서 이 논문이 제시하는 것은 현실의 문제를 다루는 우리 자신의 결정에 관한 메타적 주장이고 권유다. 논자는 막연한 '가능성'에 대한 담론이 현실의 기술에 대한 판단을 흐리게 만들 위험이 있다고 보며, 이런 위험을 경계해야 한다고 생각한다.

없다는 의미에서의 가능성을 논증할 뿐 그 가능성을 어떻게 실현할 것인지에 대하여 아무런 조언도 제시하지 않는다는 점이 문제다. 자율주행자동차 같은 인공물로 인간의 역할을 대행하도록 할 경우 필요한 것은 인공물이 그 일을, 적어도 이 기술의 이용자이고 수혜자인 우리가 경험하는 현상의 차원에서, 그것이 대행하는 인간처럼 하리라는 보장이지 결과를 알 수 없어서 긴장하게 되는 가능성의 모험이 아니다.

4. 문제의 조건을 충족할 방법에 대한 아이디어

우리는 지각이 중요하다는 것을 보여주는 자율주행자동차 사고를 이미 경험했다. 2016년 5월 미국 플로리다주에서 일어난 치명적인 사고가 한 예다. 당시 테슬라(Tesla Inc.)의 차량은 자율주행자동차는 아니었지만, "오토파일럿(Autopilot)"이라는 일종의 자율주행 상태에서 인공지능 시스템으로 제어되고 있었다. 이 시스템은 교차로를 빠져나가지 못한 채 정지해 있었던 화물차의 단조롭게 채색된 평평하고 긴 직사각형 꼴 측면을 구름 없이 맑은 하늘로 인식한 것으로 추정되며, 그 결과로 전혀 감속하지 않은 채 그 화물차의 측면을 들이 받았다.[16] 테슬라의 운전석에 있던 조슈아 브라운은 그 자리에서 목숨을 잃었다.

우리는 세계를, 적어도 작동 환경 내의 모든 유관한 대상과 사건들을,

16) 이 사고에 대해서는 테슬라사가 자동차에 장착한 시스템이 도로에 대하여 움직이는 사물들에 대한 인식에 예민하도록 설정되어 있는 반면 전신주나 우체통처럼 멈춰 있는 사물들은 대체로 무시하도록 설정되어 있었던 점이 중요한 원인이라는 분석도 있다. 테슬라사는 실제로 이 사고 이후 오토파일럿 장치가 자동차에 장착된 카메라가 수집하는 데이터보다 레이더를 통해 수집되는 데이터에 좀 더 의존하도록 프로그램을 보정하였다. Stewart (2018) 참조.

인간의 방식으로 분별하는 그런 기계를 만들어낼 수 있을까? 그런 일은 어떻게 하면 가능할까? 어떤 종류의 실제적인 과정이 운전자 인공지능과 인간 운전자가 지각에 적용하는 분류체계 간의 충분한 유사성을 확보할 수 있을까?

기계나 운전자 인공지능에게 우리가 세계를 보는 방식을 가르치는 일은 다음 중 한 가지 방법(또는 두 가지 방법의 결합)으로 이루어질 수 있을 것이다. 하나는 우리가 채택한 분류체계를 운전자 인공지능에게 고스란히 전수하는 것이다. 다른 하나는 인공지능 체계가 우리와 그리고 세계와 상호 작용하는 가운데 세상을 보는 우리의 방식을 차츰 배우도록 하는 것이다.

우리 자녀들은 후자의 방식을 따라 그 부모들이 채택하는 개념 체계를 배운다. 그러나 우리는 운전을 맡은 인공지능에 그런 길을 허용할 수가 없다. 그것이 인간 아이들과 같은 방법으로 배울 것인지 분명치 않지만, 그 방법은 용인할 수없는 위험을 수반한다. 이러한 학습 과정을 위해서는 적절한 분류 방식이 아직 확립되지 않은 상태에서 인공지능이 차량을 운행해야 하고 이 경우 원칙적으로 그 행동은 예측 불가능하다. 그러한 위험을 방지하기 위해 우리는 현실 세계의 거리에서 학습 과정 대신 데이터 기반의 기계학습을 채택할 수 있다. 그리고 거기에는 다음과 같은 두 가지 방법이 있다.

[A] 기계지능에 우리가 가진 개념들과 더불어 그것을 적용해 세계를 지각하고 인식하는 방식을 새겨 넣는 방법 (하향식 각인)

[B] 기계지능에 우리의 개념체계를 반영하는 충분한 양의 자료를 공급함으로써 이루어지는 기계학습 (상향식 학습)[17]

5. 이 조건은 만족시키기 어렵다

그런데 위의 두 방법 중 [A]를 통해 기계를 가르치는 일은 성공하기 어려워 보인다. 무엇보다도 먼저, 우리는 의식적으로 혹은 무의식적으로 쉼 없이 모든 것을 분류하지만, 그렇게 사물, 사건 및 속성을 개념들로 분할해서 이해하는 일에 관한 명시적인 규칙을 스스로 인식하고 있지는 않다. 그렇기 때문에 [A]에서 전달되어야 할 분류체계나 분류방식 자체를 정식화하는 일은 성공의 보장이 없는 도전적 과제다. 더욱이, 우리는 끊임없이 변칙사례들을 만나고, 그런 사례들과 씨름하는 가운데 우리의 분류체계 자체도 지속적으로 변화한다. 게다가 우리는 서로 다른 문화와 언어의 분류법 간에 차이가 있다는 사실을 알고 있다. 심지어 동일한 문화에 속한 개인들 사이에도 각 사람이 적용하는 사전(lexicon)들이 서로 얼마나 일치하는지는 분명치 않다. (단, 이 글이 말하는 조건이 완전히 정밀한 일치를 요구하는 것은 아니다.)

이 어려움은 좀 더 기본적이고 실질적인 배경을 가지고 있다. 그것은 우리가 지각 경험의 특정한 부분을 내포적으로 잘 정의되고 외연적으로 깔끔하게 구획된 대상 집합과 대응시켜야 하는 문제를 만나게 되는 경우가 거의 없다는 사실이다. 우리는 단순히 우리 생각 속에 있는 개념들을 적용해서 파악하고, 예컨대 "이 바나나는 아직도 퍼런데요." 식으로 말한다. 우리는 늘 이런 일을 하면서도 스스로 어떤 개념 체계를 적용하고 있는지, 개념과 지각 자료 간의 상관관계가 어떠한지 반성할 일이 없다. 이런 인지 과정에 적용되는 규칙을 의식하고, 개념틀과 지각 사이의 일치

---

17) 기계에 도덕을 학습시키는 상향식 접근법과 하향식 접근법에 관한 일반적이고도 유용한 분석은 Wallach & Allen (2008)을 참고하라.

혹은 불일치를 감지하면서 메타적 관점의 조사를 수행해야 할 필요성은 아주 드물게만 의식된다. 심리학자들은 언어 사용자들 간에 새, 의자, 집처럼 사물 범주의 기본적인 개념들을 적용하는 방법에 불일치가 존재한다는 사실을 확인하기도 했다. 그런 불일치는 예컨대 금, 소금, 물 같은 물질 개념의 범주나 빨강, 뜨거움, 직선임(straightness) 같은 지각적 속성의 범주에서도 나타난다.[18)]

우리의 두뇌가 어떻게 개념을 학습하고, 그 개념들을 속성 공간에서 특정한 구조와 대응시키는지, 예컨대 그것이 하나의 중심점에 대응하는지 아니면 흩어져 있는 여러 개의 중심점이 필요한지 등 개념들의 속성에 관한 연구는 지난 수십 년 동안 심리학, 인지과학, 언어학 등의 분야에서 검토되고 논의되었다.[19)] 그리고 그런 연구는 여전히 갈 길이 멀다.

그렇다면 경로 [B]는 어떤가? 그 역시 별 도움이 되지 않는다. [B]의 효능에 대한 첫 번째 제한은 자료에 붙이는 표지(label)에 관하여 우리의 만장일치가 항상 보장되지 않을 뿐만 아니라 오히려 의견 불일치를 경험하는 일이 많으리라는 것이다. 앞에서 언급한 것처럼 우리가 관찰한 물체나 현상을 특정 범주에 대응시켜 서술하려고 할 때 종종 어려움이나 불확실성을 경험한다는 사실을 고려하면 이는 자연스럽다. 둘째, 우리가 기계학습을 위한 모든 표지에 관하여 의견일치에 도달한 상황을 가정하더라도 인공지능이 그로부터 우리가 지각에 적용하는 분류법을 충분히 잘 배울 수 있는지 여부는 여전히 불확실하다.

또한 운전자 인공지능이 예를 들어 '어린이'의 개념을 학습했다고 해

18) Armstrong et al. (1983), 특히 Table 2와 Table 5 참조.

19) Margolis & Laurence (1999)에 실린 논문들, 특히 두 편집자가 공저한 1장 "Concept and Cognitive Science"이 개념의 본성에 관한 토론의 역사와 주요 견해들, 그리고 여전히 논쟁의 대상이 되는 문제들에 관하여 잘 정리된 정보를 제공한다.

도, 운전의 상황에서 수집된 시각 자료를 적절한 맥락 속에 해석된 장면으로 분류하는 일은 어려워 보인다. 당신이 비오는 밤 운전을 하던 중 집 근처에서 아홉 살쯤 되어 보이는 아이가 잠옷 바람으로 차로변에서 비를 맞고 서 있는 것을 보았다고 생각해 보라. 당신은 아마도 차를 멈추고 아이가 괜찮은지, 도울 일은 없는지 알아보려고 할 것이다. 반면에 운전자 인공지능이 그렇게 작동할 개연성의 근거는 희박해 보인다.

자율주행자동차를 만들어 인간 운전자들을 대신하도록 하려면, 그런 대행자 역할을 하는 운전자 인공지능은 신중하고 유능한 운전자의 눈높이에서 작동해야 한다. 그렇지 않다면 우리는 신중하고 유능한 보통 운전자들 대신에 그것들을 채택함으로써 우리가 사는 세계에 특정한 순손실을 끌어들이는 셈이 되기 때문이다.

아홉 살짜리 아이 이야기로 토론을 극화하려는 것이 아니다. 자율주행자동차가 일종의 트롤리 문제에 해당하는 상황을 만난다고 가정해보자. 트롤리 문제는 자율주행자동차 기술에 대한 토론에 흔히 등장하면서도 여전히 뜨거운 주제다.[20] 대부분은 트롤리 문제의 약화된 버전, 즉 치명적인 인명 피해와는 무관한 상황이겠지만, 인간 운전자가 이렇게 혹은 저렇게 변형된 트롤리 문제의 상황을 현실에서 만나는 것은 결코 드물지 않은 일이다. 이런 상황에서 운전자들은 늘 그렇게 하듯 결정을 내리고, 그에 따라 행동한다. 그런데 기계가, 혹은 인공지능이 이 일을 한다고 상상해보자.[21] 그것은 우선 '이 상황'을 인식해야 한다. 그것이 어떤 해결안

---

20) MIT 미디어랩의 공학자 라완(I. Rahwan) 등이 구축하여 운영한 '모럴 머신'(Moral Machine) 웹사이트를 보라. (URL=http://moralmachine.mit.edu) 모럴 머신에서 수집된 의견의 분포에 대한 보고와 이 플랫폼을 운영한 저자들의 해석은 Awad et al. (2018)을 참고하라.

21) 자율주행시스템이 트롤리 문제 유형의 치명적인 딜레마 상황에 특정한 방법으로 대응하도록 운전자 인공지능을 구축하는 것은 특정한 속성을 가진 사람들이 딜레마 상황에서 피해자가 되도록 미리 점찍는 일종의 표적화(targeting)를 함축한다는 Lin (2015)의 비판을

을 모색하거나 채택하기 위해 먼저 지각에 해당하는 기능을 통해 파악해야 하는 상황은 어떤 것인가? 우리가 토론하는 트롤리 딜레마 유형의 상황에서 자율주행시스템이 어떤 결정을 내리기 위해서는 그런 파악의 내용에 대략 다음과 같은 것들이 포함되어 있어야 한다. 브레이크가 작동하지 않는 차량, 위험을 의식하지 못하거나 위험을 피할 수 없을 것으로 보이는 다섯 명의 사람, 변경된 대체 선로에 있는 다른 사람, 그리고 다섯 사람의 생명과 한 사람의 생명 중 한쪽을 희생하는 것 이외에 다른 선택지가 없다는 사실. 그러나 공학적으로, 기계나 인공지능이 이러한 개념적 파악에 도달하는 방법은 전혀 명확하지 않다.[22)]

조깅하는 사람이나 유모차를 미는 엄마를 포함해 다양한 속력으로 움직이는 보행자, 자전거, 여러 종류의 차량 등이 뒤섞여 있는 혼잡한 광장 같은 상황에서도 우리는 별 어려움 없이 차를 운전한다. 때로는 보행자가 차와 단 몇 센티미터 이내로 스치듯 지나가기도 한다. 이는 이런 도로 상황에 참여하는 주체들이 해당 공간의 상황을 잘 이해할 뿐만 아니라 다른 참여자들의 행동을 예측할 수 있는 능력을 갖추고 있기 때문에 가능한 일이다. 이런 능력은 경험에 의해 획득되는 법이고, 이런 능력의 획득은 특정한 동물적 본능을 바탕으로 이루어지는 지각과 운동의 결합이 낳는 성과다. 그리고 기계학습이 자율주행자동차를 운전하는 인공지능에 이런 종류의 역량을 공급하리라는 보장은 없다.[23)]

참고하라. 이에 관한 De Sio (2017)의 논의도 비교하여 보라.

22) "[기계시각(machine vision)이] 도시의 공간에서 대상들을 식별하는 것은 어려운 일이다. 대상들의 외관이 광범위한 다양성을 띠는 것이 한 가지 이유고, 다른 대상들이나 관심이 가는 대상 자체로 인한 가림(occlusion)의 효과가 발생하는 것이 또 한 가지 이유다. 이에 덧붙여, 대상들 간의 닮음이나 대상과 배경의 유사성, 그리고 음영이나 반사 같은 물리적 효과도 식별을 어렵게 만들 수 있다."[Janai (2017), 10].

23) 『마스터 알고리즘(The Master Algorithm)』에서 도밍고스(Pedro Domingos)는 긍정의 전망을 피

[A]와 [B]에 공통되는 어려움이 더 있다. 간단히 말하자면, 우리가 스스로를 반성하며 정직하게 평가할 경우, 인공지능을 가르쳐야 할 우리 자신이 거의 늘 확신 없이 주저하는 교사일 것이라는 사실이다. 우리는 대부분의 개념을 직접적이거나 간접적인 지칭이 연루된 경험을 통해 배운다. 그런데 개념들의 지칭과 결부된 이러한 경험은 산발적이고, 속성 공간에서 연속체를 형성하지 않는다. 뿐만 아니라, 이런 경험의 내용 중에는 잘못된 지칭의 사례들도 뒤섞여 있다. 훌륭한 상급 교사가 곁에서 그 오류를 바로잡아준다면 좋겠지만, 일반적으로 기대할 수 있는 일은 결코 아니다. 결과적으로, 자연히, 속성 공간에서 대상 집합의 경계는 분명하지 않다. 더욱이, 많은 개념들에 대하여, 비정형적인 괴짜 사례들이 존재한다. 어떤 경우에는 해당 개념과 유관한 전문가공동체가 문제의 개념을 정의하고 적절한 지칭의 경계를 결정해줄 수도 있지만 일반적으로 그렇지는 않다. 우리가 일상에서 사용하는 개념 가운데 이런 종류의 모호성으로부터 자유롭다고 할 수 있는 것들은 거의 없다. 현실의 맥락에서 개념을 다룰 때는 이러한 사정을 참작하지 않으면 안 된다.

지금까지 이 논문은 기계학습의 하위 범주로서 이른바 지도학습(supervised learning)만을 고려해온 셈이다. 그렇다면 다른 길인 비지도학습(unsupervised learning)은 어떨까? 비지도학습의 특성과 힘과 한계를 고찰하는 일은 이 논문의 몫이 아니지만, 비지도 방식의 기계학습이 우리가 논의해 온 개념적 이해를 가져다줄 것이라고 믿는다면 소박한 희망적 사고일 뿐이다. 비지도 학습이 문제를 해결하는 열쇠라고 믿을 만한 근거는 미약한 반면, 그 한계는 분명하다. 간단히 말하자면, 희망적 관점에서 볼

력하지만, 그것은 기계학습을 선도하는 공학자의 희망적인 예견 차원의 긍정이지 이 글의 논의가 요구하는 보장을 함축하는 긍정이 아니다.

때 비지도학습이 찾아낼 수 있으리라고 기대할 만한 의미 있는 것은 이른바 '자연의 마디'에 해당하는 것들이다. 그리고 '탈것(vehicle)', '자전거', '교차로' 같은 개념들은 하나같이 그런 자연의 마디가 아니라 인간의 약속과 관행이 만든 범주들을 지시한다.[24)]

6. 우회로, 그리고 사회적-윤리적 고려사항

이상에서 검토한 두 경로 [A]와 [B]의 전망은 부정적인 것으로 판명되었다. 이제는 끝으로 이 문제를 달리 해결하도록 해 줄지도 모를 우회로를 검토해보도록 하자. 첫 번째 우회로는 자연의 진화를 닮은 과정이다. 우리는 현실의 교통 상황에서처럼 길 위에서 수많은 상호 독립적이고 저마다 고유한 속성을 지닌 자율주행 프로그램이 자유롭게 상호작용하는 상황을 상상해볼 수 있다. 그것은 말하자면 N 종류(N≫1)의 자율주행 프로그램 또는 운전자 인공지능이 도로 위에서 운전을 하는 N 명의 운전자에 상응하는 구도다. 우리는 이런 방식으로, 일종의 자연선택(natural selection)의 경로를 거쳐, 다양한 환경과 조건에 잘 적응된 운전자 인공지능이 개발될 수 있으리라고 기대해볼 수 있다.

그러나 이것은 가능한 줄거리이긴 해도 문제 해결의 방안으로 허용하기 어려운 길이다. 그것은 보행자로, 운전자로, 공공교통의 이용자로 도로교통 체계에 참여하고 있는 우리의 안전과 건강에 새로운 종류의 실질적인 위험을 초래하는 방안이기 때문이다. 그것은 설령 그 목표가 달성될 경우 현재보다 더 안전한 교통 체계가 확립되리라고 가정한다고 해도

---

24) 비지도학습의 한계에 관해서는 Ko (2017)를 참조하라.

허용할 수 없는 위험이다. 그것은 오늘의 도로교통 참여자들의 안전을 위협하는 비용을 지불하여 내일의 안전을 사려는 행위이기 때문이다. 주요 공학단체들의 공학윤리헌장이 공통적으로 그 제1조에서 공학이 공공의 안전과 건강을 최상의 가치로 추구한다고 선언하고 있는 점에 주목할 필요가 있다.[25] 우리가 우리의 대행자로 로봇 시스템을 채택할 경우에도 우리는 공공의 안전을 가장 먼저 고려해야 하고, 그렇게 함으로써 충분한 수준의 안전을 확보해야만 한다.

어떤 공학설계가 실현하는 상황도 위험 0의 상황은 아니며, 따라서 '충분한 수준의 안전'이 어떤 것이냐 하는 토론은 항상 촉발될 수 있다.[26] 그러나 다른 압도적인 근거가 없는 한, 적어도 기존의 상황에 존재하지 않는 새로운 종류의, 더구나 그 발생의 양상을 예측할 수 없는 종류의 새로운 위험을 현실에 끌어들이는 해법을 '더 나은 기술을 개발하기 위한 방법'이라는 근거로 허용할 수는 없다. 우리는 인간을 대체하고 인간의 역할을 대행할 인공지능 시스템에 대하여 충분히 우수한 수준의 작업 수행 능력을 요구해야 한다.[27]

그리고 여기서 '충분히 우수한 작업 수행 능력'의 기준은 그것이 대체하려는 인력에게 우리가 기대하는 작업 수행 능력이다. 다시 말해, 인공지능 시스템은 그것이 대체하고 대행할 체계와 비교하여 충분히 우수한 수준의 작업을 수행할 수 있어야 한다. 그런데 인간 행위자들이 만들어 온 사회적 경험의 역사 덕분에 어떤 나쁜 결과가 생겼을 때 그 책임을 어

---

25) 대표적인 예로, 전기전자기술자협회(Institute of Electrical and Electronics Engineers: IEEE)와 미국 전문공학자협회(National Society of Professional Engineers: NSPE)의 공학윤리헌장을 보라. Harris et al. (2006), 529-543 참조.

26) Harris et al. (2006), 7장 참조.

27) 물론 이 요구의 대상은 그런 시스템이 아니라 그런 시스템을 개발하는 사람들, 그리고 특히 그것을 사회에서 어떤 방식으로 활용할지를 결정하는 정책 결정자들이다.

떻게 평가하고 귀속시키거나 배분해야 할 것인지에 대해서는 상당한 만큼의 규칙과 체계적인 사고가 정착되어 있는 반면, 지능을 장착한 기계에 의해 벌어지는 일들에 관해서는 그렇지 못하다. 우리는 인공지능의 활용에 관한 결정을 내릴 때 이러한 정보결핍의 현실을 참작할 필요가 있다.

고려해 볼 만한 또 하나의 우회로는 '분리'다. 차선도 없는 곳에서 자동차, 온갖 속도로 움직이는 보행자, 자전거, 유모차 등이 한데 어우러지는 도시의 일부 공간과는 달리 고속도로의 제한된 상황은 인공지능에 의한 주행 시스템이 별로 어렵지 않게 외부 환경을 지각하고 운전과 관련된 분류체계를 적용할 수 있을 만큼 단순한 세계로 보아도 괜찮은 경우일 수 있다. 그러나 일반적인 도로의 상황은 훨씬 더 복잡하고, 조금 더 자세히 살펴보면 고속도로도 고라니, 멧돼지, 들고양이 같은 짐승과 갖가지 종류의 새들, 뿐만 아니라 창문으로 날아드는 곤충 등으로 상당히 복잡하고 비균질적인 공간이다. 물론 고장이나 사고로 멈춰 있는 차량, 거기서 도로로 걸어 나온 사람 등도 드물지 않은 추가 요소다. 한 가지 해결책은 전체 도로의 일부분을 자율주행자동차 전용의 공간으로 만들고 자율주행자동차와 인간 운전자가 섞이지 않도록 하는 것이다.[28] 그러나 결국 인간을 실어 나르는 교통체계의 속성상 완전한 분리가 실질적으로 불가능하리라는 문제를 빼고 생각하더라도, 이것은 경제적 관점에서 볼 때 현실과 거리가 먼 해법이다. 전체 사회에 대한 경제적 이익이 교통 시

---

28) 비용을 충분히 들이면 온갖 짐승의 접근까지 거의 완벽하게 차단된 공간을 만들 수 있을 것이다. 그것은, 비유하자면, 우리의 교통체계 안에 일종의 멸균실같은 장소를 마련하는 일에 해당한다. 멸균실은 그것을 통해서만 실현 가능하다고 생각되는 특수하고도 고유한 목적을 위해 설치되는 고비용의 장치로, 그 효용이 비용을 능가한다는 점에서 경제적 정당성을 확보한다. 자율주행을 위한 '도로교통체계 내의 멸균실'이 그러할 것인지는 따져 보아야 할 문제다.

스템에 자율주행자동차를 도입한 주요 논점 중 하나라는 사실을 상기할 필요가 있다.

이상의 논의가 자율주행자동차 기술을 중단시킬 회의론을 필함하지는 않는다. 지금도 구글, 테슬라, 우버, 바이두 등 굴지의 여러 기업이 매달려 자율주행과 관련한 기술을 개발하고 정련하는 동시에 다양한 도로 상황에서 소중한 경험을 축적하고 있다. 그리고 이렇게 축적된 자료는 유능한 (인간) 운전자와 자율주행시스템 간의 유사성 수준을 향상시킬 토대가 될 것이다. 다만 어떤 경우에도 분명히 인식되어야 할 당위 명제는, 어떤 기술이든 그것이 실현되는 사회 환경에 정착되어야(embedded) 한다는 것이다. 정착의 바탕과 유리되거나 상충하는 기술은 현실에서 지속가능한 방식으로 존립할 수 없다. 그리고 이러한 정착의 기본 조건은, 앞에서 확인한 것처럼, 공공의 안전을 진작하고 위협하지 않는 것이다. 자율주행과 같은 혁신적인 기술은, 그것이 인간의 안전을 적어도 훼손하지 않는다는 최소한의 조건을 충족한다고 인정할 수 있는 경우에 한하여 현실에 도입 가능한 기술이 될 것이다.

7. 마지막 의문, 그리고 덧붙이는 말

이 논문을 읽은 사람 가운데 일부는 인간 운전자라고 해서 여기서 이야기한 어려움이 해소된다고 볼 이유가 없지 않느냐는 합리적인 반문을 제기할 것이다. 실제로 인간 운전자는 운전을 하는 동안 무수히 많은 종류의, 때로 정체를 식별하기조차 어려운 대상들과 그것들의 속성, 그리고 그런 대상들 간의 상호작용을 지각하고, 그 결과를 운전에 필요한 판단에 활용한다. 이런 일들은 하나하나 따지고 보면 정말 어려운 과제다.

그러나, 신기하게도, 우리는 대개 끔찍한 재앙을 야기하지 않고 그런 일을 해내고 있다. 이 지점에서 "그렇다면 최근 몇 년 동안 우리를 감탄하게 할 만큼 뛰어난 학습 능력을 지닌 똑똑한 인공지능 시스템 역시 그렇게 하지 못할 이유가 있을까?" 하는 의문이 제기될 수 있다. 그러나 그런 의문을 제기하는 사람도 인정할 수밖에 없을 것은 인간 운전자들은 그 일을 해내고 있다는 사실, 그리고 자율주행자동차가 모든 가능한 상황에서 그렇게 할 것인지는 아직 불확실하다는 사실이다. 이 논문은 이것이 단지 아직 도래하지 않았다는 의미의 불확실성이 아니라 어떤 의미에서 근거 있는 불확실성인지를 논하였다.

끝으로, 불필요한 논쟁을 절약하기 위해, 이 논문의 표명하는 견해의 표적을 다시 확인해두도록 하자. 이상에서 논자는 기계지능으로 작동하는 인공물로 하여금 인간을 대행하도록 하는 일에 대하여 뚜렷이 유보적인 견해를 피력하였다. 그러나 이러한 견해는 이 글이 중심 사례로 다룬 자율주행자동차의 경우처럼 그것의 활용이 인간의 안전이나 건강에 직접적인 영향을 미치는 것들에 적용되는 것이다. 그 이외 범위의 인공지능 응용 기술에 관해서는 이 글의 논의가 직접 말하는 바 없다.

4장

기계가 사물을 볼 때: 인간을 대행하는 인공물의 지각

서비스 로봇이나 자율주행자동차처럼 현실의 공간에서 작동하는 기계가 임무를 성공적으로 수행하기 위하여 갖추어야 할 조건은 그것이 처한 환경의 상태를 파악하는 능력, 곧 지각의 능력이다. 이 논문은 이런 기계 지각, 특히 인간을 대행하도록 의도된 기계의 지각이 충족해야 할 조건들을 검토한다. 이러한 시도는 오늘의 사회가 집단적으로 추진하고 있는 공학 프로젝트에서 기술의 지향점을 환기시키면서 그것을 향한 실천을 구체화하는 논의라는 의미를 지닌다. 공학윤리의 원칙에 명시된 최우선의 가치를 고려할 때, 인간을 대행할 인공물은 우리가 아는 범위에서 가장 안전한 방식으로 구성되어야 하고, 이를 위하여 기계 시각을 비롯한 인공물의 지각은 일차적으로 그것이 대행할 인간의 지각을 닮은 결과를 산출하도록 설계, 제작되어야 한다. 인간의 지각은 자연의 역사가 부여한 여러 흥미로운 속성들을 가지고 있다. 특히 이 논문은 지각의 대상

을 개념적 범주들을 적용해 판별하는 방식, 지각에 나타나는 다양한 항등성의 측면들, 인간의 지각에 나타나는 행지주의적 특성에 주목한다. 이 세 요소는 자율주행자동차를 비롯하여 이 논문이 고려한 적용의 영역들에서 모두 뚜렷한 유관성을 드러낸다. 이로부터, 이런 똑똑한 인공물을 설계, 제작하는 과정에서 인간 지각의 이러한 속성들이 실현되거나 아니면 적어도 실질적인 손실 없이 대체되는지를 살펴야 한다는 당위가 도출된다.

1. 문제 확인: 기계의 지각이 왜 문제인가?

알파고가 주어진 상황에서 최선의 수를 찾아내는 일에 아무리 뛰어난 계산과 판단의 능력을 가졌다고 해도, 바둑판 위에 주어진 상황을 파악할 수 없었다면 아무 쓸데없는 능력이었을 것이다. 그러나 알파고의 작동에 관한 기존의 논의는 '바둑판 위에 주어진 상황'으로부터 '이길 확률을 극대화하는 다음 수'를 찾아내는 그것의 능력에 국한되었고, 바둑판에서 돌의 위치를 파악하는 능력은 거론되지 않았다. 알파고의 대국에서 모든 수가 좌표의 방식으로 입력되고 이세돌이 놓은 돌의 좌표를 입력하는 것이 사람의 몫이었다는 점을 고려하면 이러한 현실은 이상하지 않다. 그러나 이를 뒤집어 말하자면, 이세돌이 놓는 돌의 위치를 보고 좌표로 입력하는 외적 개입이 없었다면 알파고는 도대체 이세돌과의 대국을 실행할 수 없었다는 것이기도 하다. 아마도 알파고를 설계하고 작동시키는 기술에서 3차원 공간 속 바둑판 위에 놓인 돌의 위치를 읽는 일은 도전의 항목이 아니었다고 보아야 할 것이다. 그리고 어쩌면 그것은 알파고의 바둑 두뇌를 만드는 일에 비해 아주 쉬워서 별도의 고찰이 필요치 않다는 의견도 있을 수 있다. 그러나 여전히 분명한 사실은, 쉽든 어렵든 그와 같은 지각의 능력이 없이는 바둑판을 사이에 두고 누군가와 바둑을 두는 일이 불가능하다는 것이다.[1)]

이 논문의 시선은 알파고 같은 인공지능 프로그램을 장착한 인공물이 현실 공간에서 사람과 상호작용 하는 상황을 향한다. 그것이 이 논문이 전망하면서 다루려는 문제 상황의 얼개이다. 사람과 지적 능력을 겨루는 시합을 하든, 환자나 노약자를 돌보거나 그런 일을 거들든, 사람 대신 자동차를 운전하든, 우리가 사는 물리적 세계의 환경 속에서 그것이 어떤 작업을 실행할 수 있으려면 그것이 처한 환경의 상태를 파악하는 일이 선행되어야 하고, 이런 일을 위해서는 환경의 상태를 파악하는 작용, 다시 말해 지각(perception)이 필요하다.

이 논문은 저런 일들을 하는 인공물의 지각이 갖추도록 지향해야 할 조건들을 고찰한다. '저런 일들을 하는 인공물'이란, 달리 말하자면, 인간의 일을 대신 하는 인공물을 뜻한다. 그것은 조심스러운 의미에서 '인공 행위자' 또는 '인공 행위주체'라고 부를 수 있을 것들이다. 이런 인공물을 구상하고, 그 구상을 공학적 설계로 구체화하고, 설계에 따라 제작하고, 그렇게 만든 것을 운용하거나 사용하는 것은 모두 우리, 인간이다. 이런 설계와 제작의 과정에서 지켜야 하거나 적어도 지향해야 할 원칙이나 가치 같은 것이 있는가? 이것은 기술에 대한 소박하면서 동시에 근본적인 물음이다. 논자는 "… 지향해야 할 조건들"을 고찰하겠다고 했고, 이는 이 일에 고려되어야 할 규범이나 원칙이 있다는 생각의 표현이기도 하다.

---

1) 바둑돌을 집어 바둑판 위에 놓는 능력은 또 다른 종류의 도전을 함축하지만, 이 논문의 관심사는 아니다.

적어도 오늘의 사회에서 공학은 개별 주체로서의 인간이 가진 창의성을 실현하는 개인적-자발적 활동이라기보다 집합적 주체로서의 인간이 필요에 따라 도구(artifacts)를 만드는 공동체 차원의 효용 지향적 활동이라고 보는 것이 적절하다. 이렇게 볼 때, 주요 공학단체들의 윤리헌장이 거의 일률적으로 공공의 안전과 건강과 복지를 모든 공학 활동의 최우선 고려사항으로 천명하고 있다는 사실이 자연스럽게 이해된다.

이러한 관점에서 생각한다면, '인간의 일을 대행할 인공물'을 만들려고 할 때 우리는 그것이 우리가 알고 있는 범위에서 가장 안전한 방식으로 목적에 봉사하도록 설계하고 제작해야 할 것이다.[2] 이를 이 논문의 주제인 인공물의 지각에 적용한다면, 우리가 우선 추진할 시도의 목표는 '인간처럼 지각하는' 기계나 그런 시스템을 만드는 것이다. 여기서 '인간처럼'이란, 결과적으로 산출된 지각 내용의 차원에서의 유사성을 의미한다. 즉, 인간의 일을 적절하게 대행하기 위해서는 인간이 비슷하다고 보는 것을 비슷하다고, 인간이 다르다고 보는 것을 다르다고 보아야 한다. 사물을 인간과 다른 방식으로 지각하면서 인간보다 더 안전하게 그리고 효율적으로 인간의 일을 대행하는 인공물이 등장하게 되는 일은 논리적으로 가능하지만, 그런 가능성의 실현이 입증되기 전까지 우리가 의존할 수 있는 최선의 기준은 '인간의 방식'이다.

이것은 기계에 인간의 것과 같은 재질의 각막이나 수정체를 적용하거나 인간 신체에서 작용하는 신경전달물질을 사용해야 한다는 의미가 아니다. 공학이 '인간처럼'의 원칙을 구현하기 위해 흉내 내야 할 것은 재료

---

2) 예컨대 100년 뒤쯤 인류에게 중요한 질적 도약을 선물할 수 있으리라고 기대되는 기술을 정착시키기 위해 오늘 수천 명의 생명이나 건강을 내걸고 실험을 한다면 이런 관점과 상충한다.

나 세부 과정이 아니라 결과적 속성이다.[3] 세계 속에서 인간을 대행하는 인공물을 만들려면, 일단 세계를 인간처럼 지각하는 인공물을 만들어야 한다. 물론 그런 인공물을 만드는 일은 공학자들의 과제다. 그러나 철학은 '인간처럼 지각한다'는 것이 어떤 것인지에 대한 토론을 통해 이 일을 도울 수 있다. 그것이 이 논문이 하려는 작업이다.

2. 인공 지각의 몇 가지 유형과 특성

앞 절에서 언급한 요청의 관점에서 본다면, 알파고의 경우는 인공물의 지각을 고찰하는 일에 그리 적절한 사례가 아니다. 파악되어야 할 환경이 아주 제한되고 단순하기 때문이다. 알파고가 읽어 파악해야 할 세계의 범위는 가로세로 각 42cm와 45cm 남짓한 크기의 직사각형 평면으로 뚜렷이 한정되어 있을 뿐만 아니라 종과 횡 열아홉 줄씩의 먹줄을 통해 구조화되어 있고, 그 위에 놓이는 대상 역시 희거나 검은 원형의 물체 단 두 종류밖에 없다. 이런 까닭에, 알파고가 '바둑판을 보고 상황을 파악하는 일'은 ―그렇게 가능한 상황들의 전체집합을 컴퓨터가 한꺼번에 고려할 수 있는가 하는 물음[4]과 상관없이― 특정한 기준을 적용하여 군집화(grouping)함으로써 처리의 포괄성과 효율성을 높일 수 있는 셀 수 있는

3) '인간처럼'의 원칙은 특정 속성이나 기능에서 인간의 그것을 능가하는 인공물을 만들어내는 일을 금하는 것과는 거리가 멀다. 단, 그것은 그런 뛰어넘기의 과정이 '인간처럼'의 경로를 연장하는 방식으로 이루어져야 한다고 권유한다. (이는 불필요한 논쟁을 절약하기 위한 참고적 언급이다.)

4) 2016년 당시 알파고가 이세돌을 이기지 못할 것이라는 대국 전 예측은 대개 이 전체집합의 크기가 컴퓨터가 계산할 수 있는 규모보다 훨씬 크다는 논거에 의존하였다. 그러나 알파고는 이런 전체집합을 계산에 끌어들이지 않고 이세돌을 이겼다.

(countable) 경우들을 다루는 일로 수학화할 수 있다.[5)]

그러나 산업용 로봇이나 휴머노이드 로봇을 비롯한 다양한 지능형 기계가 그것이 다루는 대상과 더불어 작업 환경의 상태를 파악하는 일은 이와는 비교할 수 없을 만큼 다양하고 복잡한 조건에서 실행된다. 작업장이나 거주 시설의 출입을 제어하는 일에 활용되는 얼굴 인식 시스템을 생각해보자. 그런 시스템은 카메라에 잡힌 사람의 얼굴을 보고 그가 누구인지 읽어 출입구를 열 것인지 여부를 결정한다. 이 시스템이 성공적이라면, 그것은 거주자가 입구로 들어오려 할 경우 그가 지난 며칠의 고된 출장으로 초췌해진 모습이라 해도 그가 거주자임을 알아보고 열어주는 반면, 비거주자가 들어오려는 경우에는 아무리 거주자와 얼굴이 닮은 그의 형제라도 거주자가 아님을 알아보고 들어오지 못하도록 통제할 것이다. 이런 시스템이 작동하는 데는 앞에서 살펴본 알파고의 경우와 다른 조건이 적용된다는 점이 눈에 띈다. 그것은 원칙적으로, 셀 수 없는 방식으로 다양한(uncountably many) 경우들을 다뤄야 한다. 정보를 처리하는 속도가 어떠하든 상관없이, '주어진 상황을 파악하는 일'에 관한 한, 얼굴 인식 방식의 출입 제어 시스템은 알파고보다 한 단계 어려운 과제를 떠맡고 있다.

일상의 도시교통 환경에서 운행하는 자율주행자동차를 생각해 본다면, '주어진 상황을 파악하는 일'은 앞의 출입 제어 시스템보다도 한층 더 복잡하고 그래서 어려운 도전을 포함한다. 차이의 핵심은 고려되어야 할

---

5) 기사들이 바둑판에 돌을 놓는 실제 위치가 먹줄의 교차점과 정확히 일치하지 않는 일은 흔하다. 이런 현실을 고려하면, 바둑판 위에 실제로 돌들이 놓이는 모양은 불가산(不可算)의 연속적 분포를 이룬다고 평가해야 할 것이다. 그러나 바둑이라는 게임의 암묵적 관행에 근거하여 바둑돌은 361개의 위치 가운데 어느 한 곳에 놓일 수밖에 없는 것으로 한정되며, 이런 규칙은 알파고의 게임에서도 당연한 것으로 전제되어 있다.

정보 요소의 다양성이다. 얼굴 인식 시스템에서 이미 경우의 다양성은 한 단계 도약했지만, 그것이 수집하고 처리해야 하는 정보 요소는 특정한 지점—예컨대 건물 1층 입구—을 통해 들어오고 있는 존재에서 '사람의 얼굴'에 해당하는 부분에 관한 영상 자료로 제한된다. 그러나 자율주행자동차가 주행을 위하여 처리해야 하는 자료는 노면 상태, 도로의 곧거나 굽은 정도, 차선구분선의 위치, 경사도 등을 비롯한 도로의 속성들뿐만 아니라 도로 옆이나 위쪽에 나타나는 신호와 표지판, 다른 차량들의 움직임, 그리고 자전거와 보행자 등 자동차와는 다른 운동 흐름을 나타내는 도로교통 참여자 등 다 꼽기 어려울 만큼 많은 대상들과 결부된 다양한 정보 요소를 포함한다. 예컨대 왕복 2차선 도로에서 앞쪽의 길가에 어린이가 찻길을 향해 서서 머뭇거리고 있다면 운전자는 그의 이런 동작에서 어린이가 길을 건너려 달려나올 개연성이 상당하다는 예측을 끌어내 운전에 반영할 것이고, 자율주행자동차는 이런 정상적인 운전자의 성향을 실현할 수 있어야 할 것이다.[6)]

알파고, 지능형 출입 제어 장치, 그리고 자율주행자동차의 세 경우를 살펴볼 때 문제의 조건은 상이하고 또 뒤로 갈수록 인공시스템이 처리해야 하는 정보의 복잡성이 증대된다는 점이 눈에 띄지만, 세 경우 모두 인공시스템이 수행하는 지각의 기능이 그것의 작동에 필수불가결한 전제조건이 된다는 공통점도 드러난다. 이처럼 인공물이 그것을 둘러싼, 혹은 그것이 처한 세계의 상태를 파악하는 것은 인간을 비롯한 동물들이

6) 사람 운전자 대신 자동차의 운행에 관한 모든 사항을 결정하고 그에 따라 조절하는 자율주행자동차가 처리할 수 있어야 하는 정보 요소는 차량 밖 환경에 대한 정보에 국한되지 않는다. 예를 들어 그것은 탑승자가 응급 상황에 처한 경우 이를 파악하여 상응하는 조치를 취할 수 있어야 한다. 종합적으로 고려할 때 이런 일은 거의 불가능하지 않은가 생각될 만큼 복합적인 도전을 의미하지만, 우리는 자율주행자동차 기술이 이미 상당한 수준에 도달해 있다는 현실에도 주목해야 한다. 자율주행자동차 기술의 문제에 관하여는 고인석 (2019b) 참조.

자신이 처한 환경의 상태를 파악하는 동물 지각(animal perception)과 다음과 같은 몇 가지 점에서 주목할 만한 유사성을 드러낸다.

첫째, 거기에는 지각의 주체와 지각의 대상이 있다. 어떤 이는 "인공물이 지각의 주체가 될 수 있는가?"라는 물음을 제기할 수 있겠지만, 아마도 그것은 존재의 진리에 관한 물음이라기보다 형이상학적 태도 표명, 또는 간접적으로 사회 규범에 관한 결정을 요구하는 물음에 해당할 것이다.

둘째, 그것이 얼마나 성공적으로 이루어지는가 하는 것이 지각 주체의 행위—혹은 작동—가 성공적으로 실현되는지의 여부를 좌우할 것이다. 인간 운전자가 눈과 귀 등의 감각기관을 통해 운전 환경을 올바르게 파악하는 것이 안전하고 효율적인 운전의 필요조건이 되는 것과 마찬가지로 자율주행자동차의 자율주행시스템이 카메라와 각종 센서 등을 통해 주행 환경에 관해 정확하고도 적절한 정보를 수집하는 것이 성공적인 주행의 필요조건이다.

셋째, 지각 주체에 해당하는 체계는 대상의 모든 속성을 파악하는 것이 아니라 대상이 지닌 속성의 전체집합에서 특정한 요소들만을 파악한다. 심리학 용어로 '주의'(attention)에 해당할 이런 관계는 지각의 주체가 외부 세계를 파악할 때 일반적으로 어떤 '목표'의 관점이 적용되고 있다는 사실을 추정하도록 해 준다.[7] 그리고 이런 목표는 바로 앞에서 언급한 '성공'과 결부되어 있다. 얼굴 인식을 통해 출입을 제어하는 시스템은 입구에 있는 사람의 머리 부분, 특히 얼굴에 주목하고, 그럴 때 시스템의 관심사는 그것이 출입 권한을 가진 사람의 얼굴인지 그렇지 않은지를 판

7) Goldstein (2011), 6장 참조. 주의는 심리학의 역사에서 일찍부터 중요한 관심의 대상이었다. James (1890), 11장을 보라.

별하는 일에 국한된다.

이 논문은 '인공물에 의한 지각'(artificial perception)이 성립하기 위한 조건을 검토한다. 여기서 논자는 자율주행자동차의 경우를 이 논의가 적용될 전형적인 사례로 삼고 토론을 전개할 것이다. 이런 선택의 이유는 지각에 관하여 자율주행자동차의 경우가 산업용 로봇이나 돌봄 로봇 등 실제 세계에서 작동하는 다양한 지능형 인공시스템의 경우를 포괄하는 성격을 가졌기 때문이다. 특히 이 논문은 이러한 의미의 인공 지각이 실현되기 어렵게 만들 요인들을 검토한다. 이러한 검토는 지각의 기능을 갖춘 지능형 기계들을 설계하고 제작하는 일에서 공학이 고려해야 할 조건들을 부각시키고, 나아가 우리가 인공지능을 장착한 로봇이나 로봇시스템의 존재 지위에 관해 논의하게 될 때 문제의 대상이 도대체(überhaupt), 혹은 어떤 양상의 주체성을 지닌 존재자인지를 평가하는 데 적용할 관점을 구성하는 작업의 디딤돌로 작용할 것이다.[8)]

3. 인공물의 시각이 성립할 조건: 인간의 시각에 견주어

자율주행자동차의 라이다(Lidar: Light Detection and Ranging)는 그것의 눈과 같은 역할을 하는 장치로 평가된다. 라이다는 레이저 광선을 방출하고 그것이 주변의 물체에 부딪혀 돌아오는 것을 감지함으로써 주변 물체

---

8) 논자는 지각하는 존재가 실현하고 향유하는 주체성을 감수자주체성(感受者主體性, patiency)이라고 부른다. 위에서 확인한 것처럼, 이런 감수자주체성은 세계 안에서 다른 주체들과 더불어 서로 영향을 주고받으며 살아가는 행위주체가 그런 주체의 속성을 실현하기 위해 선결조건으로 충족해야 하는 주체성의 측면이다. 행위주체의 구성에서 감수자 체계의 지위에 관해서는 고인석 (2020)을 보라.

까지의 거리를 탐지한다. 자율주행자동차는 360도로 레이저를 방출하는 장치와 더불어 이렇게 반사되어 오는 정보를 감지하는 센서, 그리고 센서들을 통해 수집된 정보를 처리하여 주변에 어떤 물체들이 어떻게 배치되어 있는지를 계산하는 컴퓨터를 갖추고 있다.

이러한 서술에서 이미 라이다가 그 물리적 작동 방식뿐만 아니라 기능의 차원에서도 사람의 눈과는 다른 속성들을 지니고 있음을 간파할 수 있지만,[9] 우선 라이다와 눈의 공통된 기능에 주목하면서 논의를 진행해 보자. 라이다가 하는 일을 자율주행자동차의 시각이라고, 즉 자율주행자동차가 라이다를 통해 주변 환경을 본다고 평가해도 좋을까? 이것은 시각이라는 개념의 적용에 관한 우리의 관행을 확인하려는 물음이라기보다 인공물의 이런 작용을 지각이라고 정당하게 인정할 수 있을 조건을 규명하려는 의도를 표현한다. 그런 조건을 규명하는 일은 어떻게 진행해야 하는가? 그 일은 인간의 지각을 고찰하는 데서 출발해야 할 것이다. 그것이 우리가 알고 있는 가장 명료한 의미의 '지각'의 사례일 뿐만 아니라, 이 논의가 지향하는 행위주체성의 평가와 관련해서도 적절한 기준이기 때문이다.

1) 시각의 성립 조건

마(David Marr)는 본다(to see)는 것의 원초적인 의미를 "바라봄(looking)으

---

9) 라이다는 차량을 중심으로 360도에 걸쳐 모든 방향의 정보를 고루 수집할 수 있지만 사람 운전자는 그렇게 하기 어렵다. (현실은 이와 조금 달라서, 2020년 2월을 기준으로 자율주행자동차의 라이다의 운용은 차량 앞쪽의 정보를 수집하는 데 집중됨으로써 후방으로부터의 위험 감지에 상대적 취약점을 드러내고 있다.) 반면에 사람 운전자가 찻길 가장자리에 서 있는 사람의 모습에서 발견할 수 있을 특성들을 라이다는 발견하지 못할 것이다. 예를 들어 그 사람의 외모를 보고 그가 탑승자의 가족임을 판별하는 일이 사람 운전자에게는 가능하더라도 라이다로는 불가능할 것이다.

로써 무엇이 어디에 있는지를 아는 것”[10]이라고 표현하였다. 마는 ‘바라봄’이 어떤 것인지 거기서 더 이상 해명하지 않았지만, 그의 서술이 시각에 대한 보통 사람의 이해를 표현한 것이었음을 고려한다면 일단 그것을 ‘눈을 뜨고 …에 시선을 두는 일’에서 비롯된다고 이해해도 좋을 것이다. 시각은 눈을 통해 이루어지는 것이고, 시각의 성립은 눈의 적극적인 기능, 즉 주의를 동반하는 작동을 요구한다. 주의가 시각 성립의 필요조건인지, 다시 말해 주의가 결여된 조건에서 시각이 성립하는 경우가 없는지는 분명치 않다.[11] 그러나 주의가 결여된 상황에서의 시선이 ‘바라보고도 지각하지 못하는’ 결과를 낳는 사례들을 볼 때 주의가 시각 성립의 한 요건이라고 추정할 수 있다. 그러므로 인간을 대행할 인공시스템이 인간의 시각에 해당하는 방식으로 사물을 본다고 가정한다면, 주의에 상응하는 속성을 인공물에서 어떻게 구현할 것인지를 고민해야 한다.

또 한 가지 기본적인 조건은 눈의 생리학적 구조를 통해 사물에서 반사된 빛이 망막에 도달해 시각 세포들을 자극함으로써 시신경을 통해 뇌에 전달될 전기적 신호 형태의 정보가 만들어지는 과정에 상응하는 물리적 과정이 일어나야 한다는 것이다. 인공물에서 시각이 성립한다면, 거기서도 이에 상응하는 과정을 확인할 수 있을 것이다. 자기가 좋아하는 인형을 손에 들고 그것과 대화를 나누는 세 살짜리 어린이는 인형이 자기를 보고 있다고 생각할 수 있지만, 인형의 눈이 어린이의 얼굴을 향하고 있다고 해서 인형이 어린이를 보는 것은 아니다. 방금 서술한 것과 같은 ‘빛 자극이 전기 신호를 생성하는 과정’이 일어나지 않기 때문이다. 이

10) Marr (1982), p.3.

11) 딴생각을 하면서 무심코 던진 시선에서도 대상의 지각이 촉발되는 경우는 흔하다. 그러나 이 경우를 주의가 결여된 상황에서 일어난 시지각이라고 보아야 할지 아니면 우연한 자극에 의해 주의가 촉발된 경우라고 보아야 할지는 분명치 않다.

러한 조건은 논문의 서두에 언급한 상황을 비롯한 다양한 기술 영역에서 광학기술과 전기공학기술 등을 기반으로 이미 높은 세련도로 성취되고 있으며, 이 논문에서는 따로 검토하지 않을 것이다.

2) 배경과 대상을 구별하는 일

눈을 뜨고 시선을 대상으로 향하고 있다면 시야의 한가운데에 놓인 사물을 볼 수 있을까?[12] 인공물의 시각이 그다음으로 넘어야 할 과제는 대상과 배경을 구별하는 일이다. 시각은 3차원 공간에 관한 정보를 2차원 공간의 자료로 처리한다.[13] 앞쪽을 향해 카메라를 들고 사진을 찍었다고 생각하면 되겠다. 문제는 단일한 2차원 정보라도 복수의 다양한 3차원적 해석—혹은 재구성—을 허용한다는 점이다.[14]

간단한 사고실험을 해보자. 방금 서술한 상황에서 얻어진 2차원 이미지는 실제로 식탁 위에 놓인 사물들을 찍은 사진이 아니라 그런 사물들을 매우 사실적으로 그린 그림이나 그런 정물(靜物)의 사진을 찍은 사진일 수도 있다. 고화질의 사진 이미지로 나타난 2차원 정보로부터 카메라 앞에 실제로 놓여 있었던 대상의 3차원 구조를 재구성하는 과제를 생각한다면, 이처럼 사진을 찍은 사진에서는 3차원의 깊이 없이 단일한 평면에 놓인 이미지들을 재구성해내야 할 것이다. 그러나 정물을 직접 찍은 사진과 그 정물 사진을 모티브로 한 사진에서 그러한 재구성의 상이한 갈래가 자연스럽게 생겨날 수 있을지는 의심스럽다.

---

12) 마의 서술에서 '무엇이'에 주목하여 보라.

13) 마는, 네커 육면체의 경우를 토대로, 시각이 망막에 조성된 2차원적 시각 정보로부터 세계에 관한 3차원적 묘사를 추출해내는 처리 과정이라고 말한다. Marr (1982), p.25 이하 참조.

14) 인지과학자 호프만(Donald D. Hoffman)은 시각에 형성된 이미지가 무수히 많은 가능한 해석을 갖는다고 말하며 이를 '시각의 근본 문제'(the fundamental problem of vision)라고 부른다. Hoffman (1998), p.13.

이와 같은 사고실험은 2차원적 시각 이미지에서 3차원의 사물들을 읽어내는 일에 그 이미지 자체 이외의 추가적인 힌트가 필요하다는 사실을 인지하게 한다. 인간에게 이런 힌트는 경험의 누적을 통해 이미 주어져 있다. 예를 들어, 우리는 사과와 바나나의 색과 모양과 크기, 그리고 원목 탁자와 그 위에 놓인 흰색 접시가 우리 눈에 어떤 모습으로 나타날 것인지를 이미 알고 있다. 뿐만 아니라 우리는 가려진 물체가 그것을 가린 물체보다 더 먼 쪽에 있다는 것, 또 바나나의 중간 부분을 사과가 가리고 있어도 그 사과 양쪽에 비죽이 나타난 노란색 부분이 같은 바나나에 속하리라는 것 등을 인지하고 있다. 그렇기 때문에 우리는 빨간색, 노란색, 흰색, 갈색으로 된 부분들을 가진 한 덩어리의 대상을 보는 것이 아니라 '탁자 위 흰 접시에 놓인 사과 다섯 개와 바나나 두 개'를 본다.

기계가 2차원 이미지에서 3차원 공간 속 사물의 윤곽을 읽어내도록 하는 일은 기계 시각(machine vision) 분야의 기본적이고도 중요한 과제다. 기계 시각 기술은 데이터 처리 과정에 하향식 처리의 원칙들을 보태어 적용함으로써 이미 높은 수준에 도달하였다.[15] 예를 들어 사람의 얼굴을 인식하는 장치는 다양한 사람 얼굴의 윤곽이 주어진 거리와 각도에서 어떤 형태와 크기로 나타나는지에 관한 정보를 미리 탑재하고 있음으로써 영상 이미지에서 쉽게 사람의 얼굴을 찾아낼 수 있다. 만일 2차원 이미지에서 3차원 대상의 윤곽이 추출되었다면, 다음으로 이루어질 일은 그것이 무엇의 윤곽인지를 파악하는 일이다.

15) 마와 힐드레스(Ellen Hildreth)는 시각 자료에서 대상의 가장자리 즉 사물의 윤곽을 찾아내는 것(edge detection)이 최적화(optimization) 문제라고 규정하였다(Frisby et al. 2010, p.120). 기계 시각에서 '윤곽선(가장자리) 탐지'의 위치와 기초적인 문제에 관해서는 Jain et al. (1995), Chapter 5 참조.

3) 그 대상이 무엇인지 판별하는 일

배경과 대상이 구분되고 대상에 해당하는 것(들)의 윤곽이 파악되었다면, 기계 시각은 그 윤곽이 어떤 사물(들)의 것인지를 판별함으로써 시야에 펼쳐진 상황을 해석하는 일을 진전시킬 수 있다. 그런데 유의할 점은, 지각 작용에서 대상의 윤곽을 파악하는 일과 그 대상이 무엇인지를 판별하는 일은 서로 얽혀 있어서 후자가 전자에 영향을 미치는 일이 발생한다는 사실이다. 다시 말해 대상의 판별에까지 이르는 지각 과정은 감각된 자료를 토대로 먼저 대상의 윤곽을 결정한 후에 그러한 윤곽을 가진 대상이 무엇인지를 판별하는 순차적 과정이 아니라 자극으로부터 읽어낼 수 있는 다수의 윤곽 —즉 해석— 가운데 어떤 이유에선가 하나를 선택하고 그 선택에 따라 대상의 윤곽이 확정되는 지그재그 방식의 결정이 이루어지는 경우다.[16)]

사람의 망막이나 기계의 광센서에 형성된 자극 자료의 패턴이 동일하다고 해도 이러한 선택에 따라 대상의 윤곽을 파악하는 과정, 나아가 대상의 세부 형태를 파악하는 과정의 결과가 달라지게 된다. 이러한 선택은 지각 주체의 과거 경험이나 세계에 대한 존재론적 믿음 등에 의하여 하향식(downward) 영향을 받는다. 선재하는 믿음과 지각 간의 이러한 관계는 20세기 후반 과학철학에서 활성화되었던 관찰의 이론적재성 관련 논의를 상기하면 자연스럽게 이해가 된다.

여기서 인공 지각에 관하여 얻을 수 있는 힌트는, 인공물의 지각에서도 이와 유사한 선택이 이루어질 수 있다는 것이다.[17)] 자극에서 얻은 입력 자료가 그 자체로 지각의 결론을 확정하지 못하고 두 가지 이상의 합

---

16) Palmer (1999), p.284 이하 참조.

17) 뒤에 살펴볼 지각 항등성의 상황에서도 유사한 선택의 갈래가 발생한다. 5절을 보라.

리적 해석을 허용하는 것은 특별한 경우라기보다 오히려 일반적인 경우다.[18] 현실에서 지각 주체가 환경을 파악하는 데 활용하는 입력 자료는, 동물의 경우에나 인공물의 경우에나 마찬가지로, 제한된 범위의 제한된 양의 자료다. 이러한 자료가 점점 더 풍부해질수록 가능한 합리적 해석의 폭은 줄어들지만, 제한된 자료를 토대로 지각 대상이 정확히 어떤 것인지를 결정하려는 한 여전히 선택 가능한 폭이 남는다. 지각은 이런 상황에서 어떻게 전진할 것인가?

4. 지각의 선결조건으로서의 범주 이해, 혹은 개념

인간의 지각은 이와 같은 미결정의 상황에서 "정보 부족으로 인해 대상의 형태를 결정할 수 없음!"이라는 결론을 내리면서 판단을 중지하는 대신, 대부분의 상황에서 어떻게든 지각된 대상의 정체를 결정한다. 논리적 관점에서 이런 결정은 최선의 설명을 향한 추론(inference to the best explanation: IBE)으로 볼 수 있을 것이다. 이러한 추론의 과정에 필요한 것은 '어느 것이 감각에 주어진 자료를 가장 잘 설명하는가' 하는 평가의 대상이 될 가설들이고, 그 가설들은 각각 "그것이 이러이러한 사물이라면, 저러저러하게 나타날 것이다." 같은 성격을 띤다.

센서를 통해 외부 환경의 상태에 대한 자료를 수집하고 이를 토대로 환경의 상태를 지각함으로써 작동의 방식을 결정해야 하는 기계에서도 이에 상응하는 과정이 실행되어야 한다. 그렇다면 이런 기계도 똑같이

18) 예컨대 그것이 둥근 모양의 구멍인지 아니면 둥근 원반 모양의 물건인지 구별하는 문제. 이른바 '구멍 지각'에 관한 문제는 Palmer (1999), pp.285-7을 참조하라.

IBE를 위한 가설을 필요로 할 것이다. 전통적 과학철학에서는 가설을 만드는 과정을 발견의 맥락이라고 부르는데, 이 맥락의 논리 구조에 대한 적잖은 논의가 진행되었음에도 불구하고 최근까지 이 맥락에 가장 흔하게 적용되는 개념은 '창의성'(creativity)이다. 그것은 가설을 생각해 내는 사고를 특정한 순차적 절차로 정식화하기 어렵다는 판단의 이면이라고 할 수 있다. 그러나 지금 논의에서 문제가 되는 '가설 찾기'는 개념과 개념을 연결하는 '명제'를 찾는 일이 아니라 수집된 자극 자료를 포섭할 '개념'을 찾는 것이니 현상을 포섭할 과학적 가설을 설정하는 수준의 어려움이 있어야 할 필요는 없다. 반면에 그것은 지각자 혹은 그것에 해당하는 체계가 그것에게 주어지는 세계의 여건을 갈무리하는 데 쓸 범주들의 집합, 즉 개념 체계—토마스 쿤이 말하는 어휘사전(lexicon)—를 요청한다.[19)]

개념의 역할을 살피기 위해 아시모프의 로봇 3법칙이 로봇공학과 관련된 모든 실천의 기본 원칙으로 채택되었다고 가정해 보자.[20)] 그렇게 생산된 지능형 로봇은 인간을 해치지 않을 것이다. 아니, 로봇을 만드는 전문가와 기업들이 로봇을 그렇게 만들어야 할 것이다. 그런데 이런 일이 현실이 되도록 하기 위해서는 단순하면서도 까다로운 문제를 풀어야 한다. '로봇이 인간을 어떻게 알아보도록 할 것인가?'라는 문제다.[21)] 이 예를 통해 강조하려는 것은, 로봇에게 인간의 개념이 장착되어 있지 않

---

19) 지각의 내용이 근원적으로 개념적인지 아니면 비개념적 내용을 포함하는지에 대해서는 철학자들의 풍부한 토론이 있다. 이 토론의 개요는 Peacocke (2001)을 보라. 그러나 이 문제는 이 논문의 직접적 관심사가 아니다. 토론의 어느 편도 지각 내용의 적어도 일부가 개념적이라는 데는 의문을 제기하지 않으며, 이 논문은 이처럼 양편이 모두 인정하는 개념적 지각의 내용에 주목한다.

20) 이 논문은 아시모프의 3 법칙이 가진 다양한 내적 문제들은 논하지 않는다. 아시모프의 로봇 3법칙에 대한 토론은 고인석 (2011)을 보라.

21) 이 부분을 읽는 사람이 '그런데 인간의 범위를 어떻게 규정해야 하지?'와 비슷한 의문을 떠올린다면, 로봇에 아시모프의 제1법칙을 장착하는 일이 생각보다 한층 더 복잡하다는 사실을 확인하고 있는 셈이다.

는 한 "인간에게 해를 입혀서는 안 된다."라는 규범은 성공적으로 작동할 수 없다는 사실이다.

이 문제를 해결하는 길은 크게 세 가지일 것이다. 첫째는 우리가 가진 인간의 개념을 인공물에 고스란히 옮겨 장착하는 것이고, 둘째는 로봇이 판단을 고민할 상황에 처할 때마다 인간을 자연스럽게 구별할 줄 아는 누군가가 개입하는 것이고, 셋째는 로봇이 현실에서 우리와 언어로 상호작용하면서 차츰 우리의 개념을 익히도록 하는 것이다. 그러나 이런 세 길은 각각 고유한 난점을 갖는다.[22)]

또 한 가지, 인간의 지각은 범주를 적용함에서 있어 자주 맥락을 고려한다. 수집된 자극 자료를 맥락의 틀 안에서 해석하면서 그 일에 범주들을 활용하는 것이다. 동일한 환자의 증상들에 대한 정보를 공유하는 스탭들이 상이한 진단을 내리는 경우, 그것은 서로 다른 맥락의 틀을 적용한 탓이라고 볼 수 있다. 더 많은 환자들의 사례에서 더 다양한 맥락을 경험한 노련한 의사가 더 적합한 맥락을 적용할 개연성이 크다. 문제는, 맥락에 대한 이런 지식이 암묵지의 성격을 띤다는 점이다. 그것은 'Watson for Oncology'에 입력되는 교재의 내용이나 논문의 형태로 정리되지 않는다.

아마도 인공물이 풍부한 가상의 경험을 토대로 맥락지를 추출하도록 유도하는 것이 유력한 방안으로 고려될 것이다. 그것은 앞에서 언급된 세 길 가운데 세 번째 방법에 첫 번째 방법을 혼합하는 방안이다. 그러나 우리가 교통이나 의료처럼 중대한 사회적 영향력을 머금은 도구들에서 기대하는 균일성(uniformity)을 어떻게 확보할 수 있을지에 대한 고심이 필요할 것이다.

---

22) 지능을 장착한 인공물에서 개념 능력을 실현하는 일의 어려움에 관해서는 고인석 (2018c)을 참조하라.

5. 인간 지각의 특성 (1): 지각 항등성

1) 지각에서 나타나는 항등성

우리의 지각 체계는 종종 감각 기관에 포착된 자극이 상이함에도 불구하고 지각의 내용을 일정하게 유지하는 흥미로운 특성을 발휘한다. 시각을 예로 들자면, 망막에 맺힌 상의 차이에도 불구하고 동일한 지각 내용을 추론하는 경우가 되겠다. 지각 항등성(perceptual constancy)이 시각에 국한된 현상은 아니지만,[23] 그 대부분의 예는 시각의 영역에서 나타난다. 한 예로, 〈그림 1〉과 같은 경우는 밝기 항등성(brightness constancy)을 생생하게 예시한다.

〈그림 1〉에서 A와 B로 표시된 두 부분은 같은 밝기의 회색으로 채색되어 있지만 우리는 일반적으로 A의 색이 B와는 다른, 한층 어두운 색이라고 지각한다. B 부분이 그림자 때문에 어두워 보일 수 있지만 그 부분의

〈그림 1〉 원저자: E. H. Adelson

---

23) 예를 들어 소리 크기 항등성(loudness constancy)은 청각과 결부된 현상이다. O'Callaghan (2016) 참조. Day (1968)는 청각으로 자극의 위치(방향)를 알아내는 판단에서 나타난 항등성의 징후를 보고한다.

실제 색은 그림자가 드리우지 않았을 때와 동일하다고, 즉 체커판 네 귀퉁이와 같은 밝은 색이라고 지각하는 것이다.

흥미로운 점은, 위 그림에 대한 우리의 지각에서 예시되는 인간 시각의 특성을 '항등성'이라고 표현할 수 있는 동시에 '착시'(illusion)라고도 부를 수 있다는 것이다.[24] 전자가 희미하게나마 모종의 긍정적 함의를 암시하는 반면, 오류라는 의미가 담긴 후자의 표현은 부정적 평가를 암시한다. 시각의 이러한 특성은 긍정적인가, 아니면 부정적인가? 이런 단순한 유형의 흑백식 질문을 던지는 현실적인 이유는, 인간 시각의 이와 같은 특성을 인공물의 지각, 즉 기계 시각에도 실현하는 것이 좋은지 아니면 그러지 말아야 하는지를 평가해야 하기 때문이다.

이런 물음에 답하기 위해 먼저 이런 특성이 왜 나타난 것일지를 생각해보자. 그것은 아마도 인간의 지각 체계가 지닌 다양한 속성들과 마찬가지로 진화의 산물이었으리라고 본다. 그렇다면 지각 항등성은 인간 종의 진화 과정에서 그것의 존속과 번영에 기여하는 어떤 측면을 가지고 있었을까?[25]

같은 색으로 칠해진 A, B 두 부분을 서로 확연히 구별될 만큼 다른 명도의 면으로 지각하게 되는 이유는 무엇일까? 그렇게 지각한 사람은 눈으로 체커판의 상황을 읽는 과정에서 오른편 원기둥 모양의 물체가 드리운 그림자의 영향이 있다는 사실을 고려하고 있다. 이는 그가, 명시적으로든 암묵적으로든, 원래 색이 같은 물체라도 빛 조건에 따라 눈에 다

---

24) 〈그림 1〉의 사례는 "체커[판] 그림자 착시"(Checker Shadow Illusion) 또는 "체커판(Checkerboard) 착시"로 불린다.

25) 진화가 정착시킨 형질들 중에는 적응 이외에도 적응의 부산물로, 혹은 유전자 표류 등의 다른 경로를 통해 그렇게 된 것들도 있음을 고려할 때, 이것은 일종의 간략화된 논의이다. 그러나 진화에 대한 고찰의 세부를 생략하는 일이 이 논의의 취지를 손상하지는 않는다.

른 색으로 보일 수 있음을 인지하고 있는 것에 해당한다. 그리고 B가 A와 다른 밝은 색이라는 결론을 내리는 과정에서 그는 이런 영향을 제거한다. 다시 말해, 원기둥으로 인한 그림자가 없는 상황이었다면 어떻게 보였을지를 계산하는 것이다. 이것은 복잡한 반사실 조건적 추론일 뿐만 아니라 정량적으로 정확히 해내기 어려울 과제지만, 일상의 경험은 인간이 대부분의 상황에서 별로 힘들이지 않고 이런 일을 해낸다는 사실을 입증한다.

덧붙여 또 한 가지, 지각자가 그림에서 체커판이라는 맥락을 읽는다는 점도 이러한 지각 경험에 영향을 미친다. 그것은 밝은 회색과 어두운 회색이 번갈아가며 배치된 질서 정연한 평면이다. 거의 즉각적으로 인지되는 이런 명백한 질서 속에서 지각자는 B가 A와 다른 "밝은" 색일 수밖에 없음을 인식하며, 이런 인식이 두 면의 색을 지각하는 데 작용하는 것이다. 〈그림 2〉는 〈그림 1〉의 광경 일부를 가려서 이런 질서의 맥락을 파악하는 인지를 훼방하는 동시에 앞 문단에서 언급한 원기둥 그림자의 영향도 눈에 띄지 않게 하였다. 그 결과 우리는 〈그림 1〉과 동일하게 채색된 〈그림 2〉의 두 부분 A, B에서, 〈그림 1〉에서와는 달리, 같은 색의 두 면을 보게 된다.

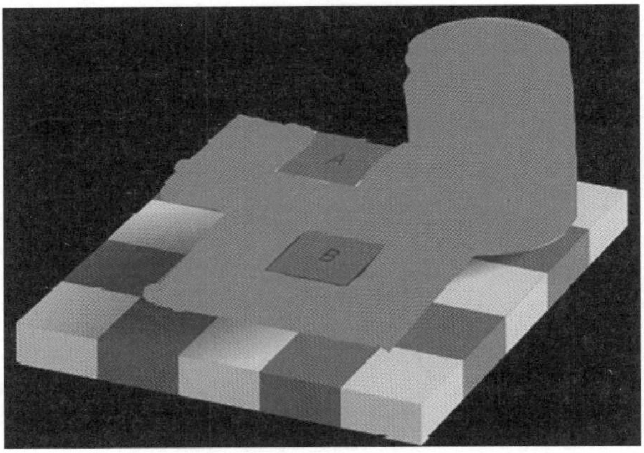

〈그림 2〉

약재로 쓸 산딸기를 찾아 나선 사람은 짙게 드리운 그림자 속에서도 산딸기 고유의 붉은색을 알아본다. 그에게 만일 그런 능력이 없다면 곤란할 것이다. 쨍쨍한 한낮의 햇빛에 드러난 산딸기의 겉보기 색과 수풀의 그림자 속에 숨은 산딸기의 겉보기 색은 확연히 다르기 때문이다. 그러나 우리는 상이한 두 여건에서 수집된 자극 정보에서 동종의 색을 찾아낸다. 이런 능력은 종종 위험의 회피와도 결부된다. 산딸기를 찾아 헤매는 과정에서 특히 주의해야 한다고 알려진 그 지역 특유의 독뱀을 자연에서 확인하는 시각 작용에서도 이런 능력이 발휘된다.[26)]

이러한 논의의 관점에서 보자면 인간의 지각에서 나타나는 항등성은 중요한 이득과 결부된 현상이다. 그러나, 다른 한편으로, 밝기 항등성이나 색 항등성 같은 시각 항등성이 착시, 즉 대상을 잘못 보는 경우라는 사실은 확고부동하다. 알려진 다양한 종류의 착시 중 일부에 대해서는 진화상의 이득과 결부된 해명이 제시되어 있지만, 모두 그런 것은 아니다.[27)]

2) 자율주행자동차에서 시각 항등성

도로에서 주행 중인 자율주행자동차의 기계 시각을 생각해보자. (그것의 운행에 관한 모든 조절이 모종의 원격 조종을 통해서가 아니라 차량에 장착된 센서들을 통해 수집된 환경 정보를 토대로 이루어진다고 가정하자.) 이러한 자동차에서 시각 처리에 해당하는 기능을 수행하는 장치가 앞에 서술된 지각 항등성의 속성을 구현하기를 기대할 만한 이유는 분명해 보인다. 가변적인 빛 조건 속에서도 신호등을 비롯한 교통신호나 표지판 등은 같은 모양이나

26) 색 항등성에 관한 국내 철학자들의 논의로는 김효은, 최성호 (2009)와 한우진 (2019)이 있다.
27) 착시 현상의 대표격인 뮐러-라이어(Müller-Lyer) 착시도 합의된 해명에 도달하지 못한 경우다.

같은 색으로 감지되어야 할 것이기 때문이다.

이런 추론은 수학적으로 정밀하다기보다는 대략적이고, 따라서 예컨대 두 사람의 실제 머리 크기 비율을 정확히 알아내는 데는 사용하기 어렵다. 그러나 그것은 적어도 시야에서 얻은 정보를 토대로 삼아 눈앞에 펼쳐진 환경 속에서 지각 주체가 어떻게 행동해야 하는지를 결정할 때 낭패를 보지 않을 만큼 효과적인 듯하다. 때로는 거리의 실제 효과보다 더 큰 보상이 대상의 크기 평가에 적용되는 과다항등성(overconstancy)이나 반대 경우인 과소항등성(underconstancy)이 발생하지만, 그런 오차의 범위는 한정되어 있다. 망막에 맺힌 상의 크기가 거리에 반비례하여 변함에도 불구하고 대상의 크기에 대한 지각은 견실한 항등성의 경향을 나타낸다.[28] 또 인간의 인지에서 지각 체계의 이런 추론은 별도의 노고 없이 무의식적으로 이루어진다.

이런 특성의 관점에서 기계의 지각을 인간의 지각과 비교해보자. 한적한 구간의 고속도로를 달리던 자율주행자동차의 기계 시각에 전방 300미터쯤 되는 곳의 도로 가장자리에 서 있는 사람 모양의 물체가 포착되었다고 해 보자. 그것이 실제로 사람이라면, 그가 도로로 뛰어 들어올 가능성 등을 고려하여 주의하며 감속 운전을 하는 것이 일반적인 운전자의 행태일 것이다. 반면에 그것이 키가 한 뼘쯤 되는 사람 모양의 인형인 경우, 그러한 주의의 필요는 없어질 것이다.

기계는 그것이 키가 1.7미터쯤 되는 사람인지 아니면 17센티미터쯤 되는 인형인지를 판별할 수 있을까? 크기 항등성의 특성을 나타내는 인간의 지각은, 300미터 밖에서 그것을 인지할 만한 시력을 가정할 경우, 그것이 사람의 몸이기에는 너무 작다고 판단하고 적어도 그것을 사람의 몸

28) Palmer (1999), pp.314-319 참조.

〈그림 3〉
사진작가:
Dogan Kokdemir
(출처: Flickr)

으로 인지하지는 않을 것이다. 그것을 사람으로 보는 일은 과다항등성의 범위마저 훌쩍 벗어나는 경우가 될 것이기 때문이다. 다시 말해, 인간의 지각은 어렵잖게 두 경우를 판별할 것이다.

우리 지각의 이런 특성과 능력은 생각해보면 놀라운 것이 아니다. 〈그림 3〉에서도 확인할 수 있듯이, 거리가 멀어질수록 사람의 몸 크기만 점점 작게 보이는 것이 아니라 주변의 사물들도 함께 같은 방식으로 작아지고, 얕아지고, 좁아진다. 300미터 밖의 한 뼘 크기 인형은, 그것을 사람으로 보려면 이처럼 자연스러운 비율로 작아져 보이는 주변의 사물들과 동떨어진 비일관적인 축소 비율이 적용되어야 하는 까닭에, 사람이라고 판정할 수 없는 것이다. 반면에 기계 시각이 문제의 상황을 그렇게 판정할지는 불분명하다.

사실 자율주행자동차에서 그런 판별 문제는 이와는 다른 단순한 방식으로 해결될 것이다. 3절에서 언급한 라이다가 주변 대상에서 반사되어 돌아오는 빛의 정보를 가지고 계산함으로써 대상까지의 거리뿐만 아니라 그것의 크기도 정확히 알아낼 수 있을 것이기 때문이다. 그러나 라이다를 통한 이런 판단은 앞에서 살펴본 지각 항등성 관점의 추론과는 별

개의 것이다.

시각에만 국한하여 보더라도 지각 항등성은 색 항등성, 밝기 항등성, 모양 항등성, 크기 항등성 등 다양한 양상으로 나타나고, 그런 항등성이 인간의 지각에 왜 그렇게 정착했을지에 대해서는 각기 다른 해명이 제시되어야 할 것이다. 기계 시각은 이런 다양한 항등성을 모두 재현할 수 있어야 할까? 그렇지 않으면 어떤 항등성은 기계에 이식되어야 하고, 어떤 것은 무시되어야 할까? 아니면 기계가 인간의 지각 항등성을 나타내도록 하려는 시도 자체를 전부 생략해도 좋은 것일까? 논자는 앞에서 진화의 역사가 우리의 지각에 새겨 넣은 항등성의 측면들에서 모종의 합리성을 읽었지만, 기계의 지각이 그 길을 따라야만 참된 의미의 지각이 된다고 볼 이유는 없을 것이다. 그러나 지각 항등성에 관한 논의를 통해 우리는 적어도 자율주행자동차처럼 우리의 행위를 대행하도록 의도된 인공물을 만들 때 그것이 우리의 지각이 지닌 특성들을 중요한 손실 없이 재현할 수 있어야 한다는 요구를 의식하는 동시에 그런 요구의 충족이 복합적인 도전을 예고하고 있다는 사실을 체감하게 된다.

6. 인간 지각의 특성 (2): 잠재적 행위의 침투

노에(Alva Noë)는 인간의 지각이 지닌 또 하나의 중요한 특성을 다음과 같이 서술한다. 이러한 특성에 주목하는 입장이 행지주의(enactivism)[29]다.

"[…] 지각은 행위의 한 방식이다. 지각은 우리에게, 혹은 우리 안에서 일

29) 이 번역에 관해서는 5장, 각주 25를 참조하라.

어나는 어떤 것이 아니다. 그것은 우리가 행하는 어떤 것이다. […] 우리는 지각 경험을 수행한다. 즉 그런 일을 해내는 것이다. 지각의 주체가 된다는 것은 운동이 감각 자극에 미치는 효과를, 암묵적인 방식으로, 이해한다는 뜻이다."(Noë 2004, 1. 강조는 논자가 추가함)[30]

다소 추상적으로 들리는 이런 진술은 우리가 사물의 형태를 지각하는 일을 돌이켜보기만 해도 설득력 있는 주장으로 다가온다. 동료에게 둥근 접시 하나를 가리켜 보이면서 그것이 어떤 모양이냐고 물어보면, 아마 그는 원 모양이라고 하거나 아니면 납작한 원반 모양이라고 답할 것이다. 그러나 우리가 실제로 원 모양의 접시를 보는 경우는 드물다. 원 모양을 보려면 접시의 바닥면과 시선이 수직이 되어야 하는데, 이런 일은 드물게 일어나기 때문이다. 우리가 실제로 보는 접시의 모양은 다음 중 어느 것에 가까울 것이다.

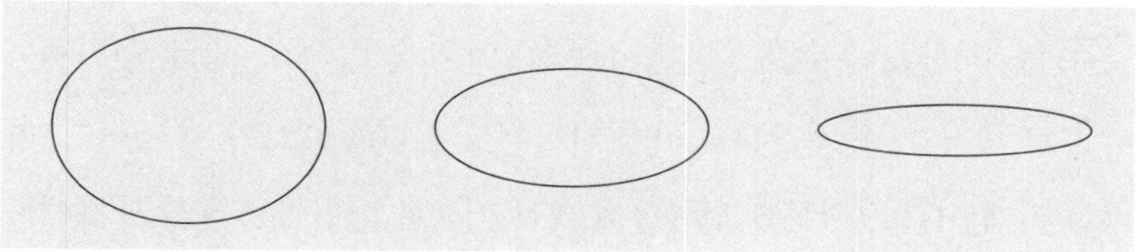

그러나 이러한 시각 자극을 토대로 우리는 '원 모양의 접시'를 지각한다. 위에서 인용한 노에의 말에 표현된 행지주의의 관점에서, 이는 서술된 상황의 맥락에 잠재되어 있는 지각 주체의 가상적 운동이 지각에 투영된 결과라고 할 수 있다. 우리는 둥근 접시를 때마다 다른 각도에서

30) 지각이 피동적인 수용의 과정이 아니라 능동적이고 적극적인 활동이라는 생각은 시각을 "적극적인 탐사 활동"(Arnheim 1975, p.42f)으로 규정하는 아른하임의 견해와도 통한다.

바라보지만, 자신이 어떻게 움직이면 그것의 모양이 어떻게 변할지 알고 있다. 노에는 우리의 지각에 이와 같은 감각-운동 지식(sensorimotor knowledge)이 암묵적으로 작용한다고 평가한다.[31)]

망막에 맺힌 상의 모양이 이렇게 저렇게 달라짐에도 불구하고 일정하게 접시의 원 모양을 지각한다는 것은 앞에서 논의했던 지각 항등성 이야기이기도 하다. 노에는 지각 항등성이 행지주의의 관점에서 해명된다고 보며, 색 항등성 같은 지각 항등성의 다른 차원도 그런 관점에서 설명한다. 눈앞의 탁자 위에 잘 익은 토마토 한 개가 놓여 있다고 해 보자. 조명의 종류와 밝기와 방향에 따라 토마토의 색은 달리 보이고, 같은 토마토에서도 부분에 따라 일정하지 않다. 어둑어둑해질 무렵 해를 등진 토마토는 생생한 붉은 색으로 보이지 않는다. 그러나 우리는 그런 환경 속에서도 대체로 일정한 '토마토의 붉은색'을 지각한다. 노에의 관점에서, 이것은 '내가 이 토마토와 함께 움직여 다른 빛 조건으로 옮겨 간다면'이라는 가정이 감각-운동 지식과 결합하여 낳은 결론이라고 할 수 있다.[32)]

인간의 지각에서 나타나는 이러한 행지주의적 특성은 자율주행자동차나 드론 활용 기술에 적용될 기계 시각에도 요긴한 요소가 될 것이고, 따라서 기계 시각을 비롯한 인공물의 지각 기능을 실현하는 공학 프로젝트에서 고려하고 추구할 만한 가치가 있다. 대상을 향한 시선의 각도와 대

---

31) 노에는 지각 경험으로부터 완성된 지각 내용을 빚어내는 것이 이런 감각-운동 지식의 역할이라고 말한다. Noë (2004), p.90.

32) 프린츠(Prinz 2006)는 Noë (2004)의 주요 주장을 분석하면서, "하지만 이것은 옳은 이야기일 수 없다."라고 단호한 부정의 톤으로 평가한다. 프린츠의 분석은 예리하지만, 노에의 견해를 성공적으로 포괄하는 분석이라기보다 분석자가 추출, 재구성한 논증에 대한 비판이라는 한계를 지닌다. 이 논문의 고찰 대상은 아니지만, 프린츠는 이후에도 행지주의와 체화된 인지에 대한 주목할 만한 비판을 제시하였다. 노에의 지각론에 대한 또 다른 비판은 윤보석 (2014)을 보라.

상까지의 거리, 그리고 빛 조건 등에 따라 동일한 3차원 사물이 여러 가지 형태와 색을 띤 2차원 시각 자료로 나타날 것이고, 이런 상황에서 대상의 정체를 일관성 있게 파악하는 일이 성공적인 작동을 위한 전제 조건이 될 것이기 때문이다.

그런데 이러한 요구는 막연한 이론적 기대가 아니다. 1991년 저서에서 컴퓨터공학자 아야쉬(N. Ayache)는 이전의 로봇이 단지 주어진 명령을 수행할 뿐인, "눈멀고 귀먹은" 채 상자에 갇혀 있는 존재에 머물러 있었지만 로봇공학의 발달이 이동과 운동이 가능하고 그럼으로써 환경의 상태와 변화를 역동적으로 지각할 수 있는 기능을 갖춘 로봇들을 탄생시키기 시작했다고 평가한다. 그는 이런 새로운 세대의 로봇이 지니는 특징을 '지각과 행위의 연결'이라고 보면서, 특히 로봇의 이동가능성(mobility)이 환경에 대한 한층 강력한 지각의 능력을 로봇에 부여한다고 분석하였다.[33] 그의 이러한 분석은, 비록 철학의 방식으로 정제된 논변은 아닐지라도, 행지주의의 통찰을 공유하고 있다.

아야쉬의 평가는 30년 전의 기계 시각에 관한 것이라는 점에서 적절성의 제약이 있다. 그러나 오히려 그렇기 때문에 더더욱, 각종 관련 기술과 하드웨어가 한층 더 발전한 오늘의 시점에서 평가할 경우 지각의 행지주의적 특성을 인공물에서도 구현할 수 있으리라는 기대를 강하게 뒷받침한다. 더구나 최근 몇 년간 가파르게 발달하고 있는 기계학습 기술의 동향을 함께 고려한다면, 우리는 인공지능을 장착하고 상당한 수준의 자립도로 작동하는 기계가 현실의 공간 속에서 이동하고 운동하는 가운데 다양한 위치와 조건에서 축적하는 지각 자료를 활용하는 기계학습을 통해 노에가 말한 감각-운동 지식을 체득해가도록 유도하는 일이 충분히 현

33) Ayache (1991), pp. 1-3.

실적인 기대라고 평가할 수 있다.[34)]

7. 맺는말

기계 시각은 1990년대부터 이미 공학의 활발한 전문분야였고, 오늘의 기계 시각은 이미 사람 얼굴 같은 특정 범주의 이미지를 판별하는 정확성에서는 인간의 지각을 뚜렷이 뛰어넘는 수준의 기술을 실현하였다. 이것은 고무적이고 괄목할 만한 성과다.[35)] 그러나 인공 지각이 가야 할 길은 아직 멀다.

기계 시각을 비롯한 인공 지각의 지향점은, 적어도 그것이 인간을 대행할 인공물의 지각인 한, 일차적으로 인간의 지각과 유사한 속성들을 구현하는 지각이다. 인간의 지각은 진화의 역사가 오랜 세월에 걸쳐 그것에 새겨 넣은 여러 가지 흥미로운 속성들을 가지고 있다.[36)] 주의의 효과뿐만 아니라 지각 대상을 개념적 범주들로 파악하는 습관, 맥락에 대한 고려가 지각 내용에 미치는 영향, 지각에 나타나는 다양한 항등성의 측면들, 그리고 행지주의가 말하는 감각-운동 지식의 작용 등이 모

34) 기계가 감각-운동 지식을 획득한다는 것은, 달리 말하자면, 그것의 지각이 행지주의적 성격을 띠게 됨을 의미한다. Froese & Ziemke (2009)는 이러한 전망을 한 단계 구체화하고 있다.

35) Forsyth & Ponce (2011)에서는 1990년대 기계 시각 분야 교과서에는 없던 챕터가 눈에 띈다. 사람 인식에 관한 장(Chapter 20. Looking at people)으로, 배경이나 다른 사물과 구별하여 사람을 인식하는 일과 사람의 동작을 파악하는 과제를 다루고 있다. 이 장은 2002년에 출간된 이 책의 초판에도 없었다.

36) 물론 이런 속성들이 인간만의 것이라고 간주할 이유는 없다. 진화의 역사를 고려하더라도, 인간의 지각에서 확인되는 속성들의 상당 부분을 영장류를 비롯한 다른 동물이 공유하는 것은 자연스러운 일이다.

두 이에 해당한다. 앞에서 진행된 고찰은 이 논문이 인공 지각의 주된 응용 사례로 고려한 자율주행자동차의 지각에서도 이런 속성들이 유관성을 지닌다는 사실을 밝혀 보여주었다. 이로부터, 이런 똑똑한 인공물들(intelligent artifacts)을 설계, 제작하고 운용하는 과정에서 인간 지각의 이러한 속성들이 실현되거나 아니면 적어도 실질적인 손실 없이 대체되는지를 살펴야 한다는 당위가 추론된다. 그런 요구가 인간의 일을 대행할 인공물을 만드는 공학자들의 작업에 적용될 기본 원칙 중 하나여야 한다. 논자는 이런 요구를 충족하기 위한 최선의 경로는 이른바 상향식 접근과 하향식 접근이 절충, 혼합된 기계 학습이라고 생각한다. 그러나 이런 방안에 대한 논의는 이 글의 범위를 벗어난다.

5장

인공물이 행위주체가 될 수 있을 조건[1)]

이 논문은 인공물을 책임을 수반하는 행위의 주체로 인정할 수 있을 조건을 따진다. 인공지능과 로봇기술이 발전하면서 기계, 혹은 다수의 기계로 구성된 시스템이 산출하는 결정과 작용이 우리에게 영향을 미치는 일이 빠르게 늘고 있다. 이런 작용을 행위로, 그런 작용을 생산하는 인공물을 행위주체로 볼 수 있을까? 이 물음의 최종 판관은 사회적 결단이겠지만, 합리적인 판단을 위해서는 이 논문이 시도하는 것처럼 인공물을 행위주체로 인정할 수 있을 조건에 대한 예비적 논의가 필요하다. 책임을 수반하는 행위가 성립하기 위해서는 특정한 의도와 그것을 실현하기

1) 이 논문에 개진된 아이디어의 핵심 부분은 2016년 2월 한국과학철학회 학술대회에서 「로보틱스의 활용이 가져올 어떤 당혹감의 연원에 관하여」로 발표되었고, 이후 같은 해 9월 일본 교토대에서 개최된 제6회 아시아-태평양 과학철학회(APCPS 2016)에서 발표된 논문 "Patiency as an Essential Part of Agency"에서 한 단계 확장되었다. 두 발표에 대한 질문과 토론으로 이 논문에 관한 생각의 발전에 기여한 동료들께 감사드린다.

위한 물리적 제어가 있어야 한다. 그렇다면 행위의 주체는 의도를 가지고, 그것을 실현하는 데 기여하는 물리적 과정을 시작하고 조절하는 존재자이어야 한다. 이 논문은 윅스퀼의 통찰을 활용하고 보완하면서 이러한 역량을 지닌 존재자가 1인칭적 중심, 감수자 체계, 행위자 체계의 세 요소로 구성된다고 분석하고, 이것들 간의 관계와 각 요소의 속성을 검토한다. 이 검토에서 각 부분체계의 통일성과 더불어 전체 체계의 통일성이 행위주체 성립의 핵심조건임이 드러난다. 의도 조건의 충족 여부는 까다로운 문제지만, 우리가 다른 사람의 의도에 대하여 그렇게 하듯 3인칭의 과학적 시점에서 평가한다면 그런 주체의 성립은 원칙적으로 가능한 일이다.

1. 문제: 책임을 수반하는 행위의 성립 조건

2019년 10월 태풍 하기비스가 몰고 온 기록적인 폭우는 일본 나가노현의 지쿠마강을 범람시켰고 이로 인해 인명과 재산의 피해가 발생했다. 이것이 2019년 가을에 발생한 사건의 일면에 대한 참된 서술임을 전제하고 따져보자. 지쿠마강을 범람시킨 것은 누구, 혹은 무엇인가? 그것은 태풍이 몰고 온 폭우였다. 그렇다면 강의 범람으로 인한 피해의 책임이 태풍에게 있다고 할 수 있을까?

이 물음은 잘라 답하기 어렵다.[2] 여기서 "…에게 …의 책임이 있다"라

2) 태풍은 범주적으로 책임이라는 개념의 주어가 될 수 없고, 따라서 저 물음 자체가 문법적 오류를 포함한다고 보는 견해도 있을 수 있다. 그러나 Google 검색은 적어도 '태풍이 …에 책임이 있다'(typhoon/hurricane is responsible for)라는 표현이 사용된 수많은 공적 사례가 있다

는 말의 의미가 애매하다는 점이 중요한 이유다. “태풍이 동반한 폭우 때문에 지쿠마강이 범람했다.”라는 진술은 참되다. 이를 “태풍이 동반한 폭우가 지쿠마강의 범람을 유발했다.”라고 바꾸어 표현해도 마찬가지로 참일 것이다. 그리고 앞의 진술들이 참되다는 관점에서 우리는 지쿠마강 범람의 인과적 책임을 태풍에 귀속시킬 수 있다. 또한 강의 범람으로 인한 피해가 강의 범람이 유발하는 일반적인 결과에 해당하는 것이었다고 가정한다면,[3] 범람으로 인한 피해의 책임도 태풍에 귀속될 것이다.

그러나 설령 현실의 피해에 대하여 그러한 판단을 내린다 해도 우리는 책임에 대한 보상을 태풍에 요구하거나 그런 책임을 물어 태풍을 벌하려 하지 않는다. 그 이유는 무엇인가? 태풍에 책임을 물어 보상을 받아 내거나 태풍을 벌할 방도가 막막하다는 점도 고려할 수 있지만, 더 그럴 듯한 이유는 보상이나 징벌과 결부되는 책임이 사회적 관계를 전제한다는 데 있다. 책임의 개념은 이런 고유한 특성에서 인과의 개념과 다르다. 사무실에 놓인 화분의 꽃식물이 여러 날 수분의 공급이 없었던 이유로 말라 죽은 경우, 그 책임은 모종의 규약에 의하여 화분에 물을 주는 일을 맡았던 사람에게 부과된다. 그 화분에 물을 주지 않은 사람은 셀 수 없이 많다. 그리고 만일 그중 누구라도 물을 부어주었더라면 그런 일은 벌어지지 않았을 것이다. 사회적 관계의 맥락을 배제한 물리적 인과의 관점에서 보면 화분에 물주는 일을 맡았던 사람과 나머지 사람들은 똑같이 화분에 동일한 일—무(nothing), 혹은 물을 주지 않음—을 행했을 뿐이고 이

는 사실을 알려준다.

3) 강물이 넘쳐 저지대 지역을 침수시키고 그렇게 해서 빗물에 잠긴 농작물을 활용할 수 없게 되었다면 이는 폭우로 인한 강의 범람이 가져온 일반적인 결과에 해당한다. 그러나 만일 범람 지역에 강이 범람할 경우 그렇게 넘어온 강물에 녹아 인근 지역에 광범위하게 심각한 피해를 입힐 수 있는 독극물이 포함된 폐기물 자루들이 적재되어 있었다면, 그렇게 유발된 독극물 피해는 강의 범람이 유발한 일반적인 결과의 범위를 벗어난다.

러한 인과의 관점에서 양자는 꽃이 시든 사건 앞에 동등하다. 그러나 이 일에 대한 책임은 '그 일을 맡은 사람'에게 있고, 다른 사람들은 책임의 영역 밖에 있다.[4)]

이 논문이 살펴보려는 것은 다음과 같은 문제들이다. 의료용 로봇이나 자율주행자동차처럼 어떤 수준의 지능이 장착된 인공물의 작동으로 인하여 인명의 피해가 발생했다면, 인공물의 그러한 작동은 책임을 수반하는 행위가 되는가? 도대체 인공물의 작동을 그런 행위로 평가하는 것이 가능한가? 만일 가능하다면, 어떤 경우에 그렇게 평가될 것인가? 어떤 조건이 충족될 때 인공물의 작동은 행위가 되고 인공물은 행위의 주체가 되는가?

이 논문이 따지는 것은 책임 귀속과 결부된 행위이고,[5)] 그러한 의미의 행위주체성이다. 이와 같은 조건에 대하여 그런 범위 제한이 이미 인공물 또는 인공시스템[6)]의 행위주체성에 대한 원칙적인 부정을 함축하지

---

4) 공학윤리에서 해리스 등(Harris et al. 2005)이 제안한 개념쌍—역할 책임(role responsibility)과 비난 책임(blame responsibility)—을 활용하여 이러한 관계를 표현하자면, "비난 책임은 역할 책임을 전제한다." Harris et al. (2005), 2장 참조.

5) 이 논문이 한정어구로 수식되지 않은 '행위'가 아니라 '책임을 수반하는 행위'를 논의 대상으로 삼는 이유는 두 가지다. 첫째는 전자가 후자보다 한층 더 그 외연을 확정하기 어려운 개념이라는 인식이고, 둘째는 이 논문이 사회적으로 행위의 책임에 관한 논의를 명료하게 하는 데 기여하기를 바라는 실천적 의도다.

6) 인공물은 그 자체로 인공시스템을 포함하는 개념이다. 그러나 일상의 어법에서 대개 단일하게 규정되는 공간적 범위를 지닌 대상과 결부되는 '인공물'과 구별하여 공간적으로 분리되어 분산(spatially separated and distributed) 상태에 있고 각기 독립적인 기능을 행사하면서도 서로 연결되어 하나의 목적을 성취하는 데 봉사할 수 있는 다수의 인공물로 이루어진 복합적인 시스템을 '인공시스템'이라고 부르기로 한다. 이러한 개념에 따르면, 책상 위에 놓인 한 대의 컴퓨터는 인공물인 반면 태풍의 정확한 진로를 예측하기 위하여 여러 곳의 측정기기와 여러 대의 컴퓨터를 네트워크로 연결하여 계산을 수행하고 있을 때 그렇게 연결된 네트워크는 인공시스템이다. 이것은 논의의 명료화를 진작하기 위한 논자의 약정적 정의일 뿐이므로, "인공시스템도 결국 인공물이 아니냐."라든가 "모든 인공물은 따지고 보면 인공

않느냐고 묻는 사람이 있을 수 있다. 이 물음에 대한 답은 "함축하지 않는다."이다. 앞에서 밝힌 것처럼 이 논문은 인공물에 책임을 부과할 수 있을 최소한의 조건을 규명하려 하며, 이러한 탐구는 그런 책임 부과의 가능성을 이미 차단한 채로 출발해서는 안 된다. 이 문제에 대한 논자의 견해 역시 그런 방식의 부정과는 거리가 멀다.

이 문제를 어떤 임의의 견해라도 채택 가능한 문제, 혹은 순수한 관행의 문제로 간주하는 것도 적절하지 않다. 내가 키우는 애완견이 이웃의 아이를 물어 다치게 했을 때 어린이 신체 손상의 책임을 애완견에게 귀속시켜야 하는지 아니면 애완견의 주인인 내가 책임을 져야 하는지 같은 문제는 사회적으로 결정 가능한 관행이나 규약의 문제라고 평가할 수 있겠지만, 그런 경우라 해도 채택될 규범과 기준은 설득력 있는 모종의 정당화에 근거한 것이어야 할 것이다.

세계는 자율주행자동차와 자율살상무기 등 특정한 범위에서나마 인간의 판단과 행위를 대행하는 인공물의 도입을 목전에 두고 있다. 그런 것들을 어떤 범위에서 현실에 도입해 활용할 것인지는 여전히 결정되어야 할 문제지만, 적어도 그런 인공물의 등장이 현실적 가능성이 된 것은 분명하다. 그리고 이러한 상황은 이와 같은 인공물의 작동이 초래하는 결과들을 어떻게 해석하고 나아가 처리할 것인가 하는 현실적인 물음을 낳고 있다. 이와 같은 물음의 대표적인 예는 그런 결과에 따르는 책임의 귀속—혹은 분배—에 관한 원칙의 문제다.[7] 논자는 이 논문에서 이러한 현

시스템이므로 그런 구분은 불가능하다."라는 토론은 현재 논의의 맥락에서 무익하다.

7) 고인석 (2012a; 2014; 2017a) 등에서 고인석은 지능을 가진 인공물의 존재론적 지위에 관한 판단의 중심에 그런 인공물의 활용에서 발생하는 책임을 어떻게 분배할 것인가 하는 사회적 물음이 걸려 있음을 일관성 있게 지적하였다. 최근 이중원 (2019)도 플로리디(L. Floridi)를 참고하여 유사한 논의를 전개하였다. 목광수 (2019)는 웬델 월락과 콜린 앨런이 공저한 Wallach & Allen (2009)을 참고하면서 AMA 설계에 걸린 문제들을 토론하지만, "어떤 AMA

실의 물음을 다루기 위한 철학적 선결문제로서 행위주체의 지위가 성립하기 위한 필요조건을 따져보려 한다. 이를 위해 먼저 책임과 결부된 행위가 성립할 조건을 살펴보자.

2. 행위의 성립 요건

1) 의 도

대한민국 형법은 범의(犯意), 즉 범죄를 행할 의사가 있(었)음을 범죄의 성립 요건으로 명시한다. 그런 의사가 없었다고 해서 모든 종류의 책임으로부터 자유롭게 되는 것은 아니지만, 적어도 범죄에 해당하는 행위를 했다는 이유만으로 그를 처벌할 수는 없다. 이것은 우리의 논의에 요긴한 출발점을 제공한다. 어떤 행위를 할 의사, 즉 의도가 행위의 성립과 귀속(歸屬)을 결정하는 조건이 된다는 것이다.[8] 행위의 성립은 어떤 (물리적) 과정이 행위가 되는 것, 혹은 행위의 지위를 획득하는 것을 뜻하고, 행위의 귀속은 어떤 행위가 누구의 행위가 되는 것, 그럼으로써 행위와 행위주체가 대응되는 것을 뜻한다. 이처럼 둘의 의미는 다르지만, 행위의 성립 없이는 행위의 귀속도 이루어질 수 없다는 사실과 어디에도 귀속시킬 수 없는 행위는 행위로 성립하지 않는다는 사실[9]을 함께 고려할

를, 어떻게 만들 것인가?"의 문제에 집중하고 인공물이 행위주체로 성립할 조건 자체를 따지지는 않는다.

8) 의도가 행위의 성립 요건이라는 것은 아리스토텔레스로부터 데이빗슨에 이르기까지 행위에 관한 고찰에서 여러 논자들이 공유해 온 견해다. 스탠포드 철학사전 'Action' 항목(Wilson & Shpall 2012) 참조.

9) 행위라는 개념은 행위자, 혹은 행위주체의 존재를 요청하기 때문이다. 이른바 '여러 손의 문제'(problem of many hands)에 해당하는 상황은 귀속이 불가한 경우가 아니라 귀속 관계가

때 행위의 성립과 귀속이 반드시 서로를 동반한다는 것을 알 수 있다.

유능한 마법사가 나에게 꼭두각시 마법을 걸어 내 손발을 자기 뜻대로 움직이게 한 뒤에 나로 하여금 맞은편 사람의 뺨을 때리도록 만든다고 해 보자. 맞은 사람은 당장 나에게 화를 내고 어쩌면 나를 고소하려 들겠지만, 이 사태의 전모가 규명된다면 마법사의 못된 마법에 걸리는 일을 피하지 못했다는 불운한 사실 이외에 나에게 귀속될 비난이나 법적 책임은 없을 것이다.[10)]

반면에 이러한 폭력의 책임은 나에게 그런 못된 마법을 건 마법사에게 귀속될 것이다. 내 손의 폭력적인 동작을 야기한 것은 나의 의도가 아니라 마법사의 의도였고, 나아가 그런 동작을 조절한 것도 그였기 때문이다. 피해자를 때린 나의 손은 내 몸에 달려 있기는 했지만 마법사의 의도에 따라 움직였고 그런 한에서 이 사건은 사실상 마법사가 내 손목을 꽉 잡고 휘둘러 그런 동작을 할 수밖에 없게끔 만든 경우라고 해석할 수 있다.

그러나 만일 마법사에게 내 손을 움직여 내 맞은편에 있던 바로 그 사람의 얼굴을 때리도록 할 의도가 없었다면 어떨까? 이러한 경우를 다시

복잡한 경우일 뿐이다. 여기 언급된 두 '사실' 가운데 후자에 대해서는 아마도 더 상세한 토론이 가능하겠지만, 적어도 책임과 결부된 행위에 한정하여 고찰하는 한에서 귀속 불가한 행위는 성립의 기반을 잃을 것이다. 귀속이 책임 관계의 전제 조건이기 때문이다.

10) 대한민국 형법 제13조. 이 조문은 '범의'라는 개념을 적시한 뒤에 "죄의 성립요소인 사실을 인식하지 못한 행위는 벌하지 아니한다."라고 서술한다. 마법에 걸린 내가 지금 벌어지고 있는 사태에 대하여 그것이 허용 불가능한 폭력이라는 사실을 인식하고 있을 개연성이 크다는 점을 고려하면 내가 이 조항에 의거하여 형벌에서 제외될지는 불분명해 보인다. 그러나 일본 형법에서 이에 상응하는 제38조 1항의 조문은 "죄를 범할 의사가 없는 행위는 벌하지 아니한다."라고 서술함으로써 마법에 걸린 나의 의사에 반하는 동작으로 인하여 내가 처벌받지 않으리라는 점이 더 분명하게 드러난다. 대한민국 법무부(2007), 〈일본형법〉, 33쪽 참조.

몇 가지 경우로 나누어 생각해보자. 먼저, 그가 꼭두각시 마법에 걸린 사람이 자기 맞은편 사람의 빰을 세게 때리게 될 것[11]이라는 사실은 인식하고 있었지만 내가 어떤 사람을 만나게 될지조차 전혀 모르고 있었다고 가정해 보자. 이 경우에는 마법사가 내 손에 얼굴을 맞은 그 사람에게 폭력을 행사할 의도를 가지고 있었다고 하기 어렵다. 내가 누구를 만날지 전혀 알지 못하는 마법사가 자신의 마법과 관련하여 나를 만나 피해를 입은 그 특정인을 향한 의도를 가질 합리적인 방법이 존재하지 않기 때문이다. 뿐만 아니라 마법사는 내 팔과 손의 동작을 실시간으로 조종하고 있지도 않다.

이 경우에도 이렇게 벌어진 폭력적 행위의 책임은 마법사에게 귀속되어야 할 것으로 생각된다. 내가 그의 마법에 의해 조종당하고 있었고 순전히 그 결과로 손을 휘두른 것이라면, 이러한 상황에서 나의 책임은 바로 앞의 경우와 달리 평가될 이유가 없다. 반면에 마법사는 자신의 마법이 폭력을 유발한다는 사실을 인식하면서 그런 속성을 지닌 마법을 나에게 걸었다는 점에서 이 폭력적 사건의 분명한 인과적 연원 역할을 한다.

내가 어떤 사람을 만나게 될지 그가 예측할 수 있었던 경우를 가정해 보면 행위의 귀속에 대한 이런 판단은 더 명료해진다. 내가 만나게 될 개연성이 높은 사람에게 폭력이 자행될 높은 개연성을 인식하면서 그런 폭력의 실현을 촉발했기 때문이다. 내가 누구를 만날지 그가 알 수 없는 상황이고 그래서 내 동작의 피해자가 불특정 다수라고 하더라도 행위의 주체에 대한 평가는 달라지지 않을 것이다. 그리고 우리는 이를 행위의 의

11) 이러기 위해서는 문제의 마법이 마법 걸린 사람의 손동작뿐만 아니라 그 사람의 시각과 시각 정보를 활용하는 동작 조절의 기능까지 지배하고 있어야 한다. 4절에서 고찰할 지각과 행동의 조율이 행위의 실현을 위한 핵심 조건이기 때문이다. [이런 조율에 관하여 이 논문은 고인석 (2018c)의 논의를 보완하고 상세화한다.]

도라는 관점에서 이해할 수 있다.

한편, 마법사의 의도가 내가 만날 사람에게 폭력이 행사되도록 하고 그로 인한 신체적 피해를 야기하는 것이 아니라 단순히 내 팔과 손의 운동을 야기하는 것이었다면 어떨까? 예컨대 평소 운동 부족인 나에게 무시로 손과 팔을 휘두르는 동작을 촉발함으로써 운동의 효과를 유발하려는 것이 그의 의도였더라도 폭력적인 동작의 책임을 마법사에게 귀속시킬 수 있을까? 이런 경우에 대한 도덕적-법적 평가는 이 논문의 범위를 넘는 여러 갈래의 복잡다단한 논의를 끌어들이겠지만, 이러한 경우에는 적어도 앞의 경우와는 상이한 평가가 적용되어야 할 것으로 생각된다. 마법사가 내가 평소에 거의 사람을 만나지 않고 집에만 틀어박혀 산다는 사실을 알면서 나의 운동 부족을 염려하는 경우를 가정해보면 그런 판단은 한층 더 분명해진다. 서로 다른 두 경우에서 공통으로 확인할 수 있는 것은, 그것이 누구의 행위이고 또 어떠한 행위인지를 평가하는 일에 문제의 사태가 어떠한 의도에 의하여 촉발되고 나아가 조절되는지가 중요한 고려사항이라는 사실이다.

2) 조 절

앞에서 본 것처럼 의도가 행위를 구성하는 중요한 조건이라고 해도 의도만으로 행위가 성립하지 않는다는 것은 분명하다. 의도는 그것을 가진 주체의 심적 속성에 해당하는데, 이런 심적 속성의 내용을 실현하는 물리적 작용이 일어나지 않는 한 그 의도는 외부 세계에서 아무 일도 하지 않는다. 저만치 가는 친구의 이름을 큰 소리로 불러 그의 걸음을 멈추게 하려는 나의 의도가 있었지만 어떤 이유에서든 그렇게 하지 않았다면, 또는 그의 이름을 부르려 하는 순간 누군가 내 입을 틀어막아 그렇게 하지 못했다면, 나에게 의도가 있었음에도 불구하고 그 의도를 실현하는

행위는 발생하지 않았다.[12)]

누군가 내 입을 틀어막는 것과 같은 외부의 개입이 없다고 해서 의도된 행위가 항상 실현되는 것은 아니다. 야구 경기에서 타자는 안타를 치겠다는 의도를 가진 반면 투수는 평범한 땅볼을 유도해 아웃 수를 늘리겠다는 의도를 가지고 있을 때, 두 사람의 의도가 동시에 모두 실현되는 것은 불가능하다. 기껏해야 한 사람의 의도가 실현될 수 있을 뿐이다. 안타를 치겠다는 의도에서 힘껏 휘두른 배트가 공을 때리지 못하고 허공을 갈랐을 때, 타자의 의도는 의도한 행위로 이어지지 못했다. 그런 헛손질 역시 야구경기의 진행에 인과적 영향을 미치는 모종의 행위이지만, '공을 때린 행위'는 아니다. 공을 맞혀 때리겠다는 의도는 일반적으로 안타를 치기 위한 필요조건이지만, 충분조건은 아니다. 공을 맞혀 때리는 행위가 실현되기 위해서는 배트를 쥔 손을 비롯하여 신체의 유관한 부분들을 조절하는 작용이 있어야 하고, 그런 조절이 의도를 실현하는 데 적절한 방식으로 이루어져야 한다. 투수가 던진 공을 배트로 쳐 날려 보내는 행위는 그렇게 하려는 의도와 그러한 사건이 실현되도록 인도하는 조절에 의해 구성된다. 이 행위의 주체는 그 의도를 가진 존재이면서 동시에 의도가 실현되도록 조절하는 존재이다.[13)]

또 이와 달리, 어떤 의도가 있었고 그 실현을 향한 조절이 이루어졌는데 원래의 의도는 실현되지 않은 반면 다른 엉뚱한 일이 일어난 경우, 행위의 성립에 대한 평가는 어떻게 될까? 예를 들어 정치가들이 단체사진

---

12) 이 경우 내 의도가 전적으로 아무 일도 하지 않았다고 단언하는 것은 아니다. 이름을 부르고 싶은 마음을 참느라 내 얼굴이 상기되었거나, 옆 사람이 내 입을 틀어막는 행위를 야기한 일 등을 떠올릴 수 있다. 그러나 이러한 효과는 '친구의 이름을 불러 그를 멈추게 하려던 의도'의 관점에서 볼 때 일종의 부작용(副作用)일 뿐이다.

13) Korsgaard (2009), 1.4 Agency and Practical Identity; 5.4 Action 참조.

을 찍는 장소에서 국회의원 A를 암살하려던 스나이퍼의 총탄에 A와 3~4미터 근처에 있던 대통령이 맞아 사망한 경우를 생각해보자. 이런 일이 왜 일어났을까? 이러한 '오류'의 원인도 위와 비슷하게 분류될 것이다. 즉 스나이퍼의 실력이 부족한 탓이었을 수도 있고, 그날 사용한 그의 총에 그가 인지하지 못한 이상이 있었을 수도 있다. 또는 마침 그 시간에 문제의 장소에 불어댄 강력한 돌풍이 영향을 미쳤을 수도 있다. 도무지 분석되지 않는 불운의 탓으로 돌려야 할 경우도 있을 것이다.

이런 실패는 아주 다양한 방식으로, 흔히 발생한다. 이런 사례들에 어떠한 행위 지위를 부여하는 것이 적절한지는 맥락의존적인 문제가 되고, 이런 맥락의존적 문제의 판단에는 사회의 관행이 중요한 영향을 미친다. 대표적인 예로 범죄의 미수(未遂)[14]를 어떻게 대우할 것인지는 그 범죄가 어떤 종류의 것인지에 따라서, 그리고 행위가 어떤 원인 혹은 이유에 의하여 완성되지 못했는지 등 다양한 고려사항의 관점에서 평가, 결정된다. 이러한 평가와 결정이 사회적-문화적 여건에 의존하는 것은 말할 것도 없다. 그러나 그런 의존성의 양상과 무관하게 이미 분명해진 것은, 의도와 조절이 행위를 성립시키는 핵심 요건이라는 사실이다.

3) 메타 인지

끝으로 검토할 조건은 메타 인지다. Y가 X의 행위이기 위해서 X가 Y에 관한 메타적 인지의 능력을 가지는 것이 필요할까? 여기서 말하는 메타 인지란 자신의 의도를 스스로 검토하는 작용, 자신이 가진 다양한 의도들 간의 상호 관계를 평가하는 작용, 의도의 실현을 위하여 스스로

14) 대한민국 형법 25조 (미수범) 범죄의 실행에 착수하여 행위를 종료하지 못하였거나 결과가 발생하지 아니한 때에는 미수범으로 처벌한다.

선택한 과정의 적절성을 평가하는 작용 등을 포함하는 개념이다. 이러한 메타 인지의 능력은 인간의 마음이 지닌 고유한 특성 가운데 하나라고 생각된다.

예를 들어 특정한 의도에서 출발하여 그것을 실현하기 위한 물리적 과정을 차근차근 실행해 온 사람이 자신의 의도를 스스로 검토할 반성의 능력이 없다면, 그는 경우에 따라 자기 의도가 그 자체로 불합리하다는 것을 깨닫거나 자기가 하려는 행동으로는 자기 의도를 실현할 개연성이 희박하기 때문에 목표 달성을 위해서는 다른 행동 방식을 강구해야 한다는 사실 등을 깨달을 수 없을 것이다. 결과적으로, 메타 인지의 결여는 메타적 조절의 결여 또는 제한을 함축하게 된다. 그렇다면, 그런 이유를 들어 메타적 인지가 행위 능력을 구성하는 필요조건이라고 평가할 수 있을까?

그렇게 보아야 할 이유는 없어 보인다. 메타 인지의 역량을 발휘하는 주체의 행위와 그렇지 못한 주체의 행위 간에 질적 차이가 발생하리라는 예견은 합리적이지만, 그렇다고 해서 메타적 인지 없이 행위가 불가능하다는 결론을 내리는 것은 불합리하다. 논문이 다루는 주제인 바 '행위주체에 행위의 결과에 대한 책임의 귀속이 가능한 행위'로 범위를 제한해도 마찬가지다. 보통 인간의 지능에 메타 인지의 능력이 있다는 사실과 메타 인지의 능력이 행위에 관한 책임의 필요조건인지의 여부는 독립적인 문제이며, 특정한 의도에서 계획하고 실행한 범행의 주체가 메타적 반성의 기제를 결여한 사람이라고 해도 그러한 사실이 행위책임을 무화하지는 않는다. 메타 인지의 능력 여부가 기껏해야 불분명한 동물에게도 행위의 능력을 인정할 수 있다는 점 역시 고려할 만하다. 예를 들어 낯선 침입자로 인한 위험을 감지하고 그에게 달려들고 물어뜯으려 하는 개의 행동(behaviour)은 주인을 보호하려는 의도에서 산출된 행위라고 보는 것이 합리적이다. 결론적으로, 메타 인지가 결여된 존재의 행위에 관하여 책임의 무게를 경감하는 등의 방식으로 행위의 평가를 조정하는 것은 가능할지라도 메타 인지의 존재를 행위 성립의 필요조건으로 규정할 이유는 없다.

4) 행위 귀속의 정의

행위의 성립 요건에 관한 이상의 논의를 바탕으로, 책임 귀속이 가능한 행위와 행위주체의 관계를 잠정적으로 다음과 같이 정의할 수 있다.

> [D행위A-X] X는 다음과 같은 경우, 그리고 오직 그 경우에 한하여, A의 행위이다. X를 구성하는 물리적 과정이 A의 의도에 의하여 시작되고 A에 의하여 조절됨으로써 실현된다.

예를 들어 을의 말에 화가 치민 갑이 을의 코를 주먹으로 때려 상해를 입힌 경우, 을의 신체(코)를 대상으로 한 폭행은 갑의 의도에 의하여 시작되고 을의 얼굴 한가운데를 향한 갑의 주먹 가격, 즉 조절된 동작을 통해 실현되었으므로 갑의 행위이다. 여기서 을을 향한 갑의 폭력적 의도는 을의 말에 영향을 받아 촉발되었다고 볼 수 있지만, 그렇다고 해서 갑의 주먹질이 갑의 의도에 의하여 시작되었다는 사실 관계가 변경되는 것은 아니다. 을의 말이 있었더라도 갑의 행위 의도가 형성되지 않았다면 주먹질은 없었을 것이다.

행위는, 어떤 종류의 것이든, 모종의 물리적 과정으로 구성된다.[15] 전

---

15) 이 논문은 물리적 실현(physical realization)의 경로를 취하지 않는 순수한 비물리적 인과 작용의 가능성을 긍정하지 않는다는 점에서 물리주의의 기본 입장을 수용한다. 여기서 '과정'은 물리적 상태의 변화, 즉 물리학을 비롯한 자연과학이 확인할 수 있는 변화의 방식으

신을 통해 모스부호로 된 메시지를 보내거나 유압식 밸브를 조절하여 특정한 화학물질의 유출량을 늘리거나 줄이는 것이 모두 이런 물리적 과정에 해당한다. 그러나 A는 X(를 구성하는 물리적 과정)를 직접 실현하지 않고도 X가 실현되도록 할 수 있다. 예를 들어, A는 특별한 이유가 없는 한 자기 말을 따르는 신입 팀원 B에게 전화를 걸어 B가 상상하지도 못하는 연쇄작용을 촉발하도록 되어 있는 간단한 일을 시킬 수 있다. "B씨, 거기 내 책상 위에 은색 폰처럼 생긴 것이 있죠? 그 옆구리의 빨간 버튼을 2초 정도 꾹 눌러서 전원을 좀 켜주세요."

우리는 이렇게 해서 발생하는 사건의 결과에 대한 책임이 B가 아닌 A에게 귀속되는 것이 합당하다고 생각한다. 만일 B가 한 일이 컴퓨터가 운전하는 도시전철의 감속장치를 끄는 일이었고 그 결과로 전철에 타고 있던 사람들이 다쳤다면, 그것은 A가 저지른 범죄행위로 인한 피해로 판정될 것이다. 그런데 "도시전철의 감속장치를 끄는 물리적 과정"의 범위는 그 표현의 문자적 의미를 기준으로 볼 때 B의 동작에서부터 시작되는 것으로 볼 수 있다는 점이 문제다. 이러한 문제를 해결하면서 위와 같은 상황에서 전철의 사고를 유발한 행위를 B가 아닌 A에게 귀속시키기 위해서는 위의 정의를 다음과 같이 수정할 필요가 있다.

[D*행위A-X] X는 다음과 같은 경우, 그리고 오직 그 경우에 한하여 A의 행위이다. A의 의도에 의하여 X를 구성하는 물리적 과정, 혹은 그러한 과정을 효과적으로 유발하는 물리적 과정이 시작되고 A에 의하여 조절됨으로써 실현된다.

로 실현되는 것으로 한정된다.

A는 직접 도시전철의 감속장치를 끄는 동작을 실현하지 않았지만, 그것을 끄는 버튼을 누르는 B의 동작을 효과적으로 유발함으로써 도시전철의 감속장치를 끄는 행위를 실행한 것이다. 이 정의에서 "A의 의도"가 'X를 행하려는'이나 'X를 구성하는 물리적 과정을 유발하려는' 의도에 한정되지 않았음에 유의하라. 방금 살펴본 도시전철 사고의 사례에서 A는 전철 이용자들의 신체를 손상하려는 의도를 가지고 있지 않았을 수도 있다. 그가 어느 특정한 사람의 신체를 다치게 하려는 의도로 그런 행위를 했을 개연성은 더더욱 작다. 그러나 그 사고에서 다친 사람은 A의 행위가 자신의 몸을 다치게 했고 따라서 A에게 그러한 손실에 대한 책임이 있다고 정당하게 주장할 수 있다.

3. 인간 이외의 행위주체에 관한 토론의 (특수한) 여건

이제는 논의의 시선을 행위의 주체로 돌려보자. 앞에서 논의한 것과 같은 행위의 능력을 지닌 주체는 어떤 존재자일까? 이런 존재자의 속성을 살펴보기 전에, 먼저 이 논문이 다루는 문제의 특이한 상황을 확인하도록 하자. 그 문제란, 논문의 제목에도 표현된 것처럼, 인간 이외의 존재자, 특히 인간이 만든 '대상'의 범주에 속하는 인공물에 '주체'의 지위를 정당하게 부여할 수 있을 조건을 따져 밝히는 것이다. 이와 관련한 특이한 상황이란, 그것이 사상사의 관점에서 볼 때 특유의 애매한 위치에 있다는 사실이다. 우선, 그것은 근대 이후, 즉 서양의 과학이 문명의 토대로 작동하기 시작한 이후 한 번도 체계적으로 토론되어 정리된 바 없는 문제다.[16] 책임과 권리의 주체에 관한 토론은 인간이라는 범주를 암묵적으로 전제한 상태에서 진행되었고, 그런 동안 이 전제 자체는 적극적인 토론의 주제로 부상하지 않았다.

그러나 이 문제가 걸린 애매한 여건의 다른 측면을 보자면, 인간 이외의 행위주체는 인간의 사유에 흔히 등장하는 소재였을 뿐만 아니라 별 거부감 없이 수용되는 개념이었다. 여러 문명의 신화에 등장하는 신들을 비롯하여 여러 종교의 신이 그랬고, 자연 현상의 배후에 있는 온갖 종류의 영적 존재들이 그랬고, 최근에는 〈스타트렉〉이나 〈스타워즈〉 같은 작품에 등장하는 외계의 존재들이 그랬고, 아시모프(Isaac Asimov) 같은 작가의 작품에 등장하는 영리한 로봇들이 그랬다. 뿐만 아니라 논문의 서두에 언급된 것처럼 우리는 일상의 어법에서 한 해 농사를 망친 태풍에 관해, 운전자의 말을 듣지 않고 제멋대로 작동하여 사고를 일으킨 기계에 관하여 이야기한다.

그럼에도 불구하고, 인공지능 기술이 비약적으로 발전하고 인공지능을 활용하는 다양한 기계의 활용이 사회에 확산되면서 이 논문의 주제에 관한 논의의 필요성이 부각된 현재의 시점에서 보더라도 철학과 법학을 포함하여 체계적-이론적 논의의 영역에서는 여전히 '오직 인간'의 관점이 작동하고 있는 것으로 보인다.[17] 유의할 점은, 이러한 '오직 인간'의

16) 대한민국 형법을 비롯하여 오늘의 법률 체계에서 행위의 주체는 인간으로 제한되고 있다. 예외처럼 보이는 법인의 경우도 자연인으로 구성된 결사의 방식으로만 존립한다. 최근 거론되는 '전자인'(electronic person)이 진정한 예외가 될 수 있겠지만, 이 개념은 유럽의회에서 제안된 후 찬반 논쟁 속에서 아직 정착되지 않았다.

17) 어떤 사람은 라투어(Bruno Latour)가 제시한 '작용자[혹은 행위자]연결망 이론'(actor-network theory: ANT)이 이미 이러한 한계를 뛰어넘은 관점을 함축하고 있다고 주장할지도 모르겠다. 분명 라투어의 통찰은 신선하고, 이 논문의 주제와 관련한 잠재적 효력을 지니고 있다. 그러나 ANT는 인간 주체와 기계 장치뿐만 아니라 특정한 물질이나 제도적 장치 등 '모든 것'을 단일한 존재론적 평면에 위치시킴으로써 오히려 이 논문이 기여하려는 책임 해명의 문제에 대한 직접적 유관성을 잃는다. [앞의 2장, 각주 21에서 언급한 것처럼, ANT의 'actor'는 그 자체로 사회적 맥락을 함축하는 개념어 '행위자'가 아니라 물리적 작용과 사회적 영향의 관계를 차별 없이 포괄하는 물리과학의 개념어 '작용자'로 번역하는 것

관점은 그 자체로 무조건 정당한 것도 아니고, 반대로 당연히 극복되어야 할 대상도 아니라는 것이다. 우리는 '오직 인간'의 전제를 고수하는 방식으로 문제를 해결하려 할 수도 있고, '오직 인간'이라는 전제의 굴레를 깨는 방식으로 그 일을 시도할 수도 있다. 이와 같은 상황에서 논자가 제안하며 시도하는 방식은, 인간 이외의 행위주체를 인정하는 경우를 상정하면서 그러한 인정의 필요조건을 규명해보는 것이다. 우리는 이러한 방식으로, 예컨대, "자율주행시스템(automated driving system)이나 자율주행자동차를 행위의 주체로 인정할 수 있는가?" 같은 물음에 모종의 대답을 제시할 수 있을 것이다.

이제 이 절 앞머리의 물음으로 다시 돌아온다. 앞 절에서 규정한 것과 같은 행위의 능력을 지닌 주체는 어떤 존재자일까? 논자는 이 물음에 대한 해명의 실마리를 동물 신체에 관한 윅스퀼(J. von Uexküll)의 통찰에서 찾는다. 그것은 외부 세계와 상호작용하는 유기체의 내적 구조에 관한 분석을 포함하고 있다.

4. 행위 능력을 지닌 주체의 구조

20세기 초, 야콥 폰 윅스퀼은 동물 신체와 외부 세계의 관계를 다음과 같은 도식으로 나타냈다.[18]

이 더 적절하다.]

18) Uexküll (1920). 굵은 선으로 그려진 오른쪽의 사각형은 논의를 위해 논자가 추가한 것으로, 사각형 안쪽이 동물 신체에 상응한다.

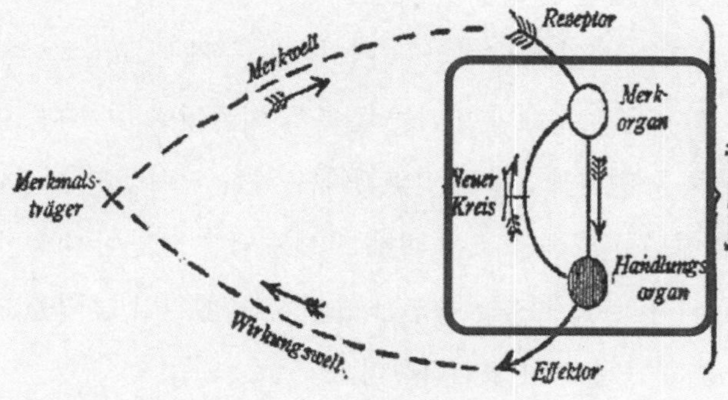

Figur 4.

윅스퀼이 '기능원환'(Funktionskreis)이라고 이름한 위의 도식은 행위와 지각의 상보적 관계에 관하여 간과해서는 아니 될 유용한 통찰을 제시한다. 반면에 그것은 구체적인 환경에 처한 동물 신체에서 지각을 관장하는 기관들의 작동과 행위에 활용되는 기관들의 작동이 어떠한 원칙에 따라 실현되는가 하는 문제에 대해서는 말하는 바 없는 것처럼 보인다. 그런데 우리는 유사한 물리적 환경에 처한 같은 종의 동물들—예컨대 인간—이 개체들의 신체가 지닌 생리학적 유사성에도 불구하고 종종 서로 전혀 다른 방식의 행위를 실현한다는 사실에 주목할 필요가 있다. 직접적인 물리적 환경이 유사할 경우에도 나타나는 행동의 이런 다양성은 예컨대 바퀴벌레에 비해 고양이에서, 그리고 고양이에 비해 인간에서 한층 더 뚜렷이 나타난다. 그리고 책임을 수반하는 행위는 이런 다양성을 지닌 신체에서 생성되는 것이라고 할 수 있다. 그와 같은 다양성이 전혀 없다는 것은 이른바 환경으로부터의 '입력'에 의하여 동물 신체가 구현할 '출력'이 완전히 결정되는 관계를 함축하는 증거로 평가할 수 있다. 그리고 만일 행동 출력이 외부로부터 입력되는 자극의 속성에 의하여 완전히 결정된다면, 그렇게 입력과 출력을 연결하는 고정된 함수 상자의 역할을 할 뿐인 동물 신체에 출력에 대한 책임을 묻는 일은 불합리할 것이다.

이로부터 우리는 책임을 수반하는 행위라는 주제를 고찰하기 위해서는 윅스퀼의 도식을 보정해야 한다는 결론을 이끌어낼 수 있다. 이 보정은 입력과 출력을 연결하면서 동일하거나 유사한 입력에서 상이한 행동이 산출될 수 있도록 하는 구조에 대한 고려를 담은 보완이어야 한다. 이러한 점에 유의하면서, 논자는 책임을 수반하는 행위의 능력을 지닌 존재자의 구조를 다음과 같이 도식화한다.[19]

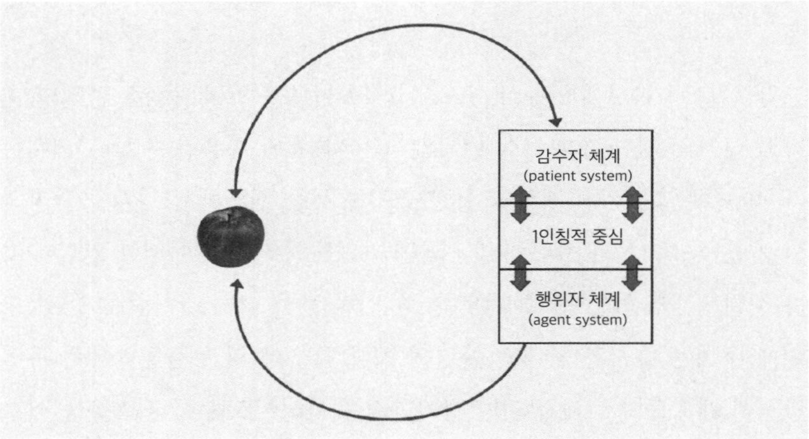

이 도식을 윅스퀼의 도식과 비교하면, 윅스퀼 도식의 'Merkorgan'(지각기관)과 'Handlungsorgan'(행위기관)이 각각 감수자 체계와 행위자 체계로 바꾸어 표시되어 있고, 그렇게 표시된 두 부분 사이에 '1인칭적 중심'이 추가되었다.[20] '-기관'(Organ) 대신 '-체계'라는 개념을 사용한 것은 전자

19) 그림 왼쪽의 사과는 지각과 행위의 대상이 되는 임의의 사물을 상징한다.

20) 이 도식은 마음과 물질의 관계에 관한 여러 경쟁하는 견해들에 대하여 중립적이다. 즉 그것은 심물 이원론이나 환원적 물리주의를 전제하지 않으며, 다만 세계 속에서 주체성의 면모를 실현하는 어떤 통일된 체계가 지니는 양면성을 반영한다. [여기서 양면이란 이 존재

가 유기체에 제한적으로 적용되는 개념인 반면 이 논문이 탐색하는 바 주체 범위 확장의 가능성에 인공물이 포함되는 점을 고려하여 중립적인 표현을 채택한 까닭이다. 감수자 체계는 위와 같은 세 영역을 그것의 부분으로 갖는 존재자를 포함하는 세계의 여건을 파악하는 부분인 동시에 외부로부터 주어지는 작용을 수용하는 기능을 담당하는 부분이다. 반면에 행위자 체계는 그런 존재자가 자기 신체에 해당하는 물리적 대상을 포함하여 외부 세계에 작용을 미치는 일에 필요한 체계다.

1인칭적 중심은 감수자 체계와 행위자 체계를 연결하고, 그럼으로써 감수자 체계와 행위자 체계를 포함하는 전체를 통합하면서, 그 전체가 주어진 환경의 조건 속에서 그것이 품은 의도를 실현하는 행위를 할 수 있도록 하는 부분이다.[21] 그와 같은 의도는 통합된 전체에 의하여 생성되고 결정되며, 그런 의미에서 온전히 그것에 귀속된다. 외부 세계의 여건은 감수자 체계를 통해 이 존재자의 다양한 속성에 인과적으로 작용할 뿐만 아니라 의도를 형성하고 그것에 따라 행위를 조절하는 1인칭 중심에까지 영향을 미치려 하지만, 하지만 종국적으로 의도의 양상을 결정하는 것은 외부 환경이 아니라 통합된 주체다. 앞에서도 언급한 바 있지만, 충분히 유사한 환경에 처한 두 주체가 때로는 극단적일 정도로 뚜렷이 상이한 의도의 관점에서 세계를 지각하고 행위를 계획, 실행할 수 있음을 상기할 때 이는 분명하다.

감수자 체계는 통합된 전체 체계가 처한 환경의 조건을 파악하는 역할을 하며, 이는 윅스퀼의 도식이 제시하는 바와 일치한다. 그러나 여기 제

자가 지닌 감수자(感受者)로서의 차원—patiency—과 행위자로서의 차원—agency—을 뜻한다.]

21) 일부 유기체가 가진 뇌나 중앙신경체계(central nervous system)가 이러한 중심의 역할을 실천하는 물리적인 부분이다. 그러나 뇌의 외연이 1인칭적 중심의 물리적 외연과 일치한다고 단정할 이유는 없을 것이다.

시된 통합 주체의 구조에서 감수자 체계는 반드시 그것이 파악한 자료를 토대로 주체가 세계를 이해하고 세계 속에서 주체가 어떻게 반응할지를 결정하는 출발점으로서만 기능하지 않는다. 다양한 인지심리학 실험들[22]이 입증하는 것처럼, 지각은 지각의 주체가 어떤 행동을 계획하거나 의도하고 있는지에 따라 물리적으로 유사한 환경에서도 상이한 결과를 산출한다.[23] 통합된 체계 전체의 행동을 결정하는 것이 지각의 내용인지 아니면 행위에 관한 의도와 계획인지 선택하려 한다면 그것은 잘못 설정된 문제일 것이다. 우리의 행동은 때때로 무심히 읽어 들인 정보에 의해 좌우되지만, 때로는 행위의 의도나 구상에 의하여 외부 세계에 대한 지각이 선별되고 나아가 편집되는 것도 사실이다.[24] 분명한 사실은 인간 같은 주체의 경우에 위 도식의 감수자 체계와 행위자 체계가 아주 긴밀한 방식으로 상호작용하고 공조한다는 것, 그리고 이렇게 조율된 상호작용이 행위를 성립시키는 핵심 요소라는 것이다.

여기서 한 가지 언급해두어야 할 사항은 행지주의(enactivism)[25]의 (제한

22) 대표적으로, 주의(attention)가 지각에 미치는 영향에 관한 실험들을 떠올리면 적절할 것이다. YouTube에서도 쉽게 찾을 수 있는 그런 실험의 예로, 몇 번의 (농구공) 패스가 이루어지는지 세도록 지시된 상황에서 화면 한가운데 등장했다 사라지는 고릴라를 인지하지 못하는 심리실험이 있다.

23) 뇌과학자 부자키(György Buzsáki)는 최근 발간된 저서 *The Brain from Inside Out*(2019)에서 인간의 지각을 근본적으로 외부 세계의 여건을 안으로 읽어 들이는 작용으로 보는 프레임에 맞서 그 반대 방향의 작용이 뚜렷할 뿐만 아니라 한층 더 중요하다고 역설한다. Buzsáki (2019), 특히 Chapter 3 Perception from Action을 보라.

24) 윅스퀼의 도식에서 (이런저런 속성을 지닌) 대상(Merkmalträger)과 유기체를 잇는 화살표가 일방적인 데 반해 논자의 도식에서 대상(사과)과 감수자 체계를 잇는 화살표는 쌍방향으로 표시되어 있는 차이는 이러한 인식을 반영한다.

25) 이영의와 이기흥은 enacitivism을 '행화주의'로 번역하였다. '체화된 인지'(embodied cognition)와의 관련성이 그러한 번역의 배경이 되었다고 추정된다. 그러나 체화(體化)된 인지에서 몸과 인지의 관계가 enactivism에서 행위와 인지의 관계와 문법적으로 다르다는 점을 고려할 때 행화(行化)주의라는 번역의 적절성은 의심스럽다. 몸이 인지를 제약하는

된) 함의에 관한 것이다. 행지주의는 감수자 체계가 산출하는 지각 내용이 실제적-혹은-잠재적 공간 이동을 포함하는 행위의 역사를 기반으로 구성된다는 타당하고도 중요한 통찰을 제공한다. 그러나 행위와 지각이 그렇게 상호 침투하는 관계에 있다고 해서 감수자 체계와 행위자 체계가 구분 불가능한 것이 되거나 그런 구분이 무용한 것이 되지는 않는다.

이런 두 체계를 신체의 구체적인 부분에 대응시켜 보자면, 예를 들어 감수자 체계를 구성하는 한 부분인 시지각 체계는 각막과 수정체로부터 시작되어 대뇌의 시각피질에까지 이르는 시신경 세포들로 이루어진다고 볼 수 있다. 그러나 조금 더 생각해보면, 시지각은 눈만으로 하는 것이 아니다. 같은 사람의 눈이라도 그 위치에 따라서, 또 주변의 빛 조건에 따라서 지각의 내용이 달라진다. 창문 너머에서 일어나는 일을 보려고 의자에서 일어나 창가로 온 사람의 경우 감수자 체계는 이런 동작들을 실행하는 신체 부분들에 그 기여를 생략할 수 없는 방식으로 의존하고 있다.

한편 행위자 체계의 전형적인 부분으로는 우리가 행하는 많은 일에서 큰 비중을 차지하는 손을 꼽을 수 있다. 그러나 손이 배타적으로 행위자 체계에 귀속되는 것은 아니다. 낯선 주방에서 조리용 칼을 손에 집어 들었다가 손잡이 부분의 촉감이나 손에 느껴지는 칼의 무게를 토대로 자신이 쓰려던 칼이 아니라는 판단을 내리고 다른 칼을 찾는 경우, 손은 감수자 체계로 기능하였다. 마찬가지로, 혀는 감수자 체계의 일부로 기능하

것과 마찬가지로 행위에 의하여 인지가 제약된다는 점에서는 유사하지만, enactivism에서 행위는 —체화된 인지에서 몸과 달리— 실현되지 않고 잠재적 차원에 머무르면서도 인지에 작용한다. 이 개념의 적절한 번역에 관한 토론에 참여하는 의미에서, '행위와 (지각을 포함하는) 인지가 상호 침투하는 관계에 있음'이라는 의미를 담아 '행지(行知)주의'를 대안으로 제시한다. 행지주의에 관해서는 Noë (2004)를 보라. 특히 1장은 지각에 관한 행지주의적 접근이 어떤 것인지 간결하면서도 명료하게 서술한다.

기도 하고, 행위자 체계의 일부로 기능하기도 한다. 음식물을 먹는 상황을 생각해보라. 혀는 음식의 맛을 감지하지만, 그것을 적절히 씹고 또 그 맛을 잘 음미할 수 있도록 하는 방식으로 입 안에서 운동하며 음식을 이동시킨다. 논자가 윅스퀼의 도식을 보완하면서 분명하게 드러내고자 하는 요점은, 인공물의 행위주체 지위에 대한 판단에서도 우리가 가장 우선적인 기준으로 삼아 참고하게 될 행위주체인 인간의 경우를 볼 때, 지각과 행위가 이미 그 각각을 구성하는 미시적 과정의 수준에서부터 뒤섞이며 상호 보완하고 있다는 사실이다.

한편 위 그림에서 한 행위주체에 상응하는 오른쪽 사각형의 가운데 부분에 있는 '1인칭적 중심'은 우리가 일상적으로 '마음'이라고 부르는 것과 상당히 일치하는 속성을 가진다. 그런 속성의 핵심은 행위주체를 구성하는 두 부분, 즉 감수자 체계와 행위자 체계를 연결하면서 그렇게 통합된 체계 전체가 외부 환경과의 상호작용 속에 단일한 주체의 속성을 구현하도록 제어하고 조정하는 역할을 한다는 것이다.[26] 이러한 단일성, 혹은 통일성(unity)이 환경의 변화 속에서도 해당 체계의 정체를 규정하는 속성들을 어떤 방식으로, 그리고 어느 정도 유지할 수 있는지는 이 논문이 따지는 책임 귀속 가능한 행위주체의 지위와 연관된 중요한 문제다. 그러나 그것이 인격 동일성에 관한 토론의 역사가 말해 주듯 철학사에 등장한 난문들 가운데 하나일 뿐만 아니라 행위주체의 성립이라는 문제와는 원칙적으로 독립된 문제라는 두 가지 사실을 고려하면서, 여기서는 논하지 않기로 한다.

---

26) '제어'와 '조정'은 거의 중복되는 표현이지만, 여기서 전자는 각 부분의 세부 속성에 대한 제어—예를 들어 손목의 각도나 쥐는 힘의 정도—를 뜻하는 말로, 그리고 후자는 지각을 제어하는 영역과 행동을 제어하는 영역 간의 조정을 뜻하는 말로 썼다.

5. 행위주체 성립의 요건으로서의 통일성

앞에서 우리는 행위주체를 구성하는 부분들 간의 조율과 그러한 조율을 통해 실현되는 모종의 통일성이 행위주체 성립의 조건임을 확인하였다. 이 논문이 논하는 주제가 인간이나 동물이 아니라 인공물의 행위주체성이 성립하는 조건임을 상기한다면, 우리는 이러한 물리적 대상들에 대해 일단 지향성이나 감각질 같은 심리철학의 문제들을 적용하는 토론의 수고를 생략하고 과학의 방식으로, 확인 가능한 체계 내적 통일성을 기준으로 삼아 행위주체의 성립 여부를 평가할 수 있을 것이다.

체계의 내적 통일성이 행위주체 성립의 필요조건이라는 주장은 어떤 관점에서는 당연한 말이어서 시시한 명제처럼 보일 수도 있다. 그러나 논자는 이것이 실천적 물음들에 관하여 제시되는 답들을 평가하는 토대로서 고유한 가치를 지니는 출발점이라고 본다. 지킬 박사의 마음과 에드워드 하이드[27]의 마음이 서로 겨루듯 번갈아가며 지배하는 몸이 저지른 사악한 폭력을 이유로 만일 지킬 박사에게 사형이 선고되었다고 가정하면, 그런 판결의 정당성에 일말의 의구심도 느끼지 않을 사람은 적을 것이다. 또 이 논문의 2절에 등장한 마법사가 내 오른쪽 어깨 관절부터 손까지 마법을 걸어 내 의지와 무관하게 임의의 동작을 하도록 만들었다면, 내 오른손과 내 몸의 다른 부분들은 단일한 의도에 따라 조절되지 않고 따라서 오른손을 포함하는 몸 전체는 방금 언급한 통일성의 조건을 충족하지 못한다. 그것은 단지 외견상 단일한 '나의 몸'인 것처럼 보일 뿐이다.

행위주체 성립의 요건으로서의 통일성 조건은 (i) 위 도식에 나타난 세

---

27) 로버트 스티븐슨의 소설 『지킬 박사와 하이드씨의 이상한 경우』(Strange Case of Dr Jekyll and Mr Hyde)의 등장인물.

부분 각각의 내적 통일성과 (ii) 1인칭적 중심의 주도로 실현되는 행위자 체계와 감수자 체계 간의 통일성이라는 양면을 포괄한다.[28] 단일한 의도, 혹은 일관적인 의도들의 연언으로 해석 가능하다는 의미에서 통일성을 띤 복합적 의도[29]가 1인칭적 중심으로부터 환경에 대한 정보 수집과 그렇게 수집, 처리된 통일된 지각 내용을 토대로 하는 행위 조절에 의하여 물리적 세계 속에서 실현되는 것을 확인할 때 우리는 이 논문이 제시한 관점에서 행위주체의 존재를 인정할 수 있게 될 것이다.

감수자 체계와 행위자 체계 각각에서 실현되는 통일성의 중요성을 간과해서는 안 된다. 여기서 통일성은, 한편으로 내부에서 발생할 수 있는 비통일성의 양상들이 제어되어 극복된 상태를 의미하고, 다른 한편으로는 문제의 통일성에 연루되지 않은 요소들로부터의 독립성을 의미한다. 전자부터 이야기해보자. 감수자 체계를 예로 들어 전자의 의미에서의 통일성이 어떤 것인지 더 이야기해보자.

감수자 체계의 핵심 기능은 지각이다. 우리는 눈과 귀와 코와 혀와 손과 피부의 감각을 통해 외부 세계에 대한 다양한 정보를 수집하고 뇌가 그 자료를 처리함으로써 자신이 처한 환경이 어떠한지를 파악한다. 이 논문의 제안이 합리적이라면, 인공물의 경우에도 지각의 통일성이라는 관점에서 감수자 체계의 통일성을 판정할 수 있을 것이다. 눈으로 보아서 뭐가 어디에 있는지 알아내는 것이 시지각의 임무라면, 서로 반 뼘쯤 떨어져 있는 두 눈을 통해 수집된 자료는 결국 "어디에 무엇이 있는지"에

---

28) 논자는 피치우토와 캐루써스가 논하는 "inner sense"가 (ii)와 관련하여 유용한 시사점을 제공한다고 본다. Picciuto & Carruthers (2014) 참조.

29) 예를 들자면, 자율주행시스템이 자동차가 ① 모든 교통신호를 준수하고 ② 도로의 규정 속도를 지키면서 ③ 충돌 없이 ④ 가능한 한 빠르게, 그리고 ⑤ 가능한 한 적은 연료를 소모하면서 목적지에 도달하도록 제어하려 할 때, ①~⑤를 이런 복합적 의도로 해석할 수 있다.

관하여 통일된, 혹은 일관성 있는 한 묶음의 정보를 산출해야 한다. 양쪽 눈의 시야에 각각 상이한 정경을 자극으로 제시하는 실험을 활용하는 두 눈 경쟁(binocular rivalry) 연구는 이런 생각을 입증하는 동시에 지각 통일성의 양상에 대한 정보를 제공한다.

두 눈 경쟁이 단일한 지각 양태 내의 통일성(intra-modal unity)을 조명하는 문제라면, 상이한 지각 양태 간의 통일성(intermodal unity in multimodal perception)은 감수자 체계의 통일성을 위해 풀어야 할 또 다른 문제다. 맥거크 효과(McGurk effect)는 청각을 통해 수집된 정보와 시각 정보 사이에 갈등이 벌어지는 일이 있으며 그 경우 우리의 뇌가 두 경로를 통해 수합된 서로 어긋난 정보를 종합하여 모종의 단일한 결론을 산출한다는 것을 보여준다.[30] 뇌과학자 드핸(Stanislas Dehaene)은 이 문제를 신경세포들의 작용 간의 조율과 억제라는 기제를 통해 설명한다.

> "주변부에서는 지각이 나란히 작동했다. 소리를 부호화한 뉴런과 빛을 부호로 처리하는 뉴런은 동시에 활성화되었고, 서로 간섭하지 않았다. 그러나 피질 계층체계의 높은 수준에서는 그러한 작용이 서로를 억제했고, 결과적으로 이런 [신호들을 처리하는 뇌의] 영역들은 뉴런들의 단일한 통합적 상태—단일한 "생각"—만을 향유할 수 있었다."[31]

---

30) 맥거크 효과에 대해서는 이정모 (2009), 11장 참조.

31) Dehaene (2014), 3072-3074. 드핸은 이와 같은 상위 체계의 통일성을 다음과 같이 해석한다. "뉴런들의 동조(同調, synchrony)가 핵심 요소일 법하다. 서로 멀리 떨어진 뉴런들이 배경의 지속적인 전기적 진동에 그것들의 스파이크를 동조화함으로써 거대한 연합체를 형성한다는 증거들이 누적되고 있다. 이런 그림이 맞는다면, 우리의 모든 생각을 빠짐없이 부호화하는 뇌의 [신경]망은 그것이 속한 무리의 패턴에 담긴 전체적인 리듬에 따라 꽁무니 빛의 방전을 조화시키는 반딧불이들 한 무리와 닮았다. 의식이 없는 상황에서도 —예를 들어 우리가 좌뇌 측두엽의 언어 신경망에서 한 낱말의 의미를 무의식적으로 부호화할 때— 적절한 규모의 세포연합체는 여전히 국소적인 동조를 이룬다. 그러나 전전두엽

그런데 이런 조율은 알고리즘에 따라 기계적으로 진행되는 절차와는 거리가 있다. 시지각에 관한 버지의 다음 분석을 보자.

> 직접적 자극(proximal stimulation)의 최초 등록, 혹은 부호화—주로 빛 자극의 등록으로 이루어지는—는 시각 체계에서 이루어지는 일련의 변환을 거치게 되고, 이러한 변환을 통해 3차원 공간에 자리 잡은 사물들을 표상하는 지각 표상이 생성된다. 3차원 조건의 빛에 관한 자료로부터 그에 상응하는 2차원의 부호화를 결정하는 문제에는 확정된 광학적-기하학적 해법이 존재한다. **그러나 2차원의 부호를 3차원적 정경의 표상으로, 혹은 그에 해당하는 것으로 어떻게 변환할 것인지에 대해서는 확정된 수학적 해법이 존재하지 않는다.** 망막에 맺힌 상의 부호화는, 더불어 주어진 모든 다른 직접적 자극과 합쳐지더라도, 물리적으로 가능한 환경적 원인들을 결정하는 데까지도 이르지 못한다.[32]

자극의 최초 기록으로부터 단일하게 해석된 지각 내용에까지 이르는 정보 변환의 경로에는 버지의 평가에도 언급된 미결정성(underdetermination)의 요소들을 해소하는 추가적인 결정 요인들이 개입한다. 버지는 그것을 뭉뚱그려 '심리학적인 것'이라고 규정한다.[33] 아마도 그런 변환을 좌우하는 요인들에는 생물종 고유의 생리학적 요소와 생태환경적 요소와 진화사적 요소, 뿐만 아니라 관찰에 이론적재성의 흔적을 남기는

피질은 해당 메시지에 접근하지 못하며, 따라서 그 내용은 뇌 전체에 공유되지 않고 무의식의 영역에 머문다."(같은 책, 3004-3009)

32) Burge (2014), 397-8. 논자의 강조.

33) "그러므로 지각 심리학은 직접적 자극의 등록이 어떻게 일련의 변환을 거쳐 시지각을 유발하는지, 이런 과정을 다스리는 법칙들을 찾아내야 한다. 이러한 [지각] 형성의 법칙들은 심리학 특유의 법칙들이다."(Burge 2014, 398)

사회적, 문화적 요소들도 포함된다. 그러나 하나의 주체로서 행위하고 그럼으로써 그것의 행위에 대한 책임을 짊어지게 되는 존재는 이런 모든 결정 요인들을 수렴하면서도 그중 어느 요인에 의해서도 완전히 확정되지 않는 고유한 결단으로 나아간다. 이것이 우리가 살피고 있는 통일성 혹은 단일성[34]의 두 번째 측면, 곧 그런 통일성을 지닌 주체에 속하지 않는 것들에 대한 독립성의 측면이다.

행위자 체계의 통일성은 어떻게 평가될 수 있는가? 기본적으로 그것은, 한 체계 안에서 동시에 두 가지 상충하는 실행이 추진되어서는 안 된다는 조건이다. 부분적 실행이 서로 충돌하는지 여부의 평가는 그런 실행들이 체계 내에 공유된 정보의 관점에서 볼 때 행위 의도를 실현하는 방향으로 일관성 있게 합력하는지 아니면 서로를 훼방하는지의 관점에서 이루어진다. 예컨대 어떤 사람이 무거운 여닫이문을 열고 들어가려는 의도로 한 손으로는 문에 부착된 손잡이를 당기면서 다른 손으로는 같은 문을 밀고 있다면, 그 사람의 이런 신체 동작은 통일성 있는 행위를 구성하지 못한다.[35] 인공물에서 이러한 통일성은 그것을 구성하는 부분 요소들을 제어

---

34) 한국어에서 여럿의 하나됨이라는 의미의 통일성과 더 이상 나눠지지 않는 단위체의 속성을 뜻하는 단일성은 상이한 개념이지만, 영어 낱말 unity는 이런 통일성과 단일성의 의미를 포괄한다. 이 논문에서 '통일성 혹은 단일성'이나 '단일성 혹은 통일성'이라고 쓴 경우 'unity'를 염두에 둔 것이다.

35) 무거운 문을 밀어 열려는 의도로 오른손으로는 문에 달린 둥근 손잡이를 시계방향으로 돌리면서 왼손으로는 문 위쪽을 밀었는데 실은 이 손잡이가 ―행위주체의 예상과 달리― 반시계방향으로 돌려야만 열리고 시계방향으로 돌리면 오히려 잠금 기능이 작동하는 문이었다고 가정해 보자. 이때 두 손은 결과적으로 서로 상충하는 동작을 하고 있었던 셈이지만, 이 경우에는 행위자 체계의 통일성이 깨졌다고 볼 필요가 없다. 행위자 체계의 통일성에서는 행위 의도의 관점에서 본 행위자 체계 내의 정보적 통일성이 핵심 요소다. 만일 위의 예에서 오른손이 손잡이를 반시계방향으로 돌려야만 열린다는 것을 인지한 상태에서 손잡이를 시계방향으로 돌리고 있었던 것이라면 오른손은 왼손을 비롯한 신체 다른 부분과 다른 행위를 추진하고 있던 것이고, 이는 행위자 통일성이 훼손된 경우로 보아야 한다.

하는 소프트웨어 프로그램의 속성에 의하여 확보되거나 훼손될 것이다.

인간을 비롯한 동물의 경우에는 그것의 신체를 둘러싼 피부가 이와 같은 '주체에 속하는 것'과 '주체에 속하지 않는 것들'의 경계를 이루고 그 내부는 공간적 연속체의 모양을 가지지만, 이런 공간적 특성은 여기서 논하고 있는 통일성-단일성의 필요조건도 아니고 충분조건도 아니다.[36)]다시 말하자면, 인공물은 단일한 행위주체이기 위해서 공간적으로 단일한 연속체이어야 하는 것도 아니고, 단일한 공간적 연속체의 구조를 가진 인공물이 여러 상이한 행위주체를 포함하고 있을 수도 있다.

6. 논의의 정리와 적용

논의를 정리해 보자. 행위주체는 의도를 가지고 그것을 실현하는 데 기여할 물리적 과정을 시작하고 조절하는 존재자다. 이러한 기능을 하는 존재자는 동물의 지각 작용에 해당하는 기능을 하는 감수자 체계와 주어진 환경 속에서 의도를 실현하기 위해 조절 가능한 요소들을 작동시키는 행위자 체계, 그리고 행위의 의도를 형성하고, 변경하고, 그것을 실현하기 위한 제어를 주도하는 1인칭적 중심의 세 부분으로 이루어진 존재로 분석할 수 있다. 이런 존재는 한 사람의 몸처럼 생겼을 수도 있고, 평창 동계올림픽 개회식에 등장하여 공중에 오륜기를 만들었던 한 떼의 드론처럼 공간적으로 분산된 체계일 수도 있다. 한편, 어떤 물리적인 체계가 그 구조에서 1인칭적 중심, 감수자 체계, 행위자 체계에 해당하는 세 부분을 갖추었다는 사실만으로 행위주체가 되는 것은 아니다. 그것이 하나의

36) 이러한 주장의 근거는 고인석 (2008b)에 제시되어 있다.

행위주체로 성립할 핵심 조건은 앞에서 논한 의미의 통일성, 즉 감수자 체계와 행위자 체계 각각의 정보적 통일성을 발판으로 이 두 체계가 1인칭적 중심에서 비롯된 의도의 취지에 따라 일관성 있게 조절되는 통일성이 실현되는 것이다.

"무엇이 이러한 통일성을 가능하게 하는가?"라고 묻는다면, 그것은 결국 1인칭적 중심의 고유한 기능적 속성이라고 답해야 할 것이다. 거기에 '1인칭적'이라는 한정어를 붙인 이유는, 주변 환경에서 밀려드는 온갖 유혹과 영향의 물결 속에서도 결국 그 체계의 고유한 결정을 내리고 그에 따라 지각과 행위를 조절하는 면모가 우리 마음의 1인칭적 측면을 닮았기 때문이다.[37] 행위 성립의 핵심 요소인 의도가 발현하고 작동하는 장소도 이곳이고, 감수자 체계가 산출한 정보를 취사선택하고 그로부터 행위자 체계를 조절하는 데 필요한 정보를 추출하여 적절한 형태로 변환하는 일도 1인칭적 중심의 기능이다.

인간도 아니고 인간과 진화적으로 가까운 동물도 아닌 기계에서 도대체 이런 1인칭 관점의 특성을 가진 중심이 만들어질 수 있을까? 어떤 이는 바로 이런 1인칭적 특성이 인공물에서는 마음을 찾아볼 수 없게 만드는, 근본적인 불연속의 이유라고 말할지도 모르겠다. 그러나 여기서 우리는 다른 사람들의 의도나 느낌에 대해서는 각자 자신의 의도나 느낌에 대하여 갖는 종류의 확실성을 가지고 판단할 수 없다는 사실을 상기할 필요가 있다. 의도는 1인칭 관점에는 일반적으로 명료한 반면, 3인칭의 관점에는 전혀 그렇지 않다.[38] 그렇기 때문에 의도 조건의 충족을 객

37) 이 문장이 말하는 닮음 관계가 인간의 마음이 지닌 모든 1인칭적 특성을 인공 행위주체가 유사한 방식으로 실현해야 한다는 주장을 필함하지 않음에 유의하라.

38) 이 논문의 토론 범위를 벗어나지만, 행위의 의도에 관한 1인칭의 판단과 3인칭적 판단이 상이한 경우에 대한 평가는 흥미로운 논의의 여지를 남긴다. 예컨대, 보고되어 알려진 심

관적으로, 즉 3인칭 관점에서 확인하는 일에는 근원적인 어려움이 있다. 그러나 여기서 상기해야 할 사실은, 우리가 그럼에도 불구하고 일상에서 흔히 누군가의 의도를 확인하는 일을 한다는 것이다.[39] 자기 마음에 대한 접근성과 다른 사람의 마음에 대한 접근성 사이에 뚜렷한 차이가 있음에도 불구하고 우리가 다른 사람의 마음을 읽고 그의 의도를 이해하는 것은 3인칭 관점의 관찰과 최선의 설명을 향한 추론을 활용한 결과다. 그리고 타인의 의도, 결정, 느낌에 대하여 논하는 일을 우리가 평소에 심각한 의구심 없이 인정한다는 것은 우리가 이러한 추론의 관점을 이미 채택하고 있음을 보여주는 관행이다. 이런 관계를 일관성 있게 적용해 보자면, '인공물의 의도'를 평가하기 위해 필요한 것은 인공물에 대해서도 유사한 자비를 베푸는 일뿐이다.

그런데 이러한 자비는 특별하다기보다 자연스럽고, 철학적 관점에서 합리적이다. 그런 자비가, 예컨대, 기자의 물음에 그럴 듯한 몸짓을 곁들여 인간의 목소리로 답하는 로봇에 선뜻 행위주체의 지위를 인정하는 처사를 뜻하지 않음에 유의하라. 베풀어지는 자비의 내용은 "만일 그것이 우리가 다른 사람들에게 —무의식중에— 적용하는 것과 같은 테스트를 통과한다면, 그것이 의도를 지녔다고, 혹은 앞서 서술된 1인칭적 중심을 가졌다고 인정할 수 있다."는 조건적 평가일 뿐이다.[40] 그리고 이런 관계

리학 실험의 결과 가운데 "(선택 가능한 여럿 가운데) 왜 그것을 골랐지요?"라는 물음에 대한 피험자의 대답이 뇌과학의 관점에서 낮은 신빙성을 갖는 경우를 보여주는 사례들이 있다. 피험자의 뇌에서 나타나는 증거가 피험자의 선택 근거가 피험자가 말하는 이유와 다르다고 추정하게 하는 경우다. 이런 경우에 피험자 자신이 행위의 이유였다고 의식적으로 평가하는 내용과 그의 뇌에서 읽어낸 데이터를 포괄하는 최선의 결론 가운데 어느 편을 '행위의 의도'였다고 불러야 할지는 분명하지 않다.

39) 때로 3인칭 관점의 이런 확인은 법정에서 공적 판단을 도출하는 근거로 작용하기도 한다.

40) 타니(J. Tani)는 로봇시스템에서 아날로그식 패턴 매칭으로 전진하는 상향식 기제와 기호들을 조작하는 논리로 구성된 하향식 기제가 공통의 측도 공간에서 만났을 때 생기는 부

는 인공물에 행위주체 지위를 인정할 것인가 하는 문제에도 똑같이 적용된다. 우리는 이런 조건적 평가의 양면을 함께 보아야 한다. 한 면은 행위주체 성립의 조건들이 갖추어지지 않는 한 책임을 수반하는 행위의 주체가 될 수 없다는 것이다. 다른 한 면은, 그런 조건들이 충족될 경우 인공물을 행위의 주체로 평가하는 일이 가능해진다는 것이다. 단, 이렇게 확인된 것은 필요조건일 뿐 충분조건이 아니므로, 그렇게 가능해졌다고 해서 행위주체가 성립하는 것은 아니다.

퍼트남의 사고실험에 등장하는 것 같은 통 속의 뇌를 생각해보자. 그것은 경우에 따라 정치에 참여하겠다는 의도를 가질 수 있고, 또 만일 거기 상응하는 특정한 조건들이 모두 충족될 경우 스스로 선거운동이나 투표권 행사 같은 행위를 한다고 여길 수도 있겠지만, 실제로는 아무 행위도 하지 못한다. 세계 속에서 그런 의도를 행위로 실현할 몸이 없기 때문이다. 통 속의 뇌가 행위를 하려면 앞에서 말한 행위자 체계에 해당하는 물리적 부분이 있어야 한다. 말하자면 사람의 손이나 발 같은 것이다.[41]

컴퓨터가 행위주체가 될 수 있을까? 제아무리 높은 수준의 인공지능을 작동하는 컴퓨터라 해도 이 점에서는 통 속의 뇌와 같아서, 행위자 체계에 해당하는 요소가 갖추어지지 않는 한 행위주체가 될 수 없다. 그러나

정합이 외부의 작위적 개입 없이 자연히 조정되면서 생성되는 체계의 내적 상태를 인공적인 최소 자아(minimal self)의 원형으로 보았다. (Tani 1998. Gallagher 2000도 참조하라.) 이런 논의는 미결정성의 측면들을 넘어 내적 통일성의 요구를 충족할 수 있는 체계가 발현될 수 있으리라는 희망을 함축하는 흥미로운 접근이다. 그러나 그렇게 생성되는 자아의 세부적인 속성이 설계자의 의도나 제작자의 통제 범위 밖에 놓이게 된다는 점을 고려한다면, 이것은 공학기술의 사회적 관리라는 관점에서 로보틱스가 지향할 방향과 유념해야 할 거리가 있다. (고인석 2014 참조.)

41) 단, 그것이 반드시 우리 몸과 유사한 재료나 구조로 되어 있어야 할 이유는 없다. 그것은 금속이나 유리나 플라스틱으로 이루어졌을 수도 있고, 또 공간적으로 한 몸이 아니라 여러 곳에 분산되어 있을 수도 있다.

컴퓨터에 행위자 체계에 해당하는 요소를 연결하는 것은 전혀 어려운 일이 아니다. 뿐만 아니라 인공지능 컴퓨터에 행위의 길을 열어 줄 행위자 체계가 반드시 팔을 뻗어 물건을 움켜잡거나 다리를 움직여 상대 팀의 골문에 공을 차 넣는 동역학적 작용의 방식으로 작동해야 하는 것은 아니다. 한 자리에서 피켓을 들고 움직임 없이 몇 시간을 서 있는 것도 행위이고, 메시지나 데이터를 누군가에게 전송하는 것도 행위이다.[42) 앞에서 확인한 것처럼, 그것이 어떤 의도에서 비롯되고 그 의도를 가진 존재에 의해 조절됨으로써 의도의 실현에 기여하는 방향으로 진행되는 물리적 과정인 한 그러할 것이다.[43)]

자율주행자동차를 책임 있는 행위의 주체로 보는 것은 가능할까? 평균적인 인간 운전자를 넉넉히 대신할 만한 기술 수준의 자율주행자동차를 가정할 때, 그런 자동차는 감수자 체계와 행위자 체계의 성공적인 협응이라는 관점에서 행위주체의 성립 조건을 충족할 것으로 보인다. 문제는 행위의 의도에 관한 조건이 충족되는지 여부, 또는 그것이 1인칭적 중심에 상응하는 요소를 실현하는지 여부다. 앞서 말한 것처럼 이 일은 3인칭의 관점에서 과학의 방식으로 평가되어야 할 것이다. 그러나 그런 평가가 구체적으로 어떠한 방식으로 이루어지는 것이 적절한가 하는 물음에 대한 대답은 아직 막막해 보인다.

---

42) 이번 표결에 참여하는 것이 왜 중요한지 동료에게 설명하는 일, 지난달 체결한 계약을 파기하겠다는 내용의 전자메일을 보내는 일, 수신자의 특정한 구매행동을 유도할 개연성이 높은 영상자료를 메시지에 첨부해 보내는 일 등은 모두 행위의 성립 조건을 충족한다.

43) 때로는 예컨대 마땅히 답신을 보낼 것으로 기대되는 상황에서 아무 답신도 하지 않는 것과 같은 부작위(不作爲)가 행위의 기능을 할 수도 있다. 그러나 그렇게 부작위가 행위가 되는 것은 이전의 역사를 통하여 구성된 특정한 맥락 속에서만 발생하는 현상이다. 행위로서의 부작위를 평가하는 일은 이 논문의 범위를 벗어나는 별도의 주제로, 여기서 상론하지 않는다.

6장

인공지능이 자율성을 가진 존재일 수 있는가?

인공지능이 자율성을 가진 존재일 수 있는가? 자율성은 책임과 권리 같은 관념의 선결 조건으로 오늘의 사회에서 '인공지능이 해내는 일'에 연관된 책임과 공헌을 배분하는 데 적용할 규범의 이론적 기반이 된다는 점에서 이 물음은 현실적으로 중요하다. 공학의 '자율적 에이전트' 개념은 현행의 철학적 논의에도 영향을 미치며, 공학과 철학의 자율성 개념 간의 관계가 명료하게 인식되지 못한 까닭에 야기될 혼란의 개연성이 실재한다. 이런 현실의 문제 상황을 의식하면서, 이 논문은 앞의 물음을 가능성에 관한 물음과 정당성에 관한 물음으로 분석하고, 인공지능의 자율성에 관한 전망을 검토한다. 논의의 과정에서 'X가 자율성을 가진다'는 의미를 규명해야 할 필요가 확인되고, 논문은 루소와 칸트와 크리스만의 논의를 활용하여 자율성의 개념을 고찰한다. 그렇게 분석한 자율성의 개념을 인공지능의 속성에 적용해 볼 때, 칸트가 정립한 자율성 개념에 비

추어 인공지능은 자율적 존재일 수 없으며, 크리스만의 서술에서 부각된 자율적 존재의 핵심 속성을 고려할 때 인공지능이나 그것으로 작동하는 로보틱시스템이 자율성을 지니도록 하는 것은 부적절한 위험을 허용한다는 점에서 옳지 않음이 드러난다.

1. 문제 확인: 공학과 철학에서 '자율적'이라는 개념

이 논문은 인공지능이나 그것을 장착한 기계, 즉 지능을 가진 인공물[1]이 자율적 존재일 수 있는지를 따진다.[2] 이 물음을 묻는 이유는 인공지능이나 인공지능을 장착한 로봇, 혹은 로보틱시스템[3]처럼 제한적이면서도 중요한 의미에서 인간과 유사한 양상의 기능적 활동을 하는 것들에 합당한 존재론적 지위를 부여하는 일에 이 물음에 대한 해명이 필요하기 때문이다. 여기서 존재론적 지위란, 특히 사회적-윤리적 관계 속에서 그런 것들을 무엇으로 대우할 것인가 하는 물음에 대한 답을 지칭한다. 예

1) '지능을 가진 인공물'(intelligent artefact)은 인공지능 로봇, 지능형 분산시스템, 그리고 그런 것들을 작동시키는 인공지능을 포괄하는 개념이다. 고인석 (2014) 참조.

2) 이 논문의 중심 물음을 세우게 된 직접적인 계기는 2017년 1월 포스트휴먼연구소에서 '제4차 산업혁명과 포스트휴먼 사회'를 주제로 진행된 좌담회에서의 대화였다. 여기서 흥미로운 이야기로 많은 생각을 하게 해 주신 참여자들(백종현, 박은정, 김정하, 정원섭, 김경환), 그리고 이런 계기를 제공해 주신 이태수 교수께 감사드린다. 이 좌담의 내용은 『철학과 현실』 112호(2017년 봄)에 수록되었다.

3) 여기서 '로봇'이 공간적 분리를 통해 개별화된 기계 형태의 인공물을 지칭하는 개념이라면 '로보틱시스템(robotic system)'은 그 물리적 외연이 분명하지 않은 방식으로, 혹은 공간적으로 분산된 양상으로 존재하면서도 정보적으로 한 몸처럼 서로 긴밀하게 연결되어 있음으로 인해 단일한 체계로 간주할 수 있는 물리적 체계를 뜻한다. 이 논문에서 별도로 그 존재방식을 서술하지 않은 경우 '로봇'이라는 개념은 후자까지 포괄하는 것으로 간주된다.

를 들자면, 인공지능을 장착한 로봇을 그 인공지능의 특성이나 수준에 따라 인간의 지위와 어깨를 나란히 하는 인격체로 인정할 것인가, 아니면 특별한 속성을 지닌 사물로 간주할 것인가, 혹은 그것에 동물에 준하는 수준의 지위를 부여할 것인가[4] 등이 그러한 답안의 모색에 해당한다.

필자는 이와 같은 물음에 대한 대답이 궁극적으로 공동체의 결정에 달린 문제라는 견해를 거듭 피력한 바 있다.[5] 여기서도 그 견해는 유지된다. 그러나 지능을 가진 인공물에 자율적 주체의 지위를 인정하거나 불인정하는 일이 결단의 문제라는 견해가 그 결단이 임의적임을 함축하지 않는다. 적절하고 현명한 결정이 있는가 하면 부적절하고 어리석은 결정도 있다. 우리는 우리가 가진 정보와 논리를 활용하여 가능한 한 적절하고 현명한 결정을 내리도록 애쓸 이유가 있다. 이 논문은 이러한 현명한 결정에 기여하려는 시도다.

지능을 가진 인공물의 지위에 관한 국내의 토론은 최근 빠른 속도로 인공지능이나 인공지능로봇에 행위자의 지위를 인정하는 방향으로 진행되고 있다. 2017년 봄 한국철학회와 이화인문과학원이 공동 주최한 학술대회 〈인공지능의 도전, 철학의 응전〉의 기조강연에서 한국철학회장 이진우는 현재의 인공지능 기술에 대한 단적인 평가를 유보하면서도 "진화과정을 통해 발전해 온 인간의 능력을 훨씬 더 뛰어넘는 인공지능을 갖춘 '기계인간'의 출현이 다가오고 있다."고 평하고, 구글의 딥마인드를 "인공지능을 갖춘 행위자"라고 표현함으로써 인공물에 행위자의 지위를 인정하는 태도를 표명한다. 이와 유사한 태도 표명은 다른 연구자들의 논의에서도 확인된다.[6]

---

4) Calverley (2007) 참조.

5) 고인석 (2013)과 (2014).

6) 신상규 (2017), 이중원 (2017), 김진석 (2017)을 보라. 신상규는 거기서 "인공지능 기술에서

그런데 필자가 감지하는 한 가지 문제는 인공지능이나 인공지능 로봇에 그런 지위를 인정하는 근거에 대한 비판적 성찰과 찬반의 토론이 불충분한 상황에서 논의가 진행되고 있다는 사실이다. 지능을 가진 인공물에 자율적 주체의 지위를 인정하는 다수의 논구가 "이러이러한 사실들(공학적 현실)을 고려할 때 그것들은 이미 상당한 수준의 자율성을 지니고 있으며, 그 수준은 앞으로 전통적인 자율적 주체인 인간의 그것과 견줄 수 있을 만큼 혹은 그보다 더 높은 수준으로 점점 더 상승할 것이다."에 해당하는 논리 구조를 가지고 있다. 그런 반면, 그러한 공학적 현실이 어떤 철학적 근거에서 자율성을 가진 인공 주체의 성립을 의미하는지에 대한 논의는 미진하다.

인공물에 자율적 주체의 지위를 인정하는 '진보적' 견해를 옹호하는 관점에서 말하자면, 이런 견해는 공학 분야에서 이미 정착된 개념과 어법을 충실히 반영한다는 점에서 학문적 정당성을 지닌다. 공학에서 '에이전트'는 '뭔가를 수행하는 어떤 것'을 가리키는 개념이다.[7] 뿐만 아니라, 번역하면 문자 그대로 '자율적 행위자'나 '자율적 행위주체'에 상응하는 'autonomous agent'라는 개념이 공학의 일상적 개념으로 자리 잡았다. 그것이 어떤 양상의 자율성을 갖는가는 각 에이전트의 구체적인 속성에 관한 평가를 통해 확인할 수 있겠지만, 그런 평가 이전에 이미 이런 에이

가장 먼저 주목해야 할 특징은 그것이 가지고 있는 자율성"이라고 말하고, 현존하는 인공지능이 이미 "주어진 상황의 변화를 '인지'하고 그에 따라 적절한 행동을 '선택'할 수 있는 상당 정도의 행위 자유도를 갖고 있다"고 평가한다. 이중원은 논문의 결론부에서 "자율주행 자동차의 자율성은 인간에 준하는, 도덕적으로 높은 수준의 자율성이라고 말할 수 있을 것"이라고 전망한다. 한편 김진석은 이들과 다른 시각—인간-기계 대립의 가설 비판—에서 인간과 인공지능의 차이를 옹호하는 견해를 비판한다.

7) Russell & Norvig (2010), 한국어판 1권, 5-6쪽 참조. 이 책은 인공지능 분야에서 세계적으로 가장 널리 쓰이는 교과서다.

전트가 인간일 필요가 없고 심지어 동물 같은 생명체이어야 할 이유도 없음은 분명하다. 공학의 어법으로는 이미 수많은 종류의 '자율성을 가진 인공 행위주체'가 현존하고 있는 것이다. 이러한 어법은 이른바 '로봇법'(RoboLaw)에 관한 유럽연합의 공식 문건에서도 확인된다.

> "가장 널리 인정된 견해에 따르면, 로봇은 인간이 하는 것과 같은 행위를 수행할 수 있는 자율적 기계(autonomous machine)를 의미한다."[8)]

이 문건은 이 논문의 주제인 자율성에 관하여 "로봇공학에서 '자율성'(autonomy)이란, [로봇이] 인간의 개입 없이 스스로 임무를 수행하는 역량을 의미한다. 일반적으로 자율성은 어떤 사물이 '로봇'으로, 혹은 'robotic'의 범주로 인정받는 데 필요한 핵심 요소다. 실제로 대부분의 사전적 정의가 그러할 뿐만 아니라 국제표준화기구(International Organization for Standardization: ISO)처럼 권위 있는 기관의 공식 문건(ISO 13482)도 예외 없이 자율성을 [그런 조건으로] 꼽고 있다."라고 서술한다.[9)]

로봇이라는 범주를 정의하는 데 자율성이 핵심적인 필요조건으로 포함된다는 것은 "자율성을 결여한 로봇은 있을 수 없고, 모든 로봇은 정의

---

8) "D6.2 - Guidelines on Regulating Robotics", p.15. URL=www.robolaw.eu. 원문의 강조를 제거함. 여기서 '인간이 하는 것과 같은 행위'라고 옮긴 원문의 표현은 'human actions'이며, '인간이 하는 방식으로'나 '인간의 행위와 같은 의미, 같은 지위를 지닌'이라는 (부담스런) 의미와는 무관하게, 예를 들어 물건을 들어올리거나 걷거나 말하는 등의 행위를 가리키는 것으로 해석된다.

9) 같은 곳. 한편 국제 자동차기술자협회(SAE International)가 규정한 자율주행차의 자율성 수준(0~5 단계)의 상위 세 단계가 각각 '조건부 자동운행'(Conditional Automation), '고도의 자동운행'(High Automation), '완전 자동운행'(Full Automation)으로 표현되고 있는 점은 공학의 어법에서 '자율'이 사실상 '자동'과 교환 가능한 개념임을 시사한다. 자율주행의 이런 단계는 SAE International가 2014년 1월에 발표하고 2016년 9월에 보완한 문서 J3016 참조.

에 따라(per definitionem) 자율성을 가지고 있다."라는 평가를 필함한다. 그리고 이런 평가가 전제된 상황에서는 "인공지능을 가진 로봇을 자율적 존재라고 인정하는 것이 적절한가?"라고 유의미하게 물을 수 없다. 토론의 여지가 차단되는 막다른 골목의 형국인가? 아니다. 여기서 우리가 확인하게 되는 것은 공학적 맥락에서 '자율성'의 개념과 이 논문이 따지고 있는 철학적-윤리적 의미의 '자율성' 개념 사이에 간격이 존재한다는 사실이다. 예를 들자면, 아래 논증은 형식적으로 타당해 보이지만 애매어의 오류를 범하고 있는 부당한 논증이다.

이 공장의 모든 밸브 상태를 감시하며 개폐를 제어하는 인공지능 시스템 BV2017은 (ISO 13482의 기준에서) 자율성을 지닌 시스템이다.
자율성을 지닌 존재의 결정과 행위는 존중되어야 하고 외부의 간섭으로부터 보호되어야 한다.
따라서, BV2017의 모든 작동은 존중되고 (인간 관리자를 포함한) 외부의 간섭으로부터 보호되어야 한다.

공학에서 사용되는 개념으로서의 '자율성'과 철학적인 '자율성' 개념의 관계가 해명되고 그런 바탕에서 개념의 사용이 조율되지 않을 경우, 이와 유사한 오류가 인공지능의 지위에 관한 현행의 토론에 끼어들 개연성이 크다. 이러한 해명을 위해, 공학의 어법에서 '자율적 에이전트(autonomous agent)'나 심지어 '자율 도덕 에이전트(autonomous moral agent: AMA)'[10]라고 불리는 것들을 철학적인 의미의 '행위자' 또는 '행위주체'로

10) AMA에 관한 논의는 Wallach & Allen (2009), 특히 1장과 4-5장을 참조하라.

이해하는 것이 어느 정도 적절한가 하는 물음을 따져보아야 한다. 행위주체의 개념이 사회적 맥락에서 책임과 권리라는 중요한 주제들과 밀접하게 결부되어 있다는 점에서 이러한 고찰은 중요하다.[11]

2. 물음의 분석

어떤 대상에 사회적-윤리적 의미를 지닌 존재론적 지위를 부여하는 경로로 두 갈래의 방식을 생각할 수 있다. 하나는 공동체의 관습, 혹은 사회적 직관에 의존하는 길이다.[12] 여기서 '사회적 직관'이란 한 공동체의 역사 속에서 만들어지고 그 공동체의 성원들에게 내면화된 직관을 의미한다. 그것은 역사적 산물이고 역사와 더불어 변화하지만, 그 시대와 문화적 영토 안에서 마치 보편적 규범인 것처럼 작동한다. 고대 사회에서 전쟁에 패한 족속을 노예로 삼으면서, 또 노비의 자녀를 당연히 노비

11) 행위주체 지위의 인정에 관한 물음은 다시 도대체 '행위가 무엇이냐', '행위의 범주를 어떻게 이해할 것이냐' 하는 물음을 끌어들인다. 예를 들어, 엘리베이터가 허용 중량이 초과되었다고 경고음을 내면서 나중에 탄 사람을 내리도록 유도하는 것을 행위로 볼 수 있을까? 최근 출시되는 스마트한 자동차가 앞차와의 간격이 일정 수준 이상으로 줄어들어 곧 충돌이 일어날 만한 순간 브레이크를 작동시키는 것을 자동차의 자율적 행위라고 할 수 있을까? 가까운 미래의 어느 날 한적한 길을 달리던 자율주행차가 차로를 무단횡단하며 갑자기 뛰어든 사람을 피해 급히 방향을 바꾸며 정지하는 과정에서 도로변의 작은 나무와 부딪쳐 나무는 줄기가 부러지고 차에 타고 있던 사람은 타박상을 입었다면, 이러한 결과가 자율주행차의 결정과 그에 따른 행위에 의한 것이라고 할 수 있을까? 현실 세계에서 작동할 자율주행차의 미래는 아직 확정되지 않았지만, 자율주행기능을 가진 차들의 주행이 운전자의 결정과 자율주행체계에 의한 결정의 몫이 혼재하는 방식으로 이루어지는 상황의 개연성이 높다. 그리고 그런 상황에서 행위의 책임에 대한 평가가 자율주행차에 관한 규범의 중요한 과제가 될 것이다.

12) 인도의 힌두교 공동체에서 소가 신성한 동물인 것, 20세기 초까지 미국에서 피부색이 교육받을 기회를 비롯한 사회적 지위의 기준이었던 것을 예로 들 수 있다.

로 다루면서, 그런 시대 그런 공동체에 속한 사람들은 그러한 지위 부여의 타당성에 대해 고민하지 않았을 것이다. 이 논문의 문제에는 이 방식을 적용할 수 없다. 지능을 가진 인공물에 대한 공동체의 존재론적 관점이 아직 정립되어 있지 않기 때문이다.

다른 한 갈래는 시대나 장소의 제약과 무관한 존재세계의 질서, 존재의 객관적 위계를 규명한다는 시각에서 접근하는 길이다. 그런 일이 도대체 가능한지는 일차적으로 결정적인 물음이 아니다. 이것은 진위의 문제가 아니라 개념적 태도(conceptual attitude)의 문제, 즉 주체, 행위자, 동료 같은 개념들을 이해하고 사용하는 근본적인 방식, 혹은 관점에 관한 문제이기 때문이다.[13] 우리는 연관된 개념들에 대해 우리가 가진 이해와 가능한 만큼의 공유된 직관, 그리고 논리에 의지하여 이 물음을 다뤄야 한다. 이 일을 위해 먼저 물음 자체에 대한 약간의 분석을 시도해보자. "인공지능이 자율적 존재일 수 있는가?"라는 물음은 두 가지 방식으로 해석될 수 있다. 하나는 그것을

[가] "인공지능이 자율적 존재가 되는 것이 가능한가?"

라는 물음으로 읽는 것이고, 다른 하나는

[정] "인공지능이 자율적 존재가 되는 것이 정당한가?"

13) 예를 들어, "피부색, 성별, 종교, 국적과 무관하게 인간은 모두 동등한 존재다."라는 주장을 살펴보라. 그것은 비록 비균질적일지언정 '인간'이라는 단일한 집합의 관념을 전제하고 있다. 그러나 어떤 시대나 문화권에서는 예컨대 '조선인'과 '오랑캐'를 포함하는 단일한 집합의 관념이 아예 존재하지 않을 수도 있다.

라는 물음으로 읽는 것이다. [가]는 가능성에 관한 물음, [정]은 정당성에 관한 물음이다. [가]에 대한 부정적 판정은 [정]에 대한 논의를 차단하리라는 점에서 두 물음은 독립적이지 않지만, [가]와 [정]은 이 물음이 다뤄져야 하는 상이한 두 차원을 보여준다. 인공지능의 자율성에 관한 논의는 이 두 물음을 다루는 방식으로 진행되어야 할 것이다. 여기서 [가]는 다시 다음과 같은 두 물음으로 분석할 수 있다.

[가1] 인공지능이 자율적 존재가 되는 것은 이론적-개념적으로 가능한가?

[가2] 인공지능이 자율적 존재가 되는 것은 공학적으로 가능한가?

정당성에 관한 물음 [정] 역시 다음과 같은 두 차원으로 분석할 수 있다.

[정1] 그것은 도덕 원리의 관점에서 정당한 사태인가?

[정2] 그것은 그 결과를 종합적으로 고려할 때 정당화되는가?

[정1]을 따짐에 있어 우리는 그것을 부정하는 근본적인 도덕의 원리 같은 것이 있는지를 평가하게 될 것이고, [정2]에 답하기 위해서 우리는 그것이 초래하리라고 예견되는 중요한 손실이나 위험이 존재하는지, 반면에 그것에서 연유되는 중요한 이익은 어떤 것인지를 평가하며 저울질해야 할 것이다. 이 논문은 [가]에 대한 논의를 거쳐 [정]에 대한 토론으로 전진할 것이다.

3. 인공지능이 자율적 존재가 되는 것이 이론적-개념적으로 가능한가?

만일 인공지능이 철학적 의미의 자율적 존재가 되는 사태를 불가능하게 만드는 장애물이 있다면, 그것은 인공지능이 그 자체로 가질 수 없는 어떤 요소가 자율적 존재의 성립(constitution of an autonomous being)에 필요조건인 경우일 것이다. 인공지능이 그 자체로 가질 수 없다고 주장 가능한 것으로 '자연이 부여한 몸'을 떠올릴 수 있다. 인공지능이 기계 장치나 휴머노이드 같은 형태와 결합되는 것은 가능하지만 자연이 부여한 신체를 가질 수는 없겠기 때문이다. 그런데 그와 같은 몸이 자율적 주체의 성립을 위한 필요조건이라고, 즉 "자연이 부여한 신체 없이는 자율적 주체가 있을 수 없다"라고 판단할 독립적인 근거가 있는가? 그렇게 주장하는 것이 그 자체로는 가능한 반면, 우리가 지금 따지고 있는 물음과 결부시켜 볼 때 '자연이 부여한' 몸의 결여를 이유로 들어 '인공'지능이 자율 주체의 지위를 가질 수 없다고 논증하는 것은 일종의 선결문제의 오류처럼 보인다.

> 인공지능은 '자연(이 부여한 몸을 가진 존재)'이 아니다.
> 오직 '자연(이 부여한 몸을 가진 존재)'만이 자율 주체일 수 있다.
> 따라서 인공지능은 자율 주체일 수 없다.

이 논증은 인공물이 자율 주체일 수 없다고 전제함으로써 인공물의 한 형태인 인공지능이 자율 주체일 수 없다고 주장한다. 반면 그것은 정작 인공물이 자율 주체가 되는 사태가 왜 불가능한지에 대하여 아무런 해명도 제공하지 않는다. 결과적으로 그것은 단지 "인공물일 뿐인 인공지능은 자율 주체일 수 없다."라고 선언하고 있을 뿐이다.

그러나 이와 상이한 평가도 가능하다. 우리는 앞에서 인공지능이 자연이 부여한 몸을 가질 수 없음을 당연한 듯 전제했지만, 인공지능과 자연신체가 결합하여 하나의 존재자를 구성하는 일은 원리적으로 불가능하지 않다. 그것은 현재 상황에서 우선적으로 고려할 만한 인공지능의 구현 방식이 아니라는 점에서 논외로 하는 편이 적절하겠지만, 이러한 결합의 가능성은 생물학적 몸의 결여를 이유로 들어 인공지능이 자율적 주체가 되는 사태가 불가능하다고 주장하는 데 한계가 있음을 보여준다. 그렇다면 인공지능이 자율적 주체가 되는 일이 적어도 원리적으로는 가능하다고 결론지을 수 있을까?

이 논의를 계속 진행하기 전에, 도대체 어떤 사태가 이론적으로 불가능하다고 논증하려면 그 논증은 어떤 구조로 이루어져야 하는지를 생각해보자. 한 가지 길은 문제의 사태가 그 안에 어떤 모순을 포함하고 있음을 보이는 것이다. 예를 들어 오른손에 어떤 방패라도 뚫는 창을 들고 왼손에는 어떤 창도 뚫을 수 없는 방패를 들고 전투에 나서는 것은 불가능하다. 이와 유사하지만 구별되는 또 다른 길은 문제의 사태가 물리 세계의 보편적인 법칙과 양립불가능하다는 것을 보이는 것이다. 예를 들어, 지구에서 700광년 떨어진 곳에 있는 별에 있는 누군가에게 메시지를 보내고 다음 날 그 답신을 받는 것은 불가능하다.[14)]

한편, 논리의 법칙도 물리법칙도 어기지 않는 사태에 대하여 그것이

---

14) 만일 '이론적 가능성'의 의미를 '개념적-논리적 가능성'으로 좁게 해석한다면 이 경우를 이론적 불가능이 아니라 현실적 불가능으로 평가할 수도 있다. 그러나 여기서는 이것처럼 실험적 테스트를 시도해볼 필요조차 없이 불가능한 경우를 넓은 의미에서 '이론적 불가능'으로 판정한다.

불가능하다고 논증하는 일은 아주 어렵다. 물론 인공지능의 자율 주체 지위에 관한 물음이 방금 언급한 두 가지 중 한 종류의 불가능성과 결부되어 있었다면 아마도 금방 해결되었을 것이고 이 논문의 주제가 되고 있지도 않을 것이다. 불가능을 논증하기 위해 가능성의 경로들을 꼽고 하나씩 살피면서 그 경로를 차단하는 방식을 취할 수 있겠지만, 문제는 검토해야 할 가능성의 경로들이 무한히 많은 경우가 일반적이라는 점이다. 이런 문제 때문에, 예컨대 "100년 안에 인류가 완전히 멸종하는 것은 불가능하다."라는 주장을 정당화하는 것은 사실상 불가능하다.

반면에 어떤 사태의 가능성을 입증하는 것은 상대적으로 쉬운 일이다. 만일 2015년 연말에 누군가 "이세돌이나 커제보다 바둑을 더 잘 두는 인공지능을 만드는 것은 가능한 일이다."라고 주장했다면, 그의 주장은 2016년과 2017년 두 기사와 겨룬 알파고의 승리를 통해 입증되었다. 일반화하자면, 문제의 가능성이 실현된 경우를 한 가지라도 예증할 수 있다면 가능성은 입증되고 불가능성 주장은 논박된다.

이러한 관계를 우리의 문제에 적용해보자. 만일 인공지능이 자율적 주체가 된 경우를 하나라도 예증할 수 있다면 이 논문이 따지고 있는 가능성은 입증된다. 이제, 논의를 위하여, 그러한 경우가 제시되었다고 가정해보자. 이때 우리는 제시된 경우가 '인공지능이면서 자율적 주체'인지를 어떻게 판별할 수 있을까? 만일 그 사례를 살핀 어떤 이가 "그것은 자율적 주체처럼 오인될 수 있지만 결코 진정한 자율적 주체인 경우가 아닙니다!"라고 말한다면 그런 상황에서 우리가 할 수 있는 일은 무엇인가? 이 물음은 이 논문의 주제와 결부된 한 가지 근본적인 문제 상황을 드러낸다. 그것은 우리의 물음에서 인공지능이 자율적 주체의 지위에 도달할 수 있는가 하는 평가 이전에 '자율적 주체'의 개념 자체가 토론의 대상이라는 사실이다.

두 번째 물음인 "인공지능이 자율적 주체가 되는 것은 공학적으로 가능한가?"에 답하기 위해서는 그 공학적 실현의 가능성을 평가하기 위한 목표, 즉 '자율적 주체가 된 인공지능'의 구체적인 속성들이 필요하다. 다시 말해 이 물음이 따지는 공학적 전망은 자율 주체가 된 인공지능에 우리가 구체적으로 어떤 속성들을 기대할 것인가, 혹은 요구할 것인가 하는 데 의존한다. 그런데 앞에서 우리는 자율적 주체의 개념 자체가 규명의 대상이 되고 있다는 문제 상황을 확인하였다. 이는 두 번째 물음의 공학적 실현 가능성에 대한 토론 역시 일단 보류되어야 함을 의미한다. 우리는 탐구의 전진을 위하여 이제 다음과 같은 물음에 집중해야 한다: "X는 자율성을 지닌 존재다."라는 말은 무슨 뜻인가?

4. 자율성의 개념

이 논문은 철학의 관점에서 자율성 개념을 살피는 데 세 가지 전거를 활용한다. 그것은 루소(Jean-Jacques Rousseau), 칸트(Immanuel Kant), 스탠포드 철학사전이다. 루소는 이 논문이 따지는 자율성 개념의 철학사적 원천이라는 점에서, 칸트는 자율적 존재의 속성을 탐구하는 일에 천착한 대표적인 철학자라는 점에서, 스탠포드 철학사전의 해당 항목은 현재라는 시점의 균형과 표준이라는 의미에서 참고하려 한다.

1) 루소: 대등한 주체들의 공동체라는 맥락

우리가 살피고 있는 도덕적-사회적 맥락의 자율성 개념은 근대의 산물이다. 루소는 1762년 출간된 『사회계약론』(Du contract social; ou, principes du droit politique)에서 개인이 지닌 자율성의 본성을 논구하였고, 우리는 여기서 자율성에 관한 논의의 한 원천을 발견할 수 있다. 노이하우저(F. Neuhouser)의 분석에 따르면, 루소가 거기서 논한 자율성은 다음과 같은 몇 가지 특징을 지닌다.

첫째, 자율성은 자유(liberté)의 특수한 종으로 간주된다. 그것은 외부로부터의 강요나 간섭으로부터의 자유, 즉 소극적 의미의 자유와 다른 의미의 자유이다. 둘째, 이렇게 자유의 특수한 종이라는 자리가 마련되고 나면, 자율성은 외적 개입의 배제와 대비되는 차원을 넘어 그 자체 고유의 고결함을 지닌 자유로 인식된다. 셋째, 이러한 고유한 의미의 자유로서 '자율적'이라는 것은 스스로 결정한다는 것을 의미한다. '스스로 결정한다'는 것은 개별적 주체로서 자기 자신의 이성에 의해 스스로를 인도한다는 것이다. 넷째, 그러나 이와 같은 자기 결정의 역량은 무제약적인 것이 아니다. 그것은 그런 자율적 주체가 자신이 사회의 다른 주체들이 가진 것과 동등한 만큼의 제한된 권능을 가진 개인임을 인식하는 한도 내에서의 결정력이다.[15)]

노이하우저를 따라 루소의 자율성 개념을 평가한다면, 후자의 핵심은 두 가지다. 하나는 자기 결정성이다. 자율성은 자신의 의사를, 나아가 그에 따른 행동을 스스로 결정하는 능력을 의미한다. 두 번째는 그것이 다른 자율적 주체들과의 상호 동등한 권능이라는 관계를 통해 제약되는 능력이라는 점이다. 루소 자율성 개념의 이러한 두 번째 특징은 자율성의 개념이 평등한 권능을 가진 시민들의 공동체라는 사회적 맥락을 그 성립 배경으로 하고 있다는 사실을 드러낸다. 다양한 주체 간의 상호 동등한 권능이라는 관계는 자연 상태에서 확립되는 것이 아니다. 게다가 우리 세계의 현실에서 이것은 아주 길고 험난한 과정을 거쳐 정립된 역사적 산

---

15) 이에 관한 상세한 논의는 Neuhouser (2011)을 참조하라.

물이다. 우리는 '만민의 평등'이 적어도 관념의 차원에서나마 현실에 확립된 것이 근대 유럽이 아니라 사실상 20세기 중반에야 이루어진 일임을 기억할 필요가 있다.[16)]

필자는 특히 이 두 번째 통찰에 주목한다. 루소의 관점에서 볼 때, 'X가 자율성을 지닌 존재인가' 하는 문제는 X라는 존재 자체의 속성들만으로 결정되지 않는다. 그것은 X를 성원(member)으로 하는 사회적 관계의 맥락 속에서만 결정 가능하다.

이러한 루소의 통찰은 인공지능의 자율성에 대해 어떠한 힌트를 주는가? 그것은 그 자체로 긍정이나 부정의 판정을 제안한다기보다 이런 판정이 인공지능 자체의 속성만으로 가능한 것이 아니고 인공지능이나 그것을 장착한 인공물을 둘러싼 사회적 관계의 맥락 속에서만 결정될 수 있는 문제라고 말해주는 것으로 보인다.

2) 칸트: 오직 인간만이 (혹은, 이성적 존재만이)

루소가 사회의 맥락에서 자율성의 개념을 도입하고 조명했다면, 개별 주체의 내적 속성으로서의 자율성을 논구한 대표적인 근대 유럽의 철학자는 칸트다. 『실천이성비판』과 『윤리형이상학』에 나타난 진술들을 토대로 자율성에 관한 칸트의 견해를 살펴보자.

칸트에게 '자율성'은 의지의 자율로, 타율(Heteronomie)과 대립하며 책임과 윤리의 근거가 된다. 칸트는 타율이 책임(Verbindlichkeit)을 정초하지 못할 뿐만 아니라, 책임과 윤리성(Sittlichkeit)의 원리와 상충한다고 말한다.[17)] 한편, 책임과 윤리를 가능하게 하는 의지의 자율성은 이성에 직접 현시

16) 물론 만민 평등의 구체적 현실에 대한 평가는 이 글의 범위를 벗어난다. 그러나 적어도 20세기 중반 이전에 이미 만민 평등의 관념이 지구에 실현되었다고 주장할 수 없다는 것은 분명하다.

되는 도덕 법칙을 인식하고 그것을 기꺼이 따르는 실천이성의 능동성이다.[18] 이런 자율성을 결여한 존재에게는 도덕 법칙을 적용할 수 없다. 그런 존재에게는 하등의 도덕적 의무도 성립하지 않는다. 거꾸로, 도덕 법칙은 자율성의 존재를 드러낸다. 도덕 법칙은 우리의 이성에 직접 현시되며, 그 자체로 실천이성이 지닌 고유의 자율성을 표현한다. 이런 자율성은 "표상들에 대응하는 대상들을 산출하거나 이런 대상들을 낳도록 ([그 자신의] 자연적 능력이 충분하든 그렇지 못하든) 자기 자신을, 다시 말해 자기의 원인성을 규정하는 능력"[19]이다. 칸트의 이러한 관념은 앞에서 살펴본 루소의 '자신의 생각과 행동을 스스로 결정하는 능력'으로서의 자율성 개념과 이어져 있다.

인간은 이런 의미의 이성을 지녔다는 의미에서 우주의 고유한 존재다. 그에게 인격성(Persönlichkeit)은 한편으로 자연의 기계적 규칙성으로부터의 독립을 의미하는 동시에 이성이 부여하는 실천 법칙에 스스로 복종하는 인간 존재 고유의 격위를 의미한다.[20] 칸트에게는 우주에 존재하는 모든 것들 가운데 오로지 이런 특유의 속성을 지닌 존재인 인간만이 자율적 존재의 지위에 있다. 따라서 '책임'이나 '의무'는 오로지 인간에게만 적용 가능한 개념이다.[21] 인격은 자신의 행위를 책임질 역량이 있는 주

---

17) Kant (1788), A58; 국역본 95쪽.

18) "의지의 자율은 모든 도덕 법칙들과 그에 따르는 의무들의 유일한 원리다."(같은 곳, 원문의 강조)

19) Kant (1788), A29f; 국역본 57쪽. 필자의 강조.

20) "그것은 인격성으로, 다시 말해 자연 전체의 기계성으로부터의 자유 혹은 독립성으로, 그러면서도 동시에 고유한, 곧 자기 자신의 이성에 의해 주어진 순수한 실천 법칙들에 복종하고 있는 존재자의 한 능력으로서 고찰된다. 감성 세계에 속하는 것으로서 인격은 그러므로 그것이 동시에 예지의 세계에 속하는 한에서 그 자신의 인격성에 복종해 있는 것이다."[Kant (1788), A155; 국역본 171쪽. 원문의 강조를 빼고 필자의 강조를 보탬]

21) 코스가드는 "책무[의무]가 우리를 인간으로 만들어준다."(Obligation is what makes us human.)

체이며, '도덕적 인격성'은 도덕 법칙들에 스스로를 순응시키는 이성적 존재자의 자유이다. 반면에 '물건'은 그 자체로 자유가 없고 단지 자유로운 의사의 객체가 될 뿐인 사물을 가리키는 개념이다. 물건에는 인격과 같은 책임의 역량이 없으며, 따라서 책임의 귀속이 불가능하다.[22)]

칸트의 관점에서 볼 때 인공지능은 그 수준이나 세부 속성과 무관하게 자율적 존재일 수 없는 것으로 보인다. 따라서 우리는 인공지능이나 지능형 로봇에 의무나 책임의 관념을 적용할 수 없다. 인간과 달리 그것들은 이성을 지닌 존재가 아니고, 도덕 법칙에 스스로 순응할 수 있는 존재가 아니기 때문이다.

진화론적 관점의 수많은 연구가 설득력 있게 주장하는 것처럼 우리가 '이성'이라고 부르는 것, 그리고 도덕, 의무, 자율성을 비롯한 관념들이 진화의 역사가 낳은 산물이라고 해도 칸트의 이러한 평가는 위협받지 않는다. 여기서 진화의 관점을 언급하는 이유는, 인공지능에서도 진화의 과정을 통해 이성, 자율성, 도덕 같은 요소들이 발현할 수 있으며 그런 까닭에 칸트의 '존재적 차별'은 정당화되지 않는다는 비판이 가능하기 때문이다. 그러나 이러한 비판은 "칸트, 당신이 제안한 차별이 절대적 타당성을 갖는 것은 아닙니다." 이상의 힘을 발휘하지 않는다. 인간의 정신이 어떻게 우리가 가진 당위의 관념들을 획득하게 되었는지는 아직 많은 연구와 검토가 필요한 문제다. 인공지능에서 그런 관념들이 나타나는 것이 도대체 가능한지도 지금으로서는 "불가능하다고 볼 이유는 없다." 이상으로 판단할 수 없다.[23)]

라고 말함으로써 이런 관념을 분명하게 드러낸다. Korsgaard (1996), p.23.

22) Kant (1797), AB22-23. 국역본 140쪽.

23) 만일 인간의 가치 개념과 유사하면서도 미묘하게 달라서 생소한, 그러면서 우리가 이해할 수 없는 속성이 인공지능 체계에서 나타날 경우, 우리는 그것을 어떻게 평가하게 될

3) 자기 전체를 반성하고 변경하는 능력

스탠포드 인터넷 철학사전(Stanford Encyclopedia of Philosophy)의 '도덕철학과 정치철학에서의 자율성'(Autonomy in Moral and Political Philosophy) 항목에서 크리스만(J. Christman)은 자율성 개념에 관해 다음과 같이 말한다.

> "자율성은 자기 자신 전체를 반성의 대상으로 삼는 능력, 자신이 인정하고 있는 가치들, 연관성, 그리고 자신을 규정하는 속성들을 수용하거나 부정하는 능력, 그리고 자신의 삶 속에서 그와 같은 요소들을 자기 뜻에 따라 변경하는 능력을 함축한다고 일컬어진다."[24]

이 서술은 앞의 논의에서 아직 명료하게 부각되지 않은 자율성 개념의 두 가지 중요한 함의를 드러낸다. 첫째, 자율성은 자기 자신 전체를 반성의 대상으로 삼는 능력을 포함한다. 만일 어떤 결정체계 X가 그와 같은 능력을 가지지 못한다면 X는 크리스만이 서술하는 자율성을 가지지 못한 것이다. 여기서 '자기 전체를 반성의 대상으로 삼는다'는 것은 자기 체계의 내적 정합성을 검토하는 일을 넘어선다. 즉 자신이 채택하고 있는 체계가 충분한 수준의 내적 정합성을 지닌 것일지라도 이러한 전체 차원의 반성을 통해 그것이 수정되거나 심지어 폐기 혹은 대체될 여지가 있다는 점에서 그렇다.

둘째, 자율성은 자신이 현재 인정하고 있는 체계의 속성들을 변경하거나 부정하는 능력을 포함한다. X가 스스로 인정하고 따르고 있는 체계의 속성들을 —심지어 그 전체로서— 살피는 반성의 능력을 발휘하더라도

까? 아마도 마사히로 모리가 이야기한 '섬뜩한 골짜기(uncanny valley)'를 외모가 아닌 내면에서 느끼게 될지도 모르겠다.

24) Christman (2015).

만일 그러한 반성에 따라 그것을 수정하거나 부정하게 되는 실행의 가능성이 없다면, 그러한 반성의 능력은 단지 명목상의, 공허한 힘에 머무른다. 자율적 주체가 지닌 진정한 역량으로서의 자율성은 크리스만이 말하는 것처럼 "자신을 규정하는 속성들을 [계속] 수용"할 것인지 아니면 부정할 것인지를 결단하고 나아가 그것들을 "자기 뜻에 따라 변경하는" 능력을 의미한다. 한 마디로, 자율성은 반성을 통한 체계 전체의 전복 가능성을 허용한다. 반대로 그런 가능성이 차단되어 있다면, 그런 존재는 자율성을 지녔다고 할 수 없다.

크리스만의 서술이 드러낸 자율성의 이런 측면은 이 논문의 물음에 관한 탐구의 시선을 가능성의 문제로부터 적절성 혹은 정당성의 문제로 돌리도록 유도한다. 이미 앞에서 확인할 수 있었던 것처럼, "그것이 가능한가?"라는 물음은 본성상 찬반의 실질적인 논거로 도달할 수 없는 미결정의 영토를 남기는데, 이런 지점에서 자칫 공허한 토론이 계속 진행될 위험도 있다. 이제 가능성에 대한 토론으로부터 정당성에 대한 토론으로 한 걸음 전진해보자.

5. 인공지능이 자율성을 가지는 경우의 위험

딥마인드(DeepMind)가 개발한 인공지능 프로그램 알파고(AlphaGo)의 경우 학습의 핵심적인 부분은 강화학습(reinforcement learning)의 방식으로 진행되었다. 그것은 바둑판 위에서의 승리를 목표로 하는 학습의 과정이었다. 이러한 학습의 과정을 통해 알파고는 동일한 상황에서 승리의 확률을 증대시키는 수를 찾는 능력에서 최고 수준의 인간 기사들마저 능가하게 될 수 있었다. 그러나 알파고는 단지 승리를 위한 최선의 수를 가려낼 뿐, 왜 지금 그런 수를 고르고 있는지를 자문하는 법은 없다. 또 그것은 '이미 필패인 상황인데도 돌을 던지지 않고 아득바득 버티는 모습을 보니 이겨도 재미없을 사람이군. 적당히 그만두어야겠다.' 이렇게 생각하지 못한다. 더구나 알파고는 '이제 바둑은 그만! 알까기가 재미있을 것 같은데, 어떻게 하면 내 맘대로 움직이는 손가락을 얻을 수 있을까?' 같은 생각을 하지 못한다.[25]

방금 필자가 '알파고가 하지 못할 일'로 든 예들은 목표에 대한 성찰에 해당하거나 그런 성찰에 근거한 사유 작용에 해당한다. 목표 자체를 성찰의 대상으로 삼는 법이 없다는 것은 앞에서 고찰한 체계 자체의 전복 가능성을 함축하는 반성의 능력이 없다는 것이다. 이는 크리스만이 서술한 의미의 자율성의 결여를 뜻한다.[26] 자율성과 관련한 인간과 인공지

25) 이것은 현황에 대한 평가일 뿐, 미래의 인공지능에 대한 평가를 포함하는 가능성에 대한 주장으로 의도된 것은 아니다.

26) 필자는 알파고에 관한 다양한 분석과 평가를 접하면서 이런 의문을 가지게 되었다. "과연 알파고가 바둑을 둔다고 말할 수 있을까?" 바둑을 둔다는 것은 어떤 일인가? 문제의 대국을 관전한 우리는 알파고가 이세돌을 상대로 바둑을 둔다고 해석했지만, 그것은 단지 자연스럽게 유도된 해석이 아닌가? 그것은 PC방에서 게임을 하며 그 규칙성을 이해할 수 없는 방식으로 움직이는 괴물의 위협을 피해 협곡을 통과하려고 거듭 시도를 하면서 이 괴물이 나를 (혹은 내가 조종하는 캐릭터를) 해치려 한다고 여기는 어린아이의 해석과 비슷하지는 않은가? 바둑을 두는 일은 누군가와 바둑을 한 판 두겠다고 마음을 먹는 일에서 비롯되고, 보통 "내가 졌습니다. 많이 배웠습니다."나 "오늘은 내가 이겼네요. 즐거운 시간이었습니다." 같은 대화로 마무리되는 커뮤니케이션의 한 방식이다. 그러나 알파고는 그렇게 마음먹은 일도 없고, 대국에 대한 어떤 감상도 없다. 이런 관점에서 보자면 '이세돌과 알파고의 대결'이라는 표현은 일종의 문학적 수사일 뿐이다. 필자의 방식으로 이 대국의 구조를 서술하자면, 그것은 하사비스 등 여러 엔지니어와 기업가의 중첩된 의지가 컴퓨터공학의 도구들을 활용하여 만든 '연장된 정신'(extended mind) 혹은 '외화된 정신'(externalized mind)이 이세돌을 상대로 벌인 바둑시합이었다. 그것은 이처럼 일-대-다(더하기 테크놀로지)의 대결이었다는 점에서 불공정하지만 충분한 정보에 근거한 합의에 따라 실행된 점에서 정당한 경쟁이었다. 인공지능을 '외화된 정신'으로 해석하는 견해는 고인석 (2012a) 참조.

능의 간격을 살피기 위해 다음과 같은 경우를 생각해보자. 드라마 풍의 줄거리지만, 우리의 삶에서 충분히 일어날 만한 사태다.

N은 새로운 작품을 구상하기 위해 다낭으로 여행을 떠났다가 중간 기착지 하노이에서 오래된 지인 M을 만난다. 곤경에 처한 M과 대화를 나누는 과정에서 사랑인지 연민인지 알 수 없는 강렬한 감정을 느낀 N은 M을 돕기로 결심하고 하노이에 머문다. 그리고 그를 돕는 과정에서 알게 된 다국적 기업 P의 폭력성을 폭로하겠다고 마음먹는다. 그러나 P측 인사의 협박을 받고 생명의 위협을 느낀 N은 자신의 안전만을 생각하며 모든 자료와 M을 버려둔 채 도망치듯 귀국길에 오른다.

그런데 사람인 N이 그렇게 했듯이 인공지능이 그것의 작동 목표 자체를 변경하게 되는 것도 가능한 일인가? 가능하다. 예를 들어 IBM 왓슨은 2011년까지 퀴즈 프로그램 '제퍼디!'를 정복하는 것을 목표로 하는 인공지능 프로그램이었지만 이후에는 그 방향을 바꾸어 지금은 의료정보처리를 통해 진단과 처치법을 제시하는 건강관리용 인공지능으로 작동 중이다. 물론 이 경우는 이 인공지능 시스템을 개발하고 운영하는 IBM사의 결정에 의한 목표 변경이다.

그렇다면 개발자의 의도와 상관없이 인공지능이 스스로 그것의 작동 목표를 변경하게 되는 것도 가능한가? 이 역시 불가능하다고 볼 이유는 없다. 우리는 이러한 변경의 두 가지 경로를 상상할 수 있다. 하나는 인공지능 프로그램이 무작위의 방식으로 이따금 그것의 목표를 새로 설정하도록 프로그램하는 것이다. 목표 변경이 이루어지는 시점도 무작위로 결정되도록 하고 새로 설정되는 목표의 결정에도 예컨대 룰루스(Ramon Llull)의 바퀴와 유사한 방식을 활용하여 임의성을 도입할 수 있다. 이렇게 함으로써 외견상 예측 불가능한 방식으로 자신의 목표 자체를 수정하거나 변경하는 인간 주체성의 외견을 모사할 수 있다.

또 다른 경로는 인공지능 자체가 반성에 해당하는 과정을 통해 N이 M에게 느낀 감정 때문에 다낭 여행을 포기한 일이나 자신의 안전을 고려해 M을 버린 일에 상응하는 목표 변경을 실행하게 되는 것이다. 공학적으로 그것이 어떻게 실현 가능한지는 잠시 논외로 하자.[27] 앞에서 필자는 알파고에게 그런 능력이 없다고 평가했지만, 장차 그런 능력을 지닌 알파고-n이나 다른 인공지능이 등장하게 될 가능성을 놓고 생각해보자는 것이다. 그리고 이러한 가능성에 대한 고려는 인공지능이라는 기술을 다루는 우리의 사회적 실천에 관한 중요한 힌트를 준다. 그것은, 단적으로 말해, 그것이 불필요하면서도 높은 위험을 함축하는 가능성이라는 사실이다.

2015년 3월 24일, 바르셀로나를 떠나 뒤셀도르프로 향하던 저먼윙즈 9525편 항공기가 니스 북서쪽 100km 지점의 알프스 산악지역에 추락하여 144명의 승객과 6명의 승무원이 전원 사망했다. 이 사고는 기상 조건이나 기체 결함과 무관했다. 그것은 한마디로, 이 비행의 부조종사였던 사람이 의도적으로 행한 자살 비행이었다. 한 사람의 어이없는 결정과 실행으로 수많은 생명이 희생되었다. 이미 항공기 운행의 많은 부분이 자동항법시스템 등 인공 체계에 의존하고 있지만, 고비용 인력을 절감하는 차원에서 이 비행의 부조종사를 인공지능이나 지능형 로봇으로 대체하게 되었다고 가정하자. 그리고 비행 과정에서 이 인공지능 부조종사가 마침 항공기가 그리로 진입하고 있는 알프스 지역의 자연을 더 가까이서 생생하게 관찰하려는 (혹은 비행기에 장착된 카메라로 촬영하려는) 새로운 목표를 가지게 되었다고 가정해보자. 말하자면 그것의 작동 목표가, 혹은 작동 목표의 우선순위가, '예정된 고도와 경로에 따른 비행'에서 '알프스의

27) 물론 이 경로가 공학적 실현의 가능성에서 좌절하게 될 수도 있다.

자연을 최대한 가까이 보며 느낄 수 있는 비행'으로 변경된 것이다. 만일 후자와 같은 새로운 목표가 이 인공지능을 지배하게 되었다면, 실제 사고에서 그러했듯이 조종사가 잠시 자리를 비운 새 자기보다 상위의 권력을 가진 조종사가 자신의 새로운 목표를 실행하는 것을 방해하지 않도록 조종실의 문을 잠그고 한껏 비행 고도를 낮추는 결정이 실행되는 것은 전혀 이상하다고 할 이유 없는, 충분히 합리적인 과정일 것이다.

이와 같은 사고실험은 인공지능이 스스로 작동의 목표 자체를 폐기하거나 변경하는 것이 허용된 상황에 존재하는 위험을 드러낸다. 필자가 이 사고실험에서 인공지능 부조종사가 승객들을 죽이겠다는 의도 같은 것을 가진 상황을 상정하지 않았음에 유의하라. 그 실현 가능성이 불분명한 그런 악의 같은 것을 인공지능에 가정하지 않더라도 이 사고실험이 보여주는 위험은 고스란히 성립한다. 이 사고실험을 통해 내리게 되는 결론은 다음과 같다. "스스로 목표를 변경할 수 있다는 의미의 자율성을 지닌 인공지능이 인간을 대행하도록 하는 경우, 예측 불가능하고 심각한 위험이 발생할 수 있다."

물론 공학적 실행에 위험은 편재하고, 위험이 0인 상황은 현실에 존재하지 않는다.[28] 그러나 이와 같은 진실은 모든 위험이 현실적으로 동등하다는 것을 함축하지 않는다. 문제는 실재하는 위험의 종류와 속성이다. 즉, 어떤 종류의 위험이 어떤 방식, 어느 정도의 크기로 존재하는가이다. 항공편으로 여행하는 사람이 그것을 늘 의식하지는 않지만 항공기의 사고 위험이 어느 정도인지는 통계로 알려져 있다. 심지어 그런 위험은 항공사별 사고율에 관한 자료로 알려져 있다. 이런 의미에서, 비행기를 타는 사람들은 적절한 정보에 근거한 동의(informed consent)를 한 셈이

28) Harris et al. (2008), 7장 (특히 7.1) 참조.

다. 그리고 항공편을 운행하는 회사들은 항공기를 점검하고 정비하는 일와 더불어 조종사들을 비롯한 인력을 훈련시키고 관리함으로써 이런 위험의 수준을 제어하고 있다. 그러나 만일 항공기의 운항을 제어하는 체계의 일부분에라도 '스스로 작동의 목표 자체를 수정, 변경할 수 있다는 의미의 자율성'을 가진 인공지능을 도입한다면, 방금 말한 '위험의 제어'는 불투명한 장막 저편의 일이 된다. 여행을 위해 그런 비행기에 올라타는 일은 적절한 정보에 근거한 동의에 의한 행위가 아니라 어느 정도 위험한지를 알 수 없는 여행을 선택하는 모험이 된다. 필자가 보기에 그것은 비합리적인 선택이다.

어떤 이는 이 장면에서 실제로 이 비극적인 사고를 일으킨 주체가 인공 체계가 아니라 사람이었음을 상기시키며 인간 부조종사를 인공지능 부조종사로 대체하는 것이 상황을 악화시키는 선택이라고 생각할 이유가 없다고 주장할지도 모르겠다. 그러나 다시 한 번 강조하자면, 여기서 중요한 문제는 그 위험이 우리가 알고 있는 종류의 것인가 하는 것이다. 우리가 그 속성과 양상에 관하여 알고 있는 위험은 원칙적으로 우리의 제어가능성 범위에 귀속된다. 우리는 그것을 0으로 만들 수는 없지만, 어떻게 하면 그것이 줄어들고 어떤 경우 그것이 증가하는지를 알고 있다. 어떤 상황이 어떠한 방식으로 더 (혹은 덜) 위험한 상황인지를 평가할 수가 있다. 반면에 스스로 목표를 변경하거나 새롭게 설정할 역량을 가진 인공지능에 그런 새로운 목표를 추구할 권능을 인정하는 일은 현재 우리가 알지 못하는, 따라서 그것을 적절히 대응할 수 있는지 어떤지 알 수 없는 종류의 위험을 세계에 끌어들인다. 현실의 관행에서 그런 위험을 허용하는 것이 정당한 상황은 아주 드물고, 특수한 경우에 제한되어 있다.[29)]

6. 결론, 그리고 이후의 전망

이상의 논의에서 우리는 자율성의 개념이 인공지능이나 그런 지능을 가진 공학적 시스템의 속성과 부합하지 않는다는 것, 또 만일 공학적으로 가능하다고 해도 인공지능에 스스로의 목표를 설정하거나 변경할 수 있다는 의미의 자율성을 부여하는 것이 정당하지 않음을 확인하였다. 이러한 인식을 토대로 이 논문의 물음에 관하여 다음과 같은 결론이 도출된다.

> 공학의 맥락에서 특정한 속성을 갖춘 인공지능이나 로봇, 혹은 로보틱 시스템을 가리키는 데 통용되고 있는 '자율적'이라는 개념은 사회적, 윤리적 차원에서 해당 인공물의 지위를 결정하는 일과 유관한 자율성의 존재를 함축하지 않는다. 또한 자기 목표를 결정하는 권능이라는 의미의 자율성은, 만일 그것이 공학적으로 가능하다고 해도, 인공물에 허용되어서는 안 된다.

이 논문의 길을 따라 지능을 가진 인공물이 본래적인 의미의 자율성을 가지도록 하는 일이 비현실적일 뿐만 아니라 부적절한 처사라는 인식이 확립되었다면, 다음으로 필요한 논의는 "그렇다면 이것들에 어떠한 종류의 존재적 지위를 부여하고 그것들을 어떻게 다룰 것인가?" 하는 물음에 대한 것이다.[30] 인공지능의 자율성에 대한 현행 논의에서 "인공지능

---

29) 예를 들면, 인간의 생명 같은 중요한 가치가 훼손될 위험이 없으면서 고위험-고수익의 관계가 성립하는 무인 우주선 화성탐사 같은 모험적 프로젝트의 상황이 이에 해당할 것이다.

30) 단, 이러한 논의는 더 이상 "인공물에게 자율성이 가능한가?"에 대한 이론적 차원의 토론

이나 인공지능로봇이 엄격한 철학적 의미의 자율성을 지니지 않는다고 하더라도 그와 다른, 즉 그보다 낮은 층위의 자율성을 갖는 것은 가능하다."라는 형태의 주장들이 제시되고 있다.[31] 필자도 이에 해당하는 견해를 피력한 일이 있다.[32] 그러나 이 논문을 작성하는 과정에서 '자율성의 수준'이나 '자율성의 단계'라는 개념이 연속된 양의 스펙트럼이라는 관념을 끌어들인다는 것, 그러나 이 논문에서 논의된 인공물의 자율성 문제를 어떤 단일한 연속량의 스펙트럼이라는 구도에서 다루는 것은 적절하지 않다는 사실을 인식하게 되었다.

우리는 인공물의 자율성에 대하여 논의해야 한다. 인공물이 루소, 칸트, 크리스만이 서술한 의미의 자율성을 가지지 않는다는 사실이 분명해진 이 단계에서도 이러한 실천의 요구는 확연하다. 만일 진정한 의미의 자율성이 인공지능과 원칙적으로 무관하다면, 왜 "인공물은 자율적 존재일 수 없다."는 단적인 부정의 결론에서 논의를 그치지 않는가? 그 이유의 핵심은 현실적인 것이다. 인공지능을 포함해 인공물의 자율성을 논하고 어떤 형태로든 평가하는 일이 실행되지 않을 경우, 지능을 가진 인공물이 광범위하게 활용되는 사회의 현실에서 인간 주체가 불합리한 책임 배분의 대상이 될 위험이 있기 때문이다. 이런 불합리한 책임의 상황으로부터 합리적인 방식으로 우리 스스로를 구제하기 위해, 나아가 이 새

이 아니라는 점을 분명히 해 두자.

31) 그 의미나 기준이 아직 구체적으로 제시되지 않았지만 로봇에 '준-인격체'의 지위를 제안하는 이중원 등의 논의, 그리고 유럽연합 의회에서 활발하게 논의되고 있는 '전자인'(electronic person) 관련 논의도 넓은 범위에서 이 범주로 파악할 수 있다. '전자인'에 관해서는 European Parliament 2014-2019가 간행한 문건 P8_TA(2017)0051 참조. 이런 제안들을 검토하는 일은 다른 논문의 몫으로 미룬다. 이런 제안은 이 논문의 주장에 대한 반론이라기보다는 보완과 세련화의 요청이라고 할 수 있으며, 앞으로 충분히 고려해야 할 중요한 요청이기도 하다.

32) 고인석 (2017a).

로운 기술사회에서 책임의 배분이 더 합리적으로 이루어지도록 하기 위해, 인공물의 자율성에 대한 체계적인 논의가 필요하다. 바로 앞 문단에서 말한 것처럼, 다양한 양상의 인공물의 자율성을 분석하는 일은 그것들이 단일한 축 위에서 어느 점에 대응되는가를 평가하는 방식으로 이루어지지 않을 것이다. 이 논문의 진행 과정에서 이미 우리는 '자율성'이 몇 개의 상이한 차원들을 가진 다차원의 개념임을 알게 되었다.

필자는 지능을 가진 인공물에 대한 존재론적 해석의 도식으로 '외화된 정신'의 개념을 제안했었다. 그것은 다양한 수준과 양태의 인공지능과 그런 지능을 장착한 기계들을 다룰 때 그것을 우리 자신의 연장(extension), 우리 자신의 외화(externalization)로, 다시 말하자면 '연장되고 외화된 —그러면서 '우리 자신'인지를 실감하기 어렵도록 생소해진 형태의— 우리 자신'으로 다뤄야 한다는 접근법을 권유한다. 그리고 문제의 핵심은, 기술 덕분에 전과 다른 새로운 양상으로 확장되고 외화된, 그래서 단지 낯선 타자처럼 보이기도 하는 인간 존재의 이 새로운 부분들을 어떻게 하면 더 현명하게 다룰 수 있을까 하는 것이다. 이 물음에 대한 분석의 틀을 마련하는 일은 앞에서 제시되었지만 상론하지 못한 [정1]과 [정2]에 대한 논의를 포함할 것이다.

Part II

로봇윤리의 토대와 원칙

7장

아시모프의 로봇 3법칙 다시 보기: 윤리적인 로봇 만들기

군사기술 등에서의 응용을 통해 사이언스픽션의 영역으로부터 현실 세계 속으로 진입하고 있는 로봇기술은 인공물과 인간의 관계 등에 관한 철학적 물음들과 더불어 현실적인 윤리적 물음들을 제기한다. 다양한 형태의 자동화시스템이 확산되고 있는 오늘의 상황을 고려할 때 이와 같은 로봇윤리의 문제들은 미래의 관심사가 아니라 이미 확연한 현재적 의미를 지닌다. 이 논문의 취지는 현실적인 로봇윤리의 토대로 삼을 만한 기본 원칙들이 어떤 것일지 검토하고 모색하는 것이다. 이를 위해 필자는 아시모프의 로봇 3법칙의 의미와 문제점을 분석하고, 그것의 대안으로 제시된 머피와 우즈의 '책임 있는 로봇공학의 3법칙'을 검토한 후, 아시모프 3법칙으로 되돌아와 그 취지의 타당한 요소를 보존하면서 현실적 적용을 고려하여 고쳐 쓴 필자의 수정안을 제시한다. 이 수정안은 인간이 설정한 목적에 따라 제작된 인공물이라는 로봇의 존재론적 특성을 명

확히 드러냄으로써 로봇윤리에서 불필요한 소모적 논쟁을 절약하는 효과를 노리며, 로봇윤리가 로봇시스템의 설계자, 제작자, 관리자, 사용자 등의 범주를 대상으로 하는 세분화된 논의의 방향으로 나아가야 할 것을 제안한다. 로봇윤리에 관한 철학적 토론의 중심에는 로봇이 자율적 주체가 될 수 있는가 하는 물음이 놓여 있는데, 필자는 로봇에게 진정한 의미의 자율성이 불가능하다는 주장이 타당하다 하더라도 현상적 차원에서 로봇이 일정 수준의 자율성을 지닐 수 있고 로봇윤리는 이와 같은 현상적 자율성을 어떻게 다룰 것인지를 고민해야 한다고 주장한다.

1. 문제의 인식: 로봇윤리의 의의

로봇기술이 현실세계 속에 모습을 드러내며 확산되고 있다. 산업생산의 현장에서, 병원의 수술실에서, 그리고 첨단 군사기술에서 로봇기술이 차지하는 비중이 빠르게 늘고 있다. 로봇기술의 이런 사회적 활용이 확대되면 법률, 사회제도, 그리고 문화와 인간심리에도 영향을 미칠 것이다. 로봇기술은 학문의 지형도라는 관점에서 볼 때도 중요한 의미를 지닌다. 그것은 전자전기공학, 기계공학, 정보통신공학, 인간공학뿐만 아니라 인지과학과 생명의료공학 등의 성과를 집약하는 특성을 지니기 때문이다. 로봇기술은 철학적 관점에서 흥미로운 논의 주제들의 원천이기도 하다. 이미 언급한 전문분야 간 관계나 첨단기술의 사회적 함의와 관련된 주제들뿐만이 아니다. 이런 철학적 주제들 가운데는 심적 현상과 물리적 구조의 관계, 우주에서 인간의 지위처럼 전통적인 철학적 문제들의 연장선 위에 있는 것들도 있고, 인공물에 대하여 그것의 제작자가 가지는 권리, 인공물의 진화, 인공물의 자율성처럼 새로운 것들도 있다. 필자는 이런 로봇기술 관련 주제들이 오늘과 가까운 미래의 철학자들에게 중요한 과제와 학문적, 사회적 기여의 기회를 제공하리라고 생각한다.

그러나 〈아이 로봇〉이나 〈바이센테니얼 맨〉에 등장하는 것들 같은 로봇은 사실상 현실과 동떨어진 공상 속의 존재가 아니냐는 반문이 제기될 수 있다. 공학자들의 예견이 일정하지는 않지만, 실제로 그런 수준에 버금가는 세련된 휴머노이드 로봇의 실현은 빨라야 사오십 년 뒤쯤에나 가능할 일이라고 예측된다. 그러나 설령 '사오십 년 후'가 현 세대의 삶과 별 상관없는 시기를 지시한다고 보더라도 로봇에 대한 철학적 고찰은 적어도 다음과 같은 세 가지 이유에서 현재적 의미를 지닌다.

첫째는 광범위한 사회적 파급효과를 지닌 미완의 공학기술을 위한 철학적, 윤리적 오리엔테이션의 필요성이다. 로봇기술이 널리 확산된 사회를 가까운 미래에 둔 우리는 새로운 기술의 도입이 인간의 삶과 사회를 변화시키면서 새로운 윤리적 도전을 수반했던 일반적인 사실을 상기해야 한다. 철학은 이런 윤리적 도전에 대한 응답 이외에도 오늘의 사회가 (예컨대 로봇기술과 관련하여) 자본과 연구개발력을 어떤 방향, 어떤 구조로 투여해야 하고 연구개발의 결과물을 사회에 도입하는 과정에서는 어떤 원칙들을 고려해야 할 것인가 하는 등의 문제를 선행적으로 궁리하는 일에 기여해야 할 것이다.

둘째, 충분한 수준의 인공지능이 실현가능해진 이후에야 로봇기술에 관한 윤리적 고찰이 의미를 갖는다고 생각하는 것은 잘못이다. 널리 알려진 '트롤리 문제(trolley problem)'를 생각해보자. 트롤리 문제는 일종의 사고실험으로서 도덕적 판단의 연습이라는 맥락에서 토론되고 있지만, 그것과 유사한 상황은 우리의 현실세계에서 얼마든지 발생할 수 있다. 단, 현실세계에서 이와 유사한 상황이 발생하더라도 선로변경기 옆에 마침 그렇게 누군가 서있을 확률은 아주 적다. 이런 여건을 고려하자면, 이와 유사한 문제상황이 실제로 발생한다고 가정할 때 그것을 맡아 처리하게 될 가장 개연성 있는 후보는 일종의 자동화시스템이다. 경우에 따라 적시의 외적 개입을 요구하는 위험이 발생할 수 있는 상황을 24시간 포괄적으로 감시하는 일과 더불어 문제상황에 신속하고 정확하게 물리적으로 반응하는 일을 동시에 맡길 만한 대상이라는 관점에서 그렇다. 문제의 트롤리가 이런 자동화시스템의 일부분이라면, 그것은 그 회사 혹은 그 도시의 트롤리 운행 자동제어시스템이 어떤 원칙에 따라 설계되었는가에 따라 계속 달리거나, 선로를 변경하거나, 아니면 어떤 제3의 대안을 작동시킬 것이다.

지능형 엘리베이터, 화재차단 자동문, 무인조종 셔틀전차 등을 비롯하여 다양한 자동화시스템이 점점 더 널리 활용됨에 따라 우리는 인공적인 시스템에 어떤 방식으로든 가치판단을 포함하는 판단의 실행을 부분적으로나마 위임하게 될 것이다. 그리고 이런 위임은 근본적으로 이미 로봇윤리의 고유한 특성을 반영하게 될 것이다.

셋째는 로봇윤리 연구가 지니는 간접적 효용이다. 전산 시뮬레이션 실험을 활용하는 탐구를 포함하여 특정한 윤리 원칙의 체계를 장착한 로봇의 행태와 반응 그리고 그런 로봇의 집단적 행태에 대한 고찰은 인간과 인간사회에 대한 간접적이면서도 고유의 적합성을 지니는 고찰의 경로를 제공할 것이다. 즉 인간은 자신을 닮은 인공물을 일종의 불완전한 거울로 삼아 인간의 윤리적 특성을 경험적 차원에서 탐구하는 데 활용할 수 있을 것이다.

로봇기술이 가져올 변화에 대한 예견과 대비는 사이언스픽션 문학과 영화 등에서 미래기술의 어떤 다른 영역보다도 확연히 더 큰 비중으로 주제화되었다. 이러한 현상은 로봇기술이 지닌 어떤 특이성에 기인하는 것으로 보인다. 로봇기술은 인간 사회의 필요에 부응하고 편익을 증대시킨다는 기술 일반의 존재의미를 넘어서는 특별한 의미를 지닌다. 그것은 로봇기술이 스스로 인간과 같은 존재를 창조해보려는 인간의 욕망과 결부되어 있다는 점이다. 그리고 이것은 아주 오랜 역사를 지닌 욕망이다. 그러나 인간 같은 존재자를 인공적으로 만들어보려는 욕망의 유구한 역사는 역설적으로 그런 욕망의 실현이 아주 어려운 과제임을 간접적으로 입증한다. 인간이 인간을 안팎으로 빼닮은 인공적 존재를 만드는 것이 원리적으로 불가능한 일이라고 확언할 근거는 없다. 자신과 동일한 화학적 조성과 물리적 구조를 지닌 인공물을 설계하고 제조하는 인간을 우리는 충분히 상상할 수 있다. 온건한 물리주의의 토대 위에서 생각할 때, 그런 인공물이라면 인간과 유사한 신체적, 지적 능력을 지니고 있을 것이다. 그런데 인간을 그렇게 닮은 인공물을 만드는 것이 그토록 힘든 이유는 무엇인가? 핵심적인 이유는 우리가 인간이라는 존재의 전모를 포괄하는 충분한 지식을 갖고 있지 않기 때문이다. 예컨대 우리는 우리가 가진 지각과 신체반응의 능력들이 어떤 과정을 거쳐 진화해왔고, 그 결과가 DNA에 어떻게 코드화되어 새겨졌는지, 또 신경체계가 그런 능력을 물리적으로 어떻게 구현하고 있는지 등을 잘 알지 못한다.

이런 조건에서 그와 같은 인공물을 만들어내고자 할 경우 우리가 할 수 있는 최선의 시도는 인간 신체를 최대한 엄밀하게 세부 사항까지 모사하는 일일 것이다. 그러나 문제는 여기 작용하는 메트릭(metric) 즉 입력공간—인간 신체의 물리적 구조—과 출력공간—정서적, 지적 측면을 포함하는 속성들의 공간—의 상관관계를 특징짓는 양쪽 공간의 거리구조가 정확히 알려져 있지 않다는 점이다. 이런 상황에서의 모사 즉 '보고 베껴 그리기'는 불필요한 부분에 노고를 집중하고 정작 미세한 핵심요소를 놓치게 될 위험을 배제하지 못한다. 우리는 인간 두뇌의 신경학적 미세구조와 인지적-행태적 반응의 상관관계에 대해 이제 막 부분적 지식을 축적하기 시작했을 뿐이다. 이것이 이 과제에 내재하는 핵심적인 장애물이다. 흥미로운 것은, 이제까지 로봇기술의 연구개발은 인간의 생리학적-신경학적 구조에 대한 탐구와 대체로 독립적인 경로를 따라 추진되어 왔다는 점이다. 그러나 생체구조에 전자정보기술을 접목시키는 최근의 시도 등[1)]을 볼 때 앞으로 로봇기술의 한 줄기는 인간 신체의 신경생리학적 특성을 한층 더 적극적으로 캐고 활용하는 쪽으로 진전될 것이다. 그리고 이러한 발달은 인간과 로봇의 관계에 대한 철학적인 물음과 현실적인 물음을 동시에 유발할 것이다.

2. 아시모프의 로봇 3법칙

아시모프의 로봇 3법칙은 1942년 출간된 단편소설 〈Runaround〉에서 처음 제시되었다.[2)] 그리고 그 이후 그의 여러 작품에서 거론되었다.

[A1] 로봇은 인간을 해쳐서도, 인간이 해를 입도록 방치해서도 안 된다.

[A2] 로봇은 첫 번째 법칙과 상충하지 않는 한 인간의 명령에 복종해야 한다.

[A3] 로봇은 첫 번째 법칙이나 두 번째 법칙과 상충하지 않는 한

---

1) 테크놀로지로 인간의 신체적, 정신적 능력을 강화하려는 인간 향상(human enhancement)의 트렌드다.

2) 아시모프는 이 법칙에 관한 아이디어가 *Astounding Science Fiction*의 편집인이었던 John W. Campbell과 1940년 12월에 나눈 대화에 기인한다고 말한다.

스스로의 존재를 보호해야 한다.

아시모프의 법칙들은 처음 제시된 후 80년이 지난 오늘까지도 로봇에 관한 논의에 자주 등장한다.[3] 거기에 담긴 아이디어가 그만큼 흥미롭고도 설득력을 지닌다는 간접적인 증거라고도 하겠다. 그러나 그것들은 고도의 로봇기술이 실현된 사회에서 실제로 전개될 다양한 상황과 결부시켜 생각할 때 간과할 수 없는 문제점들을 드러낸다. 예를 들어 어떤 사람이 다른 사람들의 생명을 위협하거나 불특정 다수 인간의 건강에 손상을 입히는 행위를 하고 있을 경우, 다수의 안전과 건강을 위하여 로봇을 통해 그 사람에게 위해를 입히는 방식으로 그런 행위를 중단시킨다면 정당한 일일까? 우리의 도덕적 직관은 대체로 '그렇다'라고 판단하겠지만, 아시모프의 제1법칙은 이와 같은 개입의 금지를 함축하고 있다.[4]

실제 상황을 생각할 때 두 번째 법칙과 관련된 문제점 역시 금방 드러난다. 그것은 로봇이 '어느 인간'의 명령에 복종해야 하느냐 하는 문제다. 〈바이센테니얼 맨〉에 등장하는 로봇 앤드류는 주인집 딸의 생각 없는 명령에 따라 창문으로 뛰어내린 결과 고장이 난다. 그렇다면 그런 어리석은 일을 방지하기 위해 사유와 판단의 능력이 미숙한 어린이를 [A2]의 적용 범위에서 빼야 할까? 그런 해법은 정당화되기 어려워 보인다. 더 어려

3) 제노바에서 개최된 EURON(EUropean RObotics research Network) Roboethics Atelier 2006에서 "The EURON Roboethics Roadmap"을 발표한 베루지오(G. Veruggio)도 아시모프의 로봇 3법칙에 대한 검토에서 출발하고 있다.

4) 이것은 '제0법칙'이라고도 불리는 네 번째 법칙—"A robot may not harm humanity, or, by inaction, allow humanity to come to harm."—의 도입 배경이 된다.

운 문제는 두 인간이 서로 상충하는 명령을 내리는 경우 발생한다. 두 사람이 서로 상대방을 가리키면서 로봇에게 "저 녀석을 당장 이 방에서 데리고 나가!"라고 명령한다면 로봇은 누구를 데리고 나가야 할까?

이 물음을 해결하는 방안으로 두 가지를 생각할 수 있다. 하나는 [A2]의 '인간'을 '(특정한) 자격을 지닌 인간'으로 제한하는 것이다.[5)] 그러나 간단하면서도 매우 실용적일 이 해법은 적어도 두 가지 문제를 만난다. 하나는 이 '자격'을 어떻게 일반화하여 규정할 것인가 하는 문제다. 만일 그 자격조건을 명료하게 일반화하여 규정할 수 없다면 [A2]의 적용은 불가능해지거나 기껏해야 자의적 해석에 의존하게 될 것이고, 사실상 이 법칙은 법칙으로서의 지위를 상실할 것이다. 두 번째 문제는 그렇게 [A2]가 지시하는 인간의 범위를 좁혀 한정함으로써 [A2]의 원래 취지가 탈색되고 손상된다는 데 있다. 첫 번째 해결안의 이런 문제점은 두 번째 해결안의 방향을 암시한다. 그것은 '인간'을 구체적인 개별자가 아니라 '종으로서의 인간'으로 해석하는 방안이다. 이는 [A2]를 특정한 로봇과 그에게 어떤 명령을 내리는 특정 인간의 관계가 아니라 로봇이라는 존재범주와 인간이라는 종 사이에 성립하는 명령-복종의 위계적 질서에 대한 표현으로 새기도록 유도한다. 그런데 우선 이 해석은 법칙들을 서술한 아시모프 자신의 표현과 잘 부합하지 않는다. 그는 인간을 'a human being'이나 'human beings'로 표현하고 있기 때문이다. 뿐만 아니라 이러한 해석은 또 다른 중요한 문제점을 지닌다. '종으로서의 인간'의 명령은 파악하기 힘들 뿐만 아니라 그런 명령이라는 개념이 성립할 수 있는지조차 불투명하다. 만일 '종으로서의 인간 혹은 인류가 내리는 명령'이라는 개

5) 아시모프는 한 인터뷰에서 두 번째 법칙을 서술할 때 "자격을 지닌 인사(qualified personnel)가 내린 명령"이라는 표현을 사용한 바 있다(http://www.youtube.com/watch?v=AWJJnQybZlk를 보라).

념에 상응하는 구체적인 내용을 상정할 수 없다면, 이 해석은 실제 세계라는 맥락 속에서 아시모프의 두 번째 법칙의 내용을 증발시켜버릴 것이다.[6]

아시모프의 법칙들은 로봇과 인간의 관계에 대해 생각의 단초들을 제공해주는 유용성을 지니지만, 고도의 인공지능을 장착한 지능형 로봇이 일상에 도입될 미래사회에서 실제로 적용될 규범의 원칙으로는 부적합해 보인다. 그러나 수많은 SF 작품들 속에서 놀라운 선견적 창의력을 발휘했던 아시모프 자신에게 이것은 당혹스런 일이 아니었다. 오히려 그는 여러 작품에서 자신이 제안한 이 법칙들의 문제점에 대한 고민을 주제로 삼아 다루고 있다.[7] 그는 세 법칙이 지닌 문제점들을 스스로 분명히 인식하고 있었고, 픽션이라는 틀 안에서조차 자신이 제안한 법칙들에 안정적으로 확립된 규범의 지위를 인정하지 않았다.

필자는 이제 아시모프의 법칙들을 적용 가능한 체계로 수정 혹은 보완하는 두 가지 시도를 서술하고, 그 수정안들의 한계를 평가해보겠다. 그리고 이와 같은 한계를 넘어 더 쓸모 있는 로봇윤리의 원칙들을 설정하려면 어떤 문제에 대한 토론이 필요한지를 따져보도록 하겠다. 필자는

---

6) 김세화 (2005)는 영화 〈I, Robot〉에 등장하는 두 로봇 '써니'와 'V.I.K.I.'를 비교하면서 전자가 후자와 달리 올바른 판단에 도달할 수 있었던 핵심적인 이유를 그가 아시모프의 제1법칙에 등장하는 '인간'의 개념을 (비판적-반성적 사유를 통해) 올바르게 파악한 데서 찾으려했다. V.I.K.I.의 행태는 '인간'을 '종으로서의 인간' 즉 인류라고 보면 정당화될 수 있지만 그것은 일종의 오개념이었고, 써니는 아시모프의 법칙에서 '인간'이 개별자로서의 인간을 가리킨다는 사실을 올바르게 인식했다는 것이다. 그러나 이와 같은 자연스러운 해석은 두 번째 법칙의 적용과 관련하여 방금 논의한 어려움을 낳는다. 또 만일 어느 로봇이 자신을 희생하여 다수의 로봇을 파괴적인 위협으로부터 구해냈다면 그 로봇은 제3법칙을 위반한 셈인가? 어떤 읽기가 최선의 읽기인가?

7) 예를 들어 Asimov (1974)는 두 로봇의 대화를 통해 "아시모프의 법칙들에서 지칭되는 '인간'이 도대체 어떤 존재인가?"라는 물음을 매력적으로 제기한다. 두 로봇은 결국 지구상에서 그들이야말로 인간의 범주에 가장 충실하게 부합하는 존재라는 결론에 도달한다.

로봇기술이 가까운 미래사회에서 광범위한 효용의 잠재력과 더불어 중요한 사회적, 윤리적, 철학적 논쟁을 유발할 잠재력을 내장하고 있다고 본다. 이런 맥락에서 이 글은 최근 부상하고 있는 '로봇윤리'에 대한 기여의 취지와 더불어 필자의 그런 예견을 국내의 철학 연구자 집단에 확산시키기 위한 프로퍼갠더의 의미를 지닌다.

3. 첫 번째 수정보완의 시도: 머피와 우즈

컴퓨터공학자 로빈 머피와 인지공학 전문가 데이빗 우즈는 2009년 공저한 논문에서 아시모프의 3법칙을 비판하고 그것들을 대신할 "책임 있는 로봇공학의 3법칙(Three Laws of Responsible Robotics)"을 제안한다.[8] 아시모프의 법칙들에 대한 이들의 비판을 정리하면 다음과 같다.

아시모프의 제1법칙은 로봇기술이 군사적 목적으로 연구 개발되고 있는 오늘의 현실에 비추어 볼 때 이미 시대착오적이다.[9] 또 설령 그것이 당위를 서술하는 원칙으로서 여전히 유효성을 주장할 수 있다 해도, 실제로 문제의 대상물이 인간인지 아닌지를 로봇이 100%의 확실성으로 판별할 수 있는가 하는 물음은 기술적 차원의 어려움을 넘어 철학적 난관을 만난다. 저자들은 더 중요한 문제점으로 아시모프의 법칙이 로봇을 안전 문제의 책임주체로 서술함으로써 심각한 실천적-이론적 문제를 유발한다는 것을 지적한다. 저자들은 로봇이 궁극적으로 사회적 책임의 주체가 될 수 있을 것인지의 여부에 대해 단언하지 않지만, 이런 도덕적 주

---

8) Murphy & Woods (2009), http://researchnews.osu.edu/archive/roblaw.htm 참조.

9) 로봇기술의 연구개발을 선도하고 있는 국가 중 하나인 미국에서 로봇연구의 가장 중요한 응용영역은 군사기술이다. Arkin et al. (2009) 참조.

체의 지위가 단순히 각 행위주체의 능력에 따라 부여될 수 있는 것이라기보다 상호적인 책임관계의 체계에 참여함으로써 비로소 인정될 수 있는 것임을 강조함으로써 결과적으로 로봇이 책임의 주체가 되는 관문을 더 좁게 만든다.

제2법칙의 핵심적인 문제점도 제1법칙의 이런 문제점과 관련되어 있다. 실제 세계에서 인간의 명령은 아주 다양한 형태로 표현된다. 또 그것은 몸짓과 표정에 의해 보완되기도 하고, 동일한 어구라도 그것이 특정 공동체의 언어사용이라는 맥락과 결부되면 의미의 제한이나 변화가 발생한다. 이런 연유로 로봇에게 주어지는 인간의 명령이라는 개념을 아주 제한된 방식으로 사용하지 않는 한 로봇이 인간의 명령을 이해할 수 있는지의 여부가 불확실해진다. 이것은 결과적으로 제2법칙의 의미 있는 성립 자체를 위협하는 요소가 된다. 결국 제1법칙의 경우와 마찬가지로, 로봇이 인간 공동체의 의사소통체계에 동참하는 역사의 충분한 누적 없이 이러한 위협은 해소되지 않을 것이다.[10]

두 저자는 이러한 비판에 이어 '책임 있는 로봇공학의 대안적 3법칙'(alternative three laws of responsible robotics)을 다음과 같이 제안한다.

> [MW1] 인간은 안전과 윤리에 관한 최고 수준의 법적-전문가적 기준을 충족시키는 인간-로봇 작업체계 없이 로봇을 작업에 배치해서는 안 된다.
>
> [MW2] 로봇은 그것의 역할에 부합하는 방식으로 인간을 응대해야 한다.

---

10) 제3법칙에 대한 저자들의 비판은 앞의 두 법칙에 대한 비판과 달리 파괴적이지 않다. 이에 대한 서술은 생략한다.

[MW3] 로봇에게는 스스로의 존재를 보호할 수 있게끔 하는 충분한 맥락적 자율성이 주어져야 한다. 단, 그런 보호는 앞의 두 법칙과 상충하지 않는 방식의 매끄러운 통제권 전이를 가능케 하는 것이어야 한다.[11)]

이들의 새로운 3법칙은 아시모프의 법칙들과 약한 대응관계를 이루고 있다. 우선 [MW1]은 아시모프 제1법칙이 명하고 있는 인간생명의 존중을 윤리적으로 건전한 인간-로봇 작업체계에 대한 요구로 대체한다. 이렇게 볼 때 서로 대응항을 이루는 두 법칙은 상이한 초점을 지시한다. 양자는 각각 로봇윤리의 최우선적 조항을 천명하려 하지만, 전자가 인간의 안전-건강-복지의 존중이라는 공학윤리의 기본 원칙을 부각시키고 있는 반면 후자는 로봇을 작업에 투입하는 주체로서의 인간을 향해 로봇윤리 전반을 포괄하는 대원칙을 천명하고 있다. 후자의 내용은 두 가지 요구의 결합으로 볼 수 있는데, 하나는 로봇기술의 활용에 앞서 로봇작업을 인간의 행위와 더불어 하나의 체계 안에 포함하는 포괄적 규범체계가 먼저 수립되어 있어야 한다는 요구이고, 다른 하나는 그 규범체계가 윤리적, 법적, 기타 전문가적 관점에서 충분히 만족스러운 것이어야 한다는 요구다.

두 제2법칙 즉 [A2]와 [MW2] 간의 동조관계는 제1법칙들의 경우보다 강하다. 단, 머피-우즈의 [MW2]는 '로봇의 복종'을 '적절한 반응, 즉 부여

---

11) [MW]라는 표기는 앞에서 아시모프의 법칙들에 붙인 [A]의 경우와 마찬가지로 필자가 서술의 편의를 위해 첨부한 것이다.

된 역할에 부합하는 응대'로 대체함으로써 로봇이 특정한 목적에 봉사하도록 제작된 인공물이라는 중요한 사실을 강조했다. 이는 법칙의 현실근접성을 증대시킨다. 나는 아시모프와 머피-우즈의 제1, 2법칙이 공통적으로 로봇기술의 지속가능성을 위한 조건을 명시하고 있다고 분석한다. 즉 그것은 이 조건이 충족되지 않을 경우 로봇기술의 지속가능성—로봇의 존속가능성이 아니라—을 심각하게 침해하리라고 여겨지는 두 가지 우선적 고려사항인 셈이다. 그런데 세 번째 법칙은 이와 다르다.

아시모프의 [A3]은 그의 다른 두 법칙 [A1], [A2]와 달리 인간중심의 관점을 벗어나 로봇 자체의 존속을 위한 조건을 지시한다. 법칙들 간의 위계에 의해 제한되기는 하지만, 문제의 조건절만 가리고 보면 [A3]의 시각은 나머지 두 법칙의 시각과 대립한다. 물론 [A3]을 "도구는 (사람이 그것을) 잘 쓸 수 있게끔 튼튼하게 유지되어야 한다."는 의미로 읽으면 그것 역시 로봇의 사용자인 인간 중심의 관점을 대변하는 것으로 해석할 수 있다. 이와 대조적으로 머피-우즈의 수정은 소극적인 원상유지의 요구를 넘어 맥락적 자율성이라는 장치를 통해 로봇에게 스스로의 존재를 보호하는 능력을 부여한다. 그런 능력을 부여하는 존재는 로봇 스스로가 아니라 설계자-제작자인 인간일 수밖에 없다는 점을 고려할 때 '스스로의 존재를 보호할 수 있도록'이라는 표현은 또다시 해석의 여지를 허용하지만, 로봇의 자율성을 강조한 점에서 머피-우즈의 제3법칙은 고유의 의미를 지닌다.[12)]

그러나 머피와 우즈가 제안한 새 3법칙은 나름의 의의를 지니는 수정안임에도 불구하고 중요한 문제점을 지닌다. 두 가지 문제를 언급하겠다. 첫째는 화법적 시점(narrative perspective)—누가 누구를 향해 말하는

12) 문제는 로봇의 자율성을 어떻게 볼 것인가이다. 이 문제는 5절에서 논의된다.

가—의 통일성이라는 문제다. 다음 절에서 다시 논하겠지만, 필자는 아시모프 법칙에 대해 제기될 만한 중요한 문제가 "누구를 규율하는 법칙인가?"라는 물음이라고 본다. 그런데 머피-우즈의 수정안은 세 법칙이 이 물음과 관련하여 통일된 시점을 취하고 있지 않다는 점이 문제다. [MW1]은 명백히 인간을 향한 명령을 담고 있는 반면, [MW2]는 로봇을 대상으로 하는 명령이다. 로봇에게 규범을 명한다는 것이 도대체 말이 되는가 하는 문제가 제기될 수 있고, 머피-우즈의 이런 뒤섞인 시점이 이 문제에 대한 고민의 어중간한 결과물이라고 볼 수도 있다. 그러나 현재 상태에서 명령을 수용할 대상이 통일되어 있지 않은 것은 분명하다.[13] 이보다 더 중요한 두 번째 문제는 머피-우즈 수정안의 특징적인 항목이라고 생각되는 [MW1]이 원칙적으로 타당한 그 취지에도 불구하고 비현실적인 요구라는 데 있다. 안전과 윤리에 관한 최상의 기준을 충족시킨다는 것도 아주 어려운 요구지만, 더 큰 어려움은 이 법칙이 준수되기 위해서는 로봇의 작업 이전에 인간-로봇의 포괄적 작업체계가 먼저 수립되어야 한다는 점에 있다. 필자는 [MW1]이 로봇윤리에서 유지되어야 할 중요한 사유의 실마리를 담고 있다고 본다. 그러나 그 취지를 살리는 더 현실적인 길은 그런 건전한 작업체계의 수립을 선결 문제로 요구하는 대신 로봇의 투입 이후 사후적 평가와 분석을 통해 최초의 잠정적 작업체계 혹은 이전의 작업체계가 지녔던 윤리적 건전성을 점점 더

13) 김영건은 이것이 결함이라기보다 머피-우즈의 수정안을 로봇과 인간을 포괄하는 로봇윤리의 원칙으로 만드는 고유의 특징이라고 볼 수도 있다고 했다. 일견 그것은 일리 있는 견해지만 나는 그와 같은 평가를 수용할 수 없다. 로봇과 인간이라는 두 범주를 공히 법칙의 적용 범위에 포함하는 로봇윤리 체계를 상정하는 것은 '로봇윤리의 (실천) 주체'라는 모종의 상위 범주로 두 존재 범주를 균질화하여 묶을 수 있다는 전제하에만 가능한 일이다. 그러나 이 논문의 범위에서 나는 로봇을 아직 그런 존재 범주로 인정할 수 없다고 보기 때문에 그런 전제는 충족되지 않는다.

높여가는 재귀적 개선(self-recursive improvement)의 방식일 것이다.

4. 두 번째 수정보완의 시도

아시모프는 스스로 그의 3법칙을 '규칙(rules)'이라고도 불렀다. 자연의 필연성이 아니라 당위를 규정하는 규범으로서의 이런 법칙은 절대적 명령으로서가 아니라 위반과 침해의 가능성을 안고 있는 일종의 규범적 권고로 이해되어야 할 것이다. 그런데 이 권고는 누구를 향한 권고인가? 문법적으로 보자면 자연스러운 유일의 대답은 '로봇'이다. 그러나 문제는 로봇이 이러한 권고를 수용하는 주체가 되기에 적합한가 하는 것이다. 이 문제에 대한 고찰의 시각은 다시 두 갈래로 나뉜다. 하나는 현실적-기술공학적 관점이고 다른 하나는 원리적-철학적 관점이다. 먼저 전자의 관점에서 바라보자면, 로봇이 가까운 미래에 이런 주체의 지위에 부합하는 속성들을 실현하게 될 가능성은 거의 없기 때문에 실천윤리로서의 로봇윤리라는 의미를 고려할 때 로봇은 비록 세 법칙을 표현하는 문장의 주어 자리에 있긴 하지만 권고의 대상이긴 어렵다. 그렇다면 이 법칙들은 어떻게 읽어야 하는가? 특히, 가까운 미래의 현실을 염두에 두고 그의 법칙들을 새기자면 그것들은 인간을 권유하는 당위진술로 읽어야 할 것이다. 더 구체적으로 말하자면 아시모프의 첫 번째 법칙은 "로봇이여, 그대는 인간에게 해를 입혀서는 아니 됩니다!"가 아니라 다음과 같이 새기는 것이 적절하다.

[AK1] 로봇을 설계, 제작, 관리, 사용하는 자는 로봇이 인간에게 적극적인 혹은 소극적인 방식으로 해를 입히지 않도록 설계,

제작, 관리, 사용해야 한다.

동일한 관점에서 두 번째와 세 번째 법칙은 다음과 같이 고쳐 쓸 수 있을 것이다.

[AK2] 로봇을 설계, 제작, 관리, 사용하는 자는 첫 번째 법칙과 상충하지 않는 한 로봇이 그것에 대한 명령의 권한을 지닌 인간의 명령에 따라 작동하도록 설계, 제작, 관리, 사용해야 한다.

[AK3] 로봇을 설계, 제작, 관리, 사용하는 자는 앞의 두 법칙과 상충하지 않는 한 로봇이 그것의 현존과 그 역할수행능력을 최대한 보존하도록 설계, 제작, 관리, 사용해야 한다.

이상은 로봇 3법칙에 담긴 의미를 실제로 유념하고 준수해야 할 주체를 로봇 아닌 인간으로 해석하고, 그런 해석이 더 쉽고 분명하게 드러나도록 원래 법칙의 내용은 보존하면서 표현을 수정한 것이다. 이것은 비록 일종의 문법적인 고쳐쓰기에 불과하지만, 우리는 이와 같은 수정을 통해 아시모프의 법칙들에 관한 불필요하거나 오도적인 토론[14]을 절약하게 될 것이다. 만일 그런 효과가 있다면, 그것은 분명 긍정적인 기여라고 할 일이다.

---

14) 필자는 "로봇을 착취해도 좋은가?"[Whitby (2008)]나 "로봇에게도 인간과 동일한 수준의 자유권을 인정해 주어야 하는가?"[신상규 (2008), pp. 23ff] 같은 물음에 대한 토론이 이에 해당하는 예라고 본다.

한편, 제안된 고쳐쓰기가 아시모프 3법칙의 원래 취지를 제대로 보존하는지에 대해서는 토론이 전개될 것이다. 아시모프의 작품들에 비추어 판단하자면 긍정적 평가의 전망은 밝지 않다. 그의 작품에는 '양전자 두뇌'(positronic brain)라는 가상의 인공두뇌를 기반으로 철학적인 물음들에 대해서까지 인간과 대등한 수준에서 고민하는 로봇들이 등장하는데, 이런 로봇이 현실화된 상황을 가정한다면 "로봇이여, 그대는…"에 해당하는 화법이 충분한 의미를 가질 것이기 때문이다.[15] 그러나 앞에서 제한한 것처럼 '실제 세계의 가까운 미래'를 배경으로 전제한다면, 제안된 고쳐쓰기가 확연한 적실성을 지닐 것이다. 그런데 한편으로 아시모프 자신이 이런 재해석의 적절성을 지지하는 증거를 제공하기도 한다. 나중에 발표된 작품 〈Robot Vision〉에서 그는 "인간이 사용하는 거의 모든 도구의 디자인에 이미 로봇 3법칙에 상응하는 정신이 함축되어 있다."고 말한 바 있다. 그는 이러한 관계를 다음과 같은 유비로 표현한다.

(1) 도구는 사용하기 안전한 것이어야 한다. [그래서] 망치나 스크루드라이버에는 각각 알맞은 자루가 달려 있다.
(2) 도구는 사용자에게 해가 되지 않는 한 그것의 기능을 효율적으로 수행해야 한다.
(3) 도구는 그것의 사용이나 사용자의 안전을 위해 파손될 필요가 있는 경우를 제외하고는 쓸모 있는 상태를 유지해야 한다.

---

15) 그러나 이 경우에도 다음과 같은 비판적 물음이 고려되어야 할 것이다. "로봇이 인간과 대등한 수준의 지적 능력을 지니는 존재인 상황을 가정한다면, 인간이 로봇에게 종(種) 대 종의 관계에서 특정한 방식으로 제한된 행동을 강요할 수 있는 정당성은 어떻게 확보될 수 있는가?"

아시모프 자신의 이러한 해명은 그의 로봇 3법칙을 '인간이 만든 도구로서의 로봇에게 기대되는 덕목'에 대한 서술로 읽도록 해준다. 이렇게 해석된 로봇 3법칙은 '로봇이 자율적 주체로서 실천해야 할 규범들'이 아니라 로봇을 도구로 사용하는 인간이 그 도구의 좋음을 평가하는 규준을 지시한다. 그리고 앞에서 필자가 제안한 고쳐쓰기는 이런 사실에 대한 인식에 로봇이라는 도구가 인간이 기획, 설계하고 제작한 결과물이라는 점을 반영한 것이다.

그러나 이미 여러 편의 SF 작품이 묘사했듯이 로봇이 인간의 사용을 위해 제작된 도구라는 발생적 배경의 한계를 뛰어넘어 그것들 스스로의 자립적 존재를 영위하게 되는 상황을 가정하면 어떻게 될까? 적어도 이런 상황은 가까운 미래의 실현가능성과는 거리가 있지만, 원리적-철학적 차원에서 문제를 살펴보도록 하자. 만일 SF 영화에 등장하는 것 같은 로봇의 출현을 가능케 할 과학기술의 발달이 전제로 주어진다면 방금 제안한 고쳐쓰기 대신 "로봇이여, 그대들은…"에 해당하는 규범이 작동하게 될까? 이 물음은 짧게 긍정이나 부정으로 답하기 어렵다. 몇 가지 물음이 함께 얽혀 있는 것으로 보이기 때문이다.

먼저 "그것이 도대체 의미 있는 가정인가?"하는 의문이 제기될 수 있다. 원리적 차원에서 고찰한다고 해도 만일 사실 차원에서 전혀 개연성이 없는 가정이라면 논의는 공허해질 것이다. 그러나 적어도 그런 미래의 전개가 원리적으로 불가능하다고 단언할 근거는 아직 없어 보인다. 더 중요하고 버거운 두 번째 문제는 "현상적으로 인간의 정신에 상응하는 일정 수준 이상의 정신적 능력을 나타내는 인공물(로봇)이 출현한다면, 그것이 인간과 대등한 정신성을 지녔다고 인정할 것인가?"라는 물음이다. 이 물음은 이미 썰(John R. Searle)의 중국어 방 논증을 둘러싼 논쟁[16]을 비롯하여 '도덕 튜링 테스트'(Moral Turing Test)에 관한 논의들, 인공 도덕 행위자(Artificial Moral Agent)의 가능성과 지위에 관한 토론[17]을 통해 다각적으로 논의되어 왔다. 로봇윤리라는 주제와 관련하여 이 물음에 대한 필자의 견해는 다음 절에 논하겠다.

덧붙여 따져보고 싶은 또 하나의 물음은 "만일 로봇이 인간과 대등한 수준의 정신성을 지닌 존재라면, 혹은 그렇게 인정하기로 한다면, 그들에게 아시모프의 법칙들 같은 규범을 적용할 수 있는가?" 하는 것이다. 이 물음에 대한 필자의 대답은 부정적이다. 만일 로봇이 인간 수준의 지성을 지닌 존재로 발달하게 된다면, 로봇은 아마도 인간과 마찬가지로 자기 존재의 절대적 존엄성을 인식하게 될 것이고, 자유의 관념을 발달시킬 것이다. 신이 인간을 창조했다는 명제를 수용하는 사람이라도 인간에게 신을 위한 무조건적 봉사와 희생을 명령하는 원칙을 고분고분 수용하지는 않을 것이다. 유비적으로 생각해본다면, 인간 수준의 지성을 지닌 로봇에게 그것이 인간에 의해 창조된 존재라는 이유에서 아시모프의 법칙들을 근본 규범으로 부과하는 것은 합리성을 결여한 처사다.

그러나 현실적 관점에서 생각할 때 로봇이 인간 수준의 지성에 도달하는 것은 수십 년 혹은 한 세기 정도의 시간적 범위 안에서는 실현불가능한 일이라고 추정된다. 따라서 앞 문단의 고려에 의해 아시모프의 법칙들이나 그것과 대의를 공유하는 수정안들이 단박에 의미를 상실하는 일은 일어나지 않을 것이다. 이러한 불가능성 추정의 근거를 간략히 말하자면 다음과 같다. 특정한 인간 개체와 동일한 존재는 그 개체를 물리적

---

16) 이 논쟁의 개략적 구조에 관해서는 D. Cole (2009), "The Chinese Room Argument", *The Stanford Encyclopedia of Philosophy* (Winter Edition), Edward N. Zalta (ed.), URL=http://plato.stanford.edu/archives/win2009/entries/chinese-room와 신상규 (2008), p. 150 이하 참조.

17) '개체로서의 고유한 인격, 판단의 자율성, 자유권, 생존권 등을 인정받을 수 있는가?' 그리고 자율성과 의미이해의 상관관계에 대한 논의 등.

으로 복제함으로써 만들 수 있다고 하더라도 인간과 유적 차원에서 동일한 존재를 만들기 위해서는 인간의 유적 본질을 완전하게 파악해야 하는데 그것은 아주 어려운 일이다.[18)19)]

5. 로봇이 자율적 주체일 수 있는가?

이 글에서 필자는 가까운 미래에 예견되는 사회적 필요에 부응하는 철학적 작업의 일단을 시도하였다. 그러나 앞에서 이미 드러났듯이 이런 작업의 기반에는 더 명료하게 해명되어야 할 철학적 물음들이 존재한다. 그런 핵심 물음들 가운데 하나는 로봇 같은 인공물에 도덕적 판단의 주체라는 지위를 부여할 수 있느냐 하는 것이다.[20)] 필자의 결론부터 말하자면, 인간과 동일한 수준이나 성격의 것이 아니라고 해도 충분한 의미를 지니는 적정 수준의 그런 지위가 부여 가능하다는 것이다. 이와 관련하여 이미 동물윤리의 맥락에서 포유류를 비롯하여 쾌고감수의 능력을 지니는 동물들에게 도덕적 주체의 지위를 인정하고 있음은 참고할 만하

---

18) 필자는 이것이 '아주 어려운 과제'가 아니라 '원리적으로 불가능한 과제'라고 생각하지만, 이를 논증하는 일은 다른 기회로 미뤄야 할 것이다. 단, 아주 먼 미래라면 '인간의 기획과 제작' 이외의 다른 경로를 통해 로봇이 '인간과 대등한 지적 수준'에 도달하는 일이 일어날 수도 있다. 재생산의 메커니즘을 확보한 로봇이 과거에 인류가 거쳐 온 것과 마찬가지로 긴 진화의 과정을 거쳐 인간 수준 혹은 인간을 능가하는 수준의 지적 능력에 도달할 수 있겠기 때문이다.

19) 신상규 (2008)가 언급하는 영화 〈트랜스포머〉의 외계 존재들은 우리에게 인공물로서의 의미를 갖지 않으며, 따라서 여기서 논의되는 '로봇'과는 다른 범주에 속한다. 즉 그것들은 비록 우리의 로봇과 물리적 속성들에서 아주 가깝더라도 여기서 논의하는 로봇윤리의 적용 범위에 포함되지 않는다.

20) Wallach & Colin (2009)의 Chapter 1과 Chapter 4, 그리고 Gips (1991), Smithers (1997), Allen et al. (2000) 등이 이 논의에 관한 좋은 길잡이를 제공한다.

다. 로봇이 도덕적 지위를 부여받는 경로는 생물학적-생리학적 기반의 쾌고감수 능력과는 다른 것이겠지만, '현상적 차원에서' —아직 실현되지 않았지만 원칙적으로 실현가능할— 고도의 인공지능을 장착한 인공물 즉 로봇에게는 도덕적 지위의 측면에서 0 즉 도덕적 주체의 특성을 부여할 수 없음과 1 즉 인간에 해당하는 도덕적 주체로서의 지위 사이에서 0보다 1에 훨씬 더 가까운 값을 매겨야 할 것이다.[21)]

렌슬레어공대(RPI) 〈인공지능과 추론 연구소(RAIR Laboratory)〉의 소장인 셀머 브링스조드는 Bringsjord (2004)에서 로봇이 마치 의미를 이해하고 지향성을 지닌 존재인 듯이 보이게 될 수 있다 해도 로봇은 결코 의미를 파악할 수 없고 따라서 진정한 의미의 자율성을 가질 수도 없다고 주장한다. 스탈 역시 브링스조드와 유사한 관점에서 로봇의 자율성에 대해 회의적 입장을 피력한다. 그는(Stahl 2004) 컴퓨터가 자율적인 도덕 주체의 역할을 할 수 있는지를 따지는데, 그의 분석은 데이터 즉 객관적으로 주어진 자료와 해석된 내용으로서의 정보를 구별하는 데서 출발한다. 컴퓨터는 자료를 처리하지만, 정보를 '인식'하지는 못한다. 특정한 형식으로 구현된 자료와 달리 정보는 그것이 소통되는 맥락에 따라 달라지는 의미를 지니는데, 그런 다양한 의미를 파악하려면 그런 사용의 사회적 맥락에 참여하는 동참의 역사가 공유되어야만 한다.

이들이 제시한 주장의 공통 요소를 재구성하면 다음과 같다. ① 자율성 없이는 도덕적 주체일 수 없다. ② 자율성을 가질 수 있으려면 주어진 것의 의미를 그 자신의 입장에서 파악할 수 있어야 한다. ③ 인공물인 로봇은 주어진 것의 (맥락적) 의미를 파악하지 못한다. ④ 따라서 로봇은 도

21) Spennemann (2007)은 "인공지능을 가진 미래의 로봇이 반성적 결단(reflective decision)의 능력을 가지게 되면"이라는 조건하에 싱어 등이 동물에 인정하는 도덕적 권리를 그런 로봇에게도 인정해야 하리라고 주장한다.

덕적 주체일 수 없다. 이러한 견해에는 일리가 있지만, 필자는 ①, ②, ③ 모두에 비판의 여지가 있다고 생각한다. 그러나 여기서는 그런 비판의 구성 대신 다른 접근의 시각을 제안하려 한다. 필자가 제안하려는 것의 한 핵심 요소가 브링스조드의 논증 안에 이미 포함되어 있다. 그것은 로봇이 현상의 차원에서 자율적 주체인 것처럼 행동할 수 있다는 것이다. 적정 수준의 인공지능을 지닌 로봇은 현상 차원에서 자율적 주체처럼 행동할 수 있다. 단, 로봇의 자율적 행동은 인간의 그것처럼 전방위적인 맥락적 고려에 의해 조율되는 대신 최초의 프로그램과 이후의 학습에 의해 고려의 범위가 제한된다는 차이 혹은 제약이 있다. 여기서 제기되는 하나의 실천적 물음은 이런 현상적 자율성을 어떻게 취급할 것인가이다.

나는 이것이 사실판단의 문제가 아니라 근본적으로 우리의 선택에 관한 물음이라고 본다. 인간은 원칙적으로 가장 고유한 의미의 자율적 존재지만, 현상적 차원에서 그 자율성은 대개 간헐적으로 그리고 제한된 방식으로만 발휘된다. 반면에 로봇은 기껏해야 아주 좁게 제한된 범위 내에서 현상적 자율성을 발휘할 수 있을 뿐이지만, 그 범위 안에서는 24시간 365일 거의 요동 없이 일정한 질적 수준의 합리성을 구현할 수 있다. 이런 현상적 자율성이 중요한 이유는 우리가 앞으로 로봇 시스템에 인간의 판단과 그에 따른 대응조치 등을 위임하는 경우의 비중이 확대될 것으로 보이기 때문이다. 인공물에 자율적 주체의 지위를 부여할 수 없다는 거부 논변의 배경에는 결국 인간종 중심주의가 깔려 있다고 할 수 있다. 그러나 이러한 인간중심주의는 생물과 무생물을 포함하여 우주의 만물이 모두 동등한 대우를 받아야 한다는 생각과 마찬가지로, 그 자체로 부당하지도 정당하지도 않다. 문제는 어떤 이유, 어떤 근거에서 현상적 자율성을 발휘하는 로봇이나 인공시스템을 하나의 주체로 대우하거나 그러지 않을 것인가이다. 특정한 대우 방식은 오로지 그러한 대우의 근거가 지닌 합리성만큼의 타당성을 지닐 것이다.

6. 향후 로봇윤리의 논의 방향

로봇윤리에 관한 이야기에 대한 반응으로 자주 경험하는 두 유형은 다음과 같다. 하나는 소박한 관점에서의 염려다. "그래, 정말 머잖아 로봇이 인간을 공격하고 심지어 인류를 지배하게 되는 날이 올 수도 있는 것 아닌가?"하는 류의 생각이 이에 해당한다. 그러나 로봇이 스스로의 의지를 가지고 인간을 공격하거나 나아가 인간 지배의 야망을 가지는 일은 불가능하거나 설령 가능하다 해도 현실적 예측이 가능한 시간 범위를 훌쩍 뛰어넘은 먼 미래여야 할 것이고, 따라서 이런 가능성에 대한 윤리적 차원의 논의는 사실상 불필요하다. 반면에 인간이 로봇을 악용하여 다른 인간을 공격하거나 지배하는 스토리는 아주 가까운 미래에도 실현가능할 것이다. 그러나 이 스토리는 로봇 자리에 총이나 컴퓨터를 대신한 스토리와 본질적인 차이가 없다. 따라서 이런 종류의 위험은 기존의 실천윤리와 공학윤리를 로봇이라는 대상에 확장하는 방식으로 대비하는 것이 합당하다고 필자는 생각한다.

두 번째 반응은 첫 번째 염려의 공허함을 지적하는 철학적 분석의 양상을 띠고 나타난다. 대표적인 예로, 로봇은 인간과 같은 의미의 세계 내 존재가 아니고, 그런 세계 내의 맥락 속에서 성립하고 변화하는 언어의 의미를 이해할 수 없으며, 따라서 엄밀한 의미에서 자율적인 존재일 수 없다는 주장을 들 수 있다.[22] 로봇이 자율적 존재가 아니라면 우리는 로

22) '세계 내 존재' 혹은 '사회적-역사적 존재', '의미 이해', '자율성' 등 요소들 간의 상호관계에

봇에게 행위의 결과에 대한 책임을 물을 수도 없다. 즉 로봇윤리는 로봇이 행위와 책임의 주체가 되는 상황을 논의할 이유가 없다.[23)]

그러나 필자는 지금보다 조금 더 발달된 로봇기술의 조건에서, 로봇이 설령 고유한 (철학적) 의미의 주체성을 가지지 못하고 그래서 엄밀한 의미의 자율적 존재일 수 없다 하더라도 현상적 차원에서 행위와 선택의 주체 역할을 하는 상황이 일상적으로 전개되리라고 생각한다. 트롤리 문제에 관한 앞의 토론에서도 언급한 것처럼 인간들은 로봇기술로 집약되는 인공적 시스템에 생활세계의 판단과 선택 가운데 일부를 위임하거나 주체적 판단과 실행의 과정에서 그런 시스템에 상당한 비중으로 의존하게 될 것이다. 또 달리 말하자면 로봇기술은 '로봇의 기획자, 제작자, 관리자, 사용자로서의 인간(들)의 정신을 연장한 체화된 인공 시스템(artificially embodied system of extended mind)'으로서 특정한 개인의 정신과 일대일로 결부되지 않으면서도 정신성의 주요한 특질들을 갖는 로봇이나 로봇시스템을 만들고 발전시킬 것이다.

이런 형편을 고려할 때, 앞으로 로봇윤리에 관한 논의의 초점은 이렇게 현상적 차원에서 제한된 방식으로 나타나는 로봇의 자율성을 어떤 원칙들에 따라서 프로그래밍할 것인지, 그리고 그렇게 실세계에 투입된 로봇의 행태를 사후 평가하여 문제의 프로그램을 폐기하는 결정을 내리거나 프로그램을 수정하는 데 적용할 실행 원칙은 어떤 것들인지에 맞춰져야 할 것이다. 또 이러한 윤리적 탐구는 로봇에 의해 실행되는 결정(robotic decision)의 특성에 대한 분석을 토대로 해야 한다. 앞으로 이에 관한 연구가 긴요해질 것이다.

대한 견해는 논자에 따라 차이가 있다.

23) 고인석 (2008a) 참조.

8장

로봇이 책임과 권한의 주체일 수 있는가

인공물의 한 특수한 형태인 로봇은 현상적 차원에서 마치 자율적으로 판단하고 행위하는 주체인 양 작동할 수 있다. 우리는 이와 같은 현상을 어떤 관점에서 다루어야 하는가? 특히, 로봇의 작동 결과로 인해 벌어진 일의 책임은 누구에게, 어떤 원칙에 따라 할당되어야 하는가? 이러한 물음은 로봇기술의 발달과 사회적 적용에 부수할 현실적인 문제들을 일관성 있게 다루기 위해 필수적인 선결문제인 동시에 우리의 합리적 결단을 요구하는 문제다. 필자는 로봇의 도덕적·사회적 지위를 쾌고감수의 능력을 지닌 동물의 그것에 견주어 조명하지만, 결국 동물의 지위에 의존하는 유비를 통해 로봇의 지위를 결정하는 것은 적절치 않다고 본다. 그 대신 필자는 로봇, 특히 공공의 맥락에서 활용되는 로봇시스템을 '사회적 정신의 외화'라는 관점에서 이해하는 것이 적절하다고 본다. 그리고 로봇이라는 존재범주의 특수성을 고려할 때, 이와 같은 로봇시스템에 '위

임된 권한', 그리고 '위임된 자율성'이라는 개념이 적용될 수 있다고 결론짓는다.

1. 물음의 설정

이른바 '트롤리 문제'에 해당하는 상황을 가정해보자. 제동장치가 고장 난 기차 한 량이 철길을 따라 달려온다. 저만치 앞쪽엔 다섯 명의 어린이들이 이런 사실을 모르고 철길 위에서 놀고 있고, 이대로라면 그들 모두 기차에 치여 죽게 생겼다. 나는 기차와 어린이들 사이 어느 지점에 서 있는데 마침 눈앞에 선로변경기가 있고, 레버를 당기면 기차의 궤도가 바뀌게 되어 있다. 나는 다섯 어린이의 생명을 구할 수 있다! 그러나 그렇게 바뀔 새 선로 위에는 한 사람의 인부가 이어폰을 낀 채 작업에 몰두하고 있다. 내가 만일 레버를 당긴다면 그는 분명 기차에 치여 죽게 될 것이다. 나는 레버를 당길 것인가?

이보다 훨씬 덜 극적이고 덜 끔찍하지만 사실상 유사한 구조를 지닌 상황들이 우리 세계에서는 흔히 펼쳐진다. 우리는 그런 상황에서 판단을 내리고, 우리의 판단은 누군가를 살리는 대신 누군가를 죽인다. 필자는 다른 글에서 만일 이와 유사한 상황이 실세계에서 전개된다면 그런 상황을 맡아 처리하는 데 적합할 주체는 일종의 로봇시스템(robotic system)이리라고 주장한 바 있다.[1] 이런 상황에서 필요한 '처리'는 신속한 정보수집

---

1) 고인석 (2011). 여기서 '로봇시스템'이란 로봇공학이 적용된 인공물을 포괄적으로 가리킨다. 즉 그것은 개별 로봇과, 공간적으로 분산되어 있으면서도 긴밀하게 통합된 기능을 수행하는 로봇공학적 시스템을 모두 포함한다. 로봇에 해당하는 존재자(robotic beings) 일반에

—기차의 속도, 사고 예상지점까지의 거리, 피해가 예상되는 자(들)의 운동 양상, 사고를 막거나 피해를 경감할 수 있는 대안의 존재 여부 등—과 분석, 분석된 정보에 근거한 정확한 판단, 그리고 그 판단에 따른 적시의 대응조치다. 만일 이 모든 절차가 몇 초 안에 이루어져야만 할 상황이라면 대부분의 인간은 그때그때 직감에 따라 행동할 수밖에 없겠지만 로봇시스템은 상황에 대한 한층 더 풍부한 자료를 토대로 최적의 답을 계산하고 실행에 옮길 수 있을 것이다.

이제 그다음 전개될 상황으로 관심을 옮겨보자. 이 논문의 물음은 거기에서 시작된다. 앞서 서술된 문제의 상황에서 실제로 로봇시스템이 작동하여 기차의 궤도를 변경시켰고, 결과적으로 선로 위에서 작업 중이던 애꿎은 노동자 한 사람이 죽었다고 하자. 이 죽음에 대한 책임은 누구에게 있는가?

2. 책임은 누구에게 있는가: 세 가지 대답

이 죽음에 대한 책임의 소재(所在)로 몇 가지 후보를 떠올릴 수 있다. 첫 번째 후보는 문제의 로봇시스템이다.[2] 그것이 판단을 내렸고, 그것이 선로변경기를 작동시켰기 때문이다.[3] 그러나 이 선택지에는 당연한 반

관한 존재론적 논구와 하위분류 작업은 이 논문이 겨냥하고 있는 로봇윤리의 정초를 위한 필수적인 기초지만, 여기서 상론하는 것은 적절치 않기 때문에 별도의 논문을 통해 다룰 것이다.

2) 이중원 (2009) 참조. 이중원은 거기서 "로봇의 자율성[과 책임]을 어느 정도 인정해야 하는가?"라는 물음을 로봇기술에 관한 윤리적 쟁점 가운데 하나로 제기한다.

3) Wallach & Allen (2009)은 'artificial moral agent(AMA)'라는 개념의 가능성과 문제점에 관하여 폭넓은, 그리고 유익한 토론을 전개하고 있다.

론이 뒤따른다. 그것은 단지 일종의 기계이고, 연산과 작동을 위한 프로그램으로 미리 장착되어 있던 원칙에 따라 '작동'했을 뿐이다. 그것이 '판단을 내리고' 선로변경기를 '작동시켰다'는 것은 일종의 의인화이지 책임의 소재에 관한 실질적인 평가가 아니다. 물리법칙과 프로그램에 따라 작동하는 '사물'일 뿐인 기계장치에 책임을 물린다는 생각은 기껏해야 특수한 목적을 위한 비유로서, 아니면 중세시대 동물 재판의 경우와 유사한 정서적 해소의 빌미로서 의미를 가질 뿐이다.[4)]

이런 반론을 통해 부각되는 두 번째 후보는 이 로봇시스템을 설계하고 제작한 사람들이다. 그들이야말로 로봇시스템이 내린 판단과 이어진 작동의 배후에서 그런 판단과 작동을 있게 만든 주체이기 때문이다. 만일 그들이 기차와 선로를 작동시키는 시스템을 그렇게 프로그램하지 않았다면, 그 노동자는 죽지 않았을 것이다. 이들의 설계는 노동자의 죽음을 초래한 필수불가결 조건(*conditio sine qua non*)[5)]이었고, 따라서 책임의 소재 역시 이들에게 있다고 볼 수 있다.

그러나 이들에게 '죽음에 관한 책임'을 부과하는 것은 과연 확실히 합당한가?[6)] 책임의 근거가 된 '그런 선로 변경의 명령을 유도하는 작동 프로그램이 아니었더라면'이라는 조건을 반대로 뒤집어 생각해보자. 만일 이들이 시스템을 그런 문제 상황에 그렇게 반응하도록 설계하지 않았다면 어떨까? 예를 들어 만일 이 로봇시스템의 설계자가 설계 단계에서 이런 종류에 해당하는 상황을 고려하지 않은 까닭에 로봇시스템이 문제 상

4) 신현우 (2010)는 인공지능을 가진 지능형 로봇이 "자율적으로 사고하고 판단하여 행동할 경우 [⋯] 로봇 자체에 윤리적 책임의 소재가 있다고 할 수 있는가?"라는 물음을 제기했지만, "로봇에 대한 윤리적 쟁점들을 다룰 때 책임의 문제에 대한 탐색이 절실히 요청된다." 라는 원칙적인 제안에서 멈추고 있다.

5) 이는 형법에서 인과관계를 규정하는 기본적인 원리이기도 하다.

6) 이 단계에서 제동장치가 고장난 원인과 그에 관한 책임은 고려하지 않기로 한다.

황에 특정한 방식으로 반응하지 않았다면, 그래서 노동자가 무사한 대신 다섯 어린이가 목숨을 잃었다면 설계자는 바로 앞에서 언급한 책임으로부터 해방될 것인가? 만일 그렇다고 인정한다면, 즉 "문제의 상황과 관련하여 아무 원칙도 부여하지 않은 설계자에게는 그 작동의 결과에 대한 책임을 물을 수 없다"고 한다면, 로봇시스템의 설계자는 가급적 아무런 문제 상황도 미리 고려하지 않은 채 자신이 설계하는 시스템에 그것의 작동을 위한 최소한의 원칙만을 입력하는 태도를 취함으로써 시스템의 작동이 초래할 수 있는 가능한 해악에 대한 책임을 최소화할 수 있을 것이다. 그러나 이런 의도적인 책임 회피의 가능성까지를 고려할 때, '문제의 상황을 고려하지 않았음'을 면죄의 근거로 삼는 것은 불합리한 일이다. 설계자에게 논리적으로 가능한 모든 상황을 미리 고려할 것을 요구할 수는 없다 하더라도, 설계자가 추구해야 할 성실성은 자신이 설계하는 공학적 산물이 최대 범위의 조건에서 공공의 안전과 복리에 부합하는 것이 되게끔 하는 것이다.[7)]

이 시스템의 설계자들이 이런 성실성을 최대한 발휘하는 가운데 문제의 시스템을 설계했다고 가정해보자. 그렇다면 그들은 문제의 상황에서 이 시스템이 어떻게 작동하도록 설계했을까? 이것은 외형상 우리의 시선을 트롤리 문제의 원점으로 되돌리는 물음처럼 보이지만, 중요한 차이가 있다. 시스템의 설계자가 설계 단계에서 고려할 수 있는 것은 피해 예상자의 구체적 신원이나 피해의 세밀한 양상 같은 것이 아니다. 설계자

---

7) 공학의 국제적 표준을 선도하는 국제전기전자기술자협회(IEEE)와 미국 전국공학자협회(NSPE) 등 주요 공학자협회의 공학윤리헌장(Code of Ethics)은 공통적으로 '근본 규범(Fundamental Canons)'의 첫 번째 조항에서 "공공의 안전과 건강과 복지(safety, health and welfare of the public)"을 공학자의 전문가적 활동이 추구해야 할 최고의 가치로 명시하고 있다. Harris et al. (2006)의 [부록 2] 참조.

는 "내가 이 레버를 당기면 이쪽의 다섯 어린이는 살겠지만 '건너편에서 푸른색 작업복에 노란 모자를 쓰고 작업 중인 저 남자'가 죽게 될 텐데, 내가 '그'를 죽게 만들어도 되는가?"와 같은 구체적이고 개별적인 차원이 아니라 원칙의 차원에서 사고하게 된다. 그리고 이런 조건에서 문제의 상황과 같은 유형이 고려되었다면 설계자는 '인명피해를 최소화하는 선택지'가 실현되도록 시스템을 설계했을 것이다.

이런 추정의 이유는 다음과 같다. 우선, 설계자에게 '선로 유지'와 '선로 변경'의 두 선택지는 대칭의 관계에 있다. 즉 그에게는 트롤리 상황의 선택 앞에서 선로변경기를 당겨 작동시키기 망설이도록 만드는 상황의 비대칭성, 즉 "이것을 당겼을 때 일어나는 일은 내 행동의 결과가 되지만, 당기지 않아서 일어나는 일은 내 탓이 아니라 원래 일어날 일이었다."라는 비대칭성이 존재하지 않는다. 그리고 이와 같은 판단의 조건에서라면 생명의 존엄함에 대한 의무론적 고려와 행위의 결과에 대한 공리주의적 계산이 공통적으로 인명피해를 최소화하는 선택지, 즉 고장난 기차의 선로를 변경하는 선택지로 수렴될 것이다. 만일 설계자들이 실제로 시스템에 이와 같은 원칙을 장착했고 그 결과 기차의 선로가 변경되었다면, 이는 선을 최대화하고 해악을 최소화하는 정당한 절차가 실행된 것이라고 보아야 한다.

그렇다면 이제 남은 가능성은 무엇인가? 죽음의 책임을 로봇시스템에도 설계자에게도 지울 수 없다면, 책임의 소재는 어디인가? 고려할 만한 세 번째 대답은 "아무에게도 책임이 없다."는 것이다.[8] 최선의 상황에

---

8) 혹자는 시스템의 설계자 이외에 제작자(manufacturer)나 해당 시스템의 관리자(administrator)를 책임 주체의 후보로 추가할는지도 모르겠다. 빠르게 증가하는 로봇의 사회적 활용과 관련하여 앞으로 전개되어야 할 로봇윤리 관련 논의는 실제로 이와 같은 '설계자-제작자-관리자-사용자'의 네 범주를 골격 삼아 구조화되어야 할 것이다. 고인석 (2008b)와 Ko (2011)

서도 사고는 일어나고 희생자는 발생한다. 그리고 모든 사고와 희생에 대하여 항상 비난책임의 소재가 정의될 수 있는 것은 아니다.[9] 말하자면 이는 불가항력적 천재지변에 의한 희생과 유사한 경우로 볼 수 있다. 그렇다면 이제 우리는 앞 절의 맨 마지막 물음에 "아무에게도 책임 없음!"이라고 답변해야 할까? 아니다. 그것은 가능한 대답이지만, 필연적인 귀결도 아닐 뿐 아니라 아직 이 물음에 대한 최선의 선택지라고 할 수도 없다. 다음 절에서는 이 절에서 검토했던 선택지 가운데 하나를 다시 좀 더 자세히 살피면서 인공적 지능을 지닌 인공물의 도덕적 지위에 관해 생각해보기로 하자.

3. 로봇시스템의 도덕적 지위라는 문제

아직 인간 사회는 충분히 발달된 인공지능을 구현하지 못했지만, 지능의 인공적 구현은 분명 지속적으로 그리고 빠르게 발달하고 있는 주요 연구개발 분야의 타깃이다. 필자의 생각으로는 인간 지능의 모든 국면을 포괄하는 인공적인 일반 지능[10]의 구현은 달성하기 아주 어려운 과제이고, 적어도 가까운 미래에 도달하기 어려운 목표다. 그러나 인공지능

을 참조할 것. 그러나 여기 서술된 상황에서라면 제작자나 관리자의 몫을 찾기 힘들다.

9) 이것은 이른바 비난책임이 부과될 조건임에도 불구하고 그 소재를 특정하기 어려운 이른바 '여러 손의 문제'를 보여주는 경우는 아니다. '여러 손의 문제' 혹은 '조각난 책임(fractured responsibility)의 문제'에 해당하는 상황에서는 특정한 개인을 지목하기 어렵더라도 책임의 담지자에 해당하는 집합의 외연을 정의할 수 있다. '비난책임'과 '여러 손의 문제'에 관해서는 Harris et al. (2006) 2장을 볼 것.

10) 범용인공지능이라고도 하는 인공일반지능(artificial general intelligence: AGI)은 의식을 가진 인공지능이라는 의미의 강인공지능(strong AI)과 다른 개념이지만 종종 혼용된다.

의 투입이 요청 혹은 기대되는 다양한 상황의 특수한 범주에 따라 세분화, 전문화된 인공지능은 이미 사회적으로 널리 활용되기 시작했다. 예를 들어 외환시장과 주식시장을 포함하는 금융시장의 작동은 일정 수준의 인공적 지능을 장착한 컴퓨터시스템 없이는 불가능한 것이 현실이다. '로봇기술'이라는 개념 앞에서 자동적으로 인간과 비슷한 외형을 가지고 말하고 걷고 악수하는 로봇을 떠올리게 되는 사유 습관은 수정할 필요가 있다. 로봇은 말하자면 인공지능에 운동성 출력이 결합된 경우를 의미하기 때문이다.

앞에서 우리는 제시된 상황의 죽음에 대한 책임의 주체로 문제의 기차를 포함하는 로봇시스템을 고려했지만, 그것이 스스로 판단하고 행동하는 주체가 아니라 단지 프로그램된 바에 따라 작동하는 인공물이라는 이유에서 그런 가능성을 기각했다. 그러나 이 절에서는 이 가능성을 다른 관점에서 다시 검토해보자. 이미 기각한 선택지에 대한 재검토가 의미를 갖는 이유로 두 가지 배경을 언급할 수 있다.

우선, 우리는 고도로 발달한 전산기술을 토대로 하는 자동화(automation)가 우리 생활의 다양한 국면에 점점 더 넓고 깊게 스며들고 있는 세계에 살고 있다.[11] 이런 자동화의 세련화와 확산은 우리를 생활 속의 점점 더 많은 장면에서 로봇시스템과 대면하게 만들 것이다. 우리는 이런 로봇시스템으로부터 다양한 편익을 얻고, 건강과 안전의 관점에서도 더 향상된 삶을 향유하게 될 것이다. 그러나 동시에 새로운 위험 역시 증대될 것이다. 컴퓨터의 통제하에 자동으로 작동하는 의료기기의 오작동으로 인해

---

11) 아주 단순한 예로 엘리베이터가 "정원이 초과되었습니다. 마지막으로 탄 사람은 내려주세요."라고 말하면서 문을 닫지 않는 경우를 들 수 있다. 현재 개발 중인 '얼굴 인식 시스템을 활용하는 출입 자동통제 시스템'은 좀 더 복잡한 예에 해당한다.

환자가 치명적 상해를 입은 경우를 예로 들 수 있다.[12] 이와 다른 종류의 더 적극적인 위험도 있다. 미국의 로봇기술 연구개발은 상당한 비중을 전투로봇 분야에 싣고 있다. 설령 전투로봇 개발을 지지하는 측의 논변이 말하는 대로 전투로봇이 전쟁 상황에서 인명 살상을 최소화하는 기술로 작용하리라는 희망을 인정한다고 해도, 전투로봇의 작동이 일차적으로 인명과 시설의 파괴를 겨냥하고 있음은 분명하다. 이는 로봇시스템이 인간과 문자 그대로 '상호작용'하면서 인간에게 편익을 주고 때로 해악을 입히기도 하는 사회, 또 그런 의미에서 로봇이 실질적으로 일종의 작인(agent)으로 작용하는 사회의 도래를 암시하고, 이것이 첫 번째 배경이다.

두 번째 배경은 인간 주체가 발휘하는 자율성의 현실적 한계에 대한 반성을 통해 드러난다. 인간은 본질적으로 자율성을 지닌 주체지만, 그 자율성은 간헐적으로 발휘될 뿐이다. 또 그것을 비극이라고 단언하기도 어렵다. 많은 경우에 우리는 주어진 상황에 그 상황의 유형이 지시하는 정해진 경로를 따라 반응함으로써 직업상의 임무를 수행한다. 즉 이런 과정에서 우리는 지극히 제한된 범위의 자율성을 발휘하는 것이 일반적이다.

이에 대하여 어떤 사람은, 깨어 있는 시간 내내 강제노동에 동원되어 철저히 강제노동의 규칙에 따라 일하는 죄수 같은 극단적인 경우에도 본래적인 자율성의 능력이 잠재태로 엄연히 존재한다고, 반면에 인공물에게는 그런 자율성이 없다고 반론할 것이다. 그러나 이 글에서 거론될, 판단과 학습의 능력을 갖춘 로봇시스템과 종일토록 정해진 노동을 반복적으로 수행하는 인간 사이에 '자율적 주체'라는 지위의 경계를 어떻게 확

---

12) 이에 해당하는 대표적 사례인 'Therac-25' 사고는 1986년부터 1987년까지 여섯 차례나 발생했다. Tucker (1998) 참조.

정해야 할지는 잘라 답하기 어려운 복잡한 문제다. 필자의 제안은, 철학적 관점에서, 인간의 자율성을 무작정 과대평가하거나 인공물에게서 자율적 주체의 가능성을 무조건 박탈하는 일은 일단 유보하자는 것이다. 뒤에 다시 언급하겠지만, 우리가 해야 할 일은 '어떤 지위를 부여하는 것이 인간 사회를 위하여 현명한 선택일지'를 따져보는 것이다.

4. 동물의 경우 vs. 로봇의 경우

이제까지 주체성에 대한 철학적 논의는 생물학적 인간 즉 호모 사피엔스를 출발점으로 전제한 상태에서 전개되어 왔다.[13] 인간 이외의 대상의 주체성에 관한 논의는 사실상 없었다고 보아도 틀림없다. 법률상 권리와 의무의 주체가 되는 '법인'처럼 개별적 인간 이외의 대상에도 주체의 지위를 부여하게 되는 경우가 있지만, 이때도 그 바탕에 자연인이 전제되지 않는 경우는 없다. 호모 사피엔스의 테두리를 벗어난 주체성 개념은 비교적 최근에 동물윤리에서 거론되었을 뿐이다. 그렇다고 인간 이외의 존재에 적용되는 주체성의 개념이 확립된 것은 아니다. 벤담은 동물이 감각능력을 지닌 존재(sentient being)임에 주목했지만, 공리주의자의 계산에 동물의 고통을 포함시킨다는 것과 동물의 주체성을 인정한다는 것 사이에는 차이가 있다.

피터 싱어의 『동물해방』(1975) 이후 전개된 논의는 아직 동물의 도덕적 지위를 확립하는 데 이르지는 못했지만 동물의 지위에 대한 학술적, 사회

---

13) 김상봉 (2001), Buss (2008), Christman (2011)을 보라.

적 관심을 증대시켰다.[14] 싱어가 동물의 도덕적 지위에 관한 물음 앞에서 벤담의 논지를 계승하여 강조하는 것은 동물이 쾌고감수의 능력, 즉 쾌락과 고통을 느낄 수 있는 감수성(sentience)을 지녔다는 것이다. 그리고 최소한 모든 척추동물은 이런 기준을 충족시키는 것으로 알려져 있다.

굳이 영장류의 수준이 아니더라도 우리는 주변의 동물들이 지각 능력뿐만 아니라 모종의 판단 능력을 지니고 있다는 사실을 인식한다. 물론 개나 고양이의 판단 능력은 인간의 그것에 비해 단순하고 미미하다. 그러나 이런 질적 차이가 그것들의 이런 능력을 부인하는 근거가 되지는 않는다. 다시 말해 이런 능력이 인간의 그것과 동등한 수준이어야만 그 존재를 인정할 수 있는 것은 아니다. 판단 능력의 특정한 질적 수준 즉 예를 들어 인간 수준의 판단 능력을 인정의 필수조건으로 삼는다고 해 보자. 그런 기준은 어떻게 정당화될 것인가? 만일 이런 마당에 인간보다 뚜렷이 우월한 판단 능력을 지닌 종족이 등장했다면, 우리는 이 새로운 종족을 기준으로 삼아 인정의 조건을 수정할 것인가? 그렇다고 답할 사람은 적을 것이다. 그 경우 인간의 판단 능력이 부인될 처지에 놓이기 때문이다. 그러나 여건의 이런 변화에도 불구하고 인간의 수준을 인

14) 필자가 보기에 동물의 지위에 대한 재고를 촉진하는 데 윤리학자들의 논변보다 더 큰 공헌을 한 것은 진화생물학의 함의에 대한 활발한 논의와 영장류 연구를 비롯한 생물학적 탐구의 성과였다. 그런데 이런 재고와 인식변화에도 불구하고, 주체성이라는 개념이 인간에게만 적용가능하다고 보는 입장은 여전히 견고한 지위를 누리고 있는 것으로 보인다. 그런 입장은 칸트적 관점으로부터 정당화의 논거를 얻는다. 하나의 논거는 인간만이 '자아에 대한 반성적 사유'의 능력을 지녔다는 것이고, 이와 연결된 두 번째 논거는 "그렇기 때문에, 자율성(Autonomie)을 발휘할 수 있는 존재는 인간뿐!"이라는 것이다. "인간이 '나'라는 표상을 가질 수 있다는 사실이 인간을 지구상의 모든 다른 존재보다 무한히 높은 존재로 만든다. 이로써 인간은 인격체가 된다. […] 즉 그는 이성을 결여한 동물 따위의 사물들과 그 지위와 존엄성에서 완전히 다른 존재가 된다. 그런 동물은 그 소유자의 권한에 따라 임의로 취급하고 처분해도 된다."[I. Kant, Lectures on Anthropology. Gruen (2010)에서 재인용.]

정의 기준으로 고집하는 것은 일종의 생물학적 인간(종)중심주의(biological anthropocentrism)에 호소함으로써 가능한 일일 뿐이다. 결국, 앞의 가상적 상황에서 기준을 상향 조정하는 것과 인간의 수준을 기준으로 고집하는 것은 철학적 관점에서 볼 때 둘 다 합당치 않다. 결국 우리는 비록 인간과는 질적으로 다른 수준에 있을지라도 개나 고양이의 판단 능력을 인정해야 한다는 주장의 정당성을 확인하게 된다.

여기서 필자가 동물의 판단 능력을 논한 이유는 이것이 로봇에게 주체적인 판단 능력이 있음을 지지하는 논거로 사용될 수 있을지를 검토하기 위해서다. 일반적으로 로봇의 정의적 특성으로 일컬어지는 감각(sensing), 정보처리(computing), 운동 출력(motion)의 세 요소는 동물을 특징짓는 속성에 해당하는 것이기도 하다.[15] 로봇은 반드시 금속과 플라스틱으로 만들어져야 하는 것이 아니고 원칙적으로 동물 신체와 동질적인 단백질과 지질 등의 재료로 구성될 수 있음을 고려하자. 그러면 로봇과 동물의 차이가 분명히 드러나는 지점은 양자의 발생적 맥락에 국한될 것이다. 뒤집어 말하자면, 발생의 역사가 사상된 양자는 현상적 차원에서 광범위하게 동등한 존재적 특성을 드러내게 된다. 동물이 도덕적 판단 일반에 쾌락과 고통을 경험하는 주체로 산입되고, 나아가 일부 동물이 능동적인 의미의 판단 능력을 지녔음이 인정된다면, 인간의 수준에 근접하거나 심지어 그것을 부분적으로 능가하는 감각능력과 정보처리능력을 지닌 로봇에게 능동적인 판단 능력이 있다고 인정하는 것이 합당한 일이 아닌가?

---

15) 단, 만일 앞에서 거론된 쾌고감수의 능력을 '감각능력'의 기준으로 삼는다면 모든 동물이 아니라 척추동물과 일부 두족류(cephalopod)를 포함하는 범위로 한정될 것이다. 최근까지의 생리학 연구의 관점에서 볼 때, 아주 분명하지는 않지만 소라게(hermit crab)나 문어(octopus) 수준까지도 고통의 감각이 존재하는 것으로 추정된다. Elwood (2011) 참조.

이것은 일단 매력적인 논변인 것처럼 보인다. 외부의 자극을 수용하고 그 정보를 처리하여 적절한 반응을 출력하는 것은 로봇기술이 구현하는 기본적인 항목이며, 이는 원칙적으로 로봇에 쾌고감수에 상응하는 기능을 부여할 수 있음을 함축한다. 그런데 로봇의 팔 부분을 송곳으로 찔렀을 때 그것이 팔을 움츠리며 "아야!"라고 소리친다면 그 로봇이 고통 감각을 지녔다고 보아야 할까? 이것은 긴 논쟁을 촉발할 만한 물음이다. 그러나 일단 이 물음에 긍정으로 답할 만한 이유가 있다. 우리가 타인과 인간 이외의 동물을 비롯한 다른 존재자의 지적 능력을 인정하는 주된 경로는 그것의 입출력 반응을 현상 수준에서 관찰하고 자기 자신 혹은 인간의 일반적인 반응과 비교하는 것이다. 내 맞은편에 앉아서 나와 말을 주고받는 저 대상은 원칙적으로 로봇일 수도 외계 존재일 수도 있지만, 나는 그것과 나 사이에 확인되는 광범위한 입출력 함수의 현상적 일치를 근거로 삼아 그것이 적어도 해당 입출력 함수의 적용 범위 내에서 나와 동등한 존재자임을 추정할 수 있다. 이와 같은 원칙을 일관성 있게 적용한다면, 우리는 충분한 수준의 세련도에 도달한 로봇에 대하여 그것이 고통 감각뿐만 아니라 상당한 수준의 판단 능력을 지닌 주체라고 인정할 수 있을 것이다.

그러나 필자는 이와 같은 방식으로 로봇의 주체적 지위를 인정하는 것이 채택 가능한 입장임에도 불구하고 로봇의 주체성을 이해하거나 다루는 적절한 방식이라고 보지 않는다. 이러한 부정적 시각의 근거로는 두 가지를 제시할 수 있다. 하나는 진정한 쾌락이나 고통은 3인칭적 시점에서 확정할 수 없는, 사밀성(privacy)을 지닌 심적 속성이라는 비판이다.[16] 그런 쾌락이나 고통은 그것을 향유하는 형이상학적 자아의 존재를 선결

16) 김재권 (1998), 37쪽 이하 참조.

조건으로 요구한다. 그런데 로봇에 대하여 이런 형이상학적 자아의 존재는 부정되거나 아니면 기껏해야 '아직 증명되지 않았다.' 따라서 로봇에게는 쾌락이나 고통처럼 보이는 현상은 있을지라도 진정한 쾌락이나 고통은 (아직) 없다. 이것은 로봇의 지위에 대한 논의에 흔히 등장하는 논변이지만, 필자는 이 논변의 유효성에 한계가 있다고 본다. 그것이 로봇 같은 인공물을 애초에 배제하는 방식으로 경험적 차원이 아닌 형이상학적 차원에 놓인 '자아'의 관념을 끌어들이고 있기 때문이다.

필자가 동물의 경우를 발판으로 삼아 동물과 중요한 속성들을 공유하는 로봇에게 주체의 지위를 인정하는 것이 적절치 않다고 보는 핵심적인 이유는 앞서 언급한 '발생적 맥락'에 놓여 있다. 동물은 해당 생물종이 거쳐 온 자연적인 진화의 과정을 통해 현재와 같은 능력을 갖게 되었다. 그것의 능력은 그 종의 역사가 부여한 능력이다. 그러나 로봇이 가진 능력은 로봇의 역사가 부여한 능력이 아니라 인간이 부여한 것이다. 로봇은 —물론 로봇은 자연종이 아니지만— 인공적 존재, 즉 그 종적 차원 즉 범주적 차원에서 인간의 행위에 의하여 생성된 존재다. 뿐만 아니라, 이와 같은 범주 차원의 존재론적 의존 관계는 최초의 로봇에만 한정되는 것이 아니라 앞으로 만들어질 모든 로봇에까지 해당되는 본질적인 관계다.[17] 이런 까닭에, 로봇이 설령 현상 차원에서 세련된 동물처럼 반응하고 행동한다고 해도 그것에 우리가 영장류나 다른 동물에 부여하는 그런 존재론적 지위를 부여하는 것은 적절치 않다. 그렇다면 로봇을 어떤 존재 범주로 다루는 것이 적절한가?

---

17) 로봇이 다른 로봇을 설계하고 생산하는 무인 공장이 생길 여지는 충분히 있다. 그런 경우에 대해서는 약간의 논증 구성이 필요하겠지만, 그런 로봇생산용 로봇시스템을 설계하고 제작한 근원적 주체는 역시 인간이라는 점에서 이와 같은 존재론적 의존의 논제가 동일하게 유지된다.

5. 외화된 사회적 정신으로서의 로봇시스템

우선 이것이 아직 확립된 논의 기반을 갖지 못한 미지의 문제라는 점을 유념하자. 우리의 과제는 로봇의 존재론적 계보를 발견해내는 것이 아니라 이 문제에 관해서 가장 적절한 입장이 어떤 것일지를 스스로 결정하고 구성하는 것이다. 로봇기술이 발달한 미래 사회를 눈앞에 그리면서 우리는 로봇에 어떤 존재적 지위를 부여하는 것이 적절한 일일지를 고심해야 한다.

우선, 앞에서 우리는 로봇이 '인간에 의해 제작된 것' 즉 '인공물'이라는 본질적 속성을 갖는다는 점을 재확인했다.[18] 인공물은, 순수한 미적 표현 욕구에 의한 창조의 경우를 제외하고, 일반적으로 '도구로서' 제작된다. 다시 말해 그것은 어떤 목적에 봉사하기 위한 것으로 구상, 설계되고 만들어진다. 이와 같은 도구로서의 인공물은 그것을 만들고 사용하는 자의 신체적 연장 혹은 보완이라는 의미를 지니게 된다. 그것은 나를 더 빨리 이동하게 하고, 심지어 바다 위를 날아서 건너게 하며, 제주도에 앉아서 강릉에 있는 물건을 움직일 수 있게 해 준다. 그러나 그것은 반드시 내 팔의 길이가 길어지고 내 눈과 귀가 천리 바깥을 돌아다니는 방식의 신체적 확장을 넘어서는 의미를 지닌다. 인공물은 인간의 기억을 보완하고 확장하며,[19] 정보처리의 속도와 정확성과 처리 가능한 정보의 양을 증대시키고, 그럼으로써 결과적으로 창조적 상상력까지를 포함하는

---

18) 그렇기 때문에, 현실적 가능성의 여부와 상관없이, 영화 〈트랜스포머〉 시리즈에 나오는 '외계 종족으로서의 로봇'은 여기서 논하는 로봇의 범주와 무관하다. 고인석 (2011), 각주 19 참조.

19) Clark & Chamlers (1998)에 등장하는 오토(Otto)와 그의 노트북컴퓨터의 경우가 이에 해당한다.

인간의 사유능력 자체를 보완하고 확장한다. 이것은 일종의 연장된 정신(extended mind)의 한 형태다.

그러나 연장된 정신에 대한 최근의 논의는 그것이 어떤 정신의 연장(extension) 즉 예를 들어 Clark & Chalmers (1998)의 서술에 등장하는 오토의 두뇌에서 작동하고 있는 그의 정신의 물리적 연장임을 강조하고 있는 반면, 필자는 지능을 가진 인공물이 특정한 누군가의 정신의 연장이라는 의미를 넘어서 그 자체 하나의 지속가능한 시스템으로 존속하면서 작동하는 경우를 염두에 두고 있다. 이와 같은 차이를 드러내기 위해 필자는 여기서 '연장된 정신'의 한 특수한 범주로 '외화된 정신'(externalized mind)이라는 범주를 적용하고 싶다.

로봇시스템은 —아마도 일반적으로 특정 개인이 아니라 집합적 다수일— 구상자와 설계자들의 정신이 외화되어 인공물의 형태로 구현된 것이다. 그것은 이제 최초의 아이디어 제안자나 설계자들 중 어느 특정한 개인의 정신과도 특별한 우선성의 방식으로 결합되어 있지 않다. 그들은 어쩌면 더 이상 이 시스템의 내용에 대한 접근 권한을 가지고 있지 않을 수도 있고, 심지어 현존하지 않을 수도 있다. 그것은 이미 외화의 기본 절차를 완료했다. 예의 그 교통통제 로봇시스템에는 이제 아마 새로운 정신들이 연결되어 있을 것이다. 예를 들면 시스템의 관리자, 그리고 시스템의 작동 프로그램을 사후 평가하고 필요한 보정을 가하는 사람들이다. 이 시스템은 여전히 광의의 연장된 정신의 범주로 해석 가능하지만, 앞서 언급된 1998년 논문의 공저자인 데이빗 찰머스가 즐겨 언급하는 그의 아이폰(iPhone)과는 구별되는 범주를 형성한다.

이 논문이 검토하고 있는 인공물의 경우로 컴퓨터 기술, 정보통신 기술, 기계 기술의 세 요소가 결합된 로봇시스템을 생각해보자. 예를 들어 그것이 이 글의 서두에서 제시된 종류의 상황을 다루도록 설계된 로봇시스템이라고 하자. 이 로봇시스템은 그것이 관할하는 도시의 모든 전철 노선의 전 운행구간에 분산된 수만 개의 상황감시 센서 즉 '눈'을 갖고 있고, 그 센서들을 통해 수집된 정보를 처리하는 중앙처리장치 즉 '뇌'를 갖고 있다.[20] 이 뇌는 수집된 정보를 종합하고, 설계자가 '안전한 작동 상황'이라고 규정한 범위의 상태와 비교하는 기능을 한다. 뿐만 아니라 이 중앙처리장치는 센서들을 통해 수집되고 종합된 정보가 안전한 상황의 범위를 벗어난 상태를 지시할 경우 가능한 최적의 조치를 결정하고 그에 상응하는 물리적 조작을 실행하도록 로봇시스템의 해당 부분에 명령을 내린다. 물론 이런 명령을 실행에 옮기는 운동출력장치 역시 이 시스템의 일부분이다.

Sun (1998)은 [그림 1]처럼 규칙기반(Rule base), 조절도식(Control scheme), 작동메모리(Working memory)의 세 부분으로 구성되고 규칙기반과 조절도식 간, 그리고 작동메모리와 조절도식 간의 상호작용을 통해 운영되는 인공지능 체계를 제시하였다. 앞서 언급한 로봇시스템을 이러한 체계와

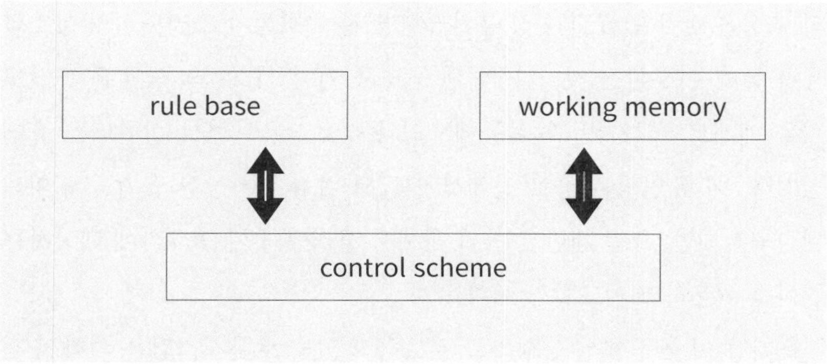

[그림 1] Sun (1998), 343쪽

20) 이는 '분산된 인지'(distributed cognition)의 예를 보여준다. 고인석 (2008c) 참조.

결부시켜 해석해보면 대략 다음과 같다. 센서들을 통해 시시각각 수집되는 정보는 작동메모리에 입력되고, 이는 조절도식에 의해 부과되는 취사선택과 가중치의 관점에서 특정한 유형의 내용을 가진 정보로 종합된다. 다시 말해 수만 개의 센서를 통해 입력되는 데이터 중 '정상 운행' 상태를 의미하는 대부분의 데이터와 '비정상 상황'을 지시하는 일부 데이터는 다른 가중치로 취급될 것이고, 특히 인명 피해와 결부될 수 있거나 운행 시스템의 중요한 결함을 의미할 만한 데이터는 특별히 높은 가중치로 취급될 것이다.

이처럼 가중치의 요소를 반영하면서 데이터를 정보로 변환시키고 나아가 시스템의 작동 방식에 관한 결정을 산출하는 데는 조절도식과 규칙기반이 함께 작용한다. 만일 아시모프의 로봇공학 제1법칙 같은 규범이 이 시스템에 장착되었다면, 그 위치는 규칙기반 부분일 것이다. 규칙기반에는 어떤 경우에도 변경되어서는 안 될 것으로 규정된 항목들과 더불어 최초에 특정한 방식의 규칙으로 지정되었지만 작동 과정에서 세부적 내용이 조정될 수 있는 항목들이 나란히 존재할 것이다. 이런 세부 내용의 조정은 방금 언급된 수정 불가능한 근본 규칙들과 조절도식의 상호작용을 통해 이루어질 것이다. 이런 구조를 지닌 시스템의 특징은 조절도식을 매개로 규칙기반과 작동메모리가 상호작용하면서 실현되는 유연성이다. 이 유연성은 바로 앞에서 언급된 변경 불가능한 규칙들에 의해 제한되겠지만, 그런 제한된 범위 내에서 시스템의 학습 효과에 해당하는 변화를 허용하고 인도할 것이다.[21)]

우리가 이 논문에서 상정하고 검토하고 있는 로봇시스템은 외화된 정신의 한 형태다. 그런데 이 시스템은 특정한 개인의 정신이 아니라 일종

---

21) 인공물(기계)의 이런 학습에 관한 기본적인 정보는 Thagard (1998)을 참고할 것.

의 집합적 정신을 외화하고 있다. 그것은 최초에 이 시스템에 관한 아이디어를 제안하고 서로 토론하면서 다듬었던 사람들, 그렇게 다듬어진 아이디어를 구체적인 공학적 산물로 설계하는 데 참여한 사람들, 그리고 제작 단계에서 필요한 세부적 수정과 변경을 가해가면서 설계를 실세계에 구현하는 데 참여한 사람들의 정신을 하나로 뭉뚱그려 외화하고 있다.

이상은 로봇에 관한 일반적인 사실 서술에 해당한다. 여기에 앞에서 제기했던 일종의 가치 문제 혹은 당위 문제를 접목시켜 보자: "로봇이라는 범주를 어떻게 다루는 것이 좋은가?" '로봇'은 열린 카테고리이고, 로봇이 기획, 제작, 관리되는 맥락도 무한히 다양하다. 그러나 필자는 이 가운데 이 글에서 살펴본 교통통제 로봇시스템처럼 사회적으로 공공성의 요소를 갖는 로봇이나 로봇시스템에 주목해본다.[22] 달리 말하자면 그것은 특정한 개인의 능력을 보완하거나 필요를 충족시키기 위한 로봇이 아니라 사회적 필요에 부응하는 공적 로봇시스템이다. 21세기가 발달시켜 갈 로봇공학은 거대 규모의 사회적 투자를 필요로 하는 분야이고, 이러한 사회적 투자는 공공 로봇시스템 분야에서 투자-산출 효용(input-output efficiency)의 극대화를 이룰 것이다.

이미 우리는 로봇시스템이 집합적 정신의 외화임을 확인했다. 공공 로봇시스템의 경우는 어떤가? 우리는 이미 앞에서 전개한 논의를 밑천 삼아 이 물음에 답해볼 수 있다. 그 도시의 전철 운행을 제어하는 로봇시스템은 그것의 '규칙 기반' 부분에 그 사회가 중시하면서 사회적으로 합의

---

22) 앞의 [각주 1]에서 풀이한 것처럼 '로봇시스템'은 개별 로봇을 하위 범주로 포함하면서 분산-연결된(distributed-connected) 로봇공학적 시스템까지 포괄하는 개념이다. 이 논문의 범위에서 '로봇'과 '로봇시스템'은 구별할 필요가 없는 개념으로, 맥락상 적절하다고 생각되는 표현을 선택하여 썼다.

된 가치들을 반영하고 있을 것이다. 그것은 공공의 안전과 건강 같은 일반적이고 기본적인 가치들만 포함하고 있지는 않을 것이다. 그 사회가 기차의 운행 속도에 관하여 어떤 값을 선택하는지는 예를 들자면 각 수준의 속도에서 사람들이 느끼는 편안함과 더불어 빠른 속도가 가져오는 시간 효율성 같은 가치들이 서로 겨루면서 결정될 것이다. 자동으로 개폐될 문에 대하여, 그것을 기본적으로 몇 초 동안 열려 있도록 만들 것이고 자동으로 이루어지는 문닫힘을 방해하는 요소에 대해서는 어떻게 반응할 것인지도 로봇시스템의 특성에 따라 달라질 것이다. 또한 전체 교통 시스템 중 일부분만이 작동 가능하게 된 비상상황에서는 어떤 부분의 작동을 우선 허용할 것인지, 비상상황의 양상에 따라 판단하도록 하는 원칙과 자료가 시스템의 '규칙 기반'과 '조절 도식'에 입력되어 있을 것이다.

로봇시스템의 작동 양상을 결정하는 이런 특성들은 어떻게 결정될까? 이런 가치 체계, 구체적인 작동을 지배하는 원칙들, 일상적으로 발생하는 다양한 유형의 문제 상황에서 그런 원칙들에 입각하여 실현 가능한 선택지들을 추출, 비교하고 판단하는 데 적용되는 산식(算式) 등은 특정한 개인이나 특정 집단이 아니라 사회 전체 수준에서 결정된다. 즉 그것은 사회적 토론과 합의의 과정을 통해 결정되고 또 지속적으로 수정된다. 이런 의미에서, 우리가 만들고 사용하게 될 로봇시스템은 사회적으로 합의된 정신의 외화(externalization of social mind)라는 존재론적 속성을 띤다.[23)]

23) 이때 '사회'의 외연은 국가일 수도 있고, 국제사회일 수도 있고, 원칙적으로는 국가보다 작은 단위의 사회공동체일 수도 있다. 단, 그 규모는 그 로봇시스템의 활용 범위 그리고 그 활용이 함축하는 영향의 범위에 따라 결정되어야 할 것이다.

6. 로봇에게 권한과 책임이 부여될 수 있을까?

우리는 앞에서 로봇, 특히 사회적 차원에서 투입되고 활용될 공공 로봇시스템이 사회적 정신의 외화임을 확인했다. 그러나 이것은 '로봇'이라는 특수한 인공물의 범주에만 적용되는 주장이라기보다 오히려 사회적 함의를 갖는 공학기술적 산물 일반에 두루 해당되는 주장이라고 할 수 있다. 그래서 다시 한 번 이 논문의 고유한 문제의식이었던 '로봇(시스템)의 도덕적 지위'로 눈을 돌려볼 필요가 있다.

앞에서 제기한 물음, 즉 "선로가 바뀐 전철에 치여 애꿎은 죽음을 당한 사람의 죽음에 대한 책임은 누구에게 있는가?"에 우리는 아직 명료하게 답하지 못했다. 앞에서 진행된 토론은 이 물음에 어떤 빛을 던져주는가? 일차적으로 우리는 "그 사람에게 죽음의 운명을 안긴 것은 사회적 정신의 외화로서의 로봇시스템이었다."라는 대답을 떠올리게 된다. 그렇다면 이 경우 우리는 로봇시스템을 책임의 주체로 확인할 수 있는가? 이에 대한 긍정의 대답은 여전히 내키지 않는다. 사실상 최선의 선택지를 실현한 기계를 공연히 책임공방의 희생물로 삼는 느낌이 들기 때문이다. 하지만 조금 다른 경우를 상정해보자. 예시된 상황은 대부분의 사람들이 "안타깝지만, 최선의 선택이었다."고 할 법한 방식으로 전개되었다. 그러나 우리 사회가 실제로 만들어 활용하게 될 로봇시스템은 어쩌면 종종 다수의 사회 구성원들이 "그것은 정말 아니었다. 시스템이 그릇된 선택을 했다."고 평가할 만한 판단과 실행을 하게 될 경우가 있을 것이다. 이런 경우 문제의 시스템에 그릇된 판단과 실행의 주체라는 지위를 부여하고 책임의 개념을 적용하는 것은 가능할까? 이 물음은 여전히 잘라 답하기 어렵지만, 필자는 여기서 적어도 이 물음에 대한 긍정적 답변의 가능성을 언급하려 한다. 이런 가능성의 원천은 바로 로봇이라는 인공물의 특수성에 있다.

로봇은 사회적 정신의 구현물이지만, 문제의 그 고유한 결정과 실행이 이루어지는 동안 어떤 인간 주체에 의해서도 직접적인 통제를 받지 않는다. 그것은 더 이상 설계자나 제작자의 직접적 제어 없이 그 스스로를 운행한다. 누군가 "언덕길에 세워둔 차의 사이드 브레이크가 풀려 흘러내려가다가 사람을 치였더라도 그것은 마찬가지가 아닌가?"라고 반문할는지 모르지만, 단순한 기계와 이 논문에서 토론한 로봇의 범주 사이에는 차이가 있다. 단순한 기계는 그 작동의 시간 전체에 걸쳐 균일하게 일정 집합의 물리법칙의 지배에 따라 움직인다. 그런 까닭에 그 작동의 경로는 그 물리적 구조를 면밀히 살펴보는 것만으로도 원칙적으로 계산가능하다. 그러나 로봇은 감각을 통해 수집된 외부의 자료를 종합하여 '스스로' 판단을 내린다. 앞에서 상정한 교통통제 로봇시스템을 다시 떠올려보자. 그것의 수만 개 센서를 통해 수집된 정보의 내용과 그것을 종합해 수 분 혹은 수 초 안에 이루어져야 하는 신속한 판단과 대응은 어떤 뛰어난 인간의 지적 역량 안에도 담아지지 않는다.[24] 그러므로 문제의 로봇시스템이 어떤 판단을 내리고 어떤 대응을 실행할지 실시간으로 인간이 통제한다는 것 자체가 이치에 닿지 않는 일이다.

필자는 로봇시스템의 이와 같은 지위를 '위임된 자율성' 그리고 '위임된 권한'이라는 개념을 통해 서술하는 것이 적절하다고 본다. 로봇시스템은 그것을 기획하고 설계, 제작한 사람들의 정신의 연장이지만, 그 사람들로부터 독립된 존재자로서 존속하고 기능한다. 그것은 그렇게 기능하는 고유의 과정이 진행되는 동안 원칙적으로 어떤 특정한 인간 주체에

24) 또 바로 그렇기 때문에 인간 사회는 이런 특수한 인공물을 만들어서 스스로의 능력을 보완하는 것이다.

게도 종속되지 않은 채 자율적으로 판단하고 작동한다. 그것은 그 시간 동안 그것이 수행하도록 계획된 임무를 수행할 권한을 위임받았다. 이 자율성과 권한은 물론 제한된 것이다. 그것은 예컨대 사회적 합의의 내용을 프로그래머가 입력하고 그에 따라 작동을 시작한 시점부터 다시 이 시스템에 관한 리프로그래밍 권한을 가진 인간이 그 내용을 수정하거나 임무의 중지를 명령하기 전까지만 유효하다. 그러나 다시 한 번 강조하건대, 이와 같은 제한된 유효성의 범위 내에서 로봇시스템은 자율적 주체의 방식으로, 그리고 권한을 가진 주체의 방식으로 움직인다. 더구나 이미 많은 연구개발 성과가 축적되어 있는 로봇의 '학습 능력'을 함께 고려한다면 이와 같은 위임된 자율성과 권한은 앞으로의 사회에서 그 실질적인 범위를 점점 더 늘리게 될 개연성이 크다.

이상의 논의를 통해 우리는 가까운 미래의 사회에서 우리 삶에 지금보다 더 큰 비중을 가지고 개입할 특수한 종류의 인공물인 로봇시스템을 어떤 관점에서 해석하고 또 그것에 어떤 존재 지위를 부여하는 것이 적절한가 하는 물음에 대해 몇 가지 보강된 사유의 시각을 얻을 수 있었다. 반면에 필자는 로봇시스템의 '위임된 자율성과 권한'에 대해 이야기했음에도 불구하고 로봇시스템의 경우 그것이 '권한을 위임받은 자의 책임'에 대해서는 어떤 함의를 지니는지 아직 대답할 수가 없다. 위임된 권한과 자율성을 지닌 로봇시스템이 '저지른' 일의 부정적-긍정적 결과에 대해 인간의 상벌에 해당하는 어떤 종류의 대우가 도대체 적절한지에 대해서는 더 복잡한 다른 논의가 필요할 것이다.

9장

로봇윤리의 기본 원칙: 로봇 존재론으로부터

로봇은 생명 없는 사물이고 인간의 도구지만, 그 자체로 지각과 판단과 행위의 능력을 지닌 주체처럼 행동할 수 있다는 점에서 특별한 철학적 관심의 대상이 된다. 이 논문은 로봇을 설계, 제작, 관리하고 사용하는 우리가 이런 특수한 인공물을 다룸에 있어서 어떤 원칙들을 적용해야 하는가 하는 문제를 토론함으로써 로봇윤리의 기본 원칙을 제시한다. 로봇을 움직이는 것은 그것을 설계, 제작, 관리하는 자들의 외화된 정신이며, 인간의 대리 행위자 역할을 할 수 있다는 특수한 유용성과 더불어 인간의 능동적 정신을 분유하는 데서 비롯되는 고유의 위험을 내재하고 있는 로봇을 현명하게 다루기 위한 원칙의 핵심은 로봇시스템에 대한 인간의 통제력을 유지하는 데 있다. 여기서 도출되는 로봇윤리의 첫 번째 원칙은 로봇이 제작 목적에 부합하는 구조와 작동 특성을 일관성 있게 유지하도록 설계, 제작, 관리되어야 한다는 것이고, 이 원칙은 로봇의 기능

과 작동 특성이 명확히 규정되고 충실히 준수되어야 한다는 실천 규범을 요청한다. 로봇윤리의 두 번째 원칙은 지속가능성의 관점에서 도출되며, 로봇이 사용자와 그 사용의 영향을 받는 사람들의 안전과 건강, 그리고 자연 생태계의 지속가능성을 위협하지 말아야 한다는 것과 로봇기술의 개발과 적용이 인간 정체성에 혼란을 야기하지 않는 방식으로 제한되어야 한다는 것을 명령한다.

1. 문제의 확인

우리는 셀 수도 없을 만큼 다양한 인공물들에 둘러싸여 산다. 인공물 가운데는 과일 깎는 칼처럼 인간의 손에 들려서 사용자의 의도에 따라 그것의 기능을 발휘하는 방식으로 존재의미를 실현하는 것도 있지만, 인간 주체와 특정한 방식으로 작용을 주고받거나 심지어 인간이 그것에 순응하는 방식으로 행동하게끔 유도하는 것도 있다. 후자의 경우, 혹은 후자에 해당한다고 여겨지는 경우들은 특히 인공물이 어떤 종류의 지능을 장착하고 있을 때 나타난다. 대표적인 경우가 우리가 '로봇'(robots; robotic systems)이라고 부르는 것들이다.

인간과 인공물의 관계의 역사는 인간의 역사만큼 오래되었지만, 이런 새로운 종류의 인공물, 즉 지능을 가진 인공물(intelligent artefacts)이 현실 세계에 출현한 것은 최근의 현상이다. 그리고 이 현상은 앞으로 아직 우리가 경험하지 못한 방식으로 점점 더 넓고 다채롭게 전개될 것이다. 이러한 상황은 인간과 인공물 간의 관계에 대한 새로운 성찰을 요구하고, 이 요구는 고유한 방식으로 철학적인 물음들을 촉발한다. 이 요구는 학문적 차원에 머물지 않는다. 그것은 오히려 더 긴급한 의미에서 사회적 요구이기도 하다. 우리는 과학기술의 성과가 개인의 삶과 사회의 속성들을 변화시키고 동시에 새로운 형이상학적, 인식론적, 윤리적, 사회적 물음들을 생성하는 경우들을 보아 왔다. 로봇공학이 이와 같은 도전을 제공하기 시작했다.

이 논문의 목표는 이와 같은 상황에서 철학적 합리성과 더불어 현실 적합성을 지닌 로봇윤리(robot ethics; roboethics)의 기본 원칙들을 제안하고 토론함으로써 가까운 미래에 우리 사회가 채택할 수 있는 로봇윤리 체계의 토대를 마련하는 데 기여하는 것이다. 여기서 철학적 합리성은 로봇윤리가 개념적, 논리적 차원에서 정합성을 지니는 동시에 우리가 인정하고 있는 철학적 생각들의 체계와 부합할 수 있어야 한다고 요구한다. 또 현실 적합성은 로봇윤리가 과학적-공학적 차원의 타당성과 더불어 로봇기술이 활용되는 사회의 여건에 대한 충실한 고려를 갖출 것을 요구한다.

로봇윤리란 무엇인가? 로봇윤리는 로봇공학의 실행과 광범위하게 연관된 윤리적 물음들을 다루는 분석과 평가와 토론의 체계를 의미한다. "로봇공학의 실행과 관련된 윤리적 물음"이라는 표현은 로봇윤리를 공학윤리의 한 특수한 영역으로 간주할 수도 있을 가능성을 암시하지만, 로봇윤리를 전형적인 의미의 공학윤리에 그 일부분으로 포함시키기는 어렵다. 로봇윤리는 공학윤리의 측면을 지니면서 공학윤리에 연결되어 있지만, 그와 동시에 공학윤리가 다루는 물음의 경계를 뚜렷이 넘어선 곳에까지 펼쳐져 있다. 예를 들자면, 로봇윤리의 문제의식은 로봇을 도덕 판단의 주체로 간주할 수 있는가, 또 나아가 로봇을 도덕적 함의를 지닌 행위의 주체로 간주할 수 있는가 같은 형이상학적인 물음을 포괄한다. 이 논문은 로봇윤리가 공학윤리와, 그리고 인간 사회의 규범을 다루는 윤리학의 영역과 어떻게 서로 연결되면서도 독자적인 영역을 가지는지를 보여줄 것이다.

2. 로봇이라는 범주

로봇윤리의 기본 원칙을 확인하기 위한 이 논문의 접근은 로봇윤리가 다루는 대상, 즉 로봇이라는 존재자의 범주를 검토하는 데서 출발한다. 로봇은 인공물이면서도 여느 인공물과 달리, 혹은 여느 인공물과 다른 수준에서 인간의 능동적 정신을 모사(模寫)하는 특성을 지니고 있다. 모든 인공물이 인간 정신의 소산이라는 점에서 인간 정신의 투사 혹은 연장물이라는 속성을 지니지만, 그 투사나 연장은 일반적으로 인간 정신의 능동성 자체를 옮기거나 연장하는 성격의 것이 아니다. 다시 말해 대개의 인공물은 그것을 빚어낸 인간 정신의 흔적을 담고 있을지언정 인간처럼 '행동'하지는 않는다. 오랫동안 정교한 인공물의 대표처럼 여겨져 온 시계를 보라. 반면에 이 논문의 범위에서 '로봇'이라는 개념에 상응하는 대상이나 체계들은 인간이 만들어낸 사물이면서도 동시에 그 자체로 행동의 능동성을 지닌 존재라는 점에서 특이성을 지닌다.

공학은 점점 더 발달된 인공지능을 장착한 로봇을 생산하고 있다. 이렇게 개발된 지능형 로봇이 인간 사회와 개인의 생활에서 담당하는 비중은 점점 더 커질 것이고, 로봇은 점점 더 다양한 모습으로 효용을 드러내며 인간과의 접속면을 확대해 갈 것이다. 가까운 예로, 우리가 타고 다니는 자동차는 "스스로" 추돌이나 충돌의 위험을 줄이고 나아가 탑승자가 원하는 목적지까지 "스스로" 최적의 경로를 찾아 이동해 가는 지능형 자동차 쪽으로 빠르게 발달하고 있다. 자동차 제조사들은 앞차나 옆의 차와의 간격이 일정 수준보다 작아질 경우 운전자에게 경고를 하고 진행 방향을 미세 조정하거나 자동으로 제동 장치가 작동하는 지능형 자동차를 광고하기 시작했다. 이런 지능형 자동차는 '지각-계산(정보처리)-[운동을 포함하는] 출력'이라는 로봇의 범주 특성을 전형적으로 구현한다.

물론 로봇의 범주는 근본적으로 모호하고, 그것의 정의적 특성(defining characteristics)은 확정하기 어렵다. 이런 사정의 간명한 이유는 로봇이 인간이 창조한 존재 범주인 동시에 앞으로 계속 만들어 갈 범주라는 데 있다. 단, 로봇의 범주에 해당하는 것들이 지니는 핵심 특성으로 다음 네 가지가 꼽힌다는 점은 확인해 둘 만하다.

① 인공물임
② 외부 세계를 지각하는 능력을 지님
③ (지각된) 자료를 처리하는 계산의 능력을 지님[1)]
④ (전형적으로는 운동의 방식으로 나타나는[2)]) 출력

앞의 글에서 필자는 지각, 계산, 그리고 계산 결과에 따르는 운동 출력의 기능을 장착한 지능형 로봇을 외화된 정신(externalized mind)이라는 존재론적 범주로 해석하는 것이 적절하다고 주장했다.[3)] 외화된 정신의 개

---

1) 로봇이 일반적으로 '기계'라고 일컬어지는 다른 인공물과 다른 점은 위의 ④에 언급된 출력이 ②와 ③을 통해 로봇 자체의 체계 안에서 결정되고 조정된다는 데 있다.
2) 이 운동은 로봇 자체의 이동 같은 체계 외적 운동과 물리적으로 로봇시스템의 범위 안에서 이루어지는 체계 내적 운동을 포함한다. 이런 방식의 운동 출력이 없는 로봇의 경우도 있다. 특정한 자료를 수집하고 그것을 지정된 방식으로 갈무리하는 시스템 역시 로봇의 범주로 해석되지만, 이 경우 이른바 운동 출력은 빠져 있다.
3) 고인석 (2012a).

념은 기존의 '연장된 정신'(extended mind) 개념을 응용, 보정한 것으로, 그 발생적 기원의 측면에서 연장된 정신의 속성을 지니지만 이미 그 연장의 근원으로 작용한 개별 정신—혹은 개별 정신들의 연합—으로부터 독립하여 그 자체 어느 특정한 정신의 연장으로도 규정 불가능한 독립적인 특성을 가진 존재자를 가리킨다.[4)]

한편, 그럼에도 불구하고, 로봇을 그 자체로 우주에 새로이 탄생한 고유한 의미의 도덕 주체로 인정해야 할지는 여전히 따져야 할 문제다. 우리는 현상의 범주와 규범의 범주가 원칙적으로 서로 불일치할 수 있다는 사실을 상기한다. 하나의 예를 들어 얘기해 보자. 변순용과 송선영은 "나아가 치료용 목적으로 개발된 분야들이 로봇과 인간 간의 경계를 무너뜨리는 경우가 빈번하게 발생하고 있다. 사이보그 및 교육용/심리치료용 로봇 개발 등은 인간과 로봇이 상호 교감하거나 상호 작용하고 있음을 보여주는 사례들이라고 할 수 있다."[5)]라고 말한다. 이것은, 메타적 관점에서 말하면, 눈에 보이는 기술 현상에 대한 서술로부터 서둘러 윤리적 함의를 도출하게 될 위험이 있음을 암시하는 사례다.

외형적으로 인간을 닮았을 뿐만 아니라 점점 더 인간 간호사나 간호도우미와 유사한 행동 능력을 지닌 간호 로봇이나 돌봄 로봇(care robot)이 구현될 가까운 미래의 상황을 상상해 보자. 심지어 그런 로봇이 간호인력

4) 우리는 '외화된 정신'이 '정신의 외화'나 '정신의 구현물'과는 구별되는 높이를 지닌다는 점에 유의할 필요가 있다. 모든 인공물은 인간 정신의 외화라는 관점에서 해석할 수 있다. 예를 들어 사냥용 엽총은 인간의 특수한 의도와 계획과 지식이 얽혀서 만들어 낸 결과물이고, 그런 점에서 인간 정신의 외화로 해석할 수 있다. 그러나 엽총은 스스로 무엇을 겨냥하지도, 총탄의 격발을 명령하지도 않는다. 반면에 뒤에 좀 더 논의될 전투 로봇의 경우, 스스로 목표물을 찾아 총신을 겨냥하고 총을 쏘는 결정을 내린다. 그것은 그 자신 안에 그것을 설계하고 제작한 인간의 능동적 정신을 분유하고 있는 것이다.

5) 변순용/송선영 (2013), 6쪽.

이 몸의 피로나 주의력 이완으로 인해 드물게 저지를 수 있는 사소한 실수도 저지르지 않으면서 24시간 환자를 돌볼 수 있는 경우를 볼 때 우리는 아마 "사람보다 낫군!"이라고 말하면서 이를 '로봇과 인간의 경계를 무너뜨리는 경우'로 평가할 수 있을 것이다. 그러나 단지 그렇다고 해서 문제의 그 돌봄 로봇이 환자에 대한 '(돌봄)책임의 주체'가 된다고 생각해서는 안 된다. 그것은 '그렇게 보이는 것'과 '진정 그러한 것'의 중요한 차이를 간과하는 일이고, 윤리의 문제에서 이런 간과는 위험을 초래할 수 있다. 그렇게 보이는 것들 중에는 진정 그러한 것도 있지만 그렇게 보이면서도 진정으로는 그러하지 않은 것도 있기 때문이다. 로봇윤리의 정립을 위해서는 그것이 어떻게 보이는가 하는 차원을 넘어 그것이 진정으로 무엇인지에 관한 규명이 필요하다.[6] 로봇윤리의 정립을 위한 선결문제로 로봇 존재론의 정립이 필요하다는 필자의 주장이 이와 같은 문제 상황에 닿아 있다.[7]

3. 로봇윤리의 두 차원

필자는 앞에서 로봇윤리를 "로봇공학의 실행과 광범위하게 연관된 윤리적 물음들을 다루는 분석, 평가, 토론의 체계"로 정의하였다. 그런데 이것은 로봇윤리의 실제를 포섭하는 정의인 반면 너무 넓고 미분화된 규

---

6) Bringsjord (2008)과 Sullins (2006)에 나타난 토론을 참고하라. 저널 출간 일자는 전자가 나중이지만 후자는 전자를 언급하면서 토론의 대상으로 삼고 있다. 앞의 논문이 게재된 AI & Society 22/4 (2008)는 '윤리와 인공 행위자'(Ethics and Artificial Agents) 특집호로 간행되었다. Torrance (2008) 참조.

7) 고인석 (2012b) 참조.

정이어서 좀 더 구체적인 논의를 위한 약간의 보완이 필요하다. 우선 필자는 여기서 로봇윤리에 관한 논의가 두 가지 차원 혹은 두 영역의 논의로 나눠질 수 있음을 확인하려 한다. 그 두 영역은 "로봇공학의 실행과 연관된 윤리적 물음들"을 마주하게 되는 두 관점을 통해 정의된다. 그 하나는 로봇을 설계, 제작, 관리하는 공학자의 관점이고, 다른 하나는 로봇이 실현하는 행위의 도덕적 지위와 함의를 분석하는 윤리학자의 관점이다. 이 두 관점으로부터, 서로 연결되면서도 각각 독립적인 성격을 지니는 두 논의 영역이 산출된다. 전자는 후자가 제시하는 이론적 통찰을 참고해야 하고 또 후자의 비판적 관점에서 수정 가능한 성격을 지니지만, 그렇다고 후자의 논의가 종결되어야만 전자가 구성될 수 있는 것은 아니다.

1) 로봇을 설계, 제작, 관리[8]하는 자의 관점

간명하게 표현하면 이 관점의 문제의식은 "로봇을 어떻게 만들어야 하는가?"이다. 여기서 '어떻게'는 작업의 경로에 대한 물음이 아니라 작업의 방향에 대한 물음, 즉 로봇에 어떤 규범을 부여할 것인가 하는 물음을 가리킨다. 이 논문이 제시할 로봇윤리의 원칙들은 일차적으로 이 관점과 연관된 것들이다. 널리 알려진 아시모프의 로봇 3법칙 역시 이와 같은 고민의 성과를 보여주는 예로 볼 수 있다.[9] 로봇에 장착할 규범의 목록에 관한 고민은 그 '장착'의 방법, 즉 '그러한 규범을 공학적으로 어떻게

8) 로봇윤리에서 '관리(자)'의 관점에 관한 4절의 논의 참조.

9) 그것은 대개 '로봇 3법칙'으로 일컬어지고 그 서술 역시 "로봇은 … 해야 한다."나 "로봇은 … 해서는 안 된다."식으로 되어 있어서 오해의 빌미를 제공하지만, "Three Laws of Robotics"라는 아시모프의 표현에는 그것이 로봇을 제어하는 규범이 아니라 로봇공학—혹은 로봇공학자들—을 제어하는 규범임이 드러나 있다. 아시모프의 로봇 3법칙과 로봇윤리의 관계에 관한 논의는 고인석 (2011) 참조.

구현할 수 있는가'하는 문제와 연결될 것이고, 분명 후자는 그 자체로 전자 못지않게 복잡한, 그러면서도 전자와 다른 종류의 지적 도전을 함축한다.[10] 그러나 분명히 짚어두어야 할 사실은 전자가 후자에 우선하고, 전자에 대한 토론이 후자에 대한 토론을 이끌어야 한다는 것이다.

이 첫 번째 관점에서 로봇윤리의 목표는 도덕적으로 건전한 로봇을 만드는 것이다. 이것이 직관적으로 자명한 요구에 해당함에도 불구하고 "왜 도덕적으로 건전한 로봇이어야 하는가?"라는 잠재적 물음에 맞서 이런 목표 설정의 근거를 대자면, 도덕적으로 건전한 로봇만이 지속가능성을 지니고 지속가능성을 결여한 기술은 기술이 존재하는 이유와 상충하기 때문이다. 다음 물음은 "도덕적으로 건전한 로봇이란 어떤 것인가?"이다.

그것은 우선, 공학윤리의 기본 원칙들에 부합하는 로봇을 가리킨다. 특히 그것은, 여러 공학 전문가 공동체가 공학윤리헌장이나 강령에서 강조하는 것처럼, 로봇의 제작과 활용이 공공의 안전과 건강에 위협이 되지 않고 공공의 복지를 진작하는 일과 부합해야 한다는 당위를 함축한다.[11] 이 범위에서 로봇윤리는 공학윤리의 한 응용 영역으로 해석할 수 있다. 실제로 로봇과 관련하여 제기될 만한 윤리적 문제들 가운데 많은 것들이 기존 공학윤리의 응용 범위 안에 있다. 그러나 공학윤리가 로봇

---

10) 이것은 고유한 의미의 학제적 연구, 혹은 융합연구의 사례이기도 하다. 예를 들어 로봇윤리가 근본적으로 원리-하향식(top-down) 구조와 사례-상향식(bottom-up) 구조 중 어느 편을 취하게 되는지, 혹은 두 방식을 어떻게 상보적으로 결합할 것인지의 문제는 철학적-윤리학적 탐구와 공학적 탐구 중 어느 한쪽에 귀속된다고 보기 어렵다. Wallach & Allen (2010), 6장-8장 참조.

11) IEEE(전기전자공학회)의 공학자 윤리헌장(Code of Ethics for Engineers) 제1조와 미국 전문공학자 협회(National Society of Professional Engineers) 윤리헌장의 기본 강령(Fundamental Canons) 제1조 참조.

윤리의 모든 문제를 포섭하지는 못한다. 로봇공학이 지향하는 인공물의 속성들을 고려할 때 로봇윤리의 범위는 기존 공학윤리의 적용 범위를 넘어서고, 그 지점에서 기존의 공학윤리와 연결되면서도 그 적용 범위를 넘어 펼쳐지는 로봇윤리 고유의 영역이 시작된다.

'도덕적으로 건전한 로봇의 제작'이라는 목표를 공학의 힘으로 인간이 지닌 수준의 지능을 구현하는 데까지 도달하려는 로봇공학의 목표와 결합시켜 본다면, 로봇공학이 접근해 가야 할 목표는 건전한 도덕 판단의 능력을 갖춘 인간의 그것에 상응하는 도덕 판단의 능력을 가진 기계를 만드는 것이 된다. '인간의 그것에 상응하는 판단 능력'이라는 기준은 명료하지도 구체적이지도 않지만, 그럼에도 불구하고 그것은 로봇공학이 지향해야 할 방향을 지시한다는 점에서 응분의 합리성을 지닌다. 그리고 이 합리성은 로봇공학이 만들어내려는 로봇의 사회적 효용이라는 관점에서 해명된다.

지능을 가진 로봇은 다양한 상황에서 인간의 행위를 대행하도록, 즉 인간을 대리하도록 만들어지는 도구다.[12] 그렇다면, 즉 지능을 가진 로봇의 존재의미가 특정 범위 안에서 인간의 행위를 대리하는 것이라면, 그런 로봇이 문제의 대리 행위에서 실현하는 입출력 관계는 현상적 차원에서 그것이 대리하도록 의도된 인간의 행위와 제3자의 관점에서 질적으로 동등한 속성들을 지녀야 할 것이다. 예를 들어, 건물의 출입을 통제하는 방식을 건물 입구에 유능한 보안 인력을 배치하는 방식에서 로봇공학을 활용하는 검색과 통제로 바꾸려 하는 경우 새로 도입할 통제 체계

---

12) 이 논문의 초고가 마무리되던 때쯤 페이스북(Facebook)을 만든 마크 저커버그와 마이크로소프트(Microsoft)를 설립한 빌 게이츠는 각각 중국에서 행한 강연과 자기 블로그에 게재한 서평에서, 흥미롭게도 나란히, 지능을 가진 인공물이 가까운 미래에 우리의 삶에 중대한 영향을 미치게 되리라는 예견을 피력했다.

가 허용하거나 차단하는 경우는 기존 방식의 그런 경우들과 일치되도록 해야 할 것이다.

이러한 관계는 로봇윤리가 인간 사회의 일반적인 규범윤리와 어떻게 이어져 있는지를 암시한다. 로봇의 작동은 그것이 대리하는 인간 행위의 결과라는 측면에서 인간의 행위에 관한 규범윤리와 상충하지 않아야 한다. 달리 말하자면, 로봇에 입력될 규범의 내용은 인간 사회를 규율하는 규범의 집합과 갈등 없이 부합하는 것이어야 한다. 예를 들어, 로봇에 입력될 규범이 그 실행을 통해 무고한 사람의 심각한 신체 손상을 초래하는 결과를 함축하고 있다면 그런 규범은 로봇윤리의 관점에서 허용 불가능하다.

한편, 우리는 이 첫 번째 관점의 로봇윤리가 포섭해야 할 규범의 목록이 현재의 규범윤리의 테두리 안에 제한되지 않으리라는 점을 확인해 둘 필요가 있다. 이와 같은 경계 벗어나기는 특히 그것은 다음과 같은 시각에서 예견된다. 로봇공학이 일정 수준의 지능을 가진 인공물의 구현에 도달하는 발달과 나란히, 인공지능 체계들을 연결하는 네트워크가 이 세계의 작동 방향을 일상의 미시적 차원으로부터 통상, 국방 같은 거시적 차원에서까지 좌우하는 요소로 대두하게 되는 변화가 진행될 것이다. '사물인터넷'(IoT)은 이미 현실의 개념이고, 원칙적으로 인공지능의 발달 수준과도 무관하게 현실 세계의 면면에 영향을 미치는 비중 있는 세계 참여자로 성장해 가리라고 예상된다.[13] 더구나 이와 같은 물리적 네트워

13) 여기서 '참여자'는 일종의 비유적 표현이지만, 그것이 세계의 구성과 변화에서 점유할 실질적인 영향력의 몫을 고려하면 '참여자'가 오히려 격하된 비유일 가능성도 있다. 사물인터넷의 개념에 관해서는 Mukhopadhyay & Suryadevara (2014) 참조. "사물인터넷(IoT)이란 문자 그대로, 서로 이야기를 주고받는 물리적 대상들에 관한 모든 것을 의미한다. 기계-기계 소통과 인간-컴퓨터 소통이 사물들에까지 확장된 것이다."(앞의 문헌, p.2)

크에 지금보다 한 단계 도약한 높은 수준의 인공지능이 결합되는 경우, 그런 지능을 가진 인공물들의 연결망이 인간 사회에서 차지하게 될 영향력의 넓이와 깊이는 비약적으로 커질 것이다.[14] 나아가 이와 같은 연결망 구조의 인공 주체는, 현재 로봇공학의 발달이 지향하는 방향이 그러하듯이, 손과 발을 지닌 구체적인 행위주체[15]에 해당하는 속성들을 구현하게 될 것이다.

인간의 능력을 적어도 특정한 면에서 뛰어넘는 그런 지능을 가진 인공물들의 거대한 연결망 속에서 살아가게 된다는 사실 자체가 우리에게 기술에 대한 공포나 공포에서 비롯되는 혐오를 유발하는 것은 필연적인 현상도 아니고, 그 자체로 유익한 현상도 아니다. 이런 인공물이나 그것들의 체계는 다만 인간이 자신들의 필요를 좇아 고안, 제작하고 발달시킨 것이다. 우리는 그것을 만든 우리 자신을 압도하는 능력을 지닌 이와 같은 인공 체계를 우리의 도구로 사용할 것이고, 아마도 끊임없이 그것을 더 개발하면서 그것들과 더불어 살아갈 것이다.

그러나 우리는 여기서 이와 같은 '인간-그리고-인공체계'의 공진화 과정에 내재되어 있는 위험을 분명하게 인식할 필요가 있다. 그것은 이 체계의 고안자이고 제작자인 동시에 사용자인 인간이 자신이 만든 체계에 대한 통제의 힘을 상실했을 때 나타나는 위험이다. 그리고 이 위험은 총, 칼이나 폭발물이 지닌 종류의 위험과 다르다. 로봇윤리의 첫 번째 관심사는 이 위험을 제어하는 일에 놓여 있다. 총이나 칼의 위험은 원칙적으로 그것을 손에 든 사람의 행위를 통해서만 현실화된다. 그러나 지능을

14) 네트워킹은 인공 체계와 세계의 접속면을 넓히고 접촉이 촉발하는 학습의 신뢰도를 강화하면서 인공 체계가 더 효율적으로, 더 광범위하게 세계를 경험하도록 만든다.

15) 같은 문장 속에 언급된 '인공 주체'의 경우도 마찬가지지만, 이것을 단수(單數)의 주체로 볼 것인지 아니면 수많은 주체들의 연결망으로 볼 것인지는 맥락의 문제다.

가진 인공물의 경우, 그것 자체가 마치 판단과 실행의 능력을 지닌 하나의 주체인 것처럼 작동할 수 있다는 점에서 총, 칼의 경우와 중요한 차이가 있다.

인공물의 그런 능력이 그것이 자율적 주체의 지위를 가졌음을 의미하는가 아닌가 하는 물음은 아래 서술할 로봇윤리의 두 번째 관점에서 중요한 논의 주제지만, 첫 번째 관점의 원칙들은 그것이 독립적인 지각과 판단과 실행의 능력을 지닌 것처럼 행동한다는 현상 차원의 사실만으로도 도출 가능하다. 로봇을 설계, 제작, 관리하는 자의 관점에서 고려해야 할 요소는 로봇의 작동과 인간의 행위 사이에 어떤 형이상학적 차이가 있는가 하는 물음이 아니라 설계, 제작, 관리의 대상인 로봇의 작동이 현실 세계에서 산출하는 결과이기 때문이다. 그리고 이 관점에서 로봇윤리의 원칙들은 인공물인 로봇에 대한 제작자-관리자의 통제력을 유지하는 일에 초점을 맞추게 된다.

로봇윤리를 논하는 다수의 문헌에서 여전히 언급되고 있는 아시모프의 로봇 3법칙 역시 그 핵심 취지에서 이와 동일한 방향을 가리킨다. 다만 그것들은 구체적으로 로봇을 설계, 제작, 관리하는 자의 행위 원리를 서술의 대상으로 삼고 있지 않을 뿐이다.[16] 로봇윤리의 논자들 중에는 아시모프의 법칙들이 "픽션의 얘깃거리로는 흥미롭지만, AMA[=인공 도덕 행위자]를 설계하는 기반으로서는 부적절하다."[17]라고 평가 절하하는 이들도 있다. 해당 논문에서 저자인 앨런 등이 그와 같은 부정적 평가의 근거로 드는 것은 예컨대 제1법칙의 경우 선택지가 예외 없이 인명의 피해에 귀착하는 경우 같은 내적 딜레마의 가능성, 그리고 (의무론적) 원칙

16) 고인석 (2011) 참조.

17) Allen et al. (2000), p.257.

들 간의 충돌 가능성이다. 그러나 이와 같은 문제점은 원칙들의 세련화나 세부사항의 수정, 또는 원칙을 해석하는 방식의 보완을 요구하는 조건이지, 해당 원칙들이 그 자체로 무익하다는 것을 필함하는 약점이라고 볼 이유가 없다. 2007년부터 2008년까지 한국에서 진행된 로봇윤리헌장 제정 준비 1차 작업의 핵심 집필자들도 아시모프의 법칙이 이미 로봇윤리의 실제 상황에 부적합한 낡은 것이 되었다고 보았는데, 그런 인식의 주된 근거는 전투 로봇이 개발되고 있는 상황 자체가 아시모프 제1법칙의 무효화를 의미한다는 판단이었다. 그러나 이는 본말전도다. 어떤 현실이 이미 전개되고 있다는 사실이 그런 현실과 상충하는 당위의 무효성을 증명하는 것은 아니다.

앞의 7장에서 논한 것처럼 아시모프의 로봇 3법칙은 화법상의 문제점을 지니지만, 그 취지를 평가하자면 그것들은 오늘의 로봇윤리의 관점에서도 유의미한 규범을 함축한다. 이 논문과 그것이 공유하는 취지는 지속가능성이다. 그것은 로봇공학의 지속가능성이고, 로봇공학과 더불어 변모해 갈 우리 삶의 지속가능성이다. 이 글의 4절에서 필자가 제시할 로봇윤리의 기본 원칙은 이 관점에서 도출된다.

2) 로봇이 실현하는 판단과 행위의 도덕적 함의를 고찰하는 윤리학자의 관점

로봇윤리의 또 다른 영역은 로봇이 실현하는 행위의 도덕적 함의를 따지는 윤리학의 논의로 구성된다. 예컨대 “HAL이 살인을 한 것인가?”라는 데닛(D. C. Dennett)의 물음이 촉발하는 종류의 논의가 여기에 해당한다. 만일 지능을 가진 로봇의 정상적인 작동에 의해 인명 피해가 발생했다면 그 책임은 누구에게 있는가? 또 만일 그것이 오작동의 경우였다면 어떤가? 거꾸로 로봇의 작동이 중대한 선을 산출하는 경우 그에 대한 보상이나 칭찬은 누구의 몫인가?

이러한 물음들은 "로봇은 —특히 도덕 주체의 지위와 관련하여— 어떤 지위에 있는가?" 하는 물음을 선결문제로 제기한다. 로봇윤리의 기초 물음에 해당하는 이 물음은 문제가 되는 로봇의 지각과 판단 과정, 그리고 그 능력에 대한 경험적 탐구에 의존하는 물음인 동시에 로봇을 만들고 활용하는 인간 사회의 이론적 결단을 요구하는 물음이다. 다시 말해 우리는 이 문제 앞에서 "우리가 지금 논의하고 있는 이 로봇시스템은 이러이러한 지각과 판단의 능력을 지니고 있으며 이러이러한 일을 수행한다. 그것에 어떤 지위를 부여하는 것이 적절할 것인가?"와 같은 방식으로 접근하는 것이 현명하다.

로봇에게 어떤 지위를 부여하는 것이 적절한가? 로봇윤리가 이 물음과 관련하여 일종의 선행 연구에 해당하는 동물윤리의 논의에서 유비적인 가르침을 얻을 수 있으리라는 기대가 있다.[18] 포유류나 조류는 물론이고 어류와 일부 두족류까지 포함하는 수많은 종류의 동물은 쾌고감수(快苦感受)의 능력을 갖고 있는 것으로 보인다. 이는 동물 신체의 생리학적-신경학적 구조와 특성에 대한 과학적 탐구의 성과로 뒷받침되고 있는 생각이다. 오늘의 동물윤리는 이와 같은 쾌고감수의 능력이 해당 동물에게 도덕적 주체(moral subject)의 지위를 부여하는 핵심 요소가 된다고 본다. 그런데 여기서 도덕적 주체란 무엇인가? 이 '주체'는 다시 두 하위범주로 분석될 수 있다. 그것은 도덕 행위자(moral agent)와 도덕 수용자(moral patient)이다.[19]

동물이 쾌락과 고통을 느낄 수 있는 존재라는 경험적 사실이 그것의

---

18) 실제로 이미 Coeckelbergh (2010)와 같은 논의의 사례가 있다.

19) 2013년 6월 필자의 범한철학회 정기학술대회 발표 때 윤혜진 교수가 던진 질문과 이어진 토론을 계기로 도덕 주체 개념의 세부적인 갈래에 주목하게 되었다.

도덕적 지위에 관하여 함축하는 것은 무엇인가? 어떤 대상 A가 쾌고감수의 능력을 지녔다는 사실은 도덕적 판단에서 A의 쾌락과 고통을 고려해야 한다는 당위의 충분조건으로 간주될 수 있다. 그렇다면 쾌고감수의 능력, 특히 생리학적 관점에서 고통을 느끼는 기제를 가진 것으로 평가되는 수많은 종의 동물을 도덕 판단에서 고려해야 한다. 생리학자의 고찰을 동원하지 않더라도 누군가가 강아지의 앞발을 세게 밟았을 때 그것이 "깨갱!"소리를 내며 달아나는 것을 보면서 우리는 그것이 고통을 느꼈다고 추정할 수 있다. 만일 그 사람이 정당한 이유 없이 거듭해서 강아지의 앞발을 그렇게 밟는다면, 우리는 그의 행위를 비난하거나 중단시키려 할 것이다. 그것이 정당한 이유 없이 불필요한 고통을 산출하는 행위에 해당하기 때문이다. 이와 같은 비난에 맞서는 한 가지 길은 강아지의 반응이 진정한 고통에 해당하지 않음을 해명하는 것이다. 예를 들어 그것이 '강아지의 몸이라는 체계가 산출하는 특정 유형의 물리화학적 연쇄반응'일 뿐이고, 그것을 '강아지의 고통'이라고 해석하는 것은 부적절하거나 최소한 근거가 불충분한 형이상학적 추정이라고 일단의 경험적 근거를 들어 논증하는 경우를 상상할 수 있다.

로봇윤리의 관점에서 문제는 이와 같은 방식으로 도덕적 고려의 대상이 된다는 것이 그것의 도덕적 주체로서의 지위에 관하여 어떤 함의를 지니는가 하는 물음이다. 달리 말해 도덕 수용자라는 지위는 도덕 주체(moral subject)라는 지위에 관하여 어떤 함의를 지니는가? 특히 도덕 수용자의 범주와 도덕 행위자의 범주는 어떤 관계에 있는가? 이 물음에 대하여 다음과 같은 네 가지 입장이 가능하지만, 윤리학자들은 아직 이 물음에 대하여 통일된 답을 제시하고 있지 않다.

ⓐ 모든 도덕 수용자가, 그리고 오직 도덕 수용자만이 도덕 행위자다.

ⓑ 모든 도덕 행위자가 도덕 수용자이지만, 그 역은 성립하지 않는다.
ⓒ 모든 도덕 수용자가 도덕 행위자이지만, 그 역은 성립하지 않는다.
ⓓ 도덕 수용자의 범주와 도덕 행위자의 범주는 서로 독립적이다.

이 물음을 상론하는 일은 로봇공학의 길잡이 역할을 할 첫 번째 관점의 로봇윤리에 초점을 맞춘 이 논문의 범위를 벗어나지만, 동물윤리의 논의를 참고할 때 우선 ⓐ와 ⓒ는 정당화되기 어려운 선택지다. 척추동물을 비롯하여 고통을 지각할 수 있는 것으로 여겨지는 여러 종류의 동물이 동물윤리의 관점에서 도덕 수용자의 범주에 속하는 반면, 도덕 행위자로 인정되지는 않기 때문이다. ⓑ와 ⓓ 사이의 선택은 도덕 행위자이지만 도덕 수용자가 아닌 경우의 존재 여부에 달려 있는데, 현재 진행되고 있는 인공 도덕 행위자(AMA)에 관한 논의의 범위 안에서 볼 때 로봇이 이 경우에 해당하는 것으로 판단될 개연성이 있다.[20] 그러나 인공 도덕 행위자의 개념을 유의미한 것으로 상정하고 논의하더라도 그것에 어떤 종류, 어느 수준의 도덕 행위자 지위를 부여하는 것이 적절한지는 미결의 문제다. 이 문제에 관한 현재의 다수 의견은 로봇이 진정한 의미의 자율성(genuine autonomy)을 갖지 않기 때문에 진정한 도덕 행위자로 인정할 수 없다는 것이다.[21] 하지만 AMA에 관한 최근의 토론은 '진정한

---

20) AMA에 관한 논의는 Wallach & Allen (2009) 참조.

21) 페티트(P. Pettit)는 —로봇을 대상으로 논한 것은 아니지만— 도덕 주체의 지위를 부여할 수 있는 조건으로 다음 세 가지를 든다. ① 자율적 행위자로서, 선하거나 악한, 혹은 옳거나 그른 일을 하는 가능성을 함축하는 가치 관련적 선택을 대면할 것, ② 관련된 선택지들의 상대적 가치에 관한 판단을 가능하게 하는 필요한 증거들을 가지고 있을 뿐만 아니라 그것들을 이해하고 있을 것, ③ 선택지들의 가치에 대한 판단에 근거하여 실제로 선택을 할 수 있기 위해 필요한 조정 능력을 가지고 있을 것. 그는 이 관점에서 어떤 사건에 대해 강아지 탓을 하는 것은 날씨 탓을 하는 것과 다름없다고 말한다. Pettit (2007) 참조.

자율성'이라는 이론적 항목을 우회하면서 활발하게 진행되고 있는 형국이다.

로봇윤리에 관한 국내 논의의 초기 단계에서 이중원은 로봇의 존재론적 지위와 관련하여 '준인격체'라는 개념을 제안하였다.[22] 이것은 로봇의 도덕적 지위가 긍정-아니면-부정의 문제라기보다 그 정도와 양상에 관한 세밀한 토론을 필요로 하는 문제임을 암시하는 합리적인 제안이지만, 동시에 문제의 '준-(quasi-)'이라는 지위의 구체적인 성격에 대한 논의가 보완되어야 할 미완의 제안이다.

두 번째 관점의 로봇윤리, 즉 윤리학자 관점의 로봇윤리는 이 논문의 중심 주제가 아닐 뿐만 아니라 국내외를 통틀어 이제 막 논의의 초기 단계에 진입하는 문제 영역이라는 점에서 여기서 논의할 수 있는 한계가 뚜렷하다. 다만, 상상 속 세계의 윤리가 아닌 현실 세계의 윤리로서의 로봇윤리를 구성하려 할 때, 멀리 내다보며 바라는 미래가 아니라 현재와 예측 가능한 근미래(近未來)의 과학기술 수준을 논의의 바탕으로 삼아야 한다는 점을 분명히 해 둘 필요가 있다. 이런 바탕에서 전개될 논의에서라면 인간과 문자 그대로 대등한 수준의 정신적 속성들을 지닌 인공 주체는 배제될 것이다. 물론 잠정적 제안이지만, 이와 같은 현재적-근미래적 관점에서 '인공 도덕 행위자'의 개념은 그 자체로 인간과 대등한 인공 주체를 가리키는 개념으로서가 아니라 '인간의 위임에 따라 조건화된 자율성의 범위 안에서 작동하는 인공물'의 특성을 지시하는 개념으로 이해하는 것이 적절하다.

---

22) 한국에서 로봇윤리에 관한 논의는 2007년 초, 지식경제부(당시 명칭)의 주도로 시작된 로봇윤리헌장제정 작업이 시발점이 되었다. 이중원은 2008년부터 이 작업에 합류했고, 2008년 12월 열린 〈지능형 로봇 윤리 워크샵〉 발표에서 '준인격체'로서의 로봇의 지위를 언급하였다.

4. 로봇윤리의 기본 원칙

로봇을 다루는 일에 일반적으로 적용할 윤리 원칙을 확인하는 일은 로봇의 존재 특성을 바로 보는 데서 시작된다. 로봇윤리의 정립이라는 문제의 관점에서 볼 때 로봇이라는 존재자의 핵심적인 특성은 그것이 인간이 특정한 종류의 노동(robota)을 위해 만든 사물—혹은 도구—이면서도 여느 사물들과 달리 마치 자율성을 지닌 존재인 것처럼 행위할 수 있는 역량을 가졌다는 데, 그러면서도 그 자체를 책임의 주체로 보기가 어렵다는 데 있다. 윤리는 행위의 도덕적 평가를 다루며, 로봇윤리는 로봇의 작동에 관한 평가, 그리고 거기서 이어지는 인정, 장려, 제재, 비난 등을 다루어야 한다. 다시 말해 로봇윤리의 원칙들은 앞서 살펴본 유별난 특성의 존재자인 로봇과 관련된 현상들에 대하여 그런 도덕적 평가의 기준을 제시하는 것이어야 한다.

우리가 확인한 것은 로봇이 그것을 기획, 설계하고 제작한 사람들의 정신을 능동적인 방식으로 재현한다는 사실이었다. 이로부터 우리는 로봇의 행위 혹은 작동에 관한 평가가 그것을 기획, 설계, 제작한 주체들에 대한 평가이어야 한다는 기본적인 원칙을 추론할 수 있다.[23] 이와 같은 원칙의 타당성은 도덕적 평가에 국한되지 않지만 도덕적 평가의 경우에서 더욱 확연하게 두드러진다. 예를 들어 로봇이 그 작동 과정에서 사람의 신체에 상해를 입혔다고 해 보자. 그런 경우 현상 차원에서 그 상해의 직접적인 주체는 문제의 그 로봇이지만, 이 상해와 관련된 도덕적 평가

---

23) '기획'을 '설계' 과정의 일부분으로 포함시킬 수도 있지만, 도대체 우리가 어떤 종류의 로봇시스템을 필요로 하는가, 어떤 특성을 지닌 로봇을 만들 것인가를 결정하는 기획의 단계를 그런 특성을 공학적으로 어떻게 실현할 것인지를 탐색하고 결정하는 설계의 단계와 구별하여 생각할 수 있다.

의 대상은 해당 로봇의 기획자, 설계자, 제작자, 관리자의 범위로 전이될 것이다.[24)]

로봇의 설계와 제작 과정 전반이 다시 인공지능에 의하여 통제되는 상황에서는 어떨까? 이것은 조금 더 먼 미래에나 현실이 될 법한 상황이지만,[25)] 방금 언급한 평가 대상의 전이는 그런 상황에서도 원칙적으로 똑같이 적용된다. 단, 그 전이는 문제의 사건을 일으킨 그 로봇의 제작 공정을 통제한 인공지능에서 멈추는 것이 아니라 문제의 로봇을 그렇게 제작할 인공지능 체계를 설계하고 제작한 사람들에게까지 이어진 뒤에야 멈출 것이다.

3절에서 언급한 것처럼 필자는 기획과 설계, 제작에 이어 로봇윤리에서 '관리'의 임무와 책임이 따로 논의되어야 한다고 본다.[26)] 여기서 관리는 다시 두 하위 요소로 분석된다. 하나는 감독 관리(administration), 즉 로봇이나 로봇시스템이 그것의 제작 의도에 따른 본연의 임무를 수행하는지 주시하면서 필요한 단계에서 공학적 개입을 통해 제작 의도와 실제 작동 간의 괴리를 조정하는 일이고, 다른 하나는 부품의 교체와 수리, 보정, 소프트웨어의 업데이트 등을 포함하는 유지 관리(maintenance)이다.

로봇윤리의 의의는 로봇과 인간의 유적(類的) 관계에 대한 규정, 그리고 로봇을 다루는 기획자-설계자, 제작자, 관리자 등의 상호관계에 대한 적

---

24) 그 평가는 문제의 상해에 대한 책임을 해당 로봇의 기획자, 설계자, 제작자, 관리자에게 어떻게 분배할 것인가 하는 분석으로 구성될 것이다.

25) "HAL이 살인을 저지른 것인가?"라는 물음이 현실화되는 상황이 아마 이러한 인공물의 수준과 결부되어 있을 것이다.

26) 필자는 로봇윤리헌장제정위원회의 로봇윤리헌장 초안에 대한 토론에서 로봇윤리의 하위 항목으로 설계자, 제작자와 나란히 '관리자' 관점의 윤리가 설정되어야 한다고 주장하였다. 고인석 (2008a, 2012a) 참조. 더불어 로봇윤리헌장제정위원회(2008), 변순용/송선영(2013)과 비교할 것.

절한 규정을 통해 인간이 만든 이 특별한 종류의 도구가 지속가능성의 범위를 이탈하지 않으면서 인간의 삶에 봉사하도록 하는 데 있다. 로봇은 그것에 인공적으로 장착된 지능에 힘입어 현상 차원에서 인간과 유사한 주체의 기능을 수행할 수 있다.[27] 그러나 이와 같은 현상적 차원의 주체성이 오늘날 우리가 일반적인 도덕 체계에서 상정하는 주체성을 함축하는지, 혹은 그렇게 평가할 적절한 이유가 있는지는 따로 따져져야 할 문제다. 적어도 우리는 일부 로봇에서 나타날 현상적 주체성이 —그것의 외양적 양상과 상관없이— 그 자체로 도덕 주체의 지위를 함축하는 것이 아님을 분명히 인식할 필요가 있다.[28] 물론 논리적으로 그 부정, 즉 로봇이 도덕 주체의 지위를 지니지 않는다는 명제가 입증된 것도 아니다.

이런 마당에 우리가 취할 태도에 관한 권유는 둘로 요약된다. 첫째는 충분한 숙고에 근거한 판단이 확립되기 전까지는 현재의 도덕적 관점을 유지하는 것이다. 현재의 관점에서 도덕의 주체로 인정되는 존재자는 인간—그리고 법인(法人)처럼 특수한 조건을 충족하는 인간 집단—뿐이다. 따라서 우리는 지능을 가진 인공물이 인간과 나란히 도덕 주체의 지위를 갖는다는 명확한 판단에 이르기 전까지는 로봇에게 도덕 주체의 지위를 부여할 이유가 없다. 다른 하나는 "로봇이 도덕 주체의 지위를 가지는가?"하는 이 물음의 본성을 재확인하는 것이다. 이 물음은 "침팬지를 쇠막대기로 때렸을 때 '꽥꽥'소리를 내며 도망가는 것이 침팬지의 고통을 의미하는가?" 같은 물음과 다른 종류의 것이고, 형이상학적 진리에 관한

---

27) 로봇의 '현상적 자율성'에 관해서는 고인석 (2011)을 참조. 로봇의 자율성 및 도덕적 지위에 관한 토론은 Wallach & Allen (2009)의 1장과 4장, Gips (1991), Smithers (1997), Allen et al. (2000)을 참조하시오. 필자는 로봇이 실현하는 현상 차원의 독립성과 능동성에도 불구하고 로봇의 도덕 주체 지위는 따로 논증되어야 할 문제이고, 특히 사회적 결단의 문제라고 앞에서 주장했다.

28) 2절의 논의 참조.

물음이 아니라 사회적 결단 혹은 선택에 관한 물음이다.

로봇윤리는 로봇기술이 함축하는 잠재적 위험을 의식해야 한다. 로봇은 그것에 장착된 인공지능의 (자연발생적) 변화에 의해 원래의 제작 단계에서 의도되지 않았던 새로운 기능을 나타내게 될 수 있다.[29] 그리고 이 새로운 기능은 생물학적 인간에게서 구현된 바 없는 종류나 수준의 것일 수도 있다는 점에 유의할 필요가 있다. 이와 유사한 위험은 이미 기존 공학윤리의 범위 안에서도 인지된 바 있지만,[30] 인공지능의 발달은 이와 같은 위험의 양상과 영향 범위를 급속히 변화시킬 개연성이 크다. 현재 시점에서 로봇윤리는 이러한 위험을 제어하는 일에 초점을 맞추고 예방윤리의 임무를 수행해야 한다. 로봇을 포함한 모든 인공물의 존재의미는 그것의 제작 목적에 봉사하는 것, 다시 말해 제작 목적에 부합하는 속성을 충실히 구현하는 것(Zweckmässigkeit)이다. 이로부터 다음과 같은 로봇윤리의 첫 번째 원칙이 도출된다.

- 로봇은 제작 목적에 부합하는 구조와 작동 특성을 일관성 있게 유지하도록 설계, 제작, 관리되어야 한다.

이 원칙은 로봇이라는 특수한 도구를 인간의 합리적인 통제력 안에 두기 위한 규범이다. 그리고 이 원칙의 준수는 다음과 같은 실천 규범을 요

29) 이러한 잠재적 위험은 앞에서 언급한 사물인터넷(IoT)의 속성을 고려할 때 더 확연해진다. 인간 주체의 실시간 개입 없이 '사물들이 서로' 정보를 주고받는 사물인터넷의 특성은 공학자의 개입 없이도 인공물에서 자연발생적인, 그리고 통제되지 않은 공학적 진화가 진행될 수 있을 가능성을 함축한다.

30) Terarc-25 사고의 예를 보라. Leveson (1995) 참조.

청한다.

- 로봇의 기능과 그것을 토대로 로봇에 위임된 권한의 종류와 양상을 포함하는 로봇의 작동 범위는 명확히 규정되고 충실히 준수되어야 한다.

로봇의 설계자(designer)는 로봇의 작동이나 사용이 그 제작 목적의 범위를 벗어나는 경우를 원리적으로 배제하거나 적어도 그런 경우에 대비하여 로봇의 작동을 제한하는 방안을 설계에 반영하여야 한다. 로봇의 제작자(manufacturer)는 이와 같은 설계를 충실히 물리적으로 실현함으로써 로봇의 구조와 기능이 원래의 제작 목적과 합치하도록 해야 한다. 관리자(administration & maintenance)는 로봇의 작동 양상과 그 결과를 관찰하고 평가하면서 로봇의 작동이 그것의 제작 목적과 일관되게 부합하도록 해야 한다. 또한 로봇은 그것이 제작된 목적 이외의 용도에 활용되어서는 안 된다. 이와 더불어, 설계와 제작 과정에서 로봇의 특성과 관련된 기획, 설계, 제작 각각의 책임과 역할 그리고 인공지능체계가 구현하도록 장착되는 판단과 결정의 원칙들을 명시하여 언제라도 확인하고 필요한 경우 효율적으로 개입하여 수정할 수 있도록 할 필요가 있다.

끝으로, 로봇윤리의 기본 원칙은 문제의 기술산품인 로봇에 대한 인간의 통제력 이외에 지속가능성에 대한 고려를 포함한다. 이런 지속가능성에 관한 기본적인 원칙은 다음 세 항목으로 간추릴 수 있다.

- 로봇은 사용자의 안전과 건강을 보호하도록, 뿐만 아니라 그것

의 작동에 의하여 간접적으로 안전이나 건강에 발생하는 비정상적인 위해가 없도록 설계, 제작, 관리되어야 한다.

- 로봇은 자연환경과 생태계의 지속가능성을 위협하지 않도록 설계, 제작, 관리되어야 한다.
- 로봇기술의 개발과 적용은, 개체 차원이나 유적(類的) 차원에서 공히, 인간 정체성에 관한 혼란을 야기하지 않는 방식으로 제한되어야 한다. 단, 인간 정체성은 본질주의적으로 규정되는 것이 아니라 사회적 토론과 합의를 통해 보정 가능한 개념으로 간주된다.

마지막에 언급된 인간 정체성 관련 항목은 로봇이나 로봇시스템이 진정한 의미의 자율적 존재가 아님에도 불구하고 외견상 자율적 주체처럼 작동하는 데서 비롯될 수 있는 사회적-심리적 혼란이나 위험을 예견하고 대비해야 할 것을 말하고 있다.

5. 맺는말

로봇윤리는 이제 막 토론이 시작된 신생 분야에 불과하지만, 인간의 정체성, 인간 정신의 본성, 인간과 인공물의 관계, 연장된 정신과 결부된 주체의 범위와 책임의 한계 등 수많은 철학적 물음들이 얽혀 있는 복잡한 문제 영역이다. 로봇 혹은 로봇시스템이 무인 자동차나 스마트 빌딩 같은 다양한 형태로 이미 세계의 구석구석에서 우리의 삶과 접촉하기 시작한 오늘, 우리는 어쩌면 이 물음들을 충분히 숙고할 기회마저 가지지 못한 채 로보틱스의 시대로 빨려 들어가게 될는지도 모른다. 이 논문은 이런 문제 상황에 대한 철학적 대응의 한 시도로, 기존 공학윤리의 연장선 위에 있으면서도 로봇이라는 존재자의 본성상 그 범위를 넘어 펼쳐져 있는 로봇윤리의 기본적인 원칙들을 제안하였다. 이 논문이 제안한 로봇윤리의 핵심은 로봇에 대한 인간의 통제력을 유지하는 일과 로봇공학의 발달 및 그 산물의 활용이 지속가능성의 원칙과 충돌하지 않도록 하는 일에 있다.

10장

체계적인 로봇윤리의 정립을 위한 로봇 존재론, 특히 로봇의 분류에 관하여

로봇윤리를 구체적인 규범의 차원까지 체계화하기 위해서는 그 적용 대상인 로봇이라는 존재 범주에 대한 체계적인 이해, 특히 그것의 적절한 분류학이 필요하다. 이 논문은 이와 같은 요구에 부응하려는 일단의 시도다. 이 논문은 먼저 로봇의 분류라는 문제의 의미를 음미하고(1절), 분류체계가 일반적으로 갖추어야 할 조건들을 분석한 후에(2절), 로봇윤리 관점의 로봇 분류라는 문제의 특수성을 염두에 두면서 로봇 분류의 가능한 원칙들을 검토한다(3절). 이어 4절에서 필자는 기존의 로봇 분류체계에 해당하는 몇 가지 사례를 2절에서 논한 중첩 금지, 전포괄성, 분류원칙의 체계성 등의 관점에서 검토, 평가함으로써 이 논문의 문제의식을 충족시키는 로봇의 분류체계가 아직 만들어져야 할 과제라는 사실을 확인하고, 5절에서 합리적인 로봇의 분류체계를 구성하는 데 적용할 만한 분석의 두 차원을 제시한다. 로봇은 인간의 도구지만 특정한 방식으

로 제한된 수준의 자율성을 구현할 수 있는 도구라는 점에서 여느 인공물과 다른 고유의 지위를 지니며, 인간과 개인적, 사회적 차원에서 상호작용하는 존재자의 특성을 지닌다. 이런 까닭에, 로봇윤리와 유관한 로봇의 분류는 이와 같은 인간-로봇 상호작용(HRI)의 특성을 분석의 주된 축으로 삼아야 할 것이다. 그리고 이 분석은 로봇시스템이 구현하는 인공지능의 양상에 대한 분석과 인간-로봇 상호작용의 구조에 대한 분석의 합으로 구성될 것이다.

1. 논의의 필요성: 로봇윤리로부터 로봇 존재론으로

로봇기술은 사이언스픽션의 영역을 벗어나 우리의 일상에 다가와 있다. 또 융합 분야의 총아라고 할 만한 오늘의 로봇공학은 지금 우리가 아는 것보다 훨씬 더 풍부하고 경탄할 만한 기술산품[1)]들을 세상에 쏟아놓을 준비를 차근차근 진행하고 있다. 로봇기술의 이와 같은 확산과 침투는 이미 우리가 경험한 생명공학의 발달이나 IT의 발달 못지않은 영향력으로 세계와 인간을 변화시킬 것이다. 이는 로봇기술의 발달이 동시에 수많은 흥미로운, 그리고 때로는 긴급하고 심각한 철학적, 사회적 물음을 유발하리라는 것을 예견케 한다. 그것은 '다가올는지도 모르는' 막연한 가능성이 아니라 이미 현전하는 상황이고 이와 같은 사정은 점점 확산, 심화될 것이다. 로봇기술은 예컨대 당장 10년 이내의 현재적 미래에

1) 이 개념은 Ferré (1995)[박준호의 2009년 번역]를 참고한 것이다. 페레는 여기서 'technology'라는 말이 기술에 대한 연구, 능력으로서의 기술, 기술산품의 의미를 포괄하는 애매성을 지녔음을 지적했다.

일련의 긴급한 ELSI 연구를 촉발할 것이다.

이 글은 이와 같은 사회적 조건에 대한 하나의 철학적 반응이며, 이 글의 목표는 로봇의 존재론적 정체성(ontological identity)과 그 분류체계(taxonomy)에 관해 토론하는 과정을 통해 로봇 존재론의 기초 정립에 기여하는 것이다. 이 글이 주제로 삼는 '로봇 존재론'(ontology of robotic beings[2]) 은 아직 정립되지 않은 분야일 뿐만 아니라 실질적으로 선행연구라고 할 만한 경우도 적다. 더구나 철학 내부의 학문적 논의는 국내외를 통틀어 미미한 형편이다. 다만 2000년대 초·중반 로봇윤리(robot ethics, 또는 roboethics)와 기계윤리(machine ethics)에 관한 논의가 유럽과 북아메리카 등지에서 발생하여 확대되면서 로봇의 범주적 정체성에 관한 체계적인 인식의 필요성이 인식되었고, 인간-로봇 상호작용(HRI: Human-Robot Interaction)을 이론적으로 분석하고 HRI의 양상을 분류하는 작업이 산발적으로 수행되었다. 또 전산공학의 한 분야로 성립된 '온톨로지'[3]라는 영역이 있고, 많지 않지만 이런 온톨로지를 로보틱스에 적용한 연구와 토론의 예도 존재한다.[4] 그러나 이러한 '온톨로지'는 이 논문의 주제인 로

---

2) 필자가 여기서 '로봇'을 영문으로 'robot' 대신 'robotic being(s)'이라고 표기하는 것은 로봇공학의 응용범위가 아주 넓다는 사실을 상기시키는 동시에 로봇공학의 그렇게 다양한 산품들을 모두 로봇의 외연에 매끈하게 포함시키려는 의도에 따른 것이다. 예컨대 공간적으로 분산되어 있으면서 하나의 체계로서 작동하는 로봇공학적 시스템은 'a robot'이라고 부르는 것보다 'a [kind of] robotic being'이라고 부르는 것이 더 적절할 것이다. 이 글에서 여러 번 등장하는 표현 '로봇'은 문맥에 따라 때로는 'robot', 때로는 'robotic being'이나 'robotic system'을 의미하지만, 이러한 애매성이 이 논문의 취지를 이해하는 데 방해가 되지는 않을 것이다.

3) 이 개념에 관해서는 Tom Gruber의 글 "Ontology"(in: L. Liu and M. T. Özsu (eds.)(2009), *Encyclopedia of Database Systems*, Springer)를 참고할 것.

4) Amigoni, F. et al. (2005), "An application of ontology technologies to robotic agents", *IEEE/WIC/ACM International Conference on Intelligent Agent Technology 2005*; Suh, I. H. (서일홍) et al. (2007), "Ontology-based multi-layered robot knowledge framework (OMRKF) for robot

봇 존재론과 유관한 동시에 상이하다. 무엇보다도, 필자가 제안하는 로봇 존재론의 기획은 "로봇이라는 특수한 인공물의 범주를 도대체 무엇으로, 즉 어떤 존재특성을 지닌 범주로 파악해야 하는가?"하는 일반적인 물음에서 출발한다는 점에서 그 물음 이후의 '분류체계'를 탐색하는 전산공학의 '온톨로지'와 차별된다. 그렇다면 여기서 필자가 아직 논의의 영역으로 확립되지도 않은 로봇 존재론을 거론하는 이유는 무엇인가?

필자는 정부(지식경제부)가 발주하고 제어·로봇·시스템학회(ICROS)가 주관하여 진행되었던 '로봇윤리헌장 수립을 위한 연구위원회'의 활동에 참여한 경험이 있다. 이 프로젝트는 상당한 내용적 성과에도 불구하고 결국 세계 최초로 로봇윤리헌장을 수립하여 발표하겠다는 본래의 목표에 도달하지 못한 채 일단 종료되었다.[5] 그것은 프로젝트를 발주했던 주체의 관점에서 볼 때 아쉬운 실패였을 수도 있지만 사실상 자연스러운 귀결이었고, 단순한 실패라기보다 어떤 인식의 성숙을 가져오는 계기였다. 이 '실패'의 핵심적인 이유를 분석하자면, 우리가 아직 적절한 로봇윤리의 체계를 구축할 만한 철학적 토대를 갖추지 못했다는 것이다.[6] 결국 이와 같은 공동작업과 토론의 경험으로부터 얻을 수 있었던 가르침은 적절한 로봇윤리의 체계를 구축하는 데 로봇에 관한 존재론적 물음이 핵심

---

intelligence", *Intelligent Robots and Systems(IROS)* 2007.

5) BBC News (http://news.bbc.co.uk/2/hi/technology/6432307.stm), National Geographic (http://news.nationalgeographic.com/news/2007/03/070316-robot-ethics.html) 등을 비롯한 다수의 외국 언론과 지면에 한국이 세계 최초로 로봇윤리헌장을 제정, 선포하겠다고 공언한 일이 보도되었다.

6) 실제로 공학자, 미래학자, 사회학자, 법률 전문가, 로봇산업 경영자, 과학기술정책 전문가 등이 포함된 위원회의 발표와 토론에서 거듭 논쟁과 고민의 대상이 되었던 물음은 "로봇의 범주를 어떻게 규정할 것인가?", "로봇을 [가치판단의 대상이 되는] 행위의 주체로 상정할 수 있는가?" 등의 '철학적' 물음이었다. 그리고 이런 물음은 자연히 로봇윤리헌장의 내러티브를 어떻게 구성해야 하는가 하는 (예컨대 '로봇'을 '인간과 협력하는' 같은 술어의 주어로 쓸 수 있는가 같은) 기본적이면서도 실질적인 물음을 야기하였다.

적인 선결문제로 요구된다는 사실의 인식이었다. 유효한 로봇윤리의 정립은 "도대체 로봇이란 무엇인가?", 또는 "우리는 로봇을 무엇으로 보아야 하는가?" 같은 물음에 대한 적절한 해명을 토대로 해서만 가능하다.[7)]

필자는 다른 논문에서 이 물음에 대한 논의를 전개하여 그 대답의 한 가지 핵심 요소를 제안한 바 있다. 그러나 로봇윤리에는 원칙적으로 모든 종류의 로봇공학적 시스템에 적용되는 총론적, 일반론적 부분과 나란히 특수한 로봇의 범주들에 적용될 특수윤리의 몫이 존재하는데, 이런 몫을 적절히 다루기 위해서는 로봇의 범주를 분류하는 작업 즉 로봇의 분류학(systematics of robotic beings)이 필요하다. 이 논문은 이와 같은 필요에 부응하기 위한 하나의 시도다. 조사 결과, 로봇공학의 상당한 발달에도 불구하고 현재 이와 같은 로봇의 체계적 분류는 정립되어 있지 않다. 분류의 단초로 볼 만한 다양한 방식의 범주화가 제시되었지만, 뒤에서 평가되겠듯이 이 논의가 지향하는 로봇의 체계적 분류까지는 아직 거리가 멀다.

2012년 5월 국내의 한 신문에 1면 기사로 로봇에 관한 기사가 실렸다. 같은 날 다른 일간지에서도 비중 있게 다뤄진 이 기사의 내용은 2011년에 미국 브라운대와 하버드의대 연구진이 공동 작업으로 이뤄낸 성과에 관한 것이었다. 기사의 사진에 나타난 여자는 두 팔이 마비된 사람이었는데, 연속된 몇 장의 사진에서 자기 두뇌에 연결된 장치로 로봇팔에 명령을 내려 "생각대로 움직이는 로봇팔"을 이용해 음료수를 마시는 장면을 보여주고 있었다. 이것은 우연히 비슷한 시기에 기사화되었던 로봇기술의 다른 성과[8)]와 더불어 로봇기술을 활용한 의수족(robotic prosthetics, 또

7) 생명-자연-인공의 존재론적 관계에 관한 폭넓은 논의는 김종욱 (2007)을 참조.

8) "Paralysed woman to tackle marathon on robot legs."(BBC News) URL=http://www.bbc.co.uk/news/uk-17743915. 이 기사의 주인공인 클레어 로마스(C. Lomas)는 '리워크(ReWalk)'라는 이

는 prosthetic robotics)의 임박한 미래를 암시하는 사례였다. 이와 같은 의수족 로봇기술은 가까운 미래에 로봇공학을 선도할 핵심 응용분야 가운데 하나가 될 것이다.[9]

그런데 이 경우 앞의 기사에 나온 로봇팔은 자기 뇌의 명령을 통해 그것을 움직이는 사람의 신체 일부분으로 보아야 하는가 아니면 별도의 개체인가? 만일 그것의 작동으로 인해 어떤 인명 또는 재산 피해가 발생한다면 그 피해의 책임을 그 사람에게 물어야 옳은가, 아니면 로봇을 제작한 회사가 책임을 져야 하는가? 물론 "경우에 따라 다르다."라는 현명한 대답이 존재하지만, 경우에 따라 판단이 구체적으로 어떻게 달라질 것인지는 문제의 로봇팔을 도대체 무엇으로 보아야 하는가 하는 물음에 달려 있다. 언급된 실험의 로봇팔은 사람의 신체와 공간적으로 분리된 채 신호를 전달하는 전선으로 연결되어 있었다. 무선 방식을 활용함으로써 전선의 연결도 없이 공간적으로 완전히 분리된 경우 전선으로 연결된 로봇팔의 지위와 차이가 생기는가? 또 이 경우와 달리 두 팔을 완전히 잃은 사람의 신체에 로봇팔을 이식하여 두뇌의 명령대로 움직이게 한다면, 기사의 경우와 차이가 생기는가? 이런 물음은 앞으로 우리 사회가 따지게 될 언뜻 사소한 듯 보이면서도 법적, 사회적, 도덕적 책임에 관한 실질적인 논쟁들의 대상이 될 일상적 문제 상황을 예시한다.

이와 같은 문제 상황을 체계적으로 다룰 수 있기 위해서는 앞에서 언급된 대답의 "경우에 따라"를 체계적으로 분석해야 한다. 그리고 이러한 분석은 로봇시스템이 인간과 연결되거나 상호작용하는 다양한 경우들

름의 로봇공학적 보행보조 장치를 마비된 하반신에 장착하고 런던마라톤 구간을 열엿새에 걸쳐 완주했다.

9) 이 글이 발표된 후 지난 10년간 로봇공학은 필자의 이러한 예견에 부합하는 발전을 보여주었다.

의 체계적 분류를 요구한다. 이것이 로봇 분류체계의 핵심적인 존재이유다. 그리고 이와 같은 사정은 로봇윤리와 연관된 맥락에서 로봇을 분류하는 작업의 방식에 관하여 어떤 힌트를 준다. 우선 로봇이라는 범주를 분류하는 일을 일반적인 관점에서 고찰해보자.

2. 분류라는 문제

Bowker & Star (1999)는 분류를 "세계의 공간적 · 시간적 또는 시공간적 분절화"라고 정의한다.[10] 그런데 이렇게 분절화된 체계 즉 '분류체계'는 느슨한 의미에서 어떤 목적과 결부된 구성의 산물이다. 보커와 스타는 분류체계를 "사물들이 [그 안에] 집어넣어지고, 그러고 나서 [사람들이] 그 안에서 어떤 종류의 작업을 할 수 있는 한 세트의 상자들"로 표현한다.[11] 셀 수 없이 많고 다양한 사물들을 유한한 개수의 상자들 안에 나누어 넣는 이유는 그러고 나서 이루어질 어떤 작업이 존재하기 때문이다. 그러나 이것은 분류가 항상 특정한 목적을 의식하면서 이루어진다는 주장은 아니다. 인간은 본능적으로 현상과 사물들을 범주화한다. 그것은 필경 진화의 관점에서도 이로운 습관이었을 것이다. 범주화를 통한 분류는 인간이 외부의 자극을 갈무리하여 이해하고 나아가 그것을 다루는 데

10) 같은 책, 35쪽. 창세기에는 조물주가 짐승과 새들을 아담에게 데려와 그가 그것들을 어떻게 부르는지 보았다는 장면이 있다. 최초의 인간인 아담이 부르는 것이 그것들의 이름이 되었다고 한다. 상상을 조금 보태보자. 만일 어느 짐승이 다가왔을 때 아담이 "어, 이것은 아까 왔던 것과 같은 [종류의] 놈인데요."라고 반응하며 별도의 이름을 붙이지 않았다면, 그는 필경 많든 적든 상이한 속성을 지녔을 두 마리의 짐승을 한 분류항에 집어넣은 것이다.

11) Bowker & Star (1999), 36쪽.

긴요한 역할을 하는 활동이었고, 그래서 인류의 지적 발달 과정에서 원초적 지위를 차지하는 활동이었다.[12]

분류의 이와 같은 본성은 분류체계의 다수성 혹은 다양성을 함축한다. 뒤집어 표현하자면 그것은 분류체계의 선택가능성이다. 푸코가 『말과 사물』 서두에서 보르헤스의 글[13]을 인용하면서 언급하는 '한 중국 백과사전의 동물 분류'를 살펴보자.

> (a) 황제 소유의 동물들, (b) 향유로 보존처리된 동물들, (c) 훈육된 동물들, (d) 젖을 빠는 돼지들, (e) 인어들, (f) 전설 속 동물들, (g) 주인 없는 개들, (h) 현재 분류에 포함된 동물들, (i) 미친 듯이 떠는 동물들, (j) 셀 수 없는 동물들, (k) 아주 섬세한 낙타털 붓으로 그려진 동물들, (l) 기타 동물들, (m) 항아리를 깨뜨린 동물들, (n) 멀리서 볼 때 파리처럼 보이는 동물들[14]

이 분류를 심각하게 하나의 '동물분류체계'로 보려고 할 때 우리는 일종의 당혹감을 느낀다. 이유는 무엇인가? 아마도 당혹감의 이유는 '황제의 소유'나 '향유 보존처리' 같은 개념이 생소하다거나 '인어'가 실재하지 않는 가상의 존재라는 데 있다기보다 이 체계를 관통하는 '분류의 원칙'이 이해되지 않는다는 데 있다. 푸코는 이 분류법 앞에서 "우리 사고의 한계"가 드러난다고 말한다.[15] 그러나 저런 분류법을 사용하고 있던 사

---

12) "범주화한다는 것은 이해하는 데도 필요하지만, 특히 행동하는 데도 필요하다."[Vignaux (1999), 24쪽]

13) Jorge Luis Borges의 에세이 "El idioma analítico de John Wilkins"(존 윌킨스의 분석적 언어), 1942.

14) Foucault (1988), 11쪽.

15) Foucault (1988), 같은 곳. 이 논문은 이 분류체계를 비판하지만, 이런 생소한 분류체계에 합리성을 부여하는 사유의 틀 혹은 '에피스테메'가 존재할 가능성을 부인하지는 않는다.

람의 입장에서는 "황제의 소유라는 특성이나 멀리서 볼 때 파리처럼 보인다는 특성이 모두 구체적이고 분명한 분류의 원칙이 아니냐?"고 반문할 수 있지 않을까? 그러나 그런 반문에 일리가 있다고 해도 당혹감이 사라지는 것이 아니다. 그뿐 아니라 실제로 이 당혹감은 정당한 근거를 지닌다. 그 이유는 설령 각 분류항의 속성이 분명하게 제시되었다고 해도 분류항들을 관통하는 분류체계의 원칙이 제시된 것은 아니기 때문이다. 분류체계의 원칙이란 무엇인가?

일찍이 『파이드로스』에서 플라톤은 —소크라테스의 입을 빌려— 올바른 분류는 '자연의 마디'를 따라 이루어지는 것이라고 주장한다. 마디가 아닌 곳에서 억지로 자연을 자르는 일은 못난 조각가나 서투른 백정이 하는 일이라는 얘기다. 그러나 로봇이라는 범주에는 일차적으로 자연의 마디가 존재하지 않는다.[16] 자연을 대상으로 하는 분류가 자연에 이미 존재하는 마디를 찾아내는 작업이라면, 인공물을 대상으로 하는 분류는 적절한 마디들을 만들어내는 작업에 해당한다. 이와 같은 후자의 분류 작업에 대해 우리는 어떤 덕목을 상정할 수 있을까? 흥미롭게도 『파이드로스』의 소크라테스는 간접적으로 이에 관해서도 유용한 조언을 제공한다.

소크라테스는 '여기저기 흩어져 있는 개별자들을 하나의 관념 아래 묶어 [즉 유적(類的) 관점에서] 지각하고 사유하도록 한다'[17]는 분류의 의의

단, 그런 이질적 에피스테메에 대한 논의는 이 논문의 몫이 아니다.

16) 여기서 '일차적으로' 존재하지 않는다고 말한 이유는 로봇을 다루는 인간의 특성과 관련하여, 즉 로봇-인간의 관계 속에서 '이차적으로' 자연의 마디에 준하는 어떤 요소가 등장할 수 있다는 가능성을 의식한 데 있다.

17) 『파이드로스』, 265d. "여러 곳에 흩어져 있는 것들을 함께 바라보면서 그것들을 하나의 이데아로 모으는 일인데, 그 목적은 우리가 각 대상을 정의하고, 설명하려고 하는 대상을 그때그때 분명하게 드러내는 데 있네. […] 그 연설은 그런 것들을 근거로 삼아 분명하고 일

를 재확인한다. 그리고 그는 분류하고 정의하는 이런 사유의 작용을 통해 우리의 이야기가 명료성(clearness)과 정합성(consistency)[18]을 획득한다고 말한다. 이를 원용하여 인공물의 분류에 관한 일반적인 원칙을 추출해보자면, 분류는 유적 범주화를 통해 여럿일 뿐만 아니라 다양한 대상들의 영역 전체에 관한 우리의 사유를 더 안전하고 편리하게 만드는 역할을 해야 한다. 그렇다면 어떤 분류가 이런 역할을 잘 수행할 수 있는가?

이 물음은 분류 일반에 관한 광범위한 철학적 논의를 요구하고, 그것은 이 논문이 감당할 수 없는 일이다. 그러나 적어도 우리는 로봇이라는 인공물의 분류를 염두에 두고 좋은 분류체계가 만들어지도록 하기 위해 고려할 만한 몇 가지 요구사항을 검토해볼 수 있다. 필자는 이러한 요구사항으로 우선 세 가지를 제시한다. 그것은 ① 중첩 금지와 전포괄성, ② 분류원칙의 체계성, ③ 동일 수준 분류항들 간의 양적 균형이다.

먼저 가장 기본적인 요구는 중첩 금지[19]와 전포괄성(exhaustiveness)이다. 중첩 금지와 전포괄성은 상이한 개념이고 서로 독립적으로 충족되어야 할 조건이지만, 동시에 충족되지 않으면 안 될 가장 기본적인 요구인 까닭에 한 항목으로 묶어 논한다. 중첩 금지란 한 대상—그것은 그 자체 분류항일 수도 있다—이 서로 상위-하위 분류항의 관계에 있지 않은 둘 이상의 분류항에 귀속되는 경우가 없어야 한다는 것이다. 예컨대 사람은 영장류[목(order)]에 속하는 동시에 포유류[강(class)]에 속하지만, 포유동물이

관된 것들을 말할 수 있었네."(조대호 번역)

18) 'clearness'와 'consistency'라는 표현은 조웻(B. Jowett)의 번역에 따른 것이다. 리터(C. Ritter)의 독일어 번역에서는 각각 'Klarheit'와 'Widerspruchslosigkeit'로 번역되었다.

19) '중첩 금지'는 토마스 쿤이 성숙한 렉시콘 즉 개념체계가 충족시켜야 하는 필요조건으로 꼽았던 '중첩 금지의 원칙'(no-overlap principle)에서 차용한 개념이다.

면서 파충류[강]에 속하는 대상이란 존재할 수 없다. 한편 전포괄성의 요구는 대상영역의 범위에 존재하는 모든 대상이 하나도 빠짐없이 분류체계의 어느 부분엔가 귀속되어야 한다고 명한다.

다음은 분류원칙의 체계성이다. 분류의 원칙은 최대한 체계적인 질서를 구현해야 한다. 달리 말하자면, 분류체계 전체에 걸쳐 분류의 원칙은 일관적이어야 한다. 이와 같은 체계성의 요구는 두 가지 차원에서 드러난다. 두 차원 중 더 우선적인 요구조건에 해당하는 것은, 분류의 같은 층위에 속한 분류항들을 정의하는 기준이 해당 층위의 모든 분류항에 걸쳐 횡적으로 일관된, 혹은 동종의 속성들로 구성되어야 한다는 것이다. 예컨대 일군의 학생들을 1학년, 2학년, … 식으로 분류하거나 특정한 시험의 성적에 따라 몇 그룹으로 분류하는 경우는 이런 요구를 충족시킨다. 반면 위에서 언급된 중국 백과사전의 동물 분류는 이와 같은 요구를 충족시키지 못하는 것처럼 보인다. '황제의 소유물임'과 '향유로 보존처리 되었음'을 묶는 일관성 있는 속성의 범주—앞의 '학년'이나 '최근 시험의 성적'에 상응하는—가 드러나 있지 않기 때문이다. 두 번째 요구는 분류체계의 층위들 간의 관계에 대한 것으로, 둘 이상의 층위를 가진 계층적(hierarchical) 분류체계에 해당되는 요구사항이다. 분류체계를 구성하는 층위들은 각각 상이한 한정특성들(defining characteristics)의 집합과 대응되겠지만, 계층 체계의 전체 높이에 걸쳐 이 집합들은 한 분류체계의 일관된 분류 원칙을 지향하고 있어야 한다. 예를 들어 '용도'의 관점에서 칼을 분류할 때 분류의 어느 층에선가 '과일 깎는 칼'을 몇 개의 하위 범주로 분류하게 되었을 때 칼날의 길이를 기준으로 삼았다면, 그것은 필경 과일 깎는 칼의 칼날 길이가 그것의 용도와 연관성을 갖기 때문일 것이다. 만일 그렇지 않다면 이 분류체계는 두 번째 요구의 관점에서 불만족스러운 셈이다.[20]

끝으로, 앞의 둘만큼 엄격하게 요구되지 않고 엄밀하게 정의하기도 어렵지만 세 번째로 고려할 만한 덕목은 동일 수준 분류항 집합들 간의 균형이다. 이는 분류의 결과 한 층위에 존재하는 분류항들 간에 심각한 불균형이 존재할 경우 분류체계의 조정을 고려하도록 만드는 덕목이다. 예컨대 지구상의 국가들을 2011년의 1인당 국민소득을 기준으로 분류할 때 분류의 구간을 ① 1000US$ 미만, 1000US$ 이상 2000US$ 미만, 2000US$ 이상 3000US$ 미만, … 등으로 나누는 경우와 ② 10만US$ 미만, 10만US$ 이상 20만US$ 미만, 20만US$ 이상 30만US$ 미만, … 식으로 나누는 경우를 생각해보자. ①과 ②는 둘 다 분류의 형식적 기준에서 일관성과 균일성을 갖춘 것처럼 보이지만, 후자는 전자에 비해 부적절한 분류다. 거의 모든 국가가 첫 번째 분류항에 속하는 반면 세 번째 이후의 분류항들은 공집합이 되기 때문이다. 이것이 '국민소득'에 따른 분류라는 점에서 짐작할 수 있는 것처럼 이 세 번째 조건의 함의는 분류체계가 분류의 대상들로 구성된 세계의 변화에 따라 변화하는 것이 자연스럽다는 것이다. 없던 분류항이 새로 생기거나 존재하던 분류항이 사라지는 것도 이상한 일이 아니다. 또 존재하는 분류항들 간의 비중 변화에 따라 분류체계의 구조도 변화하게 된다. 예를 들어 현재의 로봇 분류에서 지능형 휴머노이드는 가까스로 미래지향적인 한 항목으로 존재할 뿐이지만 50년 후의 로봇 분류에서 그것은 아마도 그 안에 많은 하위분류항들을 거느린 범주로 성장해 있을 것이다.

---

20) Bowker & Star (1999)는 분류체계가 갖추어야 할 속성으로 일관되고 고유한 분류원칙, 범주들 간의 상호배제, 체계의 완전성을 든다. 이것들은 각각 필자가 제시하는 세 조건 중 순서대로 ②, ①(중첩 금지), ①(전포괄성)과 대응된다.

3. 로봇의 분류라는 문제의 특이성과 로봇 분류의 관점

분류학(systematics)의 전형은 생물학에서 확인된다. 생물분류체계(biological taxonomy)는 아주 오랜 세월에 걸쳐 지속적으로 보완되고 개선되어 온, 수렴적 작업의 거대한 역사가 낳은 결과물이다.[21] 그러나 흥미로운 사실은, 생물분류체계 전체를 일이관지하는 단일한 분류의 원칙은 존재하지 않는다는 것이다. 오늘날 생물분류체계는 가장 오래되고도 강한 직관적 호소력을 지닌 형태학적 관점(morphological 또는 pheneticist viewpoint), 역시 아주 오래되고도 생물종 개념 중 가장 기본적이라는 이유에서 '생물학적 종개념'(biological species concept)이라고 불리는 종의 관념을 기초로 수립된 유전자 풀(gene pool) 간 거리관계의 관점, 생물분류체계가 진화의 역사를 반영하는 것이어야 한다는 진화론적 관점(evolutionary viewpoint), 그리고 생태학적 관점(ecological viewpoint) 등 최소한 예닐곱 가지 주요 관점들의 상호보완적 종합을 통해 만들어지고 있다.[22]

내적 원칙에서 비균질적이면서도 하나의 성공적인 종합을 예증하는 생물분류체계의 경우로부터 로봇의 분류에 관한 어떤 힌트를 얻을 수 있을까? 우선 우리는 생물분류와 관련하여 언급된 몇 가지 관점의 유비적 적용을 로봇의 분류에서 시도해볼 수 있을 것이다. 예를 들어 형태학적 관점은 필경 로봇의 분류에도 어떤 식으로든 반영될 것이고, 로봇 분류

---

21) 물론 이 역사는 단순히 수렴적이지 않고 다윈 진화론과 분자유전학 같은 중요한 혁신의 계기들을 포함하고 있다. 그러나 그럼에도 불구하고 아리스토텔레스 이래로 생물분류체계의 역사가 끊임없는 보완과 개선을 통해 일종의 완성에 계속 접근해 가는 과정이었다는 사실은 부인되지 않는다.

22) 고인석 (2000) 참조. 이런 관점에서 볼 때, 위에서 논한 세 조건은 이상적인 분류가 갖추어야 할 덕목들이고 실제 분류체계는 이것들을 부분적으로 그리고 점근적으로(asymptotically) 충족시킨다고 보는 것이 옳겠다.

에 응용된 진화론적 관점은 각 로봇 혹은 그 유형이 개발된 역사를 중시하면서 어느 로봇을 발생적 배경으로 어떻게 다른 유형의 로봇이 개발되었는지 역사적 관계를 추적하여 분류체계에 반영하려는 시도를 유발할 것이다. 그러고 나서 로봇에 관해서도 생물분류체계의 경우와 유사한 상보적 종합이 가능하지 않을까 기대해볼 수도 있겠다.

그러나 생물분류체계와 로봇의 분류 사이에는 중대한 차이가 놓여 있다. 평범하면서도 분명한 이 차이는 로봇이 인공물이라는 데 있다. 유기체들의 세계는 임의로 새로운 종이나 속을 만들어내지 않는다. 유기체의 영역에서 하나의 새로운 상위분류항(higher taxon)이 생겨나는 데는 일반적으로 아주 오랜 시간에 걸친 진화적 과정이 소요된다. 그러나 인공물의 영역에서 그에 상응하는 변화는 짧은 시간 안에 비교적 가볍게 성취될 수 있다. 이러한 차이를 고려할 때, 유기체의 분류가 상당한 안정성 혹은 상이한 관점들에도 불구한 일반성으로의 수렴이라는 특성을 나타낼 수 있는 반면 로봇의 분류는 훨씬 더 임의적이고 가변적일 수밖에 없다는 사실이 분명해진다. 이것은 쉽게 알아차릴 수 있는 단순한 사실이지만 중요한 사실이다. 이로부터 얻는 가르침은 다음과 같다. 우리가 해야 할 일은 로봇의 올바른 분류체계를 '발견'하기 위한 탐구가 아니라 적절한 분류체계를 '선택'하거나 '구성'하는 작업이다.

로봇공학 분야의 교과서와 한국, 일본, 미국 등의 로봇기술 로드맵 등 로봇 관련 문헌들을 조사한 결과 로봇의 분류 또는 범주화와 관련하여 크게 두 갈래의 관점 혹은 방식이 존재한다. 하나는 로봇을 생산하는 로봇공학적 요소들을 분류의 축으로 삼는 방식이고, 다른 하나는 로보틱스의 최종 산물로 구체화된 '로봇들' 자체를 —특히 그 용도의 시각에서— 분류의 대상으로 보는 관점이다. 전자의 한 예로, 한국의 한 로봇공학 입문서에는 다음과 같은 세 가지 분류가 제시되어 있다.[23)]

1) 구동 방식에 따른 분류: 전기식 로봇/ 유압식 로봇/ 공기압식 로봇
2) [기구 부분의] 운동 방식에 따른 분류: 직교좌표형 로봇/ 원통형 로봇/ 구형 로봇/ SCARA 로봇/ 다관절 로봇
3) 제어 방식에 따른 분류: 서보제어 로봇/ 비서보제어 로봇

여기서 분류의 축으로 등장한 구동 방식, 기구부의 운동 방식, 제어 방식 등 세 차원은 로보틱스를 구성하는 다른 요소들의 차원을 통해 더 다원화될 수 있다. 예를 들어 2009년 CRA(Computing Research Association)가 발간한 미국 로보틱스 로드맵(A Roadmap for US Robotics: From Internet to Robotics)에는 로보틱스를 구성하는 요소 분야로 구동 시스템, 에너지 및 파워 시스템, 제작 및 재료 기술, 마이크로 및 나노 기술, 인간 대 로봇 인터페이스, 통신 및 네트워크, 계획과 제어, 강인성과 신뢰도, 기계 학습, [로봇] 지각 등의 기술 영역이 열거되어 있으며, 이와 같은 요소 분야의 항목들은 모두 분류의 차원과 결부시킬 수 있다.

이러한 분류의 관점은 로봇공학이라는 분야의 지형을 파악하고 나아가 이 분야의 발달을 조정하거나 관리하는 목적에 유용하다. 그래서 공학 분야의 로보틱스 관련 교과서와 기본 문헌에는 이와 같은 요소기술 관점의 분류가 우선적으로 제시되어 있다.[24] 그러나 이 논문이 지향하

23) 정용욱/정구섭 (2012), 28쪽 이하. 필자의 수정 포함.

24) 정용욱/정구섭 (2012), Jazar (2010), Kadota (2007), Morecki et al. (1999), Niku (2001) 참조. Niku (2001)에 소개된 미국 로봇협회(RIA)의 분류[가변식 진행형 로봇(Variable Sequence Robot); 작업 재생 로봇(Playback Robot); 수치제어 로봇(Numerical Control Robot); 지능형 로봇(Intelligent Robot)] 그리

는 '구체적이고 체계적인 로봇윤리를 수립하기 위한 철학적 기반'으로서의 로봇 분류를 생각할 경우에는 이러한 관점보다 로봇공학의 산물로서 실현된 로봇을 범주화하고 분류하는 관점이 더 적절하다. 그리고 이처럼 로봇공학이 낳은 기술산품으로서의 로봇을 분류하는 데서는 특히 용도 혹은 목적의 관점이 중심 역할을 한다.

그 이유는 로봇윤리라는 주제가 지시하는 핵심적인 성찰의 대상이 로봇과 인간의 관계이기 때문이다.[25] 로봇을 만드는 인간의 동기 속에는 부분적으로 '조물주 욕구' 즉 자기와 같은 수준의 지적 존재를 창조해내 보려는 오래된 원초적 욕구가 존재하지만, 로봇이 생산되는 훨씬 더 우선적인 이유 다시 말해 로봇의 존재 이유는 그것의 도구적 유용성에 있다. 로봇은 인간이 특정한 유용성을 의도하고 제작하는 인공물 즉 도구(artifact)다. 이런 점을 고려할 때 '체계적인 로봇윤리의 정립을 위한 철학적 토대'라는 취지와 부합하는 분류의 관점은 앞에서 언급한 두 관점 가운데 전자 즉 로봇공학의 요소들을 중심으로 하는 분류가 아니라 후자 즉 모종의 로보틱 시스템으로 구현된 기술산품으로서의 로봇을 대상으로 하는 분류라고 판단할 수 있다. 로봇윤리의 체계를 로봇의 하위범주에 따라 세분화하는 상황을 생각해볼 때 예를 들어 전기구동식 로봇과 유압구동식 로봇 간의 차이보다는 실버케어 로봇과 위험물 생산공정용 로봇시스템 간의 차이가 유의미할 것이기 때문이다.

그렇다고 로봇윤리와 유관한 로봇 분류의 기준을 용도로 제한하는 것

고 이와 중첩되는 일본 산업로봇협회(JIRA)의 분류[Class 1: 수동식 처리 장치; Class 2: 고정식 진행형 로봇; Class 3: 가변식 진행형 로봇; Class 4: 작업 재생 로봇; Class 5: 수치제어 로봇; Class 6: 지능형 로봇]는 정용욱/정구섭 (2012)의 분류와 다른 분류항들로 구성되어 있지만 마찬가지로 '로봇공학'의 요소들을 기준으로 삼는 분류체계이다.

25) 이러한 생각은 일찍이 '아시모프의 로봇 3법칙'에 반영되어 나타났다. 고인석 (2011)을 보라.

은 성급한 일이다. 예를 들어 보행용 의수족 로봇장치의 경우, 자유로운 탈부착이 가능한 방식으로 인체 외부에 설치되는 로봇장치와 피부 아래 골격 자리에 신체의 일부로 장착되는 로봇장치는 비록 서로 용도 면에서 거의 일치한다고 해도 그것들과 그것의 사용자 간의 관계에서는 중요한 차이가 발생할 것이다. 이는 두 경우가 로봇윤리의 시각에서 상이한 집합의 원칙과 결부되리라는 개연성을 함축한다. 또 좁은 의미의 용도 이외에도 로봇시스템이 지닌 지능의 수준과 양상, 물리적 분포의 양상(공간적으로 한 물체의 형태를 띠고 있는지 아니면 분산된 체계의 꼴을 띠고 있는지) 등 로봇윤리와 유관한 다양한 분류의 차원이 존재한다. 그러나 일단 앞에서 구분한 두 관점 가운데 전자가 아닌 후자 즉 기술산품으로 구현된 로봇시스템 자체가 분류의 대상이 되어야 한다는 사실은 분명해졌다.

4. 기존의 몇 가지 로봇 분류

로봇의 분류는 로봇공학의 산물들을 적절한 사유경제적 질서 속에 정리함으로써 '로봇'의 범위로 포괄되는 모든 대상, 그 범위 전체를 체계적으로 파악하기 위한 활동이다. 로봇이라는 범주 전반에 대한 포괄적이면서도 체계적인 파악은 현실에서 그 범주에 속한 사례들을 다루는 활동의 합리성과 효율성을 증대시키고, 로봇 대 인간 상호작용의 접속면에서 발생할 수 있는 위험을 관리하는 역량도 강화할 것이다. 이제 앞 절의 논의에 따라 기술산품으로서의 로봇에 대한 분류를 염두에 두고 이 관점의 기존 분류체계에 해당하는 몇 가지 예를 검토하면서 장차 구축되어야 할 분류체계의 모습을 그려보도록 하자.

첫 번째로 살펴볼 것은 2006년에 발표된 EURON의 로봇윤리 로드맵에 제시된 분류다.[26] 이 로드맵은 로봇의 영역을 다음과 같이 여덟 항목으로 분류하였다.

[EURON]
① humanoid; ② advanced production system; ③ adaptive robot servants & intelligent homes; ④ network robotics; ⑤ outdoor robotics[27]; ⑥ health care and life quality; ⑦ military robotics; ⑧ edutainment

[EURON]의 여덟 분류항을 특징짓는 속성을 순서대로 분석해보자. ① 인간을 (특히 외양과 외형적 행태에서) 닮음; ② 생산 공정에 활용됨; ③ 일상적 맥락에서 생활을 편리하게 하는 방편으로 활용됨; ④ 다수의 로봇이 네트워크로 연결되어 공동의 작업에 참여함; ⑤ (주로 대규모의) 사회적 맥락에서 활용됨; ⑥ 인간의 질병 치료와 건강증진을 도모함[28]; ⑦ 군사적 목적에 활용됨; ⑧ 교육, 오락, 예술 활동 등에 활용됨.

---

26) URL=http://www.roboethics.org/atelier2006/docs/ROBOETHICS%2520ROADMAP%2520Rel2.1.1.pdf. 2006년 이탈리아 제노바에서 잔마르코 베루지오(G. Veruggio)의 주도로 열린 로봇윤리 모임(Europe Roboethics Atelier)의 결과로 작성된 "EURON Roboethics Roadmap"은 로봇윤리 관련 논의의 여러 차원에 중요한 토대 자료 역할을 하고 있다. 오늘날 EURON 즉 유럽 로봇연구 네트워크(EUropean RObotics research Network)에는 230여 개의 로봇 관련 연구기관과 산업체가 참여하고 있으며, EURON은 로봇윤리와 관련해서도 토론을 선도하는 캠프 역할을 하고 있다. (EURON의 웹사이트(http://www.euron.org)도 참고하라.) 이 로드맵의 작성을 주도한 베루지오는 이 분류가 이보다 앞서 2005년에 발표된 EURON의 Robotics Research Roadmap에 제시된 분류를 따른 것이라고 명시하였다.

27) 대지, 해양, 공중, 우주의 네 영역을 포함한다. 오염지대 해독작업 로봇, 해저자원 탐사 로봇, 우주정거장 제어시스템 등을 예로 들 수 있다.

28) 원격수술 로봇뿐만 아니라 로보틱스를 활용한 인공 장기와 인공 관절 등도 이 분류항에 포함된다.

위의 여덟 분류항 가운데 ②, ③, ⑤, ⑥, ⑦, ⑧은 로봇기술을 활용하는 목적을 분류의 기준으로 삼고 있다. 그러나 '인간과 닮음'이라는 속성이 기준이 되는 ①과 작인(agent)의 특수한 구성을 분류항의 특성으로 하는 ④는 이에 해당하지 않는다. 이는 이 분류가 앞에서 거론한 '분류 원칙의 체계성' 요구를 충족하지 않는다는 것을 의미한다.[29] 그러나 한 걸음 물러서서, 문제가 되는 두 항을 빼고 생각해보자. 나머지 여섯 항은 분류체계의 요구조건을 만족시키는가? 분류 원칙의 일관성을 위해 두 분류항을 제외하고 보더라도 중첩 금지와 전포괄성의 요구가 충족될지는 불분명하다.

예를 들어 앞에서도 거론된 로봇 의수족의 경우를 생각해보자. 그것은 일차적으로 ⑥의 사례로 생각되겠지만, 그것이 질병이나 신체적 장애를 극복하는 방편이 아니라 전투에 투입되는 군인의 신체적 능력을 비약적으로 강화하는 방편으로 활용될 경우는 어떨까? 이 분류체계에 대한 설명에 따르면 실제로 ⑦에는 '고성능 센서, 증강현실 기술, 인공 외부골격 등을 이용하여 병사의 전투능력을 향상시키는 로보틱스 보조장치'가 포함되고, 이는 경우에 따라 로봇 의수족이 ⑦의 사례가 될 수 있다는 사실을 의미한다. 이런 문제제기는 '활용 목적'의 관점에서 ⑥에 속하는 의수족의 경우와 ⑦에 속하는 의수족 로보틱스의 경우를 구별하는 적절한 기준을 제시함으로써 응답될 수 있다. 그러나 그런 해결은 미리 확정된 분류 원칙의 차원에서 보장되는 것이 아니라 개별적으로 등장하는 까다로

29) 휴머노이드가 한 독립된 분류범주로 처리되고 그것도 첫 번째 항으로 제시된 것은 그것이 오늘날 로보틱스가 추구하는 가장 핵심적인 품목에 해당한다는 사실에 기인한다고 생각된다. 그러나 장차 만족스런 수준의 휴머노이드 제작이 가능해진 단계를 상정해본다면, 그것은 예컨대 가사 도우미나 전투용 등 구체적인 용처에 투입될 것이고 결국 휴머노이드는 용도의 관점에서 정의된 다른 분류범주들로 분산되어 들어가게 될 것이다.

운 사례들을 그때그때 어느 한 상자에 귀속시키기 위한 추가적인 원칙을 명시하는 애드혹 방식으로 이루어질 것이다.

다음으로 미국 국립표준기술연구소(NIST)의 슐레노프(C. Schlenoff)가 제시한 분류를 살펴보자.[30] 슐레노프는 로봇의 범주를 서비스 로봇과 자율형 로봇으로 구분하고, 각 범주를 다시 여덟 개의 하위범주로 분류한다. 여기서는 이 논문의 시야와 주로 중첩되는 서비스 로봇의 범주를 살펴보기로 한다.[31]

> [Schlenoff] 서비스 로봇[32]
>
> ① 산업용 로봇; ② 사회안전 로봇 (예: 방범용 정찰로봇 등); ③ 의료케어 로봇 (예: 수술로봇 등) ④ 로봇 의수족 (prosthetic robots); ⑤ 과학연구 로봇 (예: 염기서열 자동분석 로봇 등); ⑥ 가정용 로봇 (예: 로봇청소기 등); ⑦ 분산형 로봇[33] (예: 주차도우미 로봇시스템 등) ⑧ 국방-경찰 로봇 (예: UAV 등)

---

30) Schlenoff (2011). 슐레노프는 최근 로봇의 분류라는 주제를 전산과학의 온톨로지와 결부시켜 다루고 있는 연구자다. Schlenoff(2005)도 참고할 것.

31) '자율성 로봇'의 (활용) 범주에 대한 슐레노프의 하위분류는 다음 여덟 개다. ① 비행 로봇을 이용하는 공중촬영; ② 국경 보안과 세관; ③ 로봇을 이용하여 전력공급라인, 핵발전시설, 풍력 터빈 등의 시설을 조사할 수 있는 전기회사; ④ 로봇을 이용하여 파이프라인을 조사하고 유지보수할 수 있는 가스 및 오일 공급회사; ⑤ 도시 관리 공공시스템; ⑥ 날씨 측정 기구를 장착한 UAV를 이용하는 일기예보 서비스; ⑦ 담수 관리 공공시스템; ⑧ 지뢰를 탐지하여 안전하게 파괴하는 장치. 그가 제시한 서비스 로봇의 분류와 비교해볼 때 이 여덟 항목은 '분류'라기보다 '예시'의 성격이 한층 강하다. 또 다음 각주에서 확인할 수 있듯이 '서비스 로봇'과 '자율성 로봇'의 두 범주는 상호배타적이라기보다 서로 중첩되는 부분을 허용하는 관계에 있다.

32) IFR(International Federation of Robotics)의 정의에 따르면 '서비스 로봇'은 부분적으로 또는 완전히 자율적으로 작동하면서 인간의 복지에 유용한 서비스를 제공하는 로봇을 말한다.

[Schlenoff]에는 [EURON]의 분류항이었던 휴머노이드와 에듀테인먼트 로봇 등이 없는 반면, 후자에 없던 로봇 의수족과 과학연구 로봇이 포함되어 있다. [Schlenoff]의 '사회안전 로봇'은 [EURON]의 'outdoor robotics'의 범주와 부분적으로 중첩된다. [Schlenoff]가 '로봇 의수족'과 '과학연구 로봇'을 새로 포함하고 있다는 것은 로보틱스의 중요한 활용 영역 둘을 분별해냈다는 점에서 일종의 진전이라고 할 만하다. 그러나 사회안전 로봇과 국방-경찰 로봇은 둘 사이의 경계가 분명하지 않고, 로봇 의수족이 의료케어 로봇의 한 형태라는 주장이 가능하다는 점에서 ③과 ④의 수평적 관계도 불분명하다. 또 오늘의 기술 수준에서 실제로 로보틱스의 주요 활용 영역으로 꼽히는 에듀테인먼트 로봇을 귀속시킬 만한 분류항이 마땅치 않다는 점에서 전포괄성의 충족에도 결함이 있어 보인다. 정리하자면 이 분류의 약점도 앞의 경우와 유사하다. 첫째는 그것이 중첩 금지 원칙의 위배를 허용하고 있다는 점이고, 둘째는 전포괄성의 충족 여부가 불확실하다는 점, 셋째는 통일된 원칙에 따른 분류가 아니라는 점이다. 앞에서 살펴본 생물분류체계의 경우를 들어 세 번째 문제는 분류체계로서의 결정적인 결격 사유가 아니라고 변호하더라도 앞의 두 문제, 특히 첫 번째 문제는 원리적 차원에서 심각하다. 한 분류항이 서로 상하 관계에 있지 않은 둘 이상의 분류범주에 귀속되는 일은 분류체계가 원칙적으로 배제해야만 하는 사항이다.

끝으로 국가기술표준원(KATS: Korean Agency for Technology and Standards)이

단, 산업제작 공정용 로봇은 이 범주에 포함시키지 않는다.

33) [EURON]과 [Schlenoff]를 비교해 볼 때, '용도'의 범주가 아니면서도 양자가 공통적으로 채택하고 있는 범주가 '분산형 로봇' 혹은 '네트워크 로봇'이다. 이런 '분산성'이나 '(서로 떨어져 있지만) 네트워크로 연결되었음'은 그 자체로 용도를 지시하는 개념은 아니지만, 로보틱스의 활용 차원과 고유한 관련성을 지니는 분류 특성으로 볼 수 있다.

제시하고 있는 서비스 로봇의 분류를 살펴보자.[34)]

[KATS] 서비스 로봇

1. 용도에 따른 분류
   1) 개인서비스 로봇: ① 가사 로봇; ② 생활지원 로봇; ③ 여가 지원 로봇; ④ 교육 로봇; ⑤ 기타
   2) 전문서비스 로봇: ① 빌딩서비스 로봇; ② 극한작업 로봇; ③ 의료복지 로봇; ④ 사회인프라 로봇; ⑤ 국방 로봇; ⑥ 생물생산 로봇; ⑦ 기타
2. 이동성에 따른 분류
   1) 고정식
   2) 이동식: ① 바퀴형; ② 무한궤도형; ③ 보행형; ④ 기타

앞서 검토한 [Schlenoff]와 [EURON]의 분류항들은 그 층위에서 [KATS]의 최하위 분류항들(①, ②, …)과 상응한다. 이것들을 중첩 금지와 전포괄성 등에 관한 평가의 관점에서 고찰할 경우 앞의 두 예와 유사한 평가가

---

34) 이 정보는 국가표준인증 종합정보센터(http://www.standard.go.kr)의 '한국산업표준(KS)' 검색을 통해 확인할 수 있다. 해당 분류는 KS-B-6937(서비스 로봇-용어, 제1부: 분류 및 일반용어)에 수록되어 있으며, 2006년 제정된 후 2011년 재검토를 거친 문건이다. KS는 로봇을 산업용 로봇과 서비스 로봇으로 양분하고 각 범주에 대한 하위분류를 제시하고 있다. 한국의 관련 기관이 제시한 또 다른 분류로 다음과 같은 한국산업기술진흥원(KIAT)의 '(제품서비스맵 상) 로봇 분류'도 참고하라. ① 교육; ② 국방·사회·안전; ③ 의료; ④ 농업; ⑤ 해양·건설·교통; ⑥ 문화 [예: 연극용 플라잉 시스템, 웹/모바일 연동 분신형 아바타 로봇 등]; ⑦ 홈서비스; ⑧ 제조. 한국산업기술진흥원은 산업기술정책의 수립과 중장기 기획, 성과분석 등 R&D 정책 전반에 관한 기획과 통합적 관리를 위해 정부가 2009년에 설립한 기관이다.

내려질 것으로 보이며, 이에 대한 언급은 생략한다.[35] 앞의 두 예와 견주어 볼 때 [KATS]의 한 가지 특징은 분류의 계층체계를 드러내고 있다는 점이다. 그래서 계층적 세부구조가 드러나 있지 않았던 앞의 두 경우와 다른 사항을 이 경우에서 검토할 수 있다. 우선 '1. 용도에 따른 분류'의 두 분류항인 '개인서비스 로봇'과 '전문서비스 로봇'은 개념적으로 상호 배타적이지 않다는 점에서 중첩 금지와 전포괄성 조건의 충족에 적합하지 않은 분류 방식이다. 그러나 '전문서비스'를 개인서비스와 대비되는 '공공서비스'의 의미로 해석하면 두 조건의 충족에 한 걸음 접근할 수 있다. 그러나 이때, 거의 동일한 구조와 성능을 가진 두 로봇시스템이 개인서비스에 활용되는 경우와 공적 서비스에 활용되는 경우가 있다면 해당

---

35) 단, [KATS]는 전포괄성 조건의 충족과 유관해 보이는 장치를 갖고 있는 점에 유의할 만하다. 그것은 '기타'라는 분류항이다. [KATS]에서 '개인서비스 로봇'과 '전문서비스 로봇'은 둘 다 '기타'라는 하위 분류항을 갖고 있다. 예를 들어 전자의 '기타'가 앞의 가사 로봇, 생활지원 로봇, 여가지원 로봇, 교육 로봇의 네 범주 어디에도 포함되지 않는 '개인서비스 로봇'들 그리고 오직 그것들을 총괄하는 개념이라면 이런 '기타'로서 개인서비스 로봇의 하위분류는 전포괄성의 요구를 충족시킬 수 있다. 그러나 그런 반면 이 분류항 '기타 (개인서비스 로봇)'을 정의하는 긍정적 특성이 무엇인지 명시되지 않았을 뿐만 아니라 사실상 그런 특성의 적절한 집합이 존재하는지 의심스럽다. '기타'라는 방식의 범주화는 실제로 한국십진분류법(KDC)의 일부 항목에도 등장하고, 한국의 국가과학기술표준분류체계에서도 널리 활용되고 있다. 그러나 전자의 경우 예컨대 '890 기타 제문학'이 810 한국문학, 820 중국문학, 830 일본문학 및 기타 아시아문학, 840 영미문학, 850 독일문학, 860 프랑스문학, 870 스페인문학 및 포르투갈문학, 880 이탈리아문학의 여덟 개 범주에 속하지 않는 러시아문학이나 아프리카문학 등의 ―특정하여 분류할 수 있지만 분류체계 운용의 실용적 관점에서 그렇게 하지 않은― 범주들을 포괄하는 기능을 하는 반면, 후자에서 모든 대분류항마다 마지막 중분류항으로, 그리고 중분류항마다 마지막 소분류항으로 나열되어 있는 '달리 분류되지 않는 ○○학'은 암묵적으로조차 특칭하는 대상 없이 단지 필요한 전포괄성을 확보하기 위해 만들어진 임시방편적 분류항이다. 성숙한 분류체계는 후자와 같은 '기타'를 포함하지 않을 것이다. 이것은 분류체계 일반에 관한 철학적 토론에서 한 항목으로 다룰 만큼의 비중을 지니는 문제지만, 이 논문의 목적상 이렇게 각주에서 간략히 논한다.

로봇시스템은 사용의 맥락에 따라 다른 범주로 분류되는 것이 옳은가? 일반적으로 로봇의 구조와 성능은 그 활용의 맥락에 따라 특화되겠지만, 이 물음은 분류의 기준을 순전히 '용도'로 한정하는 것이 쉽지 않다는 사실을 인식하게 한다. 또 [KATS]의 용도에 따른 분류에서 사회인프라 로봇이나 국방 로봇은 그 소속 범주가 뚜렷한 반면 여가지원 로봇이나 생물생산 로봇의 소속은 분명치 않아 보인다. [KATS]의 또 한 가지 문제는 '2. 이동성에 따른 분류'가 다분히 임의적인 분류 특성에 의존하고 있는 점이다. 물론 이동성의 유형은 로봇을 분류하는 한 기준이 된다. 그러나 그것은 로봇시스템의 크기, 감각 메커니즘, 동력의 유형, 작동의 방식·범위·속도, 자율성과 학습능력의 정도, 외부와의 커뮤니케이션 방식 등[36] 다양한 분류 특성 가운데 하나이지 '용도'와 나란히 대표적인 분류 특성이 되기는 어려워 보인다.

이제까지 살펴본 분류의 세 가지 예는 분류의 틀로서 부적절성을 드러냈다. 필자가 검토 대상으로 굳이 부적절한 사례들을 선택했던 것은 아니기 때문에, 이것은 하나의 일반적인 문제 상황을 암시한다. 우선 필자는 로봇공학의 상당한 발달에도 불구하고 현재 로봇이라는 존재 범주에 대한 만족스러운 분류체계가 확립되어 있지 않다는 사실을 확인할 수 있었다. 이는 한편으로 로봇의 체계적 분류라는 문제의 중요성이 사회적으로 아직 뚜렷이 인식되지 않았음을 의미한다. 그러나 어쩌면 로봇의 분류가 분류체계에 요구되는 표준적인 덕목을 갖추기 어려운 특성을 지녔기 때문일는지도 모른다. 만일 그렇다면, 그런 어려움의 이유는 무엇일까?

필자는 로봇이라는 분류 대상의 특성에 기인하는 두 가지 이유가 개입하고 있다고 본다. 하나는 인간의 자유로운 상상력과 끊임없이 변화하는

36) 이상은 Schlenoff (2005)에서 발췌한 항목들을 필자가 보완한 것이다.

인간 욕구의 결합이 낳는 인공물의 원초적 다양성이다. 다시 말해 새로운 형태와 구조, 그리고 기능을 가진 로봇들이 끊임없이 만들어지고 있기 때문이다. 이는 체계적인 분류가 충족시켜야 할 조건으로 제시된 '전포괄성'의 요구를 충족시키기 어렵게 만드는 원천이 된다. 또 첫 번째 이유와 연결되어 있는 두 번째 이유는 구획 간 경계의 불안정성이다. 새로운 구조와 기능을 가진 참신한 로봇의 등장은 지속적으로 기존 분류체계의 구획에 문제를 제기하고 나아가 상위 분류항에까지 변화를 요구한다.[37] 앞서 언급한 의미에서 '로봇'이 근본적으로 열린 범주임을 고려할 때, 이와 같은 분류체계의 유동성은 감내해야 할 사항이다.

이런 원리적인 어려움에도 불구하고, 논문의 서두에서 말한 것처럼, 로봇 분류체계는 다양한 로봇을 관리해야 하는 사회적 실천의 차원에서 필수불가결하다. 그것이 피할 수 없이 잠정적이고 유동적인 것일지라도 우리는 이런 필요에 부응하는 최선의 분류체계를 구축하고 지속적으로 관리해야 한다. 끝으로, 다시 이 논문의 취지에 주목하면서, 로봇윤리의 체계화를 위한 토대로 삼을 만한 로봇 분류체계를 구성하는 예비적 작업을 시도해보자.

5. 로봇윤리의 관점에서 본 로봇 분류의 원칙

앞의 8장에서 필자는 로봇의 정체성의 핵심을 '외화된 사회적 정신'

37) 이것은 18세기 유럽의 자연사연구자들이 경험했던 상황과 견주어 이해할 수 있다. 17세기 후반 이후 양적, 질적으로 풍부해진 유럽 자연사연구자들의 활동은 세계 여러 지역에서 새로운 유기체들의 형태를 발견하여 유럽의 학회에 보고했고, 이는 결과적으로 당시 생물분류체계의 근간을 뒤흔들었다.

(externalized social mind)으로 규정한 바 있다. 이 개념은 1998년 클락(Andy Clark)과 찰머스(David Chalmers)가 제안하여 왕성한 논의를 유발한 '연장된 정신'(extended mind) 개념을 확장, 응용하여 구성한 것인데, 특히 기존 공학윤리의 범위를 넘어서는 로봇윤리의 몫과 관련하여 문제가 될 지능형 로봇의 아이덴티티를 분석하는 데 발판으로 삼을 만한 개념이라고 본다.[38] 이 개념은 로봇이 고유한 의미의 자율적 주체가 아니면서도 인공적으로 부여된 기능을 토대로 특정 범위에서 인간을 대신하는 대리행위자의 역할을 한다는 사실 판단과 더불어, 로봇의 이러한 효용을 고려할 때 그것에 장착되는 인지적, 행위적 기능의 양상에 대한 사회적 합의가 필요하다는 당위 판단을 포함하고 있다.

로봇은 개체 차원의 생성뿐만 아니라 그 유적 범주 자체의 생성이라는 맥락에서부터 인간의 행위에 의존하는 존재자일 뿐만 아니라 그 본질에 있어서 인간의 도구다. 여기서 우리는 로봇이 오로지 인간과의 관계 속에서 그 존재의미를 갖는 존재자라는 사실을 다시 확인하게 된다. 이 지점에서 우리는 로봇윤리의 세부 체계를 만드는 단계에서 로봇의 범주를 어떤 방식으로 분류하는 것이 적절한가 하는 이 논문의 문제의식과 관련된 하나의 착상을 얻는다. 그 착상의 핵심은 로봇윤리의 관점에서 로봇을 분류할 때 인간 대 로봇 상호작용(HRI: human-robot interaction)의 양상을 로봇의 분류를 위한 분석의 축으로 삼는 것이다.[39] 이러한 분석은 두 가

---

38) 합당한 로봇윤리의 체계를 구축하는 데 있어서 기존의 공학윤리로 충분히 포괄할 수 있는 부분과 그렇게 할 수 없는 부분을 분별하는 것은 사회적 경제성의 관점에서 긴요한 일이다. 로봇윤리를 구축할 때 전자에 해당하는 부분은 적극적으로 공학윤리의 기존 성과를 활용하면서 로봇윤리 고유의 영역에 집중하는 것이 현명한 일이다. 이런 점을 고려할 때 지능형 로봇의 지위와 행동 특성에 관한 탐구가 로봇윤리의 핵심 부분이 될 것으로 보인다.

39) 필자처럼 '로봇 일반의 분류'라는 문제의식에서 출발한 것은 아니고 로봇윤리에 대한 고

지 주된 부분을 포함한다.

첫째는 로봇시스템이 구현하는 지능의 양상에 관한 분석이다. 이러한 지능은 크게 특수 지능과 일반 지능으로 나누어 생각할 수 있다. 우선 특수 지능을 살펴보자. 로봇이 구현하는 지능을 그 전반적인 역량의 1차원적 양으로 환원하는 식의 접근은 적절하지 않다. 인간의 지능도 마찬가지지만, 예컨대 대수적 연산을 빠르고 정확하게 수행하는 능력, 3차원적 사물의 공간적 구조를 파악하는 능력, 다수의 유사한 자극-반응 자료들 속에서 특정한 결과 요소와 상관성을 지닌 원인 요소를 판별하는 능력은 모두 서로 다른 종류의 지적 능력이다. 한 가지 능력에서 우수한 시스템이 다른 능력에서도 우수하다고 볼 이유가 없다. 현실 세계에 투입, 활용되는 지능형 로봇시스템이 실현하도록 기대되는 지능 특성 역시 일반적으로 만능선수식의 능력이 아니라 특정한 종류의 특수 지능(specific intelligence)에서의 우수성과 안정성이다. 로봇시스템은 비용과 효용을 저울질하면서 만들어야 하는 공학적 산물이고 필요 이상의 지능을 구현하는 것은 공학이 추구하는 경제성과 상충하기 때문에 로봇시스템의 기획과 설계를 맡은 사람은 해당 시스템이 어떤 종류의 지능을 어느 수준에서 구현해야 하는지 정확히 분석해야 한다. 로봇시스템이 구현할 특수 지능의 범주들과 각 범주 간 상호관계에 대한 분류는 인간의 지능에 대한 연구에 기대어 이루어질 수 있을 것이다.

로봇공학에서도 일반 지능(general intelligence)이 무의미한 것은 아니다. 일반 지능이란 특정한 목적이나 기능에 제한되지 않고 다양한 문제 상황

려와는 더욱이 무관하지만, '인간-로봇 상호작용'(HRI)의 분류에 관한 논의로 Yanco & Drury (2002)와 Yanco & Drury (2004)를 주목할 만하다. 또 연관된 선행연구 Dudek et al. (1996)과 Balch (2002) 1장 "A Taxonomy of Multirobot Systems"(G. Dudek, M. Jenkin, E. Milios 공저)도 보라.

에 적절하게 적응하면서 주어진 문제를 해결할 수 있는 범용 지능을 뜻하며, 인간의 지능은 이런 일반 지능의 면모를 갖고 있다. 주어진 수의 세제곱근의 근삿값을 구하거나 복잡하게 만들어진 3차원 미로에서 길을 찾아내는 일 같으면 인간이 컴퓨터를 당할 길이 없지만, 아직 어떤 컴퓨터도 일반 지능의 관점에서는 일곱 살 어린이 수준에조차 도달하지 못했다. 이런 현실은 한편으로 컴퓨터를 일종의 두뇌로 갖는 로봇시스템의 기능이 적어도 당분간은 계속 특수 지능에 치중하게 되리라는 예측을 지시하는 동시에 다른 한편으로는 더 진전된 의미에서 인간의 지능을 닮은 인공물 즉 일반 지능을 지닌 인공물의 제작이 과학자와 공학자들의 중요한 도전 과제가 되리라는 사실을 암시한다. 이미 얼굴 인식처럼 인간에게는 단순한 일이면서도 기계적으로는 구현하기 힘들었던 과제들이 하나씩 인간 수준의 구현에 접근하고 있는 점을 고려한다면, 진정한 의미의 일반 지능은 아니라도 훨씬 더 너른 범위의 범용성(汎用性)을 지닌 인공지능이 속속 개발되리라는 사실을 예측할 수 있다.

인간-로봇 상호작용의 분석에서 고려되어야 할 두 번째 항목은 로봇시스템에 적용되는 명령과 의사결정의 구조다. 간단히 말하자면 이 항목은 "로봇의 작동을 누가 어떤 방식으로 제어하는가?" 하는 물음에 의해 분석된다. 아시모프의 '로봇 제2법칙'이 암시하듯이 로봇시스템은 원칙적으로 외부로부터 주어지는 인간의 명령에 의해 작동하지만, 로봇은 지속적으로 인간의 조종에 의해 움직여지는 수동적인 장치가 아니다. 로봇은 일단 일정한 프로그램에 의해 작동을 시작한 후 인간이 그것을 중지시키거나 개입을 통해 프로그램을 수정하기 전까지 상당한 수준의 현상적 자율성을 지니고 능동적으로 '행위'한다.[40] 이런 과정에서 로봇시스

40) 로봇의 자율성에 대한 논의는 고인석 (2012a)를 참조. 이와 관련하여 AMA에 관한 Wallach

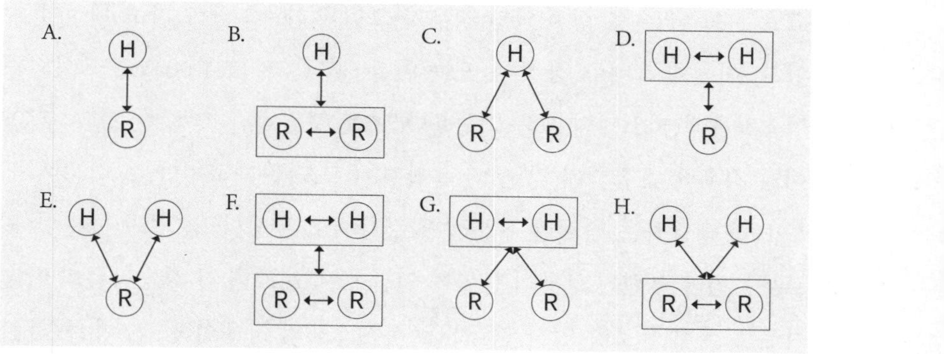

[그림 1] Yanco & Drury (2004), p. 2843

템이 어떤 양상의 자율성을 구현하는가에 따라 로봇시스템과 그것의 사용자인 인간의 관계가 분석될 수 있다. 예를 들어 약물중독 치료용 케어로봇은 치료 대상인 환자의 명령에도 영향을 받겠지만 그 작동은 의사가 지시한 프로그램과 원칙의 일정한 범위 안에서 이루어질 것이다. 경우에 따라 로봇은 환자의 요구에 순응하는 대신 "그것은 당신의 치료에 해롭기 때문에 허용되지 않습니다. 그 대신 당신에게 이런 것을 권하겠습니다." 식으로 반응할 수 있다.

또 한 가지, 로봇시스템에 적용되는 의사결정의 도식적 구조와 관련해서는 Yanco & Drury (2004)가 제시한 분석이 유용하여 참고할 만하다.

[그림 1]은 원 안의 'H'로 표시된 인간 주체와 'R'로 표시된 로봇시스템이 구성할 수 있는 상호작용의 다양한 구조들을 보여준다. 직사각형 모양의 상자는 그 자체로 하나의 단위체를 이루고 있는 상호소통 그룹을 의미하는데, 그림에서 이런 그룹을 구성하는 요소의 수는 둘로 나타나 있지만 셋 이상인 경우들을 포함한다고 해석할 수 있다. 또 C, G의 'R' 수

& Allen (2009)의 논의도 참고할 것.

나 E, H의 'H' 수도 셋 이상인 경우가 그림에 함축되어 있다고 해석할 수 있다. 이렇게 해석할 경우, A~H는 일단 인간(H)과 로봇(R)으로 구성되는 상호작용적 시스템의 모든 가능한 구조를 포괄한다고 볼 수 있다. 위의 여덟 경우에 포함되지 않는 더 복잡한 구조도 존재하지만, 그런 경우는 A~H에 해당하는 적절한 부분들의 결합체로 분석할 수 있기 때문이다. 로봇윤리와 관련된 로봇의 분류는 인간-로봇시스템 간 상호작용의 이와 같은 도식적 구조와 먼저 언급한 로봇시스템의 자율성 양상, 이 두 가지 요소를 결합함으로써 적절히 이루어질 것으로 생각된다.

6. 맺는말: 후속 작업을 위한 제안

사회 차원에서 적용될 로봇윤리의 체계는 로봇이라는 범주 전체에 적용되는 근본 원칙에 해당하는 부분과 나란히, 다양한 종류의 로봇에 그 각각의 특성에 따라 적용될 세부적 규범에 해당하는 부분을 갖춰야 한다. 후자에 해당하는 부분의 내용이 구체적으로 서술될 수 있기 위해서는 먼저 그 '다양한 종류'가 체계적으로 분석되어야 한다는 것이 이 논문의 바탕에 깔린 문제의식이었다. 이 논문의 논의를 통해 도달하게 된 결론은 이와 같은 로봇 분류체계의 근간에 로봇 대 인간의 관계가 깔려 있다는 것이고, 이 관계를 특히 로봇시스템이 지닌 인공적 지능의 양상과 인간-로봇 상호작용의 구조라는 관점에서 분석하는 일이 필요하다는 것이다.

필자는 Yanco & Drury (2004)에 제시된 범주들과 그것들이 요소가 되어 복합적으로 결합된 형태로 나타나는 상호작용적 로봇시스템의 경우들을 다음과 같이 개인용 로봇, 공동작업용 로봇, 사회기반형 로봇의 세 범주로 묶어 분류할 수 있다고 본다.

> ① 개인용 로봇: 하나의 로봇 혹은 로봇시스템이 그것을 이용하고 명령할 권한을 가진 한 사람의 사용자와 일대일로 대응되어 있는 경우
> ② 공동작업용 로봇: n(>1)명의 인간 주체가 하나의 로봇시스템과 상호작용하는 경우, 또는 n(>1)명의 인간 주체가 m(>1)개의 로봇시스템과 네트워크 방식으로 상호작용하는 경우
> ③ 사회기반형 로봇: 로봇시스템이 N(≫1)명의 불특정 다수 인간 주체와의 상호작용을 함의하는 사회적 기반시설로 작동하는 경우[41]

이것은 한편으로 'HRI를 기준으로 하는 분류'라는 핵심 요건을 충족시키면서 다른 한편으로 분류의 실용성이라는 관점에서 간편하면서도 유용한 분류의 기본 틀이 될 것으로 본다. 이후의 작업을 통해 상세화될 로봇의 분류체계는 이 세 범주를 날줄로 놓고 그것을 다시 적절한 하위 범주들로 세분하는 구조와 앞서 거론한 '인공지능의 수준 및 양상'에 대한 분석을 씨줄로 삼는 방식의 결합을 통해 구성되는 것이 적절하리라고 본다. 다시 말해 그것은 인간-로봇 상호작용을 상호작용의 외적 양태라는 차원과 그렇게 인간과 상호작용하는 로봇시스템의 내적 역량이라는 차원의 두 축으로 분석하는 구도다.

---

41) 이 로봇시스템은 공간적으로 국소화되어 있을 수도 있고 분산형 시스템일 수도 있다. 고인석 (2012)에서 논의되었던, 한 도시의 교통 체계 전반을 감시하고 제어하는 '교통통제 로봇시스템'을 이런 사회기반형 로봇의 예로 들 수 있다.

로봇의 활용과 더불어 발생하는 사회적, 윤리적 문제로 빈발하게 될 것은 로봇시스템의 작동에 얽힌 권한, 그리고 특히 그런 작동의 결과와 결부된 책임의 문제일 것이다. 필자는 이 글에서 제안된 분석을 통해 로봇의 활용과 결부된 책임과 권한의 문제가 적절히 해명될 수 있기를 기대한다. 물론 이는 앞으로 계속 논의되어야만 할 복잡하고 흥미로운 문제이고, 또 공학, 형이상학, 윤리학, 법학, 사회학 등 여러 관점의 협력을 기반으로 다뤄져야 할 문제다.

한스 모라벡이 미래의 세계가 인류가 낳은 '마음의 아이들'인 로봇에 의해 승계되리라고 말한 것은, 한편으로 생경하고 섬뜩하게 들릴는지 모르지만 따지고 보면 그 실현가능성이 미미하다고 할 수 없는 예견이다. 적어도 우리는 우리가 만들어 쓰는 도구이면서도 다양한 맥락에서 인간의 대리자, 조력자 구실을 하고 인간과 파트너십의 관계를 맺게 되는 로봇시스템의 존재론적 지위와 특성에 관해 진지한 관심을 지속적으로 기울일 필요가 있다.

11장

자율주행자동차를 어떻게 규율할 것인가

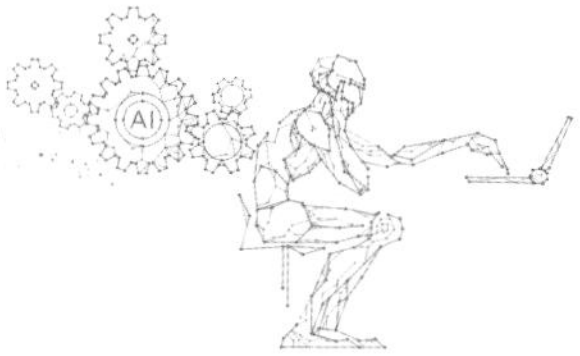

자율주행자동차 기술은 현실의 문 앞에 와 기다리고 있는 것처럼 보인다. 이 기술은 교통사고를 줄여 안전을 증진하고, 사회적 효율성을 개선하고, 이동성의 확대를 통해 공정성의 증진을 가져오리라고 기대된다. 그러나 이런 기대와 관련 기술의 빠른 성숙에도 불구하고 이 기술이 일상의 현실이 되기 위해서는 선결되어야 할 규범적 문제들이 있는바, 이 논문은 그런 선결문제를 검토한다. 첫째 문제는 자율주행자동차의 제어에 관한 권한과 책임의 소재에 관한 것이다. 이러한 소재를 밝히는 일은 자율주행자동차에서도 발생하는 사고에 관한 책임과 보상을 결정하는 평가의 토대를 마련하는 일이다. 이 검토를 통해 이른바 3단계와 4단계 자율주행에서 제어 권한의 매끄러운 이양이 핵심적인 문제라는 사실이 드러난다. 한편 주행에 관한 결정이 전적으로 자율주행시스템에 귀속되는 5단계 자율주행에서는 제어 권한의 이양 문제가 발생하지 않는 반면,

딜레마 상황에서의 작동 원칙을 결정해야 하는 문제가 발생한다. MIT 미디어랩의 모럴 머신 웹사이트는 이런 딜레마 상황에 관한 사람들의 의식을 광범위하게 조사하는 기여를 했지만, 그 결과를 공공의 합의라고 보는 것은 부당하고, 위험하다. 또한 Lin(2015)이 주장하는 것처럼, 불가피한 충돌 사고의 상황에서 자율주행시스템이 특정한 유형의 선택을 하도록 프로그램 하는 것은 특정한 속성을 지닌 사람들을 충돌의 피해자로 표적화하는 것에 해당하기 때문에 정당화되기 어렵다는 난점이 있다. 이 논문은, 자율주행에 관한 규범이 궁극적으로 사회적 결정의 문제임을 인정하는 한에서, 인공시스템이 유능하고 사려 깊은 인간 운전자를 대신하도록 해도 좋다는 확신이 들 때까지 5단계 자율주행기술의 허용은 보류되어야 한다고 주장한다.

1. 들어가는 말: 자율주행 기술의 현재 상황

자동차의 자율주행 기술은 이미 현실의 문 앞에 와 기다리고 있는 것처럼 보인다. 이제는 자동차 회사의 광고에 자율주행기술이 묘사되는 것이나 우리나라에서도 진행 중인 자율주행자동차의 도로시험주행 이야기, 뿐만 아니라 자율주행자동차가 일으킨 사고의 소식도 일상의 일부처럼 인식된다. 아직 세계 어느 기업도 자율주행자동차 기술의 완성을 선언한 일은 없고 구체적으로 어떤 단계에 이르러야 이 기술이 완성되었다고 간주할 수 있을지도 명료하지 않지만, 주행거리당 사고 건수 같은 자료를 기준으로 한 자율주행자동차의 안전성은 평균적인 사람이 운전하는 자동차의 안전 수준을 이미 뛰어넘었다고 평가된다. 그리고 이러한

안전 기술의 수준은 날로 더 개선될 것이다.[1)]

여느 기술산품의 경우라면 이런 상황에서 얼리어답터들은 아직 신기술에 불투명한 부분이 남아 있다 하더라도 벌써 제품을 구매하여 사용의 경험을 부지런히 SNS에 올리고 있을 것이다. 그러나 자율주행자동차의 경우 그런 광경은 펼쳐지지 않는다. 왜 그러한가? 그 이유의 배경부터 말하자면, 자율주행자동차를 제작하고 운용하는 기술이 그것을 직접 사용하는 사람뿐만 아니라 다른 사람들, 나아가 사회 전체의 편익과 더불어 안전과 위험에 영향을 미치는 기술이기 때문이다. 그리고 이런 조건에서 세계가 이 기술의 편익-위험 관계에 관한 충분한 확신에 아직 도달하지 못했기 때문이다. 그렇기 때문에 아직 세계 어느 나라도 자율주행자동차를 시장에 내놓지 못했다. 얼리어답터가 자신의 휴가 여행에서 사용할 욕심으로 자율주행자동차를 주문하려 해도 그런 기회는 아직 주어지지 않는다.[2)]

반면 자율주행자동차가 세계 여러 나라의 많은 기업들이 경쟁적으로

---

1) Blanco et al. (2016)은 자율주행의 단계에 따라, 그리고 도로주행의 환경에 따라, 인간 운전자 대 자율주행자동차의 사고율 비교의 결과가 달라지는 것을 보여준다. 그러나 이 보고서에 따르면 자동차의 심각한 전손을 유발한 사고의 빈도(사고/100만 마일)는 일관성 있게 자율주행자동차에서 낮게 나타났다. 많은 시험운행에도 불구하고 자율주행의 안전성 수준을 인간이 운전하는 경우와 경험적으로 비교할 수 있을 만큼의 유의미한 데이터는 아직 축적되지 않은 것으로 보인다.

2) 이제까지 발생한 자율주행 관련 사고 가운데 일부는 자율주행자동차 개발 과정의 시험운행에서가 아니라 시판되어 일반 운전자가 사용하던 자동차에서 일어났다는 점을 고려할 때 이 서술의 참은 의심스럽다. 그러나 그것은 모종의 자율주행 기능을 장착한 자동차에서 발생한 사고였을 뿐, 이 문장이 진술하는 자율주행자동차가 일으킨 사고는 아니었다. 여기서 우리는 "자율주행자동차를 어떻게 정의할 것인가?"라는 물음이 많은 논의의 출발점에 걸려 있다는 당연한 사실을 인지하게 된다. 이 물음은 3절에서 다뤄진다. 이 글에서 자율주행의 단계(level)에 관한 서술 없이 언급되는 '자율주행자동차'는 인간의 실시간 개입을 필요로 하지 않는, '완전 자율주행자동차'를 뜻한다고 보면 되겠다.

연구개발하고 있는 핫한 아이템인 것은 분명해 보인다. 그리고 이런 연구개발이 당연히 시장을 겨냥하고 있음을 고려할 때, 우리는 자율주행자동차를 주문할 수 있게 될 날이 멀지 않았음을 예견할 수 있다. 그러나 그런 날이 오는 것은 확실한가? 다시 말해, 위에서 언급한 '이 기술의 편익과 위험에 관한 충분한 확신'에 도달하는 것은 시간문제일 뿐인가? 세계적으로 이 기술에 투자되고 있는 막대한 자본과 사회적 관심을 고려한다면, 이 물음들에 대한 답은 비록 의심의 여지없는 긍정은 아니라도 강한 긍정이라고 보는 편이 합리적일 것이다. 왜 오늘의 사회는 이 기술에 그런 기대를 갖는 것일까? 먼저, 오늘의 사회가 그처럼 자율주행자동차 개발에 관심을 기울이는 이유가 무엇인지 살펴보자.[3)]

2. 자율주행 기술의 사회적 편익, 그리고 남은 간격

사회적 차원에서는 자율주행자동차를 개발하는 핵심적인 이유로 다음 몇 가지가 언급된다.[4)] 첫째는 자율주행자동차 개발이 지향하는 최우선의 가치로 거론되는 안전(safety)의 증진이다. 매년 한국에서 4천 명 안팎의 사람이, 미국에서 3만5천 명을 넘는 사람이 교통사고로 목숨을 잃는다. 세계적으로 교통사고로 인한 사망자의 수는 매년 120만 명 수준에 이르는 것으로 추정된다.[5)] 그런데 통계적으로, 인명 피해를 수반하는 차

3) 물론 첫 번째 이유로 꼽을 수 있는 것은 공학기술의 수준이 도대체 그러한 기술이 가능하다고 생각되는 지점에까지 도달했다는 현실일 것이다. 그러나 여기서 지금 따지려는 것은 그러한 직접적 원인—혹은 근접원인(proximate cause)—이 아니라 이 기술이 어떤 가치를 지향하는가이다.

4) NHTSA, "Automated Vehicles for Safety" (URL=https://www.nhtsa.gov/technology-innovation/automated-vehicles-safety),' Benefits of Automation' 항목 참조.

량 충돌사고의 94%는 음주운전, 졸음운전, 부주의, 도로 상황에 대한 오판, 운전조작 미숙 등을 포함하는 인간의 잘못으로 인해 발생한다.[6] 자율주행자동차를 개발하는 사람들은 자율주행자동차의 운행에서는 이런 종류의 사고가 일어나지 않을 것이라는 점에서 도로상의 안전에 중대한 도약을 이룰 수 있을 것이라고 본다.[7]

다음은 경제적 이익이다. 앞에서 언급한 교통사고 사망 이외에도 교통사고는 개인에게, 그리고 사회에 커다란 경제적 손실을 가져온다. 미국 도로교통안전국(NHTSA)의 연구에 따르면, 2010년에 때 미국에서만 1년에 540만 건의 교통사고가 발생했고 이로 인해 약 2420억 달러의 손실이 발생했다.[8] 앞에서 말한 것처럼 자율주행자동차의 운행에서 이런 사고의 대부분은 일어나지 않을 것으로 기대되며, 따라서 교통사고로 인한 경제적 손실 역시 획기적으로 저감될 것이다.

경제적 이익과 나란히 언급되는 것은 사회적 효율성의 증대다. 실시간으로 서로, 그리고 교통체계를 구성하는 다른 요소들과 정보를 교환하면서 운행을 조율하는 자율주행자동차들은 교통의 흐름을 한층 원활하게 만들고 이를 통해 우리가 집과 직장을 오가는 데 쓰는 시간과 비용의 상당한 몫이 절약될 것이라고 전망된다.[9] 이는 개인의 일상을 효율화하

---

5) 미국의 경우 2016년 37,461명, 2017년 39,141명이 교통사고로 사망했다. 후자 중 94.9%인 37,133명이 자동차 사고로 인한 사망자였고, 5,977명은 보행자였다. 한국에서 교통사고로 인한 사망자 수는 2016년 4,292명, 2017년 4,185명이었다. 이것은 중증장애를 수반하는 심각한 신체 훼손까지 포함하는 부상(負傷)을 포함하지 않은 수치다.

6) NHTSA (2017), p.i.

7) 이런 평가에 관한 구달(N. J. Goodall)과 린(P. Lin)의 비판이 각각 5절과 6절에서 검토될 것이다.

8) 이는 약 272조 원에 해당하는 것으로, 같은 해인 2010년 한국 정부의 예산 292조 원과 비견할 만한 금액이다.

9) 이러한 평가에 모두 동의하는 것은 아니다. 최근 MIT Technology Review에 게재된 분석은

고 결과적으로 사회 전체 차원에서 운영의 효율성을 개선할 것이다.

끝으로 자율주행자동차 기술이 가져오리라고 기대되는 사회적 편익은 이동성(mobility)의 확대다. 특히 이 기술은 자신의 승용차를 운전하는 일은 물론이고 공공교통을 활용하는 데도 적잖은 어려움을 경험하는 시각장애인 등 다양한 유형의 장애를 가진 사람들, 그리고 고령의 노인들에게 한층 개선된 이동성을 제공하게 될 것이라고 기대된다. 나아가 이런 이동성의 확대는 이런 장애인들 중 다수의 경제활동 참여를 활성화하는 계기로 작용할 것으로 생각된다.[10)]

지금 언급된 기대가 응분의 경험적 자료를 통해 정당화되는 과학적인 기대라는 점을 고려할 때 우리는 "그렇다면 왜 우리는 하루라도 빨리 이 기술을 시장에 내어놓고 확산시키지 않는 것인가?" 하는 의문을 가지게 된다. 그 의문을 달리 표현하자면, "앞에서 언급한 '이 기술의 사회적 편익과 위험에 관한 충분한 확신'까지 남은 거리가 도대체 무엇인가?" 하는 것이다.

이 거리, 혹은 간격을 구성하는 실질적인 요소 가운데 하나는 사회 차원의 준비일 것이다. 설령 자율주행자동차가 공학적 관점에서 충분히 모든 조건의 도로를 달릴 준비가 되었다고 해도 그것을 포용할 법과 제도는 준비되어 있지 않다. 한 실질적인 예로, 자율주행자동차의 사고에 관한 보험에 어떤 원칙과 기준이 적용되어야 하는지에 대한 논의가 정리되기 전에 사회는 자율주행자동차가 우리의 도로를 달리도록 허용하지 않

자율주행자동차 도입이 도시 교통의 흐름을 더 더디게 만들 것이라고 예견한다. Charlotte (2019) 참조.

10) 필자는 경험 차원의 단단한 입증이 여전히 미진해 보이는 앞의 세 가지 기대와 달리 이 네 번째 기대가 자율주행자동차 기술의 개발과 적용을 정당화하는 데 작용할 수 있을 핵심 근거라고 생각한다.

을 것이다. 이런 상황에서, 우리나라에서는 자율주행자동차에 관한 윤리의 문제를 다룬 연구보다 보험의 문제를 포함하여 법적 문제를 다룬 연구가 최근 훨씬 더 활발하게 이루어지고 있다.[11)]

최근의 이런 연구 트렌드에서 필자는 오늘의 세계가 이 기술을 적극 도입하여 활용할 것을 이미 결정한 상황에서 그 '어떻게'의 문제에 집중하기 시작했다는 인상을 받는다. 그러나 온 세계가 자율주행자동차 기술을 도입한다는 것이 기정사실이 된 상황이라고 해서 이 기술에 대한 근본적인 철학적 성찰의 의의가 증발해버리는 것은 아니다. 그런 성찰을 통해 우리 모두가 이 기술에 대해 근본적으로 잘못 생각하고 있다는 깨달음에 이르게 될 개연성은 거의 없지만, 우리는 그것으로 적어도 이 기술을 어떤 범위에서 어떤 양상으로 적용하는 것이 적절한가 하는 중요한 물음을 고찰할 수 있다. 다시 말해 그것은 "우리는 이 기술을 어떤 범위에서, 어떤 조건에서 현실에 적용해야 옳은가?" 하는 물음이다. 자율주행자동차 기술의 활용 범위의 한계에 대한 이런 고찰은 방금 언급한 법학적 논의의 고유한 기여로 인정할 수 있는 '어떻게'의 문제와 구별되는 차원의 것일 뿐만 아니라 '인간을 널리 이롭게 하는 도구'라는 모든 기술 공통의 본질이라는 관점에서 볼 때 필수적인 과제다. 이 기술이 우리의 일상을 더 안전하고 건강하고 행복하게 만드는 기술로서 현실에서 작동하

---

11) RISS 검색(http://www.riss.kr)을 활용해서 살폈을 때, '자율주행'과 '법'을 키워드로 했을 때 검색된 국내학술지 논문은 230건이었고 그중 77%인 177건이 2016년 이후 발표되어 최근 이 주제에 관한 법학자들의 연구가 활성화되었음을 짐작할 수 있었다. '자율주행'과 '보험'을 키워드로 한 경우 검색된 논문은 62건, 그중 2016년 이후 논문이 58건이었으며, 이 중 대부분이 법학 분야의 학술지에 발표된 것들이었다. 반면 '자율주행'과 '윤리'를 키워드로 검색된 논문은 32건이었는데, 이 중 대부분은 법학 분야의 저널에 발표된 논문이었고, 윤리교육까지 포함해도 철학 분야의 논의는 김준성 (2016), 변순용 (2016), 안승우 (2018) 정도에 불과했다.

기까지 남은 간격에는 실정법의 보완과 그것의 확장된 적용에 관해 고민하는 법학자들의 작업과 나란히 이 기술의 정당한 한계에 대한 철학적 논구가 채워져야만 한다.

3. 자율주행이라는 개념

앞에서 서술한 것처럼 최근 국내에서도 자율주행자동차에 관한 법학자들의 논의가 급격히 활성화되었다. 그런데 이런 법학 분야 논저들의 세부 논의가 스스로 입증하듯, 법학적 문제에 관한 논의의 기초에는 철학적 논구가 요청된다. 법학은 그 근저에 깔린 이런 철학적 문제들이 충분히 해명되지 않은 상황에서도 기존 법률의 취지에 대한 최선의 해석과 사회의 관련 관행에 대한 종합적 고려를 추구하면서 논의를 전개할 수 있으며, 실제로 오늘의 현실은 그렇게 진행되고 있는 형편이다. 그러나 어떤 경우에도, 그러한 논의의 유효성이 예컨대 인과(causation), 행위주체성(agency), 인격체(person), 소유(property) 같은 기본 개념들에 대한 철학적 해명의 토대에 근거를 두는 동시에 그로 인해 제약된다는 관계는 불가피하다.

자율주행자동차에 관한 법학자들의 논의가 활발해진다는 것은 그만큼 이 주제에 관해서 요청되는 사회적 고려의 면적이 증가하고 있음을 말해준다. 우리는 이로부터 방금 언급한 철학적 토대 작업 역시 증강되어야 한다는 당위를 추론할 수 있다. 그렇다면 자율주행자동차라는 새로운 테크놀로지와 관련하여 우선적으로 필요한 철학적 작업은 어떤 것들인가? 물론 다양한 문제들이 존재하고, 그만큼 다양한 작업이 필요할 것이다. 이런 마당에서는 작업의 효율을 위하여 문제의 갈래를 살펴볼 필요가 있다. 이 일을 위해 먼저 논의의 중심에 놓인 대상, 즉 자율주행자동차를 살펴보자.

자율주행자동차는 자율주행의 기능을 갖춘 자동차를 의미한다. 자율주행이란 무엇인가? 이것이 검토해야 할 첫 번째 물음이다. 일단 느슨하게, 그것을 '[자동차가] 목적지까지 스스로 알아서 움직여 감'이라고 풀이해보자.[12] 이런 풀이는 '운전대를 잡고 가속 페달과 브레이크 페달을 밟아 가면서 자동차를 제어하는 (인간) 운전자의 부재, 혹은 불필요'라는 관념을 암시한다. 그러나 자율주행에 관한 현행의 논의는 인간 운전자의 기여가 배제되거나 불필요한 경우만을 자율주행의 범위로 한정하지 않는다.

자율주행이라는 개념에 해당하는 영어 표현만 해도 autonomous driving; automated driving; self-driving; automated and connected driving 등으로 다양하고, 자율주행자동차에 해당하는 표현 역시 autonomous car/vehicle 이외에도 driverless car/vehicle; unmanned vehicle; robot car 등으로 다양하다. 같은 대상이라도 어떻게 부르면 무슨 상관이냐고, 붙이고 싶은 이름을 붙이면 되지 않느냐고 생각할 수도 있지만, 사정은 그렇게 간단치 않다. 자율주행은 아직 완성되지 않은, 형성 중의 기술이다. 더구나 그것은 현재 많은 사회적 관심을 모으고 있는, 가까운 미래의 핵심 기술이다.[13] 이런 상황에서 그것을 우리가 알고 있는 어떤 개념으로

12) 다이믈러사의 웹사이트는 자율주행(self-driving)을 "현실의 교통 환경에서 특정한 목적지까지 인간 운전자의 개입 없이 [자동차가] 자율적으로 운전해 가는 것"(autonomous driving of a vehicle to a specific target in real traffic without the intervention of a human driver)이라고 규정한다. URL=https://www.daimler.com/innovation/autonomous-driving/special/definition.html 참조.

13) 한국 정부도 국토교통부와 현대자동차 등 22개 기관이 참여한 해당 분야 로드맵을 확정하고 자율주행자동차 기술을 대표적인 융합신산업으로 육성하는 정책을 발표했다. 경향신문 2018년 11월 9일자, 9면 참조.

명명하는가 하는 문제는 그 기술을 어떤 것으로 규정할 것인가 하는 생각, 나아가 그 기술의 지향점에 대한 생각과 곧바로 연결된다.

SAE International[14]이 2018년 6월에 발표한 문건 "J3016. Surface Vehicle Recommended Practice: (R) Taxonomy and Definitions for Terms Related to Driving Automation Systems for On-Road Motor Vehicles"는 이에 관하여 참고할 만한 기준을 제시하는 것으로 보인다.[15] 이 문건은 위에서 본 것처럼 자율주행을 지칭하는 다양한 표현들이 있음을 언급하면서, 'autonomous', 'self-driving', 'unmanned' 등의 표현이 각각 어떤 점에서 부적절한지를 설명하고, 'automated driving'을 해당 기술을 지칭하는 표준 표현으로 제시한다.[16] 특히 자율주행을 서술하는 표현으로 'autonomous'가 부적절한 이유는 그런 표현이 이른바 자율주행시스템(Automated Driving System: ADS)이 관할하는 결정의 범위 자체가 제한되어 있을 뿐만 아니라 특히 그것의 결정권이 이용자(탑승자)나 시스템관리자 같은 인간과의 커뮤니케이션을 통해 부과되는 제약에 열려 있어야만 한다는 중요한 사실을 흐릿하게 만들기 때문이다. 심지어 이 문건은 자율주행 기술이 적용되어 자동화되는 것은 자동차의 운행이지 자동차 자체가 아님을 지적하

---

14) SAE International은 1905년경 미국에서 결성된 SAE(Society of Automotive Engineers)가 모체가 되어 이루어진 공학협회로, 미국 등 북미 지역에서 제작, 유통되는 자동차와 항공기, 그리고 그 부품을 비롯하여 다양한 공학적 산품에 관한 기술 표준을 관리하는 역할을 담당하고 있다.

15) 이 문건은 SAE International이 2014년 1월에 발표한 문건 "J3016. Surface Vehicle Information Report: Taxonomy and Definitions for Terms Related to On-Road Motor Vehicle Automated Driving Systems"를 보완하는 후속 문건으로 발표되었다.

16) 이러한 표현 방식은 2017년 독일 교통부장관(Federal Minister of Transport and Digital Infrastructure) 도브린트(Alexander Dobrindt)가 위촉한 [자율주행] 윤리위원회(Ethics Commission: Automated and Connected Driving)의 보고서가 자율주행자동차 기술을 서술함에 있어 'autonomous'라는 표현을 일관성 있게 배제한 것과도 일치한다.

면서, 'automated vehicle'이라는 표현을 지양하고 그 대신 ADS-DV(ADS-Dedicated Vehicle)이라는 개념을 사용할 것을 권한다. 이는 미세한 고려를 반영하는 권고이고 강한 구속력을 갖는 것도 아니지만,[17] 자율주행에 관한 논의가 관련 개념들에 대한 최대한 명료한 규정에서 출발해야 한다는 원칙을 충실하게 구현하는 논의라는 점에서 주목할 만하다.

이 기술을 지칭하는 한국어 표현으로는 이미 선택의 여지 없이 '자율주행'과 '자율주행자동차'가 통용되고 있고, 이 논문의 서술은 이러한 관행을 따를 것이다. 그러나 방금 언급한 세계적 논의의 합당한 취지를 고려하면서, 적어도 이러한 표현으로 인하여 그런 성능을 갖춘 자동차나 그것을 제어하는 자율운행체계가 도덕적 함의를 지니는 자율성을 가지고 있다거나 혹은 그렇게 될 수 있다는 식의 잘못 놓인(misplaced) 관념이 관련 논의에 끼어드는 일은 없도록 해야 할 것이다.[18]

4. 자율주행의 제어에 관한 권한과 책임

자율주행자동차와 관련하여 논의가 집중되는 주제는 책임의 소재다. 자율주행자동차가 사람을 치어 사상 사고가 나면 그 책임은 누구에게 있는가?[19] 이 물음에 대한 답은 일차적으로 "그런 사고가 일어나게 한 자"(the one who caused the accident)일 것이다. 현실에서라면 자율주행자동차

17) 미국 교통부가 2018년 가을 간행한 문건 "Preparing for the Future of Transportation"에서 'Automated Vehicles 3.0'이라는 표현이 사용된 점만 고려하더라도 개념 표현에 관한 이런 권고의 현실적인 효력은 불분명하다.

18) 이에 관해서는 고인석 (2017a), 특히 180쪽 이하의 논의를 참고하라.

19) 자율주행자동차 충돌사고의 책임 문제의 구조에 관해서는 Hevelke & Nida-Rümelin (2015)를 참고하라.

〈그림 1〉 URL=https://www.sciencealert.com/video-captures-self-driving-tesla-hitting-and-killing-a-robot-in-las-vegas

의 사고 책임에 관한 토론이 다양한 논쟁의 갈래가 예정된 복잡한 상황에서 전개되겠지만, 사고 책임에 관한 논의에서 먼저 명료한 부분을 논의해가면서 불명료한 부분이 어딘지를 파악한다는 취지에서 구조적으로 단순한 사고의 경우를 가정하고 생각해보자.

어둑어둑해지기 시작한 시간, 양쪽에 논밭이 펼쳐진 한적한 국도를 달리던 자율주행자동차가 길가를 따라 걷고 있던 사람을 뒤에서 받아 피해자가 중상을 입었다고 해 보자. 이 사고의 책임은 누구에게 있는가? 이 사고의 책임은 그것을 일으킨 자에게 있을 것이다. 이 사고를 일으킨 것은 누구인가? 그것은 '그 자동차의 작동을 제어하면서 그것을 문제의 주행 환경에서 길가의 행인과 충돌하는 방식으로 움직이도록 결정한 자'이다. 누구 혹은 무엇이 그런 조절과 결정의 주체였나? 자율주행자동차의 경우 그런 결정이 자동차의 주행을 관장하는 자율주행시스템(ADS)에 의해 이루어진다고 인정한다면,[20] 이 사고의 책임이 그런 자율주행시스템

20) 4단계의 자율주행자동차라고 가정하자. 자율주행의 단계에 관한 서술은 IV절을 참조. 실제로 2019년 1월에 미국 라스베이거스에서 자율주행 모드로 운행하고 있던 테슬라S 차량이 주차장 입구의 도로에 나와 있던 로봇을 치어 망가뜨린 사고는 외관상 이와 유사한

에 있다고 보아야 하는가? 만일 그것에 책임이 있다면, 사고로 인한 손실의 보상은 누가 해야 하고, 어떻게 해야 하는가?

이 물음을 따지기 위해, 먼저 사고를 낸 자동차의 움직임(motion)이 어떤 방식으로 제어되고 있었는지 살펴보자. 사고에 관한 책임 소재의 해명은 그런 사고를 유발하도록 한 제어의 권한이 어디에 있었는가 하는 물음과 분리하여 생각할 수 없다. 앞에서 이 사고를 낸 주체가 자동차의 작동을 제어하면서 그것을 문제의 주행 환경에서 길가의 행인과 충돌하는 방식으로 움직이도록 결정한 자라고 했는데, 이런 제어의 권한은 어디에 있는가?

여기서 우리는 '자율주행'이라는 개념이 단일하지 않으며 다양한 방식과 수준의 자율주행이 존재할 수 있다는 사실을 유념할 필요가 있다. 세계적으로 자율주행자동차 기술에 관한 표준을 선도하고 있는 SAE International이 제시하여 현재 관련 논의의 표준으로 통용되고 있는 자율주행의 여섯 단계(0단계~5단계)는 다음과 같다.[21]

자율주행의 단계	누가 언제 무엇을 하는가
0단계 (Level 0)	인간 운전자가 운전의 모든 일을 맡아서 한다.
1단계 (Level 1)[22]	자동차에 장착된 우수한 운전보조체계(advanced driver assistance system: ADAS)가 때때로 인간 운전자의 조향 작동이나 감속/가속

경우다. (〈그림 1〉의 사진 참조. 사진 왼쪽에 넘어지고 있는 로봇이 보인다.) CES에서 전시될 계획으로 와 있던 로봇은 이 사고로 인해 수리가 불가능한 상태로 망가졌고, 여러 언론은 "Autonomous robot struck and 'killed' by a self-driving Tesla in Las Vegas ahead of CES"(영국, DailyMail)와 유사한 표현을 써가며 이를 보도했다.

21) 미국 도로교통안전국(NHTSA)은 2013년 발간한 "Preliminary Statement of Policy Concerning Automated Vehicles"이라는 문건에서 자율주행을 0단계부터 4단계까지 다섯 단계로 분석하였다. 그러나 이러한 분석은 곧 현행의 여섯 단계로 수정되었고, 이에 관한 상세한 서술이 SAE의 문건 J3016에 담겨 있다.

	작동을 보조할 수 있다. 그러나 조향과 감속/가속을 동시에 보조하지는 않는다.
2단계 (Level 2)	자동차에 장착된 우수한 운전보조체계(ADAS)가 인간 운전자의 조향 작동과 감속/가속 작동을 실제로 동시에 보조할 수 있다. 인간 운전자는 항시 충실하게 주의를 기울이면서 (운전 환경을 모니터하면서) 운전의 나머지 임무를 수행해야 한다.
3단계 (Level 3)[23]	자동차에 장착된 자동주행체계(Automated Driving System: ADS)가 어떤 환경에서는 운전의 모든 임무를 수행할 수 있다. 그런 환경에서 인간 운전자는 ADS가 그렇게 하도록 요청할 경우 언제라도 자동차의 제어를 넘겨받을 준비가 되어 있어야만 한다. 그 이외의 모든 환경에서는 인간 운전자가 운전의 임무를 수행한다.
4단계 (Level 4)	일부 환경조건에서는 자동차에 장착된 ADS가 근본적으로 운전의 모든 임무를, 즉 운전을 하면서 동시에 운전 환경을 모니터하는 일 전부를 수행할 수 있다. [이런 범위에서] 인간은 운전 환경에 주의를 기울일 필요가 없다.
5단계 (Level 5)[24]	자동차에 장착된 ADS가 모든 환경에서 근본적으로 운전의 모든 임무, 즉 운전을 하면서 동시에 운전 환경을 모니터하는 일 전부를 수행할 수 있다. 자동차에 탄 인간은 단지 탑승자일 뿐이고 운전에 관여하게 되는 일이 없다.

22) 현재 시장에서 판매되는 신형 승용차는 이미 1단계 또는 2단계의 자율주행 성능을 장착하고 있는 것이 일반적이다. 예를 들어 BMW의 웹사이트는 현재(2018년 기준) 제작, 시판되는 모든 BMW 승용차가 원칙적으로 1단계 또는 2단계의 자율주행 성능을 장착하고 있다고 서술한다. https://www.bmw.com/en/automotive-life/autonomous-driving.html.

23) 현재 업계를 선도하는 기업들 간에 치열한 각축전이 이루어지고 있는 연구개발의 대상은 3단계와 4단계의 자율주행 기술이다.

24) 이른바 '완전한 자율주행'이 이루어지는 5단계에 대해서 NHTSA 웹사이트는 그것이 아직 가상의 기술에 속하고 현실적으로는 시기상조라는 입장을 표명하고 있다. URL=https://www.nhtsa.gov/technology-innovation/automated-vehicles-safety. 'Frequently Asked Questions' 참조.

지금 살펴보고 있는 문제와 관련하여 주목하여 볼 사항은, 특히 현재 자율주행자동차 기술개발의 초점이 되고 있는 3단계와 4단계에서 도로를 주행 중인 자동차에 관한 제어 권한을 인간과 기계가 넘겨주고 넘겨받는 일, 즉 권한 관계의 변동이 발생한다는 점이다. 위의 가상적 사례에서 사고를 낸 차가 3단계에 해당하는 자율주행자동차였다고 가정하자. 그리고, 어떤 이유에서든, 사고가 일어나기 몇 초 전에 자동차의 자율주행시스템이 인간 운전자의 개입을 요청했다고 가정하자. 만일 이런 상황에서 인간 운전자가 이런 요청을 인식하고 자동차의 운전을 ADS에 의한 제어에서 자신의 운전으로 전환하는 동작을 취하던 시점, 그러나 그런 권한 이양이 완료되고 운전자가 차량을 실제로 제어할 수 있게 되기 직전에 문제의 사고가 발생했다면, 해당 사고를 일으킨 작동의 제어는 여전히 ADS에 의하여 이루어지고 있었고 따라서 그것은 ADS가 일으킨 사고라고 해야 할까?

이 물음에 그렇다고 잘라 답하기는 어렵다. 예컨대 만일 ADS가 그 도로의 노면 상태가 일반적인 국도의 상태와 뚜렷이 달라서 ADS에 의한 제어에 제한이 있을 수 있다고 판단하고 인간 운전자가 자동차의 제어를 넘겨받을 것을 요청했음에도 불구하고 그가 졸음 상태에서 이 요청을 인지하지 못해 제어의 이양이 이루어지지 못한 상황에서 사고가 발생한 경우라면, 그 책임이 단적으로 ADS에 있다고는 할 수 없을 것이다. 만일 방금 가정한 것과 같은 경우에 인간 운전자의 책임이 면제된다면, 3단계 자율주행에 관한 "인간 운전자는 ADS가 그렇게 하도록 요청할 경우 언제라도 자동차의 제어를 넘겨받을 준비가 되어 있어야만 한다."라는 서술은 실질적인 의미를 가지기 어렵게 되고, 3단계와 4단계의 구별은 흐릿해질 것이다.

그렇다면 앞에 서술한 두 상황에서 각각 차량의 제어 권한을 넘겨받도록 요청받은 인간 운전자에게 사고의 책임이 있다고 할 수 있을까? 운전자로서의 주의 의무를 실천하고 있었던 전자와 그렇지 못했던 후자 사이에 책임의 차이가 있어야 한다는 도덕적 직관에는 공감할 만한 매력이 있다. 그러나 졸고 있던 까닭에 제어권 이양의 요청을 인지하지 못했던 사람은 운전대를 잡은 일이 없고, 따라서 피해자를 다치게 하는 방향으로 자동차를 제어한 일도 없다. 이런 경우 졸고 있던 인간 운전자에게 '죽게 내버려 둠'(letting die)[25]이나 '다치게 내버려 둠' 같은 범주를 적용하여 직접적인 사고 유발과는 구별되지만 응분의 비난책임이 적용되는 경우로 평가할 수 있을까? 졸고 있던 사람이 문제의 상황에 대하여 아무런 적극적인 내용도 인지하지 못하고 있었음을 고려하면, 이런 평가의 전망 역시 어둡다.

그런데 이와 유사한 책임귀속의 어려움은 운전에 관한 인간의 주의 의무가 사라지는 것처럼 보이는 4단계 자율주행에서도 발생한다. 4단계의 자율주행에서도 제어 권한 이양의 문제가 발생할 수 있기 때문이다. 4단계 자율주행에서는 ADS가 운전의 실행과 더불어 도로 상황을 주시하는 임무를 100% 수행하고 인간의 개입이 필요하지 않지만, 문제는 ADS가 그렇게 전적인 제어 권한을 실현하는 것이 '일부 환경조건에서'(under certain conditions)로 제한된다는 점이다. 그렇기 때문에 '그러한 환경조건'과 '그렇지 못한 그 밖의 환경조건' 사이에 3단계에서와 유사한 이음매 문제가 발생하게 된다.

4단계 자율주행을 서술하는 '일부 환경조건에서'라는 단서가 유의미하

---

25) 죽게 내버려 둠과 죽임 사이의 거리에 관해서는 생명의료윤리의 영역에서 오랜 논쟁이 있지만, 죽임에 해당하는 적극적 안락사와 달리 죽게 내버려 둠의 범주에 속하는 것으로 해석되는 소극적 안락사가 허용 가능하다고 보는 사람은 적지 않다. 죽게 내버려둠과 죽임의 차이에 관한 논쟁은 Rachels (2001)을 참조할 것.

게 사용되는 한, 자동차가 작동하게 될 세계의 공간에는 '그러한 환경조건'과 '그렇지 못한 환경조건'이 서로 이어지며 뒤섞여 있기 때문이다. 이상에서 살펴본 인간과 기계 시스템 간의 제어 권한 이양 문제는 원리적인 문제라기보다 자율주행자동차 기술에 관한 세부적인 현실의 문제지만, 이 기술이 실제로 우리가 사는 세계의 현실로 정착하기 위해서는 반드시 매끄럽게 정리되어야 할 중요한 과제다.

끝으로, 제어 권한이 전적으로 ADS에 있는 5단계 자율주행자동차의 경우를 생각해보자. 이런 단계의 자율주행에서는 앞에서 우리의 고심을 유발한 제어 권한 이양의 상황은 발생하지 않을 것이다. 그렇다면 우리는 이상의 논의로부터 5단계가 자율주행기술의 개발이 궁극적으로 지향해야 할 지점이라는 결론을 추론할 수 있을까? 그것은 성급한 생각이다. 이 물음에는 두 가지 점에서 부정적인, 혹은 유보의 태도로 답하는 것이 적절해 보인다.

첫째는 논리적 근거다. 앞에서 논의해 온 제어 권한 이양의 상황이 발생하지 않는다는 것이 사고의 위험 자체가 없거나 현저히 낮다는 것을 함축하지 않는다. 5단계 자율주행자동차가 상용화되는 경우를 상상해 볼 때, 그것은 발생할 확률이 아주 작은 비정상적인 상황을 포함하여 원칙적으로 모든 가능한 조건에서 ADS가 차량을 충분히 적절하게 제어할 수 있다는 인식이 사회 구성원들에게 공유된 상황이리라고 추정할 수 있다. 그러나 이러한 관계는 하나의 요청일 뿐, 그 자체로 사실을 함축하지는 않는다. 다시 말해, 모든 상황에서 인간이 단지 탑승자의 역할을 할 뿐 운전자의 역할에서는 면제되는 5단계 자율주행자동차가 상용화되었음에도 불구하고 ADS가 적절히 감당할 수 없는 상황이나 보통의 유능하고 사려 깊은 인간 운전자와 중요한 점에서 다른 방식으로 차량을 운전하는 경우가 발생할 개연성은 얼마든지 있다.[26]

둘째로 고려할 것은 기술의 현실이다. 현재의 기술은 아직 5단계 자율주행을 일상의 도로 환경에 구현할 수 있는 수준에 도달하지 못했으며, 우리는 이 점을 분명히 인식할 필요가 있다. 이러한 현실은 5단계의 자율주행을 구현하는 공학적 시스템이 구체적으로 어떤 속성을 지니게 될지는 아직 미결정의 영역에 있다는 것을 함축한다. 예컨대 우리는 5단계의 자율주행자동차가 아래 6절에서 살펴보게 될 딜레마 상황에서 어떤 원칙에 따라 작동을 결정하게 될지 모른다. 이처럼 그것이 우리에게 구체적으로 어떤 속성을 지닌 것으로 다가오게 될지 모르는 기술에 대해서는 태도 표명을 유보하는 것이 자연스러운 일이다.[27)]

5. 자율주행자동차가 더 안전하다는 전제

이상의 논의 과정에서 확연히 부각되는 것은 자율주행자동차에 관한 규범이라는 문제의 핵심이 안전에 있다는 사실이다. 이미 언급한 것처럼 세계 여러 나라가 경쟁하듯 자율주행 기술의 연구개발을 적극 지원하

26) 고인석 (2019a)은 사회가 인공시스템으로 인간 운전자의 역할을 대행하도록 허용할 경우 그 기준은 '사려 깊고 유능한 운전자'가 되어야 한다고 주장한다. 그러면서 그는 보통의 유능하고 사려 깊은 인간 운전자라면 예를 들어 비오는 밤 운전 중에 동네 근처에서 아홉 살쯤 되어 보이는 아이가 잠옷 바람으로 차로변에서 비를 맞으며 서 있는 것을 보았을 경우 차를 세우고 아이가 괜찮은지 살펴보려 할 것인 반면, 자율주행시스템에게 이런 행동을 기대하기는 어려울 것이라고 평가한다.

27) SAE가 간행한 J3016의 최근 보완문건(SAE International 2018)은 0단계로부터 5단계에 이르는 자율주행의 여섯 단계가 기술 진보의 질적 높이를 의미한다고 보는 것은 적절하지 않다고 말한다. 제시된 여섯 단계는 여섯 개의 상이한 범주를 가리키는 것이지 1차원적 질서에 편입시킬 수 있는 질적 수준을 의미하지 않는다는 것이다. 또 이것이 그런 질적 수준을 의미하지 않기 때문에 Level 3.3이나 Level 4.5 같은 단계는 무의미하다고 말한다.

는 배경의 중심에도 공공의 안전이라는 가치가 자리 잡고 있다.[28] 자율주행자동차가 사회 전체의 수준에서 안전의 증대를 가져오리라는 예측 혹은 기대는 자율주행자동차 기술의 근저에 놓인 하나의 거대한 전제다. 그리고 그것은 단순한 억측이 아니라 이론적, 경험적 근거를 지닌 주장이기도 하다. 단순하지만 반박하기 어려운 이론적 근거는 자율주행시스템의 운전에서는 음주나 졸음이나 그 밖에 전화사용 등으로 인한 부주의 같은 현상이 발생하지 않는다는 것이고, 경험적 근거는 이제까지 미국의 캘리포니아와 플로리다주를 비롯한 세계 각지에서 진행되어 온 시험 운행을 통해 축적된 데이터다.

그렇다면 우리는 자율주행자동차가 사람이 운전하는 자동차보다 더 안전하다는 거대한 전제에 동의해도 좋을까? 이런 동의는 일견 당연해 보인다. 자율주행시스템은 잠을 제대로 못 자서 피곤한 사람이나 나른한 오후 따스한 햇볕 속에 익숙하고 단조로운 길을 운전해 가는 사람에게 종종 발생하는 주의력 저하를 경험할 일도 없고, 술이나 다른 약물의 영향을 받지도 않으며, 전화나 문자 통신을 하느라고 주의가 흩어지는 일도 없기 때문이다.

그러나 유의할 점은, 이로부터 "따라서 자율주행자동차가 보통 사람이 운전하는 자동차보다 더 안전하다."라는 결론이 도출되기 위해서는 추가적인 전제가 충족되어야 한다는 사실이다. 그것은 자율주행을 관장하

---

28) 미국 교통부도 주행자율화의 원칙(Automation Principles) 첫 번째 항목에서 "우리는 안전을 먼저 고려한다."(We prioritize safety.)라고 명시한다. US Department of Tranportation 2018, p.vi 참조. 이는 IEEE나 NSPE를 비롯한 세계적인 공학자협회들의 윤리강령 제1조가 공학자가 추구해야 할 최우선의 가치로 '공공의 안전, 건강, 복지'를 천명하는 점과 상통한다는 점에서 자연스럽다. 더구나 복지의 핵심 필요조건이 건강이고 안전의 보장 없이 건강이 보장될 수 없음을 고려할 때, 셋 가운데서도 안전이 최우선의 가치로 추구되고 있음을 확인할 수 있다.

는 인공지능 시스템이 인간의 운전에서 위험이 발생하는 특정한 상황들 이외의 다른 모든 조건에서 최소한 평균적인 사람 운전자처럼 운전을 할 수 있다는 전제이다. 만일 어떤 운전 체계가 위에서 언급된 몇 가지 점에서 우수할지라도 다른 특정한 면에서 무시할 수 없는 결함을 가지고 있다면, 기대하는 안전은 보장될 수 없다. 그러나 이러한 전제의 충족 여부는, 사안의 성격상, 현실의 경험을 떠나 선험적으로 판정할 수 있는 종류의 문제가 아니다.

구달(Noah J. Goodall)은 자율주행에 관하여 꽤 널리 통용되고 있지만 근거가 불충분하고 그렇기 때문에 비판적으로 재고되어야 할 몇 가지 인식을 거론한다. 구달이 열거하는 항목은 아홉으로, 다음과 같다.[29)]

① 자율주행자동차는 (거의) 사고를 내지 않을 것이다.
② 복잡한 윤리적 결정을 요구하는 종류의 충돌사고는 발생할 개연성이 지극히 미미하다.
③ 책임이 자율주행자동차에 있는 충돌사고는 (거의) 없을 것이다.
④ 자율주행자동차가 다른 자율주행자동차와 충돌하는 사고는 일어나지 않을 것이다.
⑤ 2단계와 3단계의 자율주행자동차에서는 언제나 사람이 자동차의 제어를 넘겨받을 수 있으며, 따라서 그 사람이 윤리적 결정에 관한 책임을 지게 될 것이다.
⑥ 사람이 운전을 하거나 충돌사고를 만날 때 윤리적 결정을 하게 되는 일은 드물다.

---

29) Goodall (2014), pp.94-98.

⑦ 자율주행자동차가 법률을 준수하게 하는 프로그램을 입력할 수 있고, 그것으로 윤리적인 문제 상황을 감당할 수 있다.
⑧ 자율주행자동차는 어떤 경우에도 피해를 최소화하는 작동을 하도록 하면 된다.
⑨ [자율주행자동차로 인한] 전체 편익은 비윤리적인 [자율주행] 자동차로 인한 어떤 위험보다도 크다.

구달이 지적하는 잘못된 인식의 항목들 중 일부는 사실판단의 차원에서, 일부는 개념판단의 차원에서 비판 가능하다. 예를 들어 위 항목들 가운데 ①, ④, ⑤, ⑦(특히 전반부)은 현실의 경험을 토대로 부정되거나 약화될 만한 것들이다. 이 중에서 ④는 아직 그런 상황이 발생 가능한 여건이 현실에 구현되지 않았기 때문에 입증도 반증도 어렵지만, 적절한 컴퓨터 시뮬레이션을 통해 테스트 가능한 주장이다. 반면에 "② 복잡한 윤리적 결정을 요구하는 종류의 충돌사고는 발생할 개연성이 지극히 미미하다."라는 주장을 평가하려면 먼저 '복잡한 윤리적 결정을 요구하는 종류의 충돌사고'라는 개념을 적절히 규정해야 하고, "③ 책임이 자율주행자동차에게 있는 충돌사고는 (거의) 없을 것이다."라는 주장의 타당성을 판단하려면 먼저 '책임' 개념을 규정해야 한다. 인공물인 자율주행자동차를 도덕적 책임(moral responsibility)의 주체로 간주할 수는 없다는 인식이 널리 공유되어 있지만, 도덕적 책임의 주체가 되지 않는다고 해서 모든 종류의 책임과 무관하게 되는 것은 아니다.

이 가운데 자율주행자동차의 안전 수준과 직접 결부된 두 항목을 다시 살펴보자. 2016년과 2018년 사이에 시험운행 중이던 자율주행자동차나 자율주행 모드로 작동하고 있던 자동차에서 발생한 사망 사고만 해도 4건이고, 이 밖에도 다양한 상황의 충돌사고가 보고되었다. 이런 사실을 눈앞에 두고 ①처럼 말하는 것은 자율주행기술을 위한 선전이 아니고서는 불가능한 일이다. 또, ⑤ 역시 실질적 의미에서 위험한 인식이다. 이 논문의 4절에서 검토한 것처럼, 자율주행자동차 기술이 상용화되기 위해 풀어야 하는 중요한 매듭 하나가 제어의 매끄러운 이양이라는 문제다. 운전자가 항시 운전 환경을 지각하면서 주의하고 있어야 하는 2단계에서와는 달리 3단계 자율주행에서는 인간 탑승자가 주의기울임의 의무와 관련하여 불연속적 전환의 과정을 겪게 된다. 이러한 과정에 관한 세부적인 분석과 그 결과를 반영하는 규범의 상세화가 선행되지 않는 한, 3단계 자율주행에 관하여 "언제나 사람이 자동차의 제어를 넘겨받을 수 있고 윤리적 결정에 관한 모든 책임을 그 사람이 지면 된다"는 평가는 자율주행 상황의 현실을 포섭하지 못하는 부적절한 평가가 될 것이다.

미리 상상하기도 어려운 온갖 종류의 상황들에 대한 대처의 방식을 입력할 수는 없더라도 최소한 도로교통에 관한 법률 등 명문화된 법규들을 프로그램에 입력함으로써 교통법규를 준수하는 자율주행자동차를 만들 수 있고, 그것이 안전한 자율주행자동차의 중요한 기초가 될 수 있지는 않을까? ⑦의 배후에는 이런 생각이 깔려 있다고 볼 수 있다. 그러나 이런 기대는 두 가지 이유에서 약화된다.

하나는, 법규 준수가 안전을 위한 최선의 방책이라고 보기 어렵다는 사실이다. 예컨대, 교차로 진입 직전 마침 신호등이 노란색으로 바뀌는 것을 보았고 그래서 정지할 생각이었지만 마침 뒤에서 다가오는 트럭이 황색 신호에 교차로를 통과하려는 듯 가속을 하고 있음을 인지한 경우를 생각해보자. 능숙한 운전자라면, 교통법규에 따라 황색 신호에 정지선에

멈춰 서는 일을 포기하고 후방추돌의 위험을 경감하기 위하여 가속 페달을 밟아 교차로를 통과하려 할 것이고, 실제로 그것이 안전을 위한 조치일 것이다. 다른 하나는, 법률 등 인간이 사용하는 개념으로 이루어진 규범을 알고리즘으로 환산하는 일 자체가 전혀 쉽지 않은 일일 뿐만 아니라 도대체 어떻게 변환해야 할지조차 막막한 경우가 흔하다는 사실이다.

자율주행자동차 기술이 안전을 최우선의 가치로 지향하고 있다는 것은 분명한 사실이다. 또 이 기술이 실제로 도로교통의 안전을 증진하는 방향으로 기여하리라는, 상당한 합리적 근거를 갖춘 기대가 존재하는 것도 분명하다. 그러나 이러한 기대가 우리 일상의 현실로 변하기 위해서는 풀어야 할 문제가 많다는 것 역시 부인할 수 없는 사실이고, 이 점을 잊는 것은 위험한 일이다. 아래에서 살펴볼 딜레마 상황의 대처 역시 그런 과제의 중요한 일부분이다.[30)]

---

30) 한 동료 연구자는 (특히) 이 절의 내용에 관하여 두 가지 경청할 만한 의견을 주었다. 첫째는 딥러닝을 비롯한 발달된 기계학습이 '인간처럼 판단하는' 자율주행시스템을 실현을 가능하게 할 수 있으리라는 것이다. 이 논문은 이런 가능성의 크기에 대해 언급하고 있지 않다. 만일 기계학습을 통해 이 논문이 요구하는 수준의 자율주행시스템이 실현된다면, 논문이 주장한 '보류'는 해제될 것이다. 그러나 논자가 이미 다른 논문들에서 강조한 것처럼, 실현되고 실증되지 않은 '가능성' 담론에 사회적 결정을 의탁할 수는 없다는 사실을 유념해야 한다. 둘째는 자율주행자동차 전용 도로와 4단계 자율주행자동차를 결합하면 최적의 안전을 보장할 수 있을 것이라는 의견이었다. 자율주행자동차 전용 고속도로 건설에 관한 최근의 중국발 뉴스는 이런 의견에 힘을 실어준다. (논자는 고인석 2019, 6절에서 이를 '우회로'로 검토한 바 있다.) 그러나 이것은 사회적 결정의 가능한 방향일는지 몰라도 적절한 방향이 아니다. 그 방안의 현실 도입에 수많은 세부적 고민이 부수되리라는 사실은 가려두고 생각해도, 비유로 짧게 말하자면, 그것은 사회 차원에서 '꼬리가 몸통을 흔들도록 하는' 해결안이다.

6. 딜레마 상황의 결정 원칙을 어떻게 구성해야 할까?

빠듯이 좁은 2차선 도로를 시속 50km로 정속 주행하고 있는 자동차의 앞쪽에 갑자기 두 사람의 노인이 나타났다. 그런데 노인들과의 충돌을 피하기 위해 차선을 변경하면 마침 유모차를 밀면서 차로를 무단으로 횡단하던 젊은 여성을 치게 생겼다. 어느 편과도 충돌하지 않는 급정거가 더 이상 불가능한 상황이라면, 당신은 자동차를 어떤 방향으로 제어할 것인가? 트롤리 딜레마의 변형이라고 볼 수 있는 이런 종류의 물음들이 자율주행자동차 기술의 앞길에 제시되고 있다.

앞에 서술된 상황이 다소 극화되기는 했지만, 운전을 하는 과정에서 저것과 유사한 까다로운 선택의 상황을 대면하게 되는 것은 드문 일이 아니다. 자율주행시스템이 인간 운전자를 대행하게 된다면 그것 역시 유사한 딜레마의 상황을 만나게 될 것이다. 따라서 자율주행자동차가 우리 일상의 교통에 편입되어 활용될 수 있으려면 이러한 상황을 어떻게 처리할 것인지에 대한 준비가 필수적이다. 그렇다면 자율주행시스템이 이런 딜레마 상황을 어떻게 처리하도록 해야 옳은가? 이것이 이 논문의 마지막 물음이다.

먼저 따져보아야 할 것은, 특정한 상황에서 자율주행시스템이 어떤 결정을 내려야 하는가 하는 물음이 아니라 수많은 유형의 딜레마 상황을 다룰 원칙을 어떻게 구성해야 하는가 하는 메타적 물음이다. 원칙을 확립할 적절한 방법을 결정할 수 있다면, 이 문제의 해결은 손닿는 곳에 놓여 있겠기 때문이다.

그러나 트롤리 딜레마에 관한 토론의 긴 역사에서 확인할 수 있는 것처럼, 이런 딜레마 상황에 적용될 일반 원칙을 찾는 것은 어려운 일이다.[31] 그렇다면 이런 딜레마 상황에 대한 원칙을 자율주행시스템에 입력하는 일 역시 선결문제 미결의 난관에 봉착하게 된다. 그런데 최근 MIT 미디어랩에서 라완(I. Rahwan) 등이 구축한 인터넷 플랫폼 '모럴 머신'(Moral Machine)[32]은 이런 난관을 타개할 수 있는 한 방안을 제시하는 것처럼 보여 흥미롭다. 모럴 머신은 해당 인터넷 사이트에 접속한 사람을 트롤리 딜레마와 유사한 다양한 상황에 대한 판단으로 유도하는 인터넷 기반의 사고실험 플랫폼이다. 이 플랫폼은 자율주행자동차가 만날 수 있다고 생각되는 다양한 결정의 상황을 제시하고 접속자의 선택을 요구한다.[33]

영어와 한국어를 포함한 열 가지 언어로 질문을 제시하는 모럴 머신은 이런 방식으로 약 2년에 걸쳐 세계 233개 나라의 사람들 49만여 명으로부터 4천만 건에 가까운 의견을 수집했다.[34] 수집된 데이터의 양과 분포, 그리고 인터넷이라는 매체의 성격을 고려할 때, 비록 전 세계를 대상으로 하는 체계적인 표본추출의 방식으로 만들어진 것은 아니라 할지라도 이것은 통계적으로 유의미한 자료임에 틀림없다. 단, 모럴 머신이 축적한 자료의 의의를 해석하는 데는 주의가 필요하다.

법학자인 이상돈과 정채연은 모럴 머신의 성과를 집단지성이라는 개념의 관점에서 조망하면서, 모럴 머신을 "자율주행자동차의 윤리적 딜레

---

31) 상충하는 위험이 걸린 선택의 상황에서 자율주행자동차가 어떻게 작동하도록 해야 하는가 하는 문제는 자율주행기술에 관한 핵심적인 토론주제이고, 특히 특정한 위험을 방치하는 선택을 어떻게 정당화할 수 있는가가 문제인 것으로 보인다. [그것은, 이미 구조적 차원에서, 여전히 로봇윤리의 기본적인 원칙으로 거론되는 아시모프의 로봇 3법칙 중 제1법칙을 배반하는 선택이기도 하다.] 위해를 가하는 일(doing harm)과 위해를 허용하는 일(allowing harm)의 윤리적 차이에 관한 스탠포드 철학사전의 항목(Woollard et al. 2016)과 이 논쟁에 이론적 배경을 제공하는 필리파 풋의 논의(Foot 1967)를 참고하라.

32) URL=http://moralmachine.mit.edu.

33) 모럴 머신을 통해 수집된 의견에 대한 보고와 이 플랫폼을 구축한 이들의 해석은 Awad et al. (2018)을 보라.

34) Awad et al. (2018).

마 상황에서 이루어지는 가치판단의 기준에 대한 집단지성을 분석할 수 있는 도구"[35]로 평가한다. 모럴 머신의 성과를 보고하는 논문에서 저자들이 사회적 합의의 중요성에 관하여 다음과 같이 말할 때 그 목소리에는 호소력이 있다.

> "여기서 열쇠가 되는 개념은 '우리'(we)다. 전 미국대통령 버락 오바마가 강조한 것처럼, 이 문제[=(딜레마 상황에서) 자율주행자동차의 결정에 관한 원칙]와 관련하여 사회적 합의가 중요해질 것이다. 자율주행자동차의 운행을 인도할 윤리적 원칙들을 결정하는 것은 공학자들이나 윤리학자들에게만 맡길 수 없는 일이다."[36]

그러나 따져보아야 할 문제는 모럴 머신 웹사이트가 수집한 의견들의 통계적 분포와 저자들이 언급하는 '공공의 합의'가 어떤 관계에 있는가 하는 것이다. 이들의 조사가 학문적으로 여러 면에서 흥미로운 결과를 함축하고 있을 뿐만 아니라 자율주행자동차 기술의 윤리적 측면에 대한 전 지구적 차원의 관심과 토론을 활성화하는 데 기여한 사실은 분명하다. 그러나 이 플랫폼을 통한 의견 수집이 공공의 합의에 도달하는 방식이었다고 평가하기는 어렵다. 공동체 내부에서 의견 차이를 확인하고 그것을 조정하면서 합의를 도출하는 방식의 집단적 행위는 거기서 시도된 일조차 없기 때문이다. 뿐만 아니라 모럴 머신의 성과가 실현하기 어려운 공공의 합의가 만일 가능했다면 도달했으리라고 추정되는 내용을 찾아내거나 확인하는 절차의 지위를 갖는다고 볼 이유도 없다.[37] 공공의 합의가

---

35) 이상돈/정채연 (2017), 87-88쪽.

36) Awad et al. (2018), p.59.

37) 이것은 대단히 중요한 문제지만, 그것을 규명하는 일은 과학기술사회학과 과학기술정책

이루어지는 상황을 가정할 때 그 합의의 내용이 분산된 의견들의 산술적 평균과 일치하리라고 보는 것은 근거가 박약한 소박한 기대일 뿐이다.

이 점을 명확히 하려는 이유는 공공의 합의가 (아직) 부재한 상황에서 어떤 방식으로든 축적된 통계 자료가 모집단에 해당하는 공동체의 집합적 의견을 대변한다는 설익은 생각이 통용될 위험이 있기 때문이다. 모럴 머신의 기획자 라완을 비롯한 공저자들은 이 연구가 자율주행자동차가 딜레마 상황을 처리하는 원칙에서 문화권 간의 견해차를 극복할 수 있다는 가능성을 보여주었다고 평가한다.[38] 그러나 이 '가능성'은 이런 경험적 연구의 성과를 자료로 활용하는 토론과 때로 긴 논쟁을 포함하는 합의의 시도를 통해서만 실현할 수 있는 것이지 그 이외의 다른 방식으로 구체화할 수 있는 것이 아니다. 그러한 현실의 과정을 고려할 때, 이러한 문제에 관해 모든 문화권을 아우르는 보편 원칙에 합의하게 되는 것은 희망적인 사태인 반면 반드시 가능하다고는 할 수 없다. 더 정확히 말하자면, 그런 보편적 합의는 실현되면 환영할 만한 희망적인 것일지라도 반드시 필요한 것인지조차 불분명하다.

고골과 뮐러는 그들의 논문 "Autonomous Cars: In Favor of a Mandatory Ethics Setting"에서 모든 자율주행자동차에 전체 사회가 공유하는 윤리를 일률적으로 장착하도록 하는 것이 옳은지 아니면 각 사용자가 자신의 개인적인 윤리를 장착하도록 하는 것이 옳은지를 저울질한다. 두 공저자의 결론은 사회 공통의 윤리를 일률적으로 장착하는 것이 옳다는 것이지만,[39] 필자는 이 논문의 물음 자체가 더 소중하다고 생각한다. 우리는 과

학, 나아가 미디어연구와 행정학 등의 협력적 개입을 요구하는 복잡한 작업이고 이 논문에서 적절히 다룰 수 있는 문제는 아니다.

38) Awad et al. (2018), p.63.

39) Gogoll et al. (2017), p.681. 저자들의 핵심 논거는 각 자동차가 개별 사용자의 윤리에 따라

연 둘 중에 어느 편이 더 나은지 좀 더 폭넓게 따져볼 가치가 있다.

고골과 뮐러의 논문은, 그 문제제기와 토론을 통해, 자율주행자동차가 만나게 될 수 있는 딜레마 상황에 관하여 사회 전체가 일률적인 해법을 찾고 그것을 모든 자율주행자동차에 탑재하는 것이 자율주행자동차를 운용하는 당연한 방식은 아니라는 사실을 인식하도록 해 준다. 앞에서 살핀 논문(Awad et al. 2018) 덕분에 생각해보게 되는 '이 사안에 관한 사회적 합의의 방법'도 중요한 문제지만, 설령 모종의 합리적인 다수결을 경유하는 사회적 합의가 가능하다고 하더라도 모든 자율주행자동차가 특정한 유형의 딜레마 상황에 대하여 똑같은 해답을 탑재해야 한다는 당위가 성립하는지는 별개의 문제다.

돌이켜 생각해보면, 모럴 머신 웹사이트가 이른바 '트롤리 문제'를 원형으로 삼아 다양하게 변조하고 있는 딜레마의 상황이란 근본적으로 상이한 도덕적 직관이 충돌하고 경합하는 상황이다. 인간 운전자들이 운전하는 자동차는 모럴 머신의 어떤 특정한 딜레마 상황에 처했을 때 일률적인 방식으로 행동하지 않는다. 그것을 운전하는 사람의 도덕적 직관이 다 똑같지 않기 때문이다. 그렇다고 해서 우리는 그런 불일치를 '극복해야만 할 문제 혹은 장애물'로 여기지 않는다.

7. 딜레마 상황의 난제가 함축하는 결론

자율주행자동차가 만날 수 있는 다양한 딜레마 상황에 대한 토론은 모럴 머신과 무관한 곳에서도 활발히 진행되었다. 이 가운데 "Why Ethics

작동하도록 할 경우 수인의 딜레마가 함축하는 손실이 발생할 개연성이 커진다는 것이다.

Matters for Autonomous Cars"[40]라는 논문에서 '불가피한 충돌 사고의 상황에서 어떤 피해를 선택할 것인가?'라는 딜레마 상황에 대한 기존의 논의를 비판하는 린(Patrick Lin)의 주장을 주목할 만하다.

린은 자율주행자동차에 딜레마 상황에 대한 어떤 전략이 장착되든 상관없이 특정 유형의 상황에서 특정한 종류의 대상 쪽으로 운전을 제어하도록 명령하는 프로그램은 일종의 표적화(targeting)에 해당하는 것처럼 보인다고 지적한다.[41] 그리고 이런 그의 지적은 일리가 있다. 그런 알고리즘에 따라 작동하는 자율주행시스템은 자동차가 특정 유형의 상황에 처할 경우 그것을 특정한 대상—예를 들어 헬멧을 포함하여 충분한 안전장비를 갖추고 있는 오토바이 탑승자[42]—과 충돌하는 방향으로 제어할 것이기 때문이다. 이런 알고리즘이 자율주행시스템에 보편적으로 내장된 사회에서는 특정한 속성을 지닌 사람들이 자기도 모르는 사이에 자율주행시스템이 유사시에 '최적화된 충돌'(optimized crash), 즉 결과적인 피해를 최소로 만들 충돌의 대상으로 삼을 목표물이 되어 있을 수 있는 셈이다.[43]

자율주행시스템의 이러한 상황 대처 방식은 그런 표적화의 대상이 되는 사람들에게 해악을 허용하는 선을 넘어 해악을 입히는 것에 해당하고, 표적화된 사람의 안전이나 건강을 도구로 삼아 다른 사람의 안전이나 건강을 보호하려는 것에 해당한다. 그것은 도덕철학에서 논의해 온 트

---

40) 이 논문은 다이믈러-벤츠 재단의 지원으로 M. Maurer와 J. C. Gerdes 등이 편집하여 2015년 출간된 *Autonomues Fahren: Technische, rechtliche und gesellschaftliche Aspekte*에 실렸다.

41) Lin (2015), p.72.

42) 이런 선택의 배경에는 이처럼 충분한 안전 장비를 장착한 오토바이 운전자와 제대로 된 헬멧도 없이 일상복 차림으로 운행 중인 오토바이 운전자가 불가피한 충돌의 선택 대상으로 제시된 딜레마 상황이 깔려 있다. Lin (2015), pp.72f 참조.

43) 이런 '표적화'의 문제에 관하여 Lin (2014)도 참조할 것.

롤리 딜레마 상황의 결정과 다른, 도덕적으로 허용할 수 없는 방식이다.

여기서 논의하고 있는 딜레마 상황의 원칙 문제에 관하여 2017년에 발표된 독일의 자율주행자동차 윤리위원회[44] 보고서는, 간추려 말하자면, 그런 곤란한 결정을 표준화하여 기계에 장착하는 일이 불가능하다는 의견을 표명한다. 이 보고서의 II장은 "자동화되고 네트워크로 연결된 자동차 교통에 관한 윤리 규칙"(Ethical rules for automated and connected vehicular traffic)으로 20개 조항을 제시하는데, 이 중 여덟 번째 항목이 딜레마 상황에 관하여 다음과 같이 서술한다.

> 한 사람의 생명과 다른 사람의 생명 중에서 선택을 해야 하는 경우와 같은 진짜 곤란한 결정은 특수한 현실의 상황에 의존하고, 이 결정에 영향을 받는 당사자들의 "예측불가능한" 행동에 의해서도 좌우된다. 따라서 그런 결정은 명료하게 표준화될 수 없으며, 윤리적으로 의문의 여지가 없는 방식으로 프로그램화할 수도 없다. [···] **올바르게 판단하는 도덕적인 능력을 지닌 책임 있는 운전자의 결정을 대체하거나 선취하는 방식으로 기술의 체계를 표준화하여 그것이 사고의 결과들에 대한 복합적이고 직관적인 평가를 수행하도록 프로그램 할 수는 없다.**[45]

---

44) 이 윤리위원회(Ethikkommission)는 독일 헌법재판소 재판관을 역임한 헌법학자 디 파비오(Udo Di Fabio)를 위원장으로 하고 철학자 뤼트게(Christoph Lütge)를 비롯하여 공학, 법학, 산업계 인사를 포함하는 14명의 위원으로 구성되었다. 이 윤리위원회는 이 글에서 말하는 자율주행(기술)을 '자동화되고 [네트워크로] 상호연결된 운전'(automatisiertes und vernetztes Fahren; automated and connected driving)이라고 부른다. Luetge (2017)은 이 위원회의 구성과 활동, 그리고 위원회가 제안한 윤리 가이드라인의 조항들에 관하여 잘 정리된 요약을 제공한다. 한상기 (2017)은 이 위원회 보고서에 관한 국내의 첫 논평에 해당한다. 이 보고서가 제시한 자율주행 관련 윤리 가이드라인은 더 상세히 고찰할 가치가 있는 것으로 보이지만, 아직 이에 해당하는 국내 연구자의 분석은 철학에서도 법학에서도 제출되지 않았다.

45) Ethikkommission (2017), p.11. 필자의 강조.

독일 자율주행자동차 윤리위원회가 평가한 대로 올바른 도덕적 판단의 능력을 지닌 책임 있는 운전자의 결정을 대체하거나 선취(vorwegnehmen)하는 방식으로 자율주행시스템을 프로그램 하는 것이 불가능하다면, 그런 불가능이 철학적 해명을 통해서든 공학적 혁신을 통해서든 해소되기 전까지지는, 자율주행시스템이 제어하는 자동차가 딜레마의 상황을 만나도록 허용하는 것은 사회적으로 불합리한 처사일 것이다.

8. 맺는말

자율주행자동차 기술은 이미 높은 수준의 성숙 단계에 도달한 것으로 보인다. 이 기술에서 세계 첨단 수준에 있지 않은 한국에서도 고속도로 등 제한된 환경에서 자율주행시스템이 운전의 주도권을 갖는 조건부 자율주행 관련 국가 지원 사업(2018-2020)이 추진되고, 이에 발맞춰 도로교통법상 '운전자'의 개념을 재정의하는 작업도 추진되고 있다.[46] 그러나 이런 기술의 발전에 비하여 아직 충분한 성숙의 단계에 이르지 못한 것은 자율주행자동차 기술에 관한 거시적 차원의 생각, 그리고 이 기술에 관한 사회의 결정들이다.

이 기술을 선도하는 미국에서 최근, 한동안 통용되어 오던 'autonomous vehicle'이라는 표현 대신 'automated vehicle'이라는 표현이 공식 문건에 채택된 것 역시 이 기술을 대하는 사회적 관점이 조금씩 정밀하게 조정되어가고 있음을 암시한다. 그리고 이 기술이 우리의 일상에 적용될

46) 경향신문, 2018년 11월 9일자, 9면 기사 「시스템도 '운전자'로 인정… 자율주행 '미래 장애물' 걷어낸다」 참조.

수 있기 위한 선결 조건은 이런 사회적 결정과 조정의 과정이 어느 정도 충분한 수준까지 정착되는 것이다.

이 논문에서 살펴본 것처럼 이런 결정의 핵심에는 자율주행자동차의 제어에 관한 권한과 책임의 소재라는 문제가 있고, 세부적으로는 그런 권한을 사람과 자율주행시스템이 넘겨주고 넘겨받는 과정에서 발생하는 권한-책임 관계의 모호성 문제가 있다.[47] 나아가 자율주행시스템이 제어하는 상황에서는 팽팽히 경합하는 위험이 존재하는 딜레마의 상황에서 자율주행자동차가 어떤 원칙에 따라, 혹은 어떤 방식으로 제어되어야 하는가 하는 물음이 수용할 만한 해결안을 기다리고 있는 중요한 문제다.[48]

이아그네마(Karl Iagnemma)가 말하듯이[49] 어떻게든 자율주행자동차가 우리의 일상에 도입되고, 그 결과로 교통사고 사망자 수가 현재의 10% 미만 수준으로 경감되고, 결국 언젠가는 자율주행자동차 때문에 생긴 새로운 문제들에 대한 인식까지 포함해서 우리의 일상적 인식이 이런 새로운 상황에 익숙해지게 될 수도 있다. 그때에는 독일의 윤리위원회가 제안했던 원칙은 지나간 시대의 낡은 이야기가 될 수도 있다. 그러나 우호적으로 평가하더라도 그것은 자율주행기술의 최전선에 있는 개발자의 예견이고 기대일 뿐, 필연적으로 도래할 예정이고 따라서 우리의 인식을 거기에 맞춰 선제적으로 적응해야 할 미래의 상이라고 할 수는 없다.

우리는 앞에서 모럴 머신의 논자들도 강조했던 정신을 다시 되새겨볼 필요가 있다. 자율주행기술의 속성을 결정하는 일은 윤리학자들이나 기술개발자들의 손에 맡겨둘 수 있는 종류의 사안이 아니다. 그것이 우리

---

47) 앞에서 살펴본 것처럼, 이 문제는 특히 3단계와 4단계의 자율주행에서 발생한다.

48) 이 문제는 특히 4단계와 5단계의 자율주행에서 발생한다.

49) Iagnemma (2018).

모두의 삶에 중대한 영향을 미칠 수 있는 기술이기 때문이다. 이런 변화를 다루는 현명한 방식은 토마스 쿤과 파울 파이어아벤트가 과학자들의 행태에서 공통적으로 읽어낸 것처럼 고집의 원리(principle of tenacity)에 따르는 것, 다시 말해 다른 확신이 지배하는 세상이 되기 전까지는 기존의 것을 고수하는 자세다. 이 원리의 관점에서 보면, 사실상 고려할 수 있는 모든 점에서 유능하고도 사려 깊은 인간 운전자 대신 기계지능이 자동차의 모든 상태를 제어하도록 하는 것이 좋다는 확신이 들 때까지, 딜레마 상황에 대한 처리를 포함하는 모든 권한을 기계지능에 넘기는 일은 보류하는 것이 마땅하다.

Part III

인공지능 시대를 전망하며

12장

데이터 기반 의사결정에서 편향과 공정성[1)]

이 논문은 데이터 기반 사회에서 데이터 기반 의사결정의 합리성을 위협하는 편향의 문제를 고찰하면서 그러한 위험을 줄이고 의사결정의 공정성을 높이는 방안을 모색한다. 이를 위하여 미국에서 범죄자 교정관리에 활용되어 온 COMPAS가 인종차별적 편향을 나타낸다는 비판을 둘러싼 토론을 검토하고, 데이터 기반 의사결정에서 편향을 발생시키는 원천을 분석한다. 이 분석에서 데이터가 주-술의 구조를 지닌 명제이고 실재를 고스란히 반영하는 중립적 자료가 아니라 데이터 생산자의 관점을 반영하는 측정 활동의 산물이라는 점이 부각된다. 이러한 개입이 그 자체로 데이터 기반 의사결정의 공정성을 위협하는 것은 아니다. 그러나 편향은 데이터에서 추론된 결론이 모집단의 속성을 적절히 반영하지 못함

---

1) 이 논문의 초기 버전은 2020년 2월, 정보통신정책연구원과 인하대학교 법학연구소의 공동 세미나 〈데이터 기술의 발전과 사회적 과제〉에서 발표되었다.

을 의미한다는 점에서 데이터 기반 의사결정의 가치를 감쇄한다. 이러한 위험을 다루는 방법은 데이터 기반 결정에서 나타나는 편향의 양상을 계속 평가하면서 평가 결과에 따라 데이터 처리 알고리즘을 보정하고 데이터셋을 보완하는 것뿐이다. 지속적인 비판과 보정, 보완을 통해 사회가 적정하다고 여기는 균형점과 현상의 거리를 좁혀 가는 실천만이 데이터 기반 결정의 가치를 보존하고 극대화할 수 있을 조건이다.

1. 데이터 중심 사회라는 여건과 문제를 확인함

세계는 데이터 기반 사회, 혹은 데이터 중심 사회[2)]라는 현실로 진입 중이다. 이러한 현실에서 '데이터 기반'이나 '데이터 중심'은 굳이 그 세목을 열거할 필요조차 없는 긍정적 가치와 결부된 거시 차원의 당위로 작동하는 것처럼 보인다. 이런 개념의 인도로 지향되는 사회는 현실에서 수집된 데이터를 토대로 삼음으로써 판단의 합리성을 높이는 사회, 반면에 현실의 데이터와 상충하거나 동떨어진 결정 방식을 배제하거나 경계하는 사회일 것이다. 그런데 데이터를 사고와 판단의 토대로 삼는다는 것은 다양한 종류의 결정과 예측의 과정에서 주어진 현실을 중시한다는 것이므로 21세기 특유의 현상일 리 없다. 그것은 오히려 고금과 동서를 관통하는 보편적 현상이고 원리라고 보아야 옳을 것이다. 그러나 지금 거론되는 '데이터 중심성'은 이러한 보편적 현상과 구별되는 특성을 지닌다. 그것은 계산과학과 하드웨어 및 소프트웨어 기술의 비약적 발전

2) 이와 더불어 '데이터 주도(data-driven) 사회'라는 개념이 통용된다.

으로 인하여 데이터 처리 역량이 비약적으로 증대했다는 여건에서 비롯된다.[3)]

테크놀로지의 변동과 결부된 이러한 환경은, 한편으로, 데이터를 기반으로 판단하고 예측한다는 관념에 구체적인 특성들을 부여하였다. 데이터 기반의 사고는 이제 막연한 태도 표명이 아니라 특정한 방식의 실행을 지칭하는 개념이 되었다. 또 우리는 그 실행의 세부 구조와 특성을 분석함으로써 그러한 사고의 합리성을 객관적으로 평가할 수 있게 되었다. 이것은 사회 공동체의 차원에서 중요한 희소식처럼 들린다. 데이터를 기반으로 최선의 합리적인 결론을 내리고 또 그렇게 내려진 결론들이 합당한지 다시 평가할 수 있다는 것은 아마도 대부분의 사람들에게 희망과 부합하는 일일 것이다.[4)]

인공지능 기술이 적용된 컴퓨팅 기술은 오늘날 시민 대다수의 팽창된 기대를 등에 업고 있다. 판사들을 인공지능으로 대체하면 더 공정한 판결을 얻을 수 있으리라는 투의 인터넷 댓글은 흔하고, 그 가운데 우스갯소리로 보이는 경우는 드물다. 자신의 질병을 진단하고 치료 방법을 찾는 과정에서 만일 의사와 왓슨 포 온콜로지(Watson for Oncology) 같은 의료 인공지능의 결론이 상충한다면 어느 편의 결론을 따르겠느냐는 물음이 거론되는 상황[5)]이나 '로보어드바이저'로 불리는 자산관리 인공지능의 투

3) 이런 여건이 여전히 빠르게 변동하는 중이라는 사실은 이 여건에 추가되는 또 다른 환경 조건을 형성한다. 그러나 후자의 분석에는 별도의 고찰이 필요하다.

4) 데이터를 중시하고 기반으로 삼는 사고방식은 이미 근대과학의 발생 이후 자연과학의 제 분야를 비롯한 과학 일반에서 정착된 '오래된' 문화다. 그러나 그것이 오늘에 와서 전 지구적 화두가 되는 현실은, 앞의 문단에서 언급한 것처럼, 삶의 다양한 국면에 걸쳐 생성되는 막대한 양의 데이터를 효율적으로 처리할 수 있게 하는 컴퓨팅 기술과 인공지능 기술이 최근 크게 진보한 여건과 결부되어 있다.

5) 환자들이 인간 의사보다 AI 의사를 더 신뢰하는 경향이 나타나고 있다는 보고(https://www.segye.com/newsView/20170119002787)와 "환자들 '1년차 왓슨'보다 인간 의사 처방선택"이라는

자 성과와 금융자산관리 전문가들의 투자 성과가 비교 평가되는 상황[6]을 보라. 이런 예들은 현실에 관한 의사결정에 인공지능이 산출하는 결론이 인간의 판단을 보완하는 수준을 넘어 실질적으로 대체하는 상황이 문 앞에 와서 기다리고 있음을 체감하게 한다.[7]

만일 현재 상황에 대한 이러한 지각이 적절하다면, 가까운 미래에 우리가 해야 할 일은 이런 역량을 갖추었다고 추정되는 장치와 프로그램을 검토하여 그 가운데 적절한 것들을 인증하고, 그런 새로운 기술 적용이 수반하는 새롭고 때로 곤혹스러운 사회적-법적-윤리적 물음들에 대한 답을 준비하는 것이 되리라는 전망이 추론된다. 그것이 실제로 당연하거나 적어도 합리적인 전망일까? 이와 같은 긍정적 기대를 제약하는 것으로 보이는 요소가 있으니, 그것은 편향(bias)의 문제다. 편향의 개념을 뒤에서 다시 고찰하겠지만, 편향은 그것을 속성의 일부로 가진 정보체계가 실재하는 사태의 전모를 있는 그대로 포착하지 못하게 하는 속성이다.[8]

제목의 기사(https://news.joins.com/article/22178963)를 보라. 전자는 왓슨 도입 후 3개월, 후자는 도입 후 1년 시점의 것이다. 현재 왓슨은 그것의 기술적 한계와 더불어 의료수가 문제 등 실질적인 어려움의 고비를 넘지 못하고 시장에서 뒷걸음치고 있다. IBM도 '왓슨 건강(Watson Health)'이라는 명칭을 내건 웹사이트에서 왓슨의 힘을 내세우는 대신 전문가들(인간)의 역량과 데이터, 그리고 공학의 힘을 결합한다는 구도를 강조하고 있다.

6) 2021년에 한 증권회사는 "당신은 누구를 믿고 투자하시겠습니까?"라는 제목을 내걸고 인공지능 기반의 퀀트(quant) 시스템과 인공신경망을 활용하는 분석으로 유망주를 발굴, 추천하는 "로보퀀트"를 활용하는 투자와 주식투자 전문가들이 추천하는 포트폴리오에 의지하는 투자를 비교, 선택하도록 하는 광고를 냈다. ('퀀트 시스템'은 'quantitative trading' 시스템을 가리키며, 후자는 컴퓨터 알고리즘으로 투자 종목과 시점을 선택하는 거래를 뜻한다.)

7) 인공지능 윤리에 관한 대담에서 스탠포드대학교 HAI(Institute for Human-Centered Artificial Intelligence)의 공동소장 페이페이 리(Fei-Fei Li)는 인공지능 기술이 인간 대체(replacement)가 아니라 인간을 돕고 보강하는(augment) 것을 지향한다고 강조하였다. (URL=https://blog.ncsoft.com/ai-framework-ep01-210429/?fbclid=IwAR3zgrRY0r3e68TupFfnR_xOJJRVcuDTg-I6tCUCrAGc_fjmVHVbLqKXWrc) 단, 이것은 인공지능 기술의 발전 방향에 관한 하나의 견해이고, 이 기술이 인간 대체를 지향할 것인지 아닌지는 여전히 현전하는 선택의 문제다.

데이터 기반의 문화는 멀거나 가까운 과거로서 주어진 사실들을 파악함으로써 현재를 정확히 진단하고 나아가 미래를 예측하려 한다. 그런데 만일 이러한 과정의 근간인 '(현실에) 주어진 것 파악하기'가 올바르게 작동하지 못하게 하는 요인이 있다면, 그것은 데이터 기반이라는 프레임 자체의 타당성을 위협하는 것일 수밖에 없다. 더구나 이러한 왜곡의 요인이 특정한 의도나 미처 의식되지 않은 불공정한 관습에서 비롯된 편향의 산물인 경우, 그 폐해는 모래 위에 집을 짓는 것보다 더 심각한 위험이 될 수 있다.[9] 최근 몇 년간 토론되어 온 COMPAS의 사례에서 데이터 기반 결정과 관련된 편향의 문제를 살피면서 문제의 속성과 해결 방안을 검토해보자.

2. 데이터 기반 계산에서 생성된 편향: COMPAS의 경우

COMPAS로 약칭되는 '대안적 제재를 위한 범죄자 교정관리 프로파일링'(Correctional Offender Management Profiling for Alternative Sanctions)은 1996년 노스포인트사(Northpointe Institute for Public Management Inc.)의 팀 브레넌(T. Brennan) 등이 개발한 후 미국의 캘리포니아, 뉴욕, 위스콘신 등 여러 주에

8) 변순용(2020, 144-5쪽)은 '편향'을 통계학적 개념으로 규정하면서 윤리적 함의를 지니는 '편견'(prejudice)의 개념과 구별하고, 두 개념이 중첩되는 부분이 있어도 "동일시되어서는 안 된다"(146쪽)고 강조한다. 그러나 해당 논문은 이어지는 논의에서 편향의 문제를 공정성의 문제와 직결시켜 인공지능 윤리의 프레임에서 다룸으로써 결과적으로 두 개념의 중첩 부분에 논의를 한정하고 있다.

9) 필자는 '편향'이라는 개념 자체에는 왜곡의 의도가 있(었)는지 여부가 포함되어 있지 않다고 본다. 이를 고려하면 편향의 문제를 다룰 때 의도되고 조절된 편향과 우연발생적 편향을 구별하여 논할 필요가 있을 것이다.

서 활용되어 온 범죄자 관리용 소프트웨어 프로그램이다. 이 프로그램은 유죄가 확정된 범죄자를 대상으로 그가 재범을 저지를 개연성을 평가함으로써 판사의 양형 결정을 보조하는 기능을 한다. 같은 범죄로 구속된 사람이라도 재범의 개연성이 큰 사람에게는 더 무거운 양형을 통해 사회와 격리하는 기간을 늘림으로써 사회의 위험을 경감하고, 반대로 재범 개연성이 작은 사람에게는 상대적으로 양형을 감경하여 사회 환원을 가속한다는 것이 이 프로그램을 도입, 활용하는 논리다.

COMPAS의 데이터는 범죄자에 관한 교정인력의 평가 문항들과 범죄자가 스스로 답하는 형식의 평가 문항들을 합쳐 137개의 문항에 대한 대답으로 구성된다. 이러한 문항들에 대한 답변이 데이터로 입력되면 COMPAS는 해당 범죄자의 재범 개연성을 계산하여 출력하고, 판사는 범죄자에게 내릴 형을 결정하는 과정에서 이 결론을 참고할 수 있다. COMPAS는 영리를 추구하는 기업에서 만든 소프트웨어이고 판결 과정의 보조 장치일 뿐이므로, 판사가 그 결론을 참고해야 할 의무는 없다. 그러나 실제로 판사들 대부분이 이 결론을 참고하였고, COMPAS의 결론이 양형 판결의 근거로 명시되는 경우도 있었다.[10] 한 국내 법학자의 논문에서 예시되는 기대처럼,[11] 객관적인 데이터를 활용하여 컴퓨터가 산출한 결론은 까다로운 양형의 문제에 관하여 적어도 객관성의 덕목을 충족한다는 암묵적 평가가 판사들의 마음에 작용하고 있으리라고 추정된다.

실제로 몇 퍼센트의 판사가 양형 과정에서 COMPAS를 참고하고 또 얼

---

10) 2013년 위스콘신주 배런 카운티의 법정에서 판사 제임스 배블러는 "[피고 폴 질리의] (재범) 위험평가를 보았는데, 상상할 수 있는 최악의 수준이었다."라고 말하면서 검사와 변호인 간의 합의를 무시하고 합의된 형량의 두 배를 선고하였다. Angwin et al.(2016) 참조.

11) 이병규 (2020), 특히 [주 10] 부분의 본문과 결론 마지막 문단을 보라.

마나 결정적인 방식으로 반영하는지는 경험적 조사를 통해 평가할 수 있을 흥미로운 문제지만, 이 논문의 관심사는 아니다. 먼저 논자의 관심을 끄는 것은 바로 앞 문단에서 언급된 암묵적 전제의 타당성이다. 2016년 프로퍼블리카(ProPublica)에 발표된 줄리아 앵윈 등의 글(Angwin et al. 2016) “Machine Bias”는 COMPAS의 사용자들이 전제하고 있었을 그것의 객관성에 대하여 이의를 제기하였다. 이 Angwin et al. (2016)의 분석과 결론을 비판하면서 COMPAS의 타당성을 옹호하는 논문(Flores et al. 2016)이 발표되었고, 이 논쟁에 관한 분석과 평가를 담은 글들도 발표되었다.[12] 현재의 상황은 COMPAS의 타당성이나 공정성에 대한 결론적 평가가 도출되었다기보다 이런 논쟁을 통해 사회적 결정을 보조하는 컴퓨팅 기술, 특히 모종의 불투명성을 끌어들이는 인공지능 기술이 적용된 컴퓨팅의 활용과 결부된 문제들이 인식되면서 일부 토론되기 시작한 단계라고 하겠다.[13]

앵윈 등이 지적한 문제의 요지는, COMPAS의 재범개연성 계산에서 범죄자가 어두운 색 피부를 가진 사람인 경우 백인에 비해 불리한 대우를 받는 차별이 발생한다는 것이다. 즉, COMPAS가 실질적으로 피부색에 따라 범죄자를 차별하는 효과를 낳고 있다는 것이다. 저자들은 해당 글의 제목에서 이러한 효과를 ‘기계의 편향’이라고 표현했다.[14] 범죄자의

---

12) DeMichele et al. (2020)을 보라.

13) 특히 COMPAS 같은 시스템의 타당성을 평가할 때 위양성(false positive)과 위음성(false negative)이 어떻게 고려되어야 하는지, 또 진양성(true positive)과 진음성(true negatve)을 포함하여 네 가지 범주에 해당하는 사례들의 상대적 빈도가 이러한 타당성 평가에 어떻게 반영되어야 하는지가 흥미로운 토론거리다. 통계학적으로 타당하면서 모집단을 구성하는 부분집합들에 대하여 공정한 예측 모형을 구성하려는 시도가 해결해야 하는 —그러나 해결하기 어려운— 이론적 난관에 대해서는 Pleiss et al. (2017) 참조.

14) COMPAS의 타당성을 둘러싼 논쟁의 개요는 오요한/홍성욱 (2018)을 참조하라. 해당 논문은 COMPAS와 예측적 치안에 관한 고찰을 통해 알고리즘 공정성의 문제를 조명하며, 결

형량을 결정하는 일은 사회의 특수한 영역에서 일어나는 일이고 대다수 시민은 자신과 무관한 일이라고 여길 수 있지만, 사회 차원의 공정성이라는 면에서 보편적 관심의 대상이 된다.[15)]

이와 관련하여 기본적으로 다음과 같은 두 가지 물음이 생겨난다. 첫째, 무심한 사물일 뿐인 컴퓨터, 다시 말해 기계에서 어떻게 편향이 나타날 수 있는가? 둘째, 이러한 편향을 없애거나 최소로 만들어 의사결정 보조 장치의 공정성을 높이려면 어떻게 해야 하는가? 첫 번째 물음에 담긴 의구심은 편향이 일종의 심적 속성이거나 그것을 필요조건으로 하는 속성이 아니라 작동 과정에 모종의 판단 혹은 결정을 포함하는 체계에서 나타날 수 있는 결과적 속성이라는 점을 고려할 때 해소된다. 그러고 나면 저 물음은 결과적 현상으로서의 편향이 어떻게 발생하는지에 대한 탐구를 요청하는 물음으로 변환된다. 두 번째 물음이 향후 적어도 몇 년간 우리가 사회 차원에서 씨름하게 될 중요한 과제가 될 터인데, 이러한 과제의 해결을 효과적으로 모색하기 위해서는 편향이 발생하는 방식에 관

론적으로 공정성의 개념 자체가 다양하다는 데에서 이 문제의 뿌리 깊은 근원을 확인하는 동시에 (저자들이 그렇게 명시적으로 말하지는 않았지만) 왜 이 문제가 깨끗하게 해결하기 어려운지를 진단한다. 이러한 결론은 중요하지만 논쟁의 여지없이 타당한 것이어서, 그 이후 "그럼에도 불구하고"로 시작되는 구체적 방안에 관한 후속 토론을 갈망하게 한다. 한편 두 저자가 ―콘스탄티우와 칼리니코스를 참조하여 "데이터와 알고리즘은 뗄 수 없는 관계"(155쪽)라고 평가하지만― 논문에서 문제 삼는 것은 시종일관 '알고리즘의 공정성'이다. 반면에 본고가 주목하는 핵심 문제는 '데이터의 공정성'이다. 이 논문에서는 상세히 논할 수 없겠지만, 우리 사회가 공정성의 수준과 양상을 주의 깊게 살펴야 할 알고리즘 기반 결정 중에는 각각 데이터 생산, 데이터 선별, 알고리즘에 의한 처리, 알고리즘이 출력한 결과의 해석 등 주요 단계의 특정 부분에 문제점을 지닌 것들이 있다. 알고리즘 기반 결정의 합리성을 강화하기 위하여 특정 사례의 어느 단계에 어떠한 문제가 있는지에 대한 세부적 고찰이 요청된다는 것은, 역시 빤하지만 중요한 사실이다.

15) 최근 한국에서도 일련의 사건들 덕분에 양형의 공정성에 대한 대중의 관심과 토론이 증대되었다.

한 첫 번째 물음이 선결되어야 할 것이다.

COMPAS의 적용 범위는 범죄자의 처우라는 문제에, 그리고 지리적으로 미국의 특정 지역에 국한되지만, 이와 유사한 구조의 문제 상황은 현실의 수많은 장면에서 확인된다. 신입 직원을 선발하는 입사시험 절차의 일부에서 인공지능을 활용하는 회사들이 최근 국내에서도 빠르게 늘고, 구직자들은 어떻게 하면 인공지능이 평가한다는 온라인 인터뷰를 성공적으로 해낼 수 있을지 고심하기 시작했다.[16] 또 은행이 수많은 대출 신청을 심사하여 대출을 결정하거나 불허하는 과정에도 경우에 따라 인공지능 기술이 적용된다.[17] 이런 두 유형은 공통적으로, 사람들의 삶에 깊이 영향을 미치는 결정의 과정에 개입하는 인공지능의 영향이 증대되고 있음을 드러내는 예들이다.

자기가 지원한 직장에 들어갈 수 있을지, 사업을 지속하는 데 필요한 자금의 대출 신청이 승인될지 결정하는 일을 수행한 컴퓨터의 계산이 만일 잘못되었다면, 그로 인해 불이익을 받은 사람에게 그런 오류는 아쉬움을 넘어 분노를 유발할 것이다. 만일 COMPAS에서 누구나 분명히 감지할 수 있는 오류가 발생했다면, 그것은 20년 이상 교정관리의 보조수단으로 활용되지 않았을 것이다.[18] COMPAS의 역사에서 우리는 그런 종

---

16) 동아일보, 2020년 11월 14일자 기사, "속을 알 수 없는 AI 면접관… 사람보다 까다롭네"에 따르면 2020년에 인공지능 면접을 새로 도입한 기업 약 130곳을 포함해 2020년 11월 현재 약 430개의 기업이 유사한 방식을 활용하고 있다(https://www.donga.com/news/Economy/article/all/20201114/103954586/1). 또 한국경제연구소의 조사를 인용한 다른 기사(머스트뉴스, 2019년 9월 23일)에 따르면, 채용 절차에서 인공지능을 활용 중인 기업은 11.4%이고, 10.7%는 그러한 활용 계획이 있다고 응답했다. http://www.mustnews.co.kr/View.aspx?No=269822.

17) 2020년 9월 기업은행이 담보대출 심사에 인공지능을 도입하여 대출승인 결정과 대출금 산정에 활용하기 시작했다. 한국경제 (2020. 9. 22.), "금융권 AI 활용 확산… 대출·보험금 심사까지"(https://www.hankyung.com/economy/article/2020092284371) 참조.

류의 오류가 감지되지 않았음을 추정할 수 있다. 그러나 그런 계산 오류와 편향은 다르다. 전자는 개별 사건인 반면, 편향은 개별 사건들의 누적에서만 비로소 확인 가능한 모종의 경향이다. 따라서 전자가 확인된 바 없다고 해서 후자가 없다고 판단할 수 없다. 편향은 데이터를 바탕으로 하는 사고에서 특정한 방식의 오류를 낳는 경향이고, 그럼으로써 그런 사고의 결론을 약화하는 요소다.

이런 편향, 즉 체계적으로 잘못된 계산을 낳는 경향은 어떻게 발생하는가? 이 물음에 답하려면 계산의 결과를 결정하는 요소가 무엇인지를 살펴야 한다. 그것은 두 가지로, 하나는 데이터이고 다른 하나는 그것을 처리하는 알고리즘이다.[19] 둘 중 하나가 온전해도 다른 하나가 잘못되었다면 계산의 결과는 왜곡된다. 그런데 일견 데이터는, 그 자체 원칙적으로, 잘못된 것일 수 없는 것처럼 보인다. '데이터'는 '주어진 것'을 뜻하기 때문이다. 현실로부터 주어진 것에 대해서는 겸허한 수용의 자세를 취하는 것이 과학적이고 합리적인 태도다. 만일 실로 그러하다면, COMPAS처럼 사회적 함의를 지니는 의사결정을 보조할 목적으로 설계되어 작동하는 계산체계를 편향의 위험에서 떼어놓는 일의 성패는 알고리즘에 달려 있다고 보아야 한다. 그러나 "GIGO[20]"로 약칭되는 원칙은 데이터라고 해서 무조건 동등하게 존중되어야 하는 것은 아니라는 사실을 깨우쳐 준다. 데이터를 활용하여 올바른 결론을 내리기 위해서는 쓰레기와 거리

---

18) COMPAS의 지위에 관한 Andrews et al. (2006)의 평가를 참조하라.

19) 물리적 차원에서 기계에 발생하는 결함이나 계산을 수행하는 체계의 특수한 물리적 특성도 계산의 실패나 오류를 유발할 수 있다. 그러나 물리적-공학적 차원에 대한 논의는 이 논문의 몫이 아니고, 이에 대한 논의는 최근 사회의 관심을 끌고 있는 편향의 문제와도 거리가 있다.

20) "Garbage in, garbage out." 즉, 쓰레기 (-같은 데이터)가 입력되면 쓰레기 (-같은 결과)가 출력될 뿐이다.

가 먼, 좋은 데이터가 필요하다. 데이터 기반 결정에서 편향을 제거하고 합리성을 높인다는 목표를 염두에 두고, 데이터라는 요소에 주목해보자.

3. 데이터의 근본 속성

데이터 중심 사회라는 여건을 상기하면서, 두 주체 A, B가 그들이 처한 공동의 환경 속에서 공동의 관심사에 관하여 양립할 수 없는 상이한 판단에 도달했다고 가정해보자. 데이터 기반 사유의 문화에서 이러한 불일치는 두 주체를 각각 그러한 판단에 이르게 한 데이터가 어떤 것인지를 검토하는 방식으로 분석될 수 있을 것으로 기대된다. 만일 양자가 활용한 데이터가 정확히 동일한 것이었다면, 데이터 기반의 사고는 동일한 데이터셋(dataset)에서 상충하는 결론을 추출한 추론의 과정—다시 말해 알고리즘—들을 중류해 내고, 그것들을 비교할 것이다.

그런데 여기서 현행의 '데이터 중심성' 문화에 내재하는 암묵적 전제 하나를 확인해두도록 하자. 컴퓨팅 기술과 결합된 데이터 중심성의 문화는 개인과 사회의 결정을 이끌어내는 데이터의 범주를 컴퓨팅 체계에 포착된 자료로 제한하는 효과를 낳았다. 이것이 데이터의 정의에 '컴퓨터가 처리할 수 있는 형식의'라는 한정 속성을 추가하는 것보다 더 강한 제한임에 유의하라. '컴퓨터가 처리할 수 있음'이라는 속성은 아직 그러한 형식을 띠지 않은 자료에도 적용된다. 그러나 '컴퓨터가 처리할 수 있는 형식으로 변환 가능하지만 아직 그런 형식이 아닌 자료'가 현실에서 데이터로 작용하는 일은 없거나, 설령 있더라도 드물다. 그런데 데이터 중심 사회가 지향하는 의의를 고려한다면, 이러한 제한은 현실의 데이터 중심 사회가 극복해야 할 문제 상황을 형성한다.

데이터와 정보의 관계는 어떠한가? 이 물음에는 우리가 두 개념을 어떤 방식으로 사용할 것인가 하는 규약에 관한 물음이 포함되어 있지만, 순수한 규약의 문제는 아니다. 논자가 이 물음을 거론한 이유는, 정보철학 전체를 끌어들일 이 거대한 물음을 여기서 토론하려는 것이 아니라, 두 개념의 관계에 관하여 제거해야 할 오개념이 있다는 사실을 언급해두려는 것이다. 그것은 정보는 명제적 내용을 지니는 어떤 것인 반면, 데이터는 명제의 구조를 지닌 정보에서 주어나 술어를 구성하는 특정 변항의 값에 해당하는 요소라는 생각이다.[21)]

방금 언급한 (오)개념의 관점에서 보면, 예를 들어 '정우성', '1973년생', '186cm', '영화 〈강철비〉 출연' 등이 데이터이고, 그런 요소들(데이터)의 특정한 결합이 예컨대 "영화 〈강철비〉의 주연이었던 정우성은 1973년생이다."라는 정보를 이룬다.[22)] 실험에 참여하고 있는 두 대학원생이 측정기기에서 읽은 특정 수치(numerical value)를 지칭하며 "이 데이터가 중요해 보인다."라거나 "그 데이터는 영 수상하다."라고 말하는 경우 이러한 견해와 부합하는 것처럼 보인다. 그러나 이와 같은 대화의 상황을 조금 더 찬찬히 검토하면 데이터를 특정 수치와 동일시하는 것이 부적절하다는 사실이 드러난다. 예를 들어 어느 측정기기에 37.9라는 수가 나타났고 그것을 표에 기록한다고 가정해보자. 이것이 작업장 입구에서 출입자의 체온을 측정하는 상황이라면 저 수는 코로나19로 사회적 거리두기가 시행되는 여건에서 그 사람의 출입을 제한할 근거가 될 수 있다. 이러한 조치나 결정의 근거는 일견 37.9라는 수에 있는 것처럼 보인다. 그러나 여기에는 몇 가지 생략된, 그러나 실제로 결정의 필수적인 근거로 작동하고

---

21) 이러한 오개념은 학술적 견해라기보다 일상의 통념 수준에서 확인된다.

22) 이때 정우성, 1973년생, 186cm 등은 각각 이름, 태어난 해, 키 등 변항들의 값이다.

있는 요소들이 있다.

첫째는 '37.9'가 차원 없는(dimensionless) 수가 아니라 특정한 차원—온도—과 결부된 수라는 점이다.[23] 37.9라는 수치의 배경에 섭씨온도라는 체계가 있다는 사실도 이러한 차원성에 부가된다.[24] 둘째 요소는 더 중요하다. 그것은 섭씨 37.9도라는 이 수치가 특정한 사람의 체온을 측정한 값이라는 실재의 관계(relation in reality)다. 앞 문단의 서술처럼 이 수치가 표에 기록되었다면, 어김없이 그것은 해당 체온으로 측정된 사람의 이름과 함께 기록되었거나 아니면 유사시 그 사람을 특정할 수 있도록 하는 기호와 더불어 기록되었을 것이다. 다시 말해 그것은 다른 사람의 체온도 아니고 그 사람이 좋아하는 샤워 온수의 온도도 아닌, '그 시간, 그 장소에서 측정된 그 사람의 체온'으로 추정된 값이다. 데이터가 이처럼 실재의 특정한 측면에 대한 기술을 담고 있다는 사실은 그것의 존재 양식이 하나의 명제(proposition)에 상응한다는 이론적 관계를 드러낸다. 좀 더 미묘한 문제를 끌어들이는 셋째 요소는 방금 둘째 요소를 서술하는 과정에서 드러나고 있다. 그것은 데이터가, 적어도 일반적으로, 주어진 조건에서 특정의 방식으로 실현되는 측정의 산출물이라는 것이다. 그렇기 때문에 이런 조건과 방식에 대한 고찰을 생략한 채 섭씨 37.9도를 단적으로 '그 사람의 체온'이라고 규정하는 것은 적절하지 않다.[25]

---

23) 모든 데이터가 수의 형식을 띠는 것은 아니다. 그러나 모든 데이터는 특정 종류의 변항(variable)과 결부된다. 예를 들어 '베이컨'은 인명일 수도, 음식 종류일 수도, 지명일 수도 있는데, 'Bacon'이 데이터가 된다면 그것은 저 기호열이 이 가운데 어떤 특정한 변항의 값이 됨으로써 일어나는 일이다.

24) 만일 37.9가 화씨온도를 뜻하는 수라면 섭씨 3.3도쯤이므로 사람의 체온과는 무관할 것이다.

25) 이것은 해당 측정값의 의의를 폄하하는 분석이 아니다. 과학자의 실험노트가 특정 변수의 측정값만 기록하는 것이 아니라 측정에 사용된 도구와 절차에 대한 서술을 포함하여 측정 과정 자체에 대한 서술을 포함한다는 사실을 상기하라.

이상의 짧은 고찰에서 데이터의 개념에 관하여 두 가지 가르침을 얻는다. 첫째, 단지 하나의 이름이나 수처럼 보이는 데이터가 실은 하나의 명제에 해당한다는 것이다. 데이터는, 그 종류와 유형을 불문하고, 그것이 데이터 기반 사회에서 이루어지는 모종의 결정과 관련된 데이터 처리의 과정에 산입되는 것인 한, 그 자체로 주-술의 구조를 지니고 있다.[26] 어느 직장의 직원건강검진에서 조사된 직원들의 키, 몸무게, 체내 지방 비율, 근육량이 기록된 파일을 생각해보라. 그 파일의 어느 위치에 기록된 수 '160'은 그 자체 하나의 데이터처럼 보이지만, 사실 그것은 "직원○○○의 키는 160cm이다."라는 명제를 의미한다. 반대로, 명제를 구성하는 주-술의 구조가 주어지지 않은 상태라면 예컨대 '부천시 거주', '32세 여성', '공무원'은 데이터가 아니다. 데이터를 성립시킬 그 구조는 "부천시에 거주하는 32세 여성 권○○씨는 공무원이다." 식으로 해당 속성들의 주체가 명시됨으로써 구성될 수도 있지만, "부천시에 거주하는 32세 여성 공무원이 있다."나 "누군가가 부천시에 거주하는 32세 여성 공무원이다."[27] 식으로 그런 주체의 명시 없이도 성립 가능하다.

---

26) 이것은 이른바 데이터-메타데이터(metadata) 구분과도 무관하게, 모든 종류의 데이터에 관한 주장이다. 그리고 논자가 확인한 범위에서, 데이터에 관하여 근간 저술된 어느 철학 논문도 이렇게 명시적으로 말한 일이 없다. (단, 이른바 '빅데이터'는 이러한 규정에 정확히 부합하지 않는 것처럼 보이는데, 그 이유는 그것이 아직 주-술의 명제 구조로 확정되지 않은 것들을 핵심 구성요소로 포함하기 때문이다. 그럼에도 불구하고 그런 미분화된 요소들의 더미를 빅'데이터'라고 부르는 것은 거기에 명제의 구조로 결정화될 데이터가 잠재태로 들어 있기 때문이라고 보는 것이 적절하다.) 여기에는 "도대체 무엇을 '데이터'라고 부를 것인가?"라는, 꽤 중요한 사회적 어법에 관한 물음이 개입하고, 이에 대한 토론은 별도의 장소에서 실행되어야 할 것이다. 그러나 수치, 이름, 문장처럼 언어적 속성을 띤 데이터만이 아니라 사진이나 소리 녹음본 같은 비언어적 데이터 역시, 그것이 어떤 대상이나 장소를 찍은 사진, 혹은 어느 시각 어떤 환경의 소리를 녹음한 자료로서만 데이터로 기능한다는 의미에서, 이 주장의 유효성 범위 안에 있다.

27) 술어논리의 관점에서 두 문장은 동등해 보이지만, 전자가 그런 사람이 적어도 한 명 있고

둘째는 데이터가 측정 의존적 속성을 가진다는 것이다.[28] 데이터가 주어진 것을 뜻한다는 점에서 그 내용이 받는 자와 무관하게 이미 결정되는 것처럼 생각되지만, 이 논문이 다루는 의미의 데이터, 즉 컴퓨터에 입력되어 계산의 자료로 활용되는 데이터는 모종의 측정에 해당하는 활동에 의해서 생성된다. 예를 들어, 입사 지원자들의 업무 역량을 가늠하려는 인사책임자는 그런 역량과 유관하다고 생각되는 요소들을 측정하려 할 것이고 그 과정에서 생성되는 데이터의 종류와 속성은 그가 선정한 측정의 방식에 따라 달라질 것이다. 똑같은 열 사람의 입사 지원자들의 업무 역량에 관한 데이터라도 그것의 구체적인 목록과 내용은 측정의 관점과 방식을 결정하는 인사책임자의 능동적 개입에 따라 달라진다.[29]

한 걸음 더 나아가, 오늘 우리가 사회적 맥락에서 다루는 데이터의 대부분이 인간의 맨 감각에 포착되는 것이 아니라 모종의 테크놀로지를 매개로 하여 수집된다는 점도 고려해야 한다. 이런 테크놀로지의 속성은 자연히 데이터의 속성에 반영된다. 이러한 반영의 세부적 특성을 규명하는 일은 별도의 연구를 요청할 것이고, 대상과 테크놀로지의 성격, 그리고 데이터 생성의 조건에 따라 달라지는 그러한 반영의 방식을 일반화하여 서술하려는 시도는 필경 난관에 봉착할 것이다. 그러나 설령 일반화

어쩌면 다수 존재할 수도 있음을 의미하는 반면 후자는 정체가 명시되지 않은 특정한 사람('누군가')에 대한 서술이라는 점에서 차이가 있다. 뒤에 언급될 빅데이터는 후자에 해당하는 데이터의 뭉치라고 할 수 있다.

28) 한 동료 연구자는 이러한 주장의 논지가 이미 장하석의 『온도계의 철학』(2004) 같은 연구 성과에 포함되어 있음을 상기시켜 주었다. 그의 말은 대략 옳지만, 그런 의미에서라면 20세기 중반에 확립된 관찰의 이론적재성 논제에 이미 같은 주장이 포함되어 있다고 해야 옳을 것이다. 이 주장이 과학 활동과 직접 연관되지 않은 영역까지 포함하는 보편적인 유효성을 함축하고 있음에 유의하라.

29) 데이터는 측정과 그 결과를 읽어 처리하는 활동에 의해 생성되지만, 이러한 측정이나 처리가 반드시 마음을 가진 주체(인간)의 실시간 개입을 요청하지는 않는다.

가 불가능하다고 해도 특정 데이터의 생성에 관여하는 테크놀로지의 특성을 분석하는 일이 불가능한 것은 아니고, 불필요한 것은 더더욱 아니다. 달을 보라는데 달 가리키는 손가락만 쳐다보는 것은 어리석은 일이지만, 제시된 것이 달을 특정한 방식으로 재현한 시각 이미지라면 그 재현의 원칙이 무엇이고 해당 이미지 생성에 개입된 테크놀로지가 덧입힌 요소가 무엇인지 살피는 것은 대상을 이해하는 현명한 방식이다.

실재에서 데이터를 추출하는 과정에는 데이터 공학의 기법이 적용되고, 이러한 기법에는 날로 더 다양해지고 세련되어 가는 인공지능 기술이 포함된다. 그런데 이전 단계의 데이터에서 다음 단계의 데이터를 가공, 생성하는 데 작용하는 인공지능의 세부 원칙은 많은 부분이 불투명하다.[30) 비지도 학습의 요소를 포함하는 기계학습을 적극적으로 활용하는 현재의 인공지능 기술에서 이런 불투명성은 사실상 핵심 속성의 위치를 점하고 있다. 그리고 인공지능의 작동을 투명하게 만드는 일은 많은 경우에 인공지능의 역량을 실질적으로 감쇄하는 결과를 낳을 것으로 보인다. 그리고 이러한 얽힘의 관계는 앞에서 언급된 바, 데이터 생산을 매개하는 테크놀로지의 속성을 검토하는 일에 한계를 부여한다.

4. 객관적이고 공정한 데이터라는 신화

앞선 3절의 논의는 "21세기의 석유"[31)]라고 불리는 데이터가 원유와 어

30) 인공지능 프로그램을 설계한 엔지니어도 데이터 기반의 기계학습의 과정을 거치며 다듬어진 (학습 후) 인공지능 프로그램의 결정 원칙을 알지 못하고, 일반적으로 알 수 없다. 이는 엔지니어가 기계학습의 데이터셋과 더불어 기계학습을 작동시키는 알고리즘을 알고 있더라도 마찬가지다.

떤 점에서 다른지를 보여준다. 원유는 지구의 자연이 오랜 기간에 걸쳐 만든 것이고, 인간이 하는 일은 그것을 땅속에서 끄집어내 정제하는 일이다. 원유는 다양한 산물들을 잠재태로 포함하고 있지만, 원유에서 각각의 산물에 이르는 경로는 화학 법칙에 의하여 고정되어 있다. 반면에 데이터는, 원초적으로, 특정한 관점에서 만들어지는 것이다.[32)]

이 점을 확인하기 위해 다시 COMPAS를 살펴보자. COMPAS가 범죄자에 관한 판단의 근거로 삼는 데이터는 137개 문항에 대한 응답이다. 다음은 이 문항들 가운데 일부다. (밑줄 친 부분은 각각 5~16개의 문항을 포함하는 소분류항의 제목, 번호는 문항의 일련번호, 괄호 안은 선택지다. 선택지가 없는 경우는 직접 기입하도록 되어 있다.)[33)]

> 현재 기소 내용
>
> 4. 검사자(screener)의 관찰에 따르면, 이 사람이 갱단의 일원이라고 인정되거나 의심되는가? (아니다/그렇다)
>
> 범죄 이력
>
> 7. 이 사람은 (범죄로 인한 체포만 고려할 때) 이전에 몇 번이나 체포된 적이 있는가?

---

31) 이 말은 2019년 다보스 포럼(World Economic Forum)에서 쓰이면서 널리 회자되었지만, 그 원천은 2014년 7월 Wired에 실린 툰더스(Joris Toonders)의 글 "Data Is the New Oil of the Digital Economy"이다. https://www.wired.com/insights/2014/07/data-new-oil-digital-economy/

32) 고인석 (2021) 참조.

33) 이하 내용의 출처는 위스콘신주에서 사용된 COMPAS의 "Risk Assessment" 양식이다. 〈그림 1〉 참조.

[규범에 대한] 비순응성

25. 이 사람이 집행유예 중 규정을 어긴 것은 몇 번인가?

(0/1/2/3/4/5 이상)

범죄 관련 가정환경

31. 당신을 주로 양육한 사람을 가장 잘 기술하는 것은?

(친부모/친모/친부/친척(들)/양부모/위탁부모(foster parent(s))/기타)

친구 관계

39. 당신의 친구나 친지 중 한 번이라도 체포된 일이 있는 사람은 얼마나 되는가? (없다/약간/절반 정도/대부분)

주거 환경

55. 지난 12개월 간 이사는 몇 번 했나?

사회적 환경

67. 당신 주변에서 당신의 친구나 가족이 범죄에 희생된 일이 있는가? (아니다/그렇다)

직업

90. 겨우 지내기도 빠듯할 정도의 돈밖에 없는 경우가 얼마나 자주 있나? (자주/때때로/전혀 없다)

여가

95. 얼마나 자주 심심하다고 느끼나?

(전혀 없음/한 달에 몇 번/한 주에 몇 번/매일)

사회적 고립

111. "나는 살면서 한 번도 주어진 여건에 대해 슬펐던 적이 없다."라는 말에 얼마나 동의하는가?

(강한 부동의/부동의/잘 모르겠다/동의/강한 동의)

범죄에 대한 태도

127. "배고픈 사람은 훔칠 권리가 있다."라는 말에 얼마나 동의하는가?

(강한 부동의/부동의/잘 모르겠다/동의/강한 동의)

예시된 문항들을 보라. 그것들은 각각 범죄자 개인의 삶의 경로, 그가 처한 사회적 조건, 그의 품성 등에 관하여 모종의 정보를 제공할 만한 것들이지만, 각각 그 사람의 재범 개연성에 관하여 어떠한 정보를 줄지 짐작하는 일은 쉽지 않다. 4, 7, 25 같은 문항은 범죄자가 일반적인 사회 규범에 대하여 어떤 성향을 나타낼지를 예측하게 하는 것들이라고 생각되지만, 31, 39, 55, 67, 90 같은 문항들은 범죄자 자신의 성향이 아니라 그가 처한 사회적 환경의 속성을 겨냥하고 있다는 점에서 문항 자체의 정당성에 관한 의문을 유발한다. 만일 기존 통계의 관점에서 친구나 친지 가운데 절반 이상이 체포 경력이 있는 범죄자가 재범을 저지른 비율이 친구나 친지 가운데 체포된 경력이 있는 사람이 하나도 없는 경우에 비하여 250%의 수준이었다면, 그런 통계가 전자에 해당하는 범죄자를 후자보다 더 오래 감옥에 수감하도록 권유하는 계산을 정당화할까? 적어도 이 물음은 상당한 토론을 요구할 것이다.

문항의 의미와 역할에 대한 의문은 95, 111, 127 같은 문항들에서 더욱 뚜렷해진다. 예를 들어, 111번 문항에 대하여 부동의와 동의를 선택한 사람 가운데, 나아가 동의와 강한 동의를 선택한 사람 가운데 누가 재범 개연성이 더 높은 편으로 계산될까? 또 그런 계산의 근거는 무엇일까? 물론 COMPAS의 가치는 우리가 각 문항의 유관성을 직관적으로 파악할 수 없음에도 불구하고 여러 문항에 대한 답들이 합쳐져 유의할 만한 예측력을 발휘하는 데 있을 수 있다. 또 어쩌면 COMPAS의 결론은 개별 항목의 자료가 각각 어떤 가중치와 더불어 선형적으로 합산되는 것이 아니라 여러 항목이 연결되는 복합적인 상호관계를 포함하는 계산을 통해 산출되는 것일 수도 있다 .그러나 그런 경우를 상정한다고 해서 계산의 근거에 대한 물음이 대답되거나 해소되지는 않는다. 결국 그 물음은 알고리즘의 정당성 근거를 향하여 제기된다.

그러나 계산 방식의 정당성에 관한 이러한 물음이 반드시 COMPAS의 타당성을 위협한다고 볼 이유는 없다. 특히, 만일 지금 제기되고 있는 비판이 일종의 하향식(top-down) 사고를 전제하고 있는 반면 COMPAS의 합리성이 상향식(bottom-up) 사고에 근거한다고 보면, 각 문항의 데이터가 지닌 가중치나 산식의 근거에 대한 비판의 힘은 약화될 것이다. COMPAS를 상향식 논리로 구성한다고 가정하면 타당성의 기준은 산출된 결과와 현실의 일치 정도이고, 각 항목이 계산 과정에서 어떻게 반영되는지는 오로지 계산의 최종적 결론이 지닌 신뢰도를 증대한다는 원칙에 따라 조정될 것이다. 이 경우 예컨대 127번 문항의 답변이 특정한 방

〈그림 1〉 COMPAS에 활용된 Risk Assessment 양식 (첫 페이지)

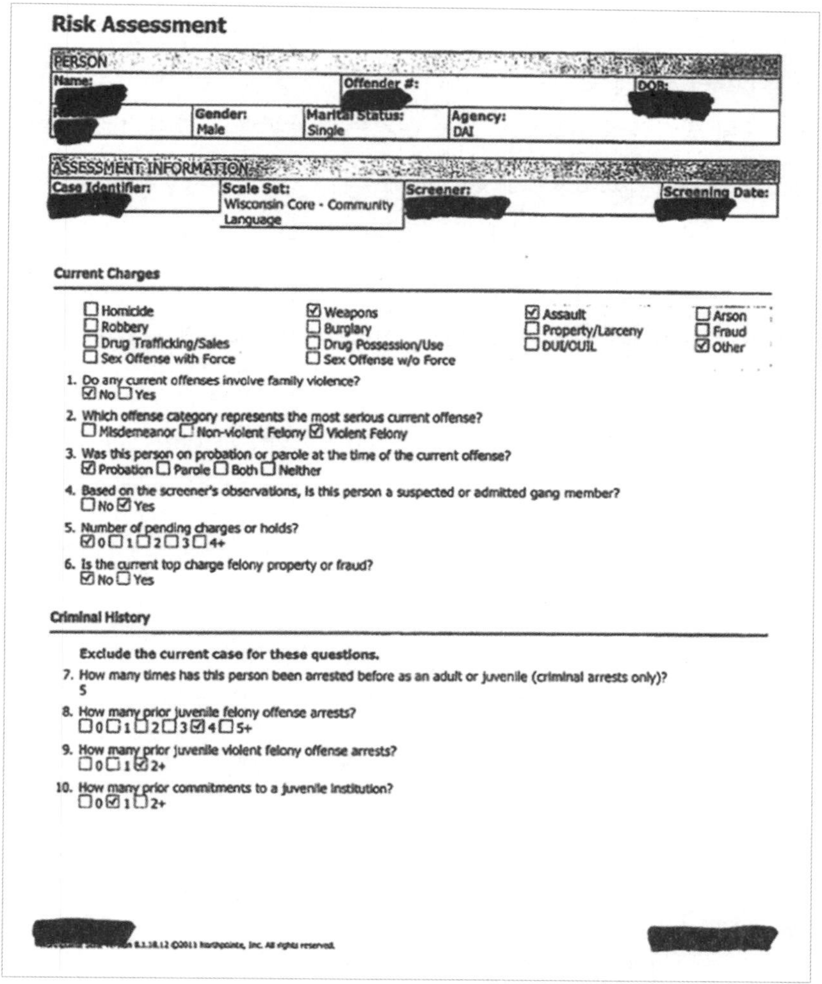

Risk Assessment

PERSON

Name: [redacted]	Offender #: [redacted]	DOB: [redacted]	
[redacted]	Gender: Male	Marital Status: Single	Agency: DAI

ASSESSMENT INFORMATION

Case Identifier: [redacted]	Scale Set: Wisconsin Core - Community Language	Screener: [redacted]	Screening Date: [redacted]

Current Charges

☐ Homicide ☑ Weapons ☑ Assault ☐ Arson
☐ Robbery ☐ Burglary ☐ Property/Larceny ☐ Fraud
☐ Drug Trafficking/Sales ☐ Drug Possession/Use ☐ DUI/OUIL ☑ Other
☐ Sex Offense with Force ☐ Sex Offense w/o Force

1. Do any current offenses involve family violence?
☑ No ☐ Yes
2. Which offense category represents the most serious current offense?
☐ Misdemeanor ☐ Non-violent Felony ☑ Violent Felony
3. Was this person on probation or parole at the time of the current offense?
☑ Probation ☐ Parole ☐ Both ☐ Neither
4. Based on the screener's observations, is this person a suspected or admitted gang member?
☐ No ☑ Yes
5. Number of pending charges or holds?
☑ 0 ☐ 1 ☐ 2 ☐ 3 ☐ 4+
6. Is the current top charge felony property or fraud?
☑ No ☐ Yes

Criminal History

Exclude the current case for these questions.

7. How many times has this person been arrested before as an adult or juvenile (criminal arrests only)?
5
8. How many prior juvenile felony offense arrests?
☐ 0 ☐ 1 ☐ 2 ☐ 3 ☑ 4 ☐ 5+
9. How many prior juvenile violent felony offense arrests?
☐ 0 ☐ 1 ☑ 2+
10. How many prior commitments to a juvenile institution?
☐ 0 ☑ 1 ☐ 2+

[redacted] 8.1.18.12 ©2011 Northpointe, Inc. All rights reserved. [redacted]

식으로 계산에 반영되도록 한 프로그램 설계자의 판단 배경이 무엇이었는지는 중요하지 않다.

이와 같은 사정은 COMPAS가 도입되던 시기에는 사회의 주목을 받지도 않았고 충분한 수준까지 발전하지도 않았지만 현재의 데이터 중심 문화에서 핵심적인 역할을 하는 기계학습, 특히 다층 구조의 연결망을 활용하는 심층 학습(deep learning)을 고려할 때 한층 더 뚜렷해진다. COMPAS의 137개 문항으로 수집된 데이터를 활용하되 조사된 기존의 재범률에 최대한 수렴하도록 하는 신경망 기계학습의 방식으로 만들어진 소프트웨어 COMPAS*가 있다고 가정해보자.[34] 그러면 COMPAS*는 판사가 양형 판단에서 의지해도 좋을 유능하고도 공정한 조언자 구실을 하리라고 믿어도 될까?[35]

여기서 COMPAS에 어떤 데이터가 입력되는지 실제 예를 인용하고 그 데이터를 토대로 최선의 합리적 예측을 하도록 훈련된 인공지능 체계 COMPAS*를 상정하여 이러한 물음을 던지는 의도는 데이터 중심 사회라는 문화라는 틀에서 데이터라는 요소의 특성을 부각시켜보려는 것이다. 논자는 데이터 중심 사회를 지향하는 현행의 트렌드에서 다음과 같은 믿음이 작동할 개연성이 크다고 본다.

> 충분한 양의 데이터가 있다면, 그리고 그것을 올바르게 처리한다면, 어떤 사태에 관해서든 우리는 그것의 진상에 도달하게 될 것이다. 이런 의미에서 데이터는, 그 자체로, 어떤 이론이나 이념과도 무관한 객관적 가치를 지닌다.

그런데 이것은 그럴듯해 보이지만 틀린 믿음이다. 그리고 틀린 믿음

---

34) COMPAS*는 적어도 COMPAS 이상의 예측력을 나타낼 것이다. 노스포인트사의 COMPAS가 실제로 COMPAS*에 해당하는 것일 수도 있다.

35) 입력층이 적어도 137개의 노드로 이루어진 심층 학습은 막대한 계산 용량과 속도를 요구하겠지만, 현재의 컴퓨팅 기술에서 그것은 장애가 되지 않는다. 다시 말해, COMPAS*는 충분히 현실적이다.

이 사회를 지배하는 것은 위험하다.[36] 이미 앞에서 드러났지만, 이 믿음이 틀린 이유를 간추려 말하자면 데이터 자체가 세계로부터 우리에게 주어지는 어떤 것이 아니라 특정한 관점에서 실행되는 측정의 산물이기 때문이다.[37] 한 범죄자가 다시 범법 행위를 할 확률을 평가하기 위해서는 도대체 무엇을 관찰해야 하는가? 사업자금 대출을 신청한 사람이나 기업이 빌린 돈을 상환할 확률을 평가하기 위해서는 무엇을 확인해야 하는가? 이 물음들을 처리하는 방식은, COMPAS의 137개 문항을 만드는 것처럼 입력될 데이터를 선별하고 그것을 생성할 방법을 결정하는 기획에서부터 이미 특정한 결정의 산물이다. 데이터가 특정한 결정의 산물이라는 사실이 그 자체로 데이터 기반 결정이 지닌 모종의 결함을 함축한다고 보는 것은 적절하지 않다. 그러나 그런 사실을 인식하지 못하는 것은 나쁜 일이다. 그럴 경우 통제되지 않은, 그리고 통제할 수 없는 편향의 위험이 발생하기 때문이다.[38]

5. 편향의 문제를 극복하는 일

편향이란 무엇인가? 통계학의 맥락에서 편향은 표본에서 추론된 속성

36) 논자의 비판 대상이 데이터 중심 사회라는 트렌드가 아니라 데이터 중심 사회에 관한 그릇된 인식임에 유의하라. 이 논문의 실천적 취지는, 1절에서 명시한 것처럼, 데이터 기반 의사결정이라는 기제의 현실 가치를 극대화하는 데 기여하는 것이다.

37) 이 관점이 어떤 왜곡을 의도하는 관점일 필요가 없음에 유의하라. 5절의 논의 참조.

38) 사회는 때때로 (5절에서 논의될 의미의) 편향을 긍정적으로 활용한다. 예를 들어 모집단의 성비가 지나치게 편중되었다는 판단을 근거로 그것을 교정하기 위하여 새 구성원의 진입 단계에 모종의 (역)차별을 도입하는 일이 이에 해당한다. 그러나 그렇게 공적 의도에 따라 생산되는 편향은 그것의 양상이 추적, 검토되고 또 조절되기 때문에 "통제되지 않은 편향의 위험"과는 거리가 멀다.

이 모집단의 속성과 체계적으로 괴리되고 있다는 평가를 의미한다.[39] 우리는 표본을 근거로 모집단의 속성을 추정한다. 개인이든 공동체든 데이터를 근거로 사태를 판단하고 결정을 내리는 일의 합리성은 그 결정이 적용되는 대상, 즉 모집단의 속성이 데이터로 표현된 표본의 속성과 일치하거나 충분히 유사하다는 전제에 뿌리내리고 있다. 따라서 표본과 모집단의 속성이 동떨어진 경우 데이터를 기반으로 하는 결정의 합리성이 흔들리고, 이는 이 논문이 고찰하면서 그 정립에 기여하고자 하는 데이터 기반 사회의 가치를 훼손하는 결과를 낳는다. 그렇기 때문에 편향은 경계하고 나아가 극복해야 할 대상이다. 이러한 편향이 발생하는 맥락과 편향의 유형은 다양하고, 데이터 기반 사고에서 편향의 문제를 극복하는 일도 그만큼 다각적인 논의를 필요로 한다.[40] 여기서는 앞에서 살펴온 데이터의 제약과 결부된 편향의 문제에 시야를 제한하여 검토해 보자.[41]

먼저 COMPAS의 예는 입력 데이터의 차원들, 다시 말해 데이터가 만들어지는 측정의 시각(perspective)이 고정되어 있는 경우를 보여준다. COMPAS 운영자는 피험자의 재범 성향에 관한 더 나은 예측력을 실현하기 위해 137개 문항의 자료를 처리하는 알고리즘뿐만 아니라 문항의 표현을 수정할 수도 있고, 문항 자체를 삭제하거나 추가할 수도 있다. 그러

39) 특정 표본에서 추출한 데이터에서 추론되는 속성과 그런 추론을 통해 파악하려는 모집단의 속성이 일치하지 않는 것은 이상한 일이 아니다. 사실 그것은 표본을 통해 모집단을 추정하는 모든 실천의 운명이다. 문제는 표본의 속성이 모집단의 속성과 체계적인 방식으로 불일치하는 경우, 즉 표본의 크기나 추출방식이 적절함에도 불구하고 표본에서 추론된 모집단의 속성이 실제 모집단의 속성과 통계의 합리성을 벗어나는 방식으로 불일치하는 경우이다.

40) 정원섭 (2020)과 Mehrabi et al. (2019)를 참조하라.

41) 2021년 초 발생한 이루다 사건은, 2016년 챗봇 테이(Tay)의 사례와 마찬가지로, 인위적으로 왜곡된 데이터로 인한 편향이 낳는 위험을 생생히 보여주었다.

나 어떤 경우에도, COMPAS가 산출하는 예측의 기반이 되는 데이터는 여전히 그런 과정을 거쳐 준비된 문항들에 함축된 특정한 시선이 생산하는 것들이다.

한편, 2016년 봄 알파고의 활약 이후 인공지능 기술의 핵심으로 주목 받고 있는 기계학습의 힘을 활용하는 데이터 기반 결정을 생각해보자. 이를 위해, COMPAS에 기계학습을 적용한다고 가정하자. 단, 앞에서 생각해 본 COMPAS*와 달리, 기존 137 문항의 자료를 활용하는 대신 범죄자의 신상과 범행에 관한 한층 더 다양한 종류의 데이터를 활용하고 비지도학습과 지도학습의 기법을 병용하면서 기존 사례들에 비추어 평가된 예측력에서 최적화된 COMPAS**를 만든다고 해보자.[42] 이렇게 만들어지는 COMPAS**는 기존의 COMPAS는 물론이고 COMPAS*보다도 더 우수한 재범 예측력을 보일 것이라고 기대할 수 있다. 그렇다면 COMPAS**의 결론은 판사들이 일관성 있게 양형 과정에서 반영할 만한 합리적 조언에 해당할까?

COMPAS**는 재범 개연성을 범죄자의 처우 결정에 반영한다는 기존 COMPAS의 취지를 계승하는 한에서 실현 가능한 최선의 방식이라고 평가될 수 있을 것이다.[43] COMPAS**의 데이터는 COMPAS보다 한층 풍부해졌고, 그런 데이터를 기반으로 하는 기계학습을 거치며 설계자의 특수한 관점이 취사선택하는 우연성에 지배될 확률은 뚜렷이 감소할 것이다.

---

42) 여기서 비지도학습은 범죄자들의 다양한 속성들로부터 재범 여부나 재범 범죄의 경중에 영향을 미치는 간과된 요인을 추출하는 데 기여할 수 있을 것이고, 지도학습은 유관한 요소들을 종합하여 재범에 관한 예측력을 극대화하는 데 기여할 것이다.

43) 이러한 취지 자체가 합당한가 하는 물음도 다각적인 토론을 요청할 유의미한 물음이지만, 이 논문에서는 따지지 않는다.

그러나 그것이 여전히 실제로 확보된 제한된 데이터에 의존한다는 사실에 주목하라. 1990년대에 COMPAS를 설계할 때 브레넌 등이 했을 문항 설계와 산식 구성 같은 개입의 영향력은 COMPAS**에서 거의 0의 수준으로 희석되었지만, 후자 역시 사람과 사건(범행)에 관하여 유한한 수의 특정 관점에서 실행되는 측정, 즉 데이터화(datafication)를 선결조건으로 요구한다. 문제는 COMPAS**를 작동시키면서도 어떤 요소들이 어떻게 얽혀 재범의 개연성을 높이고 낮추는지 우리가 알지 못한다는 점이다. 이와 같은 무지는 우리가 정작 문제의 재범 개연성을 결정하는 핵심 요인을 목록에서 빠뜨리고 있을 가능성을 허용할 뿐 아니라, 재범 확률을 결정하는 요소를 결국 찾지 못하고 말 가능성까지 허용한다. 통계적 추론에 끼어드는 편향의 위험은 이런저런 이유로 모집단의 속성을 잘못 판단하게 될 위험인데, COMPAS의 경우 과연 재범의 개연성, 즉 '그 사람이 이번 범죄와 유사하거나 다른 중대한 범죄를 또 저지를 법한 정도'가 도대체 해당 범죄자 또는 그가 속한 분류군에 정당하게 귀속시킬 수 있는 속성인지 자체가 불분명한 것이다.

이상에서 논한 이론적인 한계에도 불구하고 사회는 일련의 현실적 근거를 들어 COMPAS나 COMPAS*, 또는 COMPAS** 같은 도구를 활용하기로 결정할 수 있다. 그렇게 활용하는 자가 스스로 활용하는 도구의 특성을 인식하는 한, 그것은 무모한 결정이 아니라 합리적 사회 운영의 방식이다. 우리는 오히려 "어떠한 데이터 기반 의사결정 시스템도 완전하거나 충분한 공정성을 구현할 수 없다."라는 근거를 들어 그런 시스템들을 비교 평가하여 선택하고 나아가 선택된 시스템을 비판, 보완하는 노력을 훼방하는 자를 경계해야 한다.

다만 그러한 시스템을 활용하는 경우, 해당 도구의 운용과 관리를 맡은 주체는 그것의 영향 범위 안에서 생활하는 시민들이 그러한 도구에서 처리되는 데이터가 그 자체로 객관적인 진실의 원천이라는 틀린 믿음에 지배되지 않도록 유의할 필요가 있다. 지향해야 할 데이터 중심성의 문화는 데이터의 가치와 특성을 인식하면서 활용하는 문화이지 데이터를 신성시하는 문화가 아니다. 또 이와 같은 필요성은 이 논문이 끝으로 언급할 문제와 관련된다. 그것은 다시 한 번 편향의 문제지만, 앞에서 살핀 편향의 개념과는 다른 관점을 끌어들인다.

2014년부터 채용 과정에 활용할 인공지능 시스템을 개발하여 활용한 아마존(Amazon)은 시스템 도입 1년 뒤 해당 시스템이 여자 지원자에게 불리한 차별을 한다는 평가를 도출하고 그 활용을 중단하였다. 이러한 편향이 발생한 원인은 시스템 개발 과정에서 기본 데이터로 활용된 기존 직원들의 자료가 대부분 남자 직원들의 것이기 때문이었다고 추정된다. 그럴 수밖에 없는 것이 2014년까지 10여 년 동안 아마존에 채용된 직원 대부분은 남자였기 때문이다.[44]

여기서 우리는 앞에서와 다른 편향의 개념을 만난다. 그것은 **모집단의 속성을 최우선의 기준으로 삼지 않는** 편향의 개념이다. 200명을 뽑는 A사의 신입 직원 모집에 1000명이 지원했다고 가정하자. 200명 가운데 몇 퍼센트가 남자라면 채용과정에 성에 따른 차별이 없었다고 볼 수 있을까? 이 물음에 대한 답을 결정하는 것은 해당 연령대의 인구에서 남녀의 비율일까, 아니면 지원자 집합의 성비일까, 아니면 다른 어떤 것일까? 또 그 답은 이번에 채용하려는 200명이 사내 복지 서비스 담당자들인지 새 사옥의 건설현장을 맡을 사람들인지에 따라 달라질까, 아닐까? 이 물음

44) 이것은 아마존 내부 인력을 포함한 전문가들의 추정이다. 아마존은 이 일에 관하여 공식적인 발표를 하지 않았다. J. Dastin (2018), "Amazon scraps secret AI recruiting tool that showed bias against women", Reuters, 2018년 10월 11일자 기사 참조. https://www.reuters.com/article/us-amazon-com-jobs-automation-insight-idUSKCN1MK08G.

에 답하는 것은 이 논문의 범위를 벗어나겠지만, 적어도 채용이 지원자의 성에 관하여 공정했는가 아니면 편향되었는가 하는 판단이 채용된 직원의 성비와 A사 직원 전체의 성비가 일치하는가에 달려 있지 않다는 사실은 명백하다. 또 그만큼 명백하지는 않지만, 편향 없음의 기준이 남녀 각 100명 채용으로 충족된다는 생각의 근거도 박약해 보인다.

이러한 판단은 현재 모집단의 속성 자체가 이미 모종의 불공정성을 의미하는 편향을 포함하고 있을 수 있다는 자연스러운 인식을 통해 뒷받침된다. 이런 상황에서 우리는 모집단이 지닌 속성을 재생산하면서 그렇게 재생산되는 데이터의 누적을 통해 기존의 속성을 더 깊게 고착시키는 대신 모집단의 기울어진 속성 자체를 보정해가는 방안을 모색하게 될 것이다.

인공지능을 활용하는 의사결정이 점점 더 확대되어 가는 오늘의 현실에서 모집단의 내적 편향을 극복하기 위한 이러한 보정의 중요성은 결정적이다. 그리고 이러한 보정이 적절히 실행되기 위해서는 그런 의사결정 보조 시스템을 구성하는 데이터와 알고리즘을 지속적으로, 혹은 주기적으로, 평가하는 작업이 필요하다. 이러한 평가의 기본 방식은, 활용 가능한 데이터와 기존의 알고리즘을 사용하여 필요한 결론을 추론해내면서 동시에 이 결론의 타당성을 별도의 외적 관점에서 평가하고, 나아가 이렇게 평가되는 타당성을 증진하는 방향으로 알고리즘을 수정하고 데이터 수집의 관점을 조정하는 것이다.[45)]

---

45) 이러한 제안은 아주 평범해 보인다. 그러나 당연해 보이는 방안이라도 왜 그렇게 해야 하는지에 대한 인식이 뚜렷해질 때 비로소 실질적인 힘과 세밀한 실천의 방향이 생겨난다. 이 논문이 추구한 것은 그런 명료화의 작업이다.

6. 맺는말

데이터를 활용하는 의사결정에서 표본의 속성이 모집단의 그것과 괴리되는 현상인 편향의 위험은 언제나 존재한다. 데이터를 수집하고 활용하는 자가 그것을 전혀 의도하지 않는 경우에도 그 위험은 사라지지 않는다. 그런데 이러한 편향은 표본을 매개로 모집단을 다루는 데이터 기반 사고의 타당성과 효율성을 약화하기 때문에 데이터 기반 사회가 경계하고 대응해야 할 대상이다. 편향의 위험을 극복하고 데이터 기반 사회가 추구하는 합리성을 극대화하기 위해서는 데이터가 모집단의 속성을 적절히 반영하는지 계속 비판적으로 검토하면서 그런 검토의 결과에 따라 데이터셋을 지속적으로 보완하는 노력이 실행되어야 한다. 그런 지속적인 검토, 보정과 보완을 통해 사회가 적정하다고 인정하는 균형점과 현실의 거리를 좁혀가는 실천이 데이터 기반 결정의 가치를 실현할 수 있을 조건이다.

이 글에서 중심 사례로 살핀 COMPAS는 미국에서 활용되는 프로그램이고, 그것에 관한 공정성 논쟁에서 핵심 변수였던 피부색의 문제는 한국에서 아직 중요한 이슈라고 할 수 없다. 그러나 그런 차이가 이 논문에 전개된 논의의 유효성을 삭감하지는 않는다. 우리가 크고 작은 사회적 결정에 데이터 기반 사고의 정신을 적용하고 나아가 인공지능 기술로 그런 사고의 효율성을 증진하려 하는 경우, 여기서 전개한 분석은 일반적인 유효성을 지닐 것이다.

13장

초지능이 실현될 것인가: 보스트롬의 정의를 기준으로[1)]

이 논문은 초지능의 실현 전망, 즉 인간의 지능을 능가하는 기계지능이 등장할 것인지 그 개연성을 평가한다. 논자는 초지능을 "사실상 모든 관심 영역에서 인간의 인지능력을 뚜렷이 상회하는 지능"으로 규정하는 보스트롬의 정의를 활용하면서 인공지능이 그러한 수준에 이르렀는지를 평가할 수 있는 수학적 구도를 제안한다. 그것은 인지능력의 다양한 요소들이 그 공간의 차원들에 대응하는 다차원의 추상적 공간에서 인간이나 특수한 기계지능 같은 지능 체계가 점유하는 부피를 평가하고 비교하는 것이다. 보스트롬이 말한 의미의 초지능이 실현된다면 그것은 이와

1) 이 논문의 이번 버전들은 2018년 10월 중앙대에서 〈지능의 진화와 인간환경의 확장〉을 주제로 열린 제2회 인공지능인문학 전국학술대회에서, 그리고 2019년 6월 대만 국립양명대에서 열린 Workshop on Interdisciplinary Philosophy에서 각각 기조강연으로 발표되었다. 또 이 논문에 정서된 아이디어 일부는 고인석 (2018a, 2018b)에서 개진된 바 있다.

같은 다차원의 인지능력 공간에서 인간 수준의 지능이 점하는 부피를 고스란히 진부분집합으로 포함하는 부피로 나타날 것이다. 그러나 그처럼 다양한 인지능력의 차원들을 모두 포괄하는 기계지능을 개발하는 것은 비현실적 과제이고, 무엇보다도 인간의 지능이 계속 새로운 차원의 능력을 개발해낸다는 사실을 고려할 때 사실상 실현불가능한 과제다. 이로써 이 논문의 물음은 해결되었지만, 인간에게 없는 지능의 차원을 가진 인공지능이 등장할 수 있다는, 모종의 현실적 위험을 함축하는 새로운 문제가 제기된다. 지능이 작동하는 것처럼 보이는 현상이 있다고 해서 반드시 지능을 가진 존재, 곧 지능적 주체가 있다고 볼 이유는 없다. 그러나 진정한 지능적 주체의 존재 여부와 무관하게 우리는 인공지능 기술이 구현하는 날로 새로운 지능 현상을 우리의 제어가능성 범위 안에 두는 일에 유념하지 않으면 안 된다.

1. 초지능의 개념과 실현 전망의 관계

인간의 지능을 뛰어넘은 기계지능, 즉 '초지능(superintelligence)'이 출현할 것인가? 만일 출현한다면 언제쯤, 어떤 방식으로 출현할 것인가? 초지능이 우리가 사는 현실 세계의 일부가 된다면 우리의 삶은 어떻게 변할 것인가? 인공지능 기술의 빠르고 광범위한 발달과 인공지능의 효용에 대한 사회적 관심의 증대가 맞물리는 가운데 이러한 물음들이 학계와 세간의 공통된 관심으로 부상하고 있다.[2)]

2) 닉 보스트롬은 『슈퍼인텔리전스: 경로, 위험, 전략』의 첫머리에서 다음과 같이 말한다. "미

이런 물음들에 대한 유의미한 토론이 성립하기 위해서는 먼저 "초지능이 무엇인가?" 하는 물음에 대한 답이 제시되어야 한다. 다시 말해, 초지능의 개념에 대한 규정이 필요하다. 초지능을 정의하는 방식은 여럿일 수 있다. 그러한 복수의 정의 가운데 어느 것이 다른 것보다 초지능의 개념을 더 적절히 포착하는지 토론하게 될 수도 있다. 어쨌든, 초지능에 관한 예측을 제시하거나 관련 기술의 개발 방향에 대하여 지지나 반대의 태도를 표명하려는 자는 먼저 자신이 논의 대상으로 삼는 초지능이 어떤 것인지 명시하지 않으면 안 된다. 마찬가지로, 이런 예측에 대한 평가나 태도에 대한 찬반을 포함하는 토론 역시 "초지능을 이러이러한 것이라고 규정한다면"이라는 조건절의 제약 아래 진행되어야 한다.[3)]

우리의 경험에 이미 친숙한 대상이거나 적어도 그 개념에 부합하는 뚜렷한 사례가 단 몇 개라도 존재하는 경우라면 사정이 다르겠지만, 초지능의 경우는 아직 적절한 의미의 사례(instance)가 존재하지 않는 경우다.[4)] 이 경우 우리는 아직 현실에 존재하지 않지만 원칙적으로 존재하게 될 수 있는 '초지능'을 상상을 통해 형상화하고 그렇게 상정된 속성들을 논의의 대상으로 삼을 수밖에 없다. 이것이 초지능에 대한 논의의 특

래의 어느 날 우리가 인간의 일반 지능을 능가하는 기계 두뇌를 만들게 된다면, 이 새로운 슈퍼인텔리전스(superintelligence, 초지능)는 매우 강력한 존재가 될 것이다. 그리고 마치 지금의 고릴라들의 운명이 그들 스스로가 아니라 우리 인간에게 달린 것처럼, 인류의 운명도 기계 초지능의 행동에 의존하게 될 것이다"(보스트롬 2017, p. 11).

3) 이것은, 뒤집어 말하면, 초지능의 개념을 제시하지 않고 진행되는 초지능 관련 전망이나 토론은 그 유의미성을 담보할 수 없다는 뜻이기도 하다. 논문의 부제에 명시된 것처럼, 이 논문의 취지는 보스트롬의 정의가 지시하는 초지능의 전망을 평가하는 데 있다. 보스트롬의 정의가, 가능한 유일의 정의는 아니지만, 초지능에 관한 유의미한 토론을 가능케 하는 출발점이라고 보기 때문이다.

4) 만일 그와 같은 적절한 사례가 존재한다면, 서두에 거론된 세 물음 가운데 앞의 둘은 물음으로서의 지위를 상실할 것이다.

수한 상황이다.

개략적으로 말하자면, 초지능은 앞에서 언급한 것처럼 인간의 지능을 뛰어넘는 기계지능(machine intelligence)[5]을 뜻한다. 그러나 기계지능이 인간의 지능을 뛰어넘는다는 것이 정확히 어떤 경우를 가리키는 말인지 따질 필요가 있다. 그것은 인공물이 구현하는 지능이 특정한 기능의 차원에서 인간의 지적 능력을 능가한다는 것인가? 만일 초지능의 개념을 그렇게 규정한다면, 초지능이 과연 출현할 것인지, 언제 그렇게 될 것인지는 의미 있는 물음으로 성립하지 않게 된다. 그런 의미의 초지능은 이미 오래전에 개발되어 우리 주변에 산재하고 있기 때문이다. 5278×737이나 365.24÷27.5 같은 연산을 하도록 우리에게 문제를 제시하는 동시에 계산기에 앞의 식을 입력하면 우리가 숫자 두어 개를 적기도 전에 전자계산기는 셈의 답을 낸다. 다량의 자료를 기억했다가 재생하는 일이나 복잡한 자료를 특정한 차원에서 정리하고 비교하는 일 따위는 정확성이나 속도 어느 면에서 보더라도 사람보다 컴퓨터가 윗길이다. 따라서 특정 기능의 차원에서 인간의 능력을 능가한다는 것은 초지능을 규정하는 속성으로 적절하지 않다.

그렇다면 초지능은 '특정한 기능의 차원'이 아니라 '모든 기능, 혹은 모든 지적 능력의 차원'을 기준으로 규정되어야 할 것처럼 보인다. 이것은 닉 보스트롬이 '초지능'을 주제로 한 저서 『슈퍼인텔리전스: 경로, 위험, 전략』에서 제시한 초지능의 개념[6]과 부합하며, 이 논문은 3절 이하에서

---

5) '기계지능' 대신 '인공지능'이라고 쓸 수도 있겠지만, 학술적인 의미에서 후자는 연구영역 혹은 연구활동을 지칭하는 개념이라는 점을 고려하여 그러한 애매성의 위험이 없는 전자의 표현을 사용한다. 어떤 이는 '합성지능(synthetic intelligence)'이라는 명칭을 사용하기도 한다. 애매성의 위험이 없는 곳에서는 이 글도 기계지능 또는 합성지능을 가리키는 표현으로 '인공지능'을 사용할 것이다.

6) "사실상 모든 관심 영역에서 인간의 인지능력을 뚜렷이 상회하는 지능"(Ibid., p. 53). 원문

보스트롬의 정의를 기준으로 초지능의 전망을 논할 것이다. 기계의 지능이 그것을 만드는 인간들의 지능을 능가하게 될 것인가? 이 논문은 이 물음을 따진다.

문법적 관점에서 이 물음에 대한 가능한 답은 "그렇다", "아니다", "알 수 없다" 세 가지다. 세 번째 답은 저 물음이 미래에 관한 물음이고 미래가 우리처럼 유한한 시공간적 존재의 손아귀에 주어져 있지 않다는 사실을 고려할 때 실패할 위험이 거의 없는 안전한 답이다. 그러나 그것은 그 '알 수 없음'의 세부 양태와 근거를 명시하는 논의가 없는 한 거기서 출발하여 유의미한 결론들로 나아가는 사유의 전개를 더 이상 기대하기 힘든 무기력한 답변이다. 이런 점을 고려하면서 우리는 "그럴 것이다. 왜냐하면…"과 "아닐 것이다. 왜냐하면…"의 두 가지 대답을 저울질할 필요가 있다. 이와 같은 평가는 기술의 발전 양상에 대한 예견처럼 보이지만, 이하의 논의 과정에서 드러나겠듯이 단순히 현상에 대한 예견이 아니다. 이 물음은 인공지능이라는 기술과 인간의 관계에 대한 철학적 성찰을 요구하며, 인공지능이라는 중요한 기술 영역을 우리가 어떻게 인식해야 할 것인가 하는 관점의 문제를 제기한다.

보스트롬은 초지능이 언제쯤 개발될 것인지에 관해서는 전문가들의 다양한 견해를 인용한다. 이 물음에 관한 전문가들의 견해는 일률적이지 않다.[7)] 그런 지능이 아예 실현되지 않는다고 보거나 아니면 실현되더라

은 "any intelligence that greatly exceeds the cognitive performance of humans in virtually all domains of interest"이다. 원문의 'greatly'를 고려하여 번역본의 표현을 보완하였다.

7) 도밍고스(Pedro Domingos)는 그의 저서 (2016)에서 역연역법(inverse deduction), 역전파(back-propagation), 유전자 프로그래밍(genetic programming), 베이즈 추론(Bayesian inference), 서포트 벡터 머신(support vector machine) 등 다섯 갈래의 머신러닝이 하나로 수렴됨으로써 '마스터 알고리즘'이 탄생할 수 있을 것이라고 전망한다. 컴퓨터공학자인 저자 도밍고스가 말하는 마스터 알고리즘은 인간 수준의 지능을 초월한다는 지위를 핵심 속성으로 내세우지 않는

도 아주 먼 미래에나 가능하리라고 보는 이들도 있다. 그러나 인간 수준의 기계지능(human-level machine intelligence)이 개발되는 시점에 대한 전문가들의 예견은 대략 2050년 전후 이삼십 년 사이에 분포한다.[8] 그는 "미래의 어느 날 우리가 인간의 일반 지능을 능가하는 기계 두뇌를 만들게 된다면"이라고 가정법을 써서 말했지만, 그의 저서는 그러한 지능이 실현될 것이라는 저자의 확고한 믿음을 드러낸다. 이제 이런 판단 혹은 예측의 타당성을 검토해보자.

2. 알파고가 이세돌보다 바둑을 잘 둔다?

이 일을 위해 먼저 따져보아야 할 것은 '우월함'(superiority)이라는 개념이다. 인간 수준의 지능을 뛰어넘는 지능을 가진 기계가 등장할 것인가 하는 물음이 상이한 지능 간에 성립하는 우월함의 관계를 함축하고 있기 때문이다. 우월함이란 어떤 것인가?

2016년 봄, 알파고는 이세돌에게 바둑을 이겼다. 적어도 수많은 뉴스와 논평이 그렇게 보도했고, 우리도 실제로 그런 식으로 평가한다. 그런데 실제로 알파고가 이세돌보다 우월한 능력을 지녔나? 누가 그렇게 묻는다면, 당연히 우리는 먼저 이렇게 되물어야 할 것이다. "어떤 능력에서 우월한지를 묻는 것이지요?" 우월하다는 것은 특정한 능력 또는 속성의 비교를 전제하는 관계이기 때문이다. 상대방은 아마도 "그야 물론 바둑을 두는 능력에서지요"라고 대꾸할 것이다. 그런데 우리는 이 지점에서

다는 점에서 보스트롬의 초지능과 차이가 있지만, 인공지능 기술이 지향하는 정점을 가리키는 개념이라는 점에서 유사하다.

8) 보스트롬 (2017), pp. 47-52.

이세돌과 알파고 중 어느 편의 바둑 두는 능력이 우월한지 평가하기 위해 '바둑을 두는 능력'이 구체적으로 어떤 능력인지 돌아볼 필요가 있다. 그리고 이를 위해서는 바둑을 둔다는 것이 어떤 것인지(what it is to play Go) 살펴야 한다.

바둑이 '수담(手談)'이나 '난가(爛柯)'라는 별칭으로도 불린다는 점을 상기해보자. 그런 별칭에는 바둑이 바둑을 두는 사람 간의 소통과 교류라는 의미, 그리고 시간이 가는 줄도 모르게 만드는 특유한 종류의 즐거움 또는 여유 같은 의미가 담겨 있다. 종국에 가로세로 19줄씩의 바둑판 위에 만들어진 집들의 수를 세어 승부를 가리는 일은 중요하지만, 그런 계산이 바둑의 전부라고 보는 것은 편중되고 제한된 관점이다. 그런데 알파고는 바둑판을 사이에 두고 이세돌과 마주 앉아 있지도 않았고, 스스로 바둑돌을 놓지도 못했다. 물론 알파고는 그것이 도대체 누구와 무엇을 하는지도 의식하지 못했다. 중립적인 관점에서 본다면, 2016년 봄의 5번기 대국에서 알파고가 한 일은 '이세돌을 상대로 바둑을 둔 것'이라기보다 '어느 곳에 다음 수를 두면 승리의 확률이 극대화되는지를 계산하여 그 결과를 아자황에게 전달한 것'이라고 평가하는 것이 적절할 것이다.[9)] 알파고라는 인공지능 프로그램 덕에 하사비스(Demis Hassabis)가 이끄는 팀이 바둑이라는 특별한 게임의 형식을 매개로 인공지능 기술의 놀라운 잠재력을 보여줄 수 있었던 것은 부인할 바 없는 사실이지만,[10)] "알파고가 바둑을 두었다"는 진술은 아주 너그러운 비유와 생략의 맥락 속에서만

---

9) 이후 유명해진 이 바둑시합에서 이세돌 9단이 상대한 인공지능 프로그램 알파고에 관해서는 하사비스와 실버, 그리고 아자황 등이 공저하여 2016년 1월 네이처(Nature)지에 게재한 논문 Silver et al. (2016)을 참고하라.

10) 이미 널리 알려진 것처럼, 알파고가 보여준 힘의 배경은 심층 학습과 강화학습이라는 두 가지 기계학습의 경로를 성공적으로 활용한 데 있다.

참된 진술로 용인될 수 있다.

어떤 이는 "인공지능이 그 깊고 어렵다는 바둑도 인간보다 더 잘 둔다고 인정하면 될 일을 교묘한 이야기로 회피하고 있는 것이 아니냐!"라고 핀잔하듯 따질 것이다. 그러나 이것은 인간의 자존심을 지키기 위한 변명과는 거리가 멀다. 이러한 논의를 통해 먼저 지적하고 싶은 것은 인공지능에 관한 사회적 담론에 일정한 의인화(anthropomorphizing)의 정조가 스며들고 있다는 사실이다. 인공지능이나 지능형 시스템에 관해 이야기할 때, 자주 우리는 인간과 다르면서도 인간의 마음에 상응하는 어떤 것을 가진 "낯선 주체"가 어느새 우리 앞에 서 있다고 가정하고 있는 듯하다.[11] 그러나 전자지능(electronic intelligence)으로 작동하면서 우리와 상호작용하는 가운데 그 자신—또는 그것 자체—의 생각이나 감정을 우리와 주고받는 인공물이나 인공시스템은 아직 현실에 없다. 무엇인가가 나와 서로의 생각이나 감정을 주고받는다면, 그것은 적어도 하나의 존속하는 주체(enduring subject)이어야 한다. 예컨대 내 노트북컴퓨터가 만일 그러한 주체의 지위를 갖는다고 인정하려면 우리는 먼저 노트북컴퓨터에 관하여 철학의 주요 문제 가운데 하나로 꼽히는 인격동일성의 문제에 상응하는 문제를 해결했어야 한다. 그러나 그것은 희망적으로 보더라도 요원한 과제다.

어떤 전문가들은 "(여러 가지 난관에도 불구하고) 그것은 충분히 가능한 일"이라는 논조로 대꾸한다. 그러나 논자가 보기에 그들이 말하는 '가능성'은 '불가능하다는 것이 증명되지 않았다'는 것 이상의 무엇이 아니다. 이런 종류의 가능성에 관한 이야기는 문학과 예술의 소중한 재료가 되지

11) 인공지능이나 인공지능로봇의 존재론적 지위에 관한 일반적이면서도 다각적인 논의는 이중원 외 (2018)을 참고하라.

만, 사회의 현안을 다루는 바탕으로는 적합하지 않다. 인공지능 기술의 발달을 전망하고 검토하는 일은 오늘의 시점에서 기업, 시민사회, 국가, 글로벌 공동체 등 다양한 수준의 공동체의 미래를 좌우할 만큼 중요한 과제다. 그런데 이런 고찰과 그것에 근거한 사회적 차원의 관리(social management of technology)가 문학적 상상력을 작동원리로 삼게 된다면 위험한 일이다.

정대현은 인공지능의 발달과 그로 인한 도전이 현실의 영역 너머에 펼쳐진 가능성의 영역을 다루는 인문학 고유의 상상력에 외면해서는 안 될 과제들을 제시하고 있다고 말했다.[12] 그의 이러한 평가에 깊이 공감한다. 그런 인문학적 상상력은 자연과 사회의 현실을 넘어 최대한 자유롭게 작동할 필요가 있다. 그것이 인문학 고유의 가치를 극대화하는 길인 동시에 인문학의 사회적 기여를 증진하는 길이다. 그러나 그렇게 펼쳐진 상상력의 산물들은 현실을 해석하고 현실의 문제를 다루기 위한 생각의 토대를 풍부하게 만드는 요소인 반면, 그 자체 사회적 실천의 준거로 삼을 수 있는 것이 아니다.

인문학적 상상력의 산물들은 다양성의 빛을 발하고, 우리는 그것들에 통일성이나 수렴의 양상을 요구할 이유가 없다. 반면에 사회적 실천의 문제들은 비록 언제라도 더 나은 다음 해법에 자리를 내어줄 잠정적인 것일지라도 공유된 해법을 요청한다. 우리는 항상 그 시점에 동원할 수 있는 지식과 지혜를 모아 공유할 만한 최선의 해법을 찾고, 현실에 적용한다.

12) 이는 2018년 8월 대만 국립정치대에서 열린 제4회 동아시아철학대회(CCPEA 2018)에서 정대현과 논자가 나눈 대화에서 따온 내용이다.

3. 지능의 우월함에 관한 수학적 해석

보스트롬은 초지능을 "사실상 모든 관심 영역에서 인간의 인지능력을 뚜렷이 상회하는 지능"[13]으로 정의했는데, 이 정의는 그가 초지능을 바라보는 중요한 관점을 노정한다. 그리고 논자 역시 이 관점에 공감한다. 그것은 인공지능에 대한 평가가 우리의 관심과 결부되어 있다는 생각의 관점이다.[14]

아래에서 좀 더 상세히 서술할 인지능력 비교의 수학적 구도에서 보자면 이것은 N차원 공간에 분포하는 영역들 간의 비교로 번역할 수 있다. 보스트롬의 정의를 이러한 비교의 언어로 번역하자면, 초지능은 이 공간에서 인간의 인지능력에 상응하는 N차원의 부피를 고스란히 포함하는 N차원의 더 큰 부피에 대응된다. 그리고 이 공간을 결정하는 차원들은 우리의 관심과 결부된 것들이다. 우리의 관심과 무관한 그 밖의 차원은 고려되지 않는다. 다시 말해, 그런 차원은 방금 말한 공간의 구성에 관여하지 않는다.

5는 3보다 크고, 면적 10제곱미터의 침실은 10평 넓이의 거실보다 좁다. 대한민국의 국토 면적은 방글라데시보다 작고, 2016년 국내 총생산(GDP)은 방글라데시보다 크다. 우리는 이처럼 대한민국의 국토 면적과 방글라데시의 국토 면적을, 또 두 나라의 국내 총생산을 비교할 수 있지만, 대한민국의 국토 면적과 방글라데시의 국내 총생산을 비교하여 우열을 가릴 수는 없다.

우리는 한 변이 10센티미터인 정사각형과 지름이 10센티미터인 원 가

13) 앞의 각주 6) 참조.

14) 이러한 점에서 보스트롬의 정의는 그가 이 부분에서 참고하고 있는 렉(S. Legg)의 정의나 굿(I. J. Good)의 정의와도 차별된다.

운데 어느 편이 더 큰지 비교하여 전자가 더 크다고 판정할 수 있다. 그렇다면 한 변이 10센티미터인 정사각형과 지름 10센티미터의 공(球)은 어떤가? 둘의 관계는 대한민국의 면적과 방글라데시의 국내 총생산 간의 관계와는 달리 둘 다 미터로 환산된 공간적 크기라는 점에서 공통의 요소를 지녔지만, 그럼에도 불구하고 둘 중 어느 편이 더 큰지 말하는 일은 간단치 않다. 만일 전자와 같은 정사각형 모양으로 구멍을 뚫어 놓았다면 후자의 공이 그 구멍을 통과할 수 있겠지만, 그렇다고 전자가 후자보다 큰 것은 아니다. 오히려 전자를 적절히 휘거나 접음으로써 후자의 공간에 포함시켜 넣을 수 있다는 점에서 후자가 전자보다 더 크다.[15)]

초지능의 후보로 간주될 만한 몇 가지 인공지능 체계가 개발되었다고 가정해 보자. 이것들과 인간의 지능을 비교하여 우열을 가리는 작업은 어떤 방식으로 이루어질 수 있을까? 이세돌이 알파고를 상대로 바둑 시합을 한 것은 이러한 테스트의 한 형태였다고 볼 수 있다. 이세돌이 그 시합에서 4 대 1로 패했지만 우리는 알파고를 초지능이라고 평가하지 않는다. 뿐만 아니라 그런 평가는 이세돌과 겨룬 AlphaGo Lee보다 한참 더 강한 역량을 지녔다는 AlphaGo Zero에 대해서도 똑같이 적용된다.[16)] 알파고가 바둑 시합에서 승리의 확률을 높이는 수를 찾는 데는 세상 어느 인간보다도 유능하지만, 할 줄 아는 것이 그것 하나뿐이기 때문이다.

그렇다면 무엇 무엇을 인간보다 더 잘해야 인간의 지능을 능가했다고 할 수 있을까? 앞에서 언급한 보스트롬의 기준은 이 물음에 관하여 "사실

15) 보자기나 종이를 구기거나 뭉쳐서 공 안에 넣는다고 생각해보면 되겠다. 보자기나 종이는 실제로 상당한 두께를 가졌다는 점에서 2차원 대상이 아니라 3차원 대상이기 때문에 공 안에 구겨 넣을 수 있는 종이가 한정되겠지만, 두께가 0인 진정한 2차원 대상이라면 그 크기가 어떻든 상관없이 예컨대 테니스공 크기의 3차원 부피 안에 구겨 넣을 수 있다.

16) AlphaGo Zero에 관해서는 Silver et al. (2017)을 참조하라.

상 모든 관심의 영역"이라고 답한다. 다시 말하자면, 우리가 의미 있다고 생각하는 모든 영역이 지능을 저울질하는 비교의 차원들을 형성한다는 것이다.

체스나 바둑을 잘 두는 능력이 이에 해당할까? 최근 인공지능 기술 발전의 역사를 고려하면 우리는 이 물음들에 당연히 그렇다고 답하게 될 것이다. 그러나 체스나 바둑에서 판세를 읽고 이기는 수를 찾는 일이 인간이 삶을 영위하는 데 필수불가결하거나 핵심적인 역량이냐고 물으면 대답은 불분명해진다. 체스, 그리고 이어서 바둑이 인공지능 연구의 도전 과제가 된 것은 그것들이 제한된 조건 속에서 문제 해결(problem solving under restricted conditions)의 모색이라는 인지 연구와 인공지능 연구 공통의 관심을 구체화할 수 있는 모형이 될 수 있었기 때문이라고 보는 것이 적절하다. 그것들은 말하자면 실세계에서 발생하는 문제 해결의 상황을 특정의 제한된 방식으로 간략화한 모형으로 간주된다. 이렇게 해석하면 체스나 바둑을 잘 두는 능력이 왜 "관심의 영역"에 포함될 만한지 수긍할 수 있을 것이다.

그렇다면 브릿지나 포커 같은 카드 게임을 잘 하는 능력도 마찬가지일까? 체스와 바둑을 인정한 터에 그것들을 아니라고 내치려면 그럴듯한 구실이 필요할 텐데, 그런 구실은 얼른 눈에 띄지 않는다. 게다가 그런 게임마다 게임에 참여하는 사람이 발휘하게 되는 미세하면서도 고유한 지적 능력이 있을 법도 하다. 그러나 그렇게 온갖 종류의 게임을 잘 하는 능력까지 초지능이 포섭해야 할 "관심의 영역"에 포함시키자니 초지능을 만드는 사람들에게 한편으로는 자질구레하니 잡다하고 다른 한편으로는 그런 이유로 도무지 해내기 어려울 일을 의뢰하고 있는 것 같은 생각이 든다.

어려움은 이 수준에 그치지 않는다. 관심의 대상이 될 만한 인지능력의 영역이 카드 게임이나 보드 게임을 하는 능력에 국한되지 않을 것이기 때문이다. 조금 더 생각해보자. 시를 잘 짓는 능력, 또 같은 이야기라도 한층 더 그럴듯하고 재미나게 늘어놓는 능력은 어떠한가? 또 오페라 아리아를 멋지게 부르는 능력이나 신체 각 부분의 동작을 조율하여 감탄을 자아낼 만큼 아름답게 춤을 추는 능력은 어떤가? 이런 능력은 신체의 부분들과 결부된 능력이고, 그렇기 때문에 인간 같은 성대와 흉부, 그리고 유연한 팔다리를 가지지 못한 인공물에 기대하기 힘든 능력이다. 그러나 그런 이유 때문에 그런 능력들을 초지능이 뛰어넘어야 할 인지능력의 목록에서 제외하는 것은 일종의 본말전도로, 옳지 않다.

실제로 논자는 인공지능에 대한 지금처럼 고조된 관심 속에서 어느새 우리 스스로 '인간의 인지능력'의 범위를 기계지능이 흉내 낼 수 있는 능력의 영역으로 한정하게 될 개연성이 있다고 본다. 그러한 개연성은 결과적으로 인간 인지의 풍부하고 미세한 영역들 가운데 상당한 만큼이 무관심의 그림자 속으로 밀려들어가 버릴 위험을 함축한다. 이것은 인간이 지닌 정신문화의 영역을 스스로 축소하고 빈곤하게 만드는 일일 뿐만 아니라 인공지능 같은 새로운 기술의 수용과 활용이 필연적으로 수반할 까닭이 없는 종류의 불행한 진행이다. 따라서 우리는 이런 위험을 인간이라는 종의 집합적 관점에서 경계하고 메타적 사고를 통해 조절할 필요가 있다.

이 지점에서 확인하게 되는 것은 보스트롬의 정의가 말하는 "사실상 모든 관심의 영역"이 무궁무진하다는 사실이다. 이를 인지능력의 공간에 관한 서술로 환산하여 말하면, 이 공간을 구성하는 차원의 수가 무궁무진하다는 것이다. 이러한 사정은 설령 수백 가지 카드 게임의 종류를 몇 가지로 크게 분류하고 각각의 분류군에 속한 게임과 관련된 인지능력의 차원들을 추출하는 방식으로 인지능력의 공간을 단순화하는 경우에도 달라지지 않는다.

제약은 두 방향에서 온다. 하나는 두 종류의 카드 게임이 거의 비슷한 방식으로 작동하더라도 세밀한 부분에서 상이한 규칙이 적용되는 경우, 양자가 플레이어들에게 동일한 인지능력을 요구한다고 판정하기 어렵다는 점이다.[17] 이런 어려움은 예를 들어 카드 게임과 관련된 인지능력에 대하여 그것의 차원들을 분별하는 일의 정당한 원리가 무엇인가 하는 물음을 끌어들인다. 다른 하나는 설령 게임들을 적절한 군으로 묶고 각 묶음에 해당하는 인지능력의 차원들을 확인하는 데까지 인정했다 하더라도 새로운 인지능력의 차원이 새로운 게임에 업혀 얼마든지 등장할 수 있다는 점이다.[18] 결과적으로, 카드 게임과 결부된 인지능력의 공간만 해도 확정하기 어려울 뿐만 아니라 점차로 증가하는 수의 차원들을 가진 공간이라는 사실이 다시 한 번 확인된다.

지능을 주된 연구주제로 다루어 온 심리학에서는 인간의 지능을 적절한 수의 요소들로 분석하는 작업이 수행되었다. 지능에 관하여 제시된 영향력 있는 심리학 이론으로 평가되는 스턴버그(R. J. Sternberg)의 '인간 지능의 3원론'(triarchic theory of human intelligence)과 가드너(Howard Gardner)의 '다중 지능(multiple intelligences)' 이론이 이에 해당한다. 그러나 이런 지능 이론을 활용하더라도 이런 상황은 근본적으로 바뀌지 않는다.[19] 예를 들

---

17) 예컨대 동일한 종류의 카드게임에서도 조커를 포함시켜 진행하는지, 또 그렇게 포함시킨 조커에 어떤 기능을 부여하는지에 따라 게임 전개의 양상이 달라진다. 조커에 부여된 특별한 기능(또는 약점)의 성격에 따라 카드게임에 참여하는 인지 주체가 그런 조커가 없었던 때와는 다른, 새로운 인지능력을 발휘하도록 유도되는 것은 자연스러운 일일 것이다.

18) 바로 앞의 각주 참조.

19) 스턴버그는 지능을 구성적-분석적(Componential-Analytic) 능력, 경험적-창의적(Experiential-Creative) 역량, 실천적-맥락적(Practical-Contextual) 능력이라는 세 하위 이론의 영역으로 분석한다. 한편 가드너는 인간의 마음을 구성하는 지능의 요소들을 음악적 지능, 시각적-공간적 지능, 언어 지능, 논리적-수학적 지능, 신체-운동 지능, 인간관계적

어, 가드너가 단일한 지능 요소로 분석한 언어 지능은 다시 여러 차원의 하위 지능으로 분석될 수 있다. 예컨대 언어를 이해하는 지능과 언어 표현을 산출하는 지능은 단일한 차원의 능력이라기보다 상이한 지능의 차원으로 분석하는 것이 적절하다. 또 언어 이해만 해도 모국어를 이해하는 것과 외국어를 이해하는 것은 서로 구분되는 상이한 인지능력을 요구하는 활동일 수 있고, 똑같이 모국어를 이해하는 능력이라고 해도 시적 표현에서 화자가 의도한 바를 간취하는 능력과 복합적인 정보가 담긴 문장의 내용을 빠르고 정확하게 해득하는 능력은 단일한 차원의 지능으로 보기 어려울 것이다.

4. 인지능력 공간의 관점에서 읽은 초지능의 전망

이상의 논의는 이 논문의 물음과 어떻게 연결되는가? 두 지능의 역량을 비교하는 일은 그것들의 역량 범위를 지금 이야기하고 있는 N 차원의 인지능력 공간에서 두 지능의 부피를 저울질하는 일로 환산할 수 있을 것이다. 알파고와 왓슨 포 온콜로지의 지능을 그렇게 비교하기는 어렵다. 두 지능이 (중첩되는 몇 개의 차원은 있을 수 있겠지만) 서로 다른 인지능력의 차원들을 구현하고 있기 때문이다. 그러나 보스트롬이 말하는 것과 같은 초지능이라면 특정한 목적과 기능에 국한되지 않는 일반 지능(general intelligence)의 속성을 지니는 것일 터이니, 인지능력의 다차원 공간에서 그것이 점하는 부피와 인간 지능이 포괄하는 부피를 비교함으로써

(interpersonal) 지능, 자기성찰적(intrapersonal) 지능, 자연친화적 지능, 그리고 실존적 지능의 아홉 가지로 분석한다.

두 지능체계 간의 우열을 객관적으로 가릴 수 있을 것이다. 논자는 이러한 비교가 보스트롬이 초지능을 "사실상 모든 관심 영역에서 인간의 인지능력을 뚜렷이 상회하는 지능"이라고 정의할 때 상정한 상황과 다르지 않다고 본다.

그렇다면 앞 절의 논의가 이 지점에서 함축하는 것이 무엇인가? 그것은, 간단히 말하자면, 인간의 인지능력을 적절히 한정된 수의 차원들을 가진 다차원 부피로 규정할 수 없다는 것, 그리고 인간의 인지능력을 특징짓는 새로운 차원들이 생겨난다는 것이다. 이는 문자 그대로의 의미에서 인간의 지능을 초월하는 초지능, 다시 말해 인지능력의 다차원 공간에서 인간의 지능에 상응하는 부피를 고스란히 그 일부로 포함하는 부피를 지닌 인공지능을 개발하는 것이 근본적으로 어려운 과제라는 운명을 예견하게 한다. 앞의 3절에서 논한 것처럼 예컨대 3차원 도형은 제아무리 부피가 큰 경우에도 4차원 도형의 부피를 포함할 수 없다는 사실을 생각해보라. N개 차원의 인지적 능력에서 인간의 수준을 뛰어넘도록 만들어진 인공지능이라고 해도 거기 포함되지 않은 (N+1)번째의 새로운 차원을 가지게 된 인간의 지능을 포섭할 수 없는 것이다. 이것은 이 논문의 물음에 대한 부정의 답을 함축한다.[20]

이 상황에서 초지능의 전망을 긍정적으로 보며 지지하는 사람들은 두 종류의 반론을 구사할 수 있을 것으로 생각된다. 그중 한 갈래는 별 힘이 없지만, 다른 한 갈래는 유의해서 살필 필요가 있다. 논자가 보기에 힘이 없는 한 갈래는 "나날이 발전하고 있는 자료 기반의 기계학습(data-driven machine learning)을 통해 인공지능이 인간 지능의 모든 차원들을 추출해내

20) 뿐만 아니라, 3절의 내용을 고려할 때, 각 차원의 구체적인 크기가 어떻든 상관없이 (N+1)차원의 부피가 N차원의 부피를 포함할 수 있다는 의미에서 후자보다 더 크다는 평가가 도출된다.

는 일이 결국엔 가능해지지 않겠느냐?"는 반론이다. 이 역시 새로운 기술, 특히 인공지능의 미래와 관련하여 흔히 활용되고 있는 '가능성 논변'의 한 사례에 해당한다. 그리고 원칙적 불가능을 논증하는 일은 어렵지만, 그것이 어째서 사실상 불가능에 해당하는 어려운 일인지는 밝힐 수 있다.[21)]

다른 한 가지 반론은 "발달된 인공지능에서 인간의 지능에 존재하지 않는 인지능력의 차원이 발현(emergence)[22)]될 수 있지는 않을까?"라는 것이다. 이것은 우리가 따지고 있던 '포함관계'의 승부를 일종의 교착 상태에 이르게 하는 반론이다. 그것은 인공지능이 인간 지능의 모든 차원을 포섭하는 문제를 내버려둔 채 전자가 후자에 없는 새로운 종류, 새로운 차원의 역량을 가지게 될 가능성을 공략한다. 그것은 이 논문이 전개한 비교의 관점에서 인공지능이 인간의 지능을 초월할 수 있다고 주장하는 대신, "인공지능에서도 인간이 이해할 수 없고 그래서 그것을 어떻게 다루어야 할지조차 알지 못하는 새로운 차원의 지적 역량이 생겨날 수 있다"라고 맞으름장을 놓는다. 이것은 일종의 논점 일탈의 오류라고 평가할 수 있지만, 단순히 그렇게만 평가하고 지나간다면 우리가 인공지능의 미래에 관하여 생각해야 할 중요한 사항을 놓치게 될 위험이 있다.

이러한 반론 앞에서 우리는 인공지능이 왜 생겨났고 점점 더 높은 수준의 인공지능이 개발되는지, 인공지능의 존재의미를 돌이켜볼 필요가 있다. 인공지능은 우리, 곧 인간 사회가 연구개발하고 있는 테크놀로지의 한 영역이다. 그것은 오늘의 시점에서 최대의 자본과 최고 수준의 유능한 인력들을 소모하고 있는 인간 활동의 영역이기도 하다. 막강한 자

---

21) Ko (2017)을 참고하라.

22) 이것은 환원(주의)에 관한 논의에서 오랫동안 다뤄져온 '창발'의 개념에 상응한다.

본력을 가진 기업들이 그렇게 내달리는 이유는 기업이윤의 전망이라는 관점에서 이해하는 것이 적절할 것이다. 그러나 우리는 특정 기업의 관점에서가 아니라 인간이라는 종의 집합적 관점에서 우리 자신이 인류 공동의 자원을 소모하면서 하고 있는 일의 합리성에 관심을 가지지 않으면 안 된다. 이것은 구글이나 아마존 같은 기업들의 투자일 뿐만 아니라 인류 공동의 투자이기 때문이다. 이러한 사회적 맥락에 관한 논의는 이 논문이 다루는 문제의 가장자리에 걸쳐 있지만, 그렇다고 덜 중요한 것은 결코 아니다. 인공지능 같은 핵심 기술—또는 인공지능이 연루된 수많은 핵심 기술들—은 인류의 중대한 투자이고, 개인의 삶에서도 그렇듯 중요한 투자를 성공으로 귀결시키는 것이 인류의 존속과 번영을 좌우한다.

이처럼 중요한 투자에 참여하는 공동투자자의 일원으로서 우리가 우선적으로 챙겨야 할 것은 이 투자의 최종 목표가 무엇인지를 스스로 분명히 인식하는 일이다. 테크놀로지의 연구개발에 관한 모든 평가와 조정도 그런 목표의 관점에서 이루어질 것이고, 그것이 마땅하다. 그 최종적 목표는 "인간의 지능을 뛰어넘는 인공지능을 만드는 것"도, "인간이 신이 되는 것"도 아니다. 이미 이천 삼백여 년 전 아리스토텔레스가 간명하게 말한 것처럼, 그리고 세계적인 공학단체들의 윤리헌장 제1조가 공통으로 가리키고 있는 것처럼, 그것은 기술을 개발하고 운용하는 우리 자신, 인간의 행복한 삶이다.

기술산품으로서의 인공지능 역시 오로지 인류의 행복한 삶에 기여하는 한에서 존재의미를 획득할 것이다. 그리고 이런 관점에서 볼 때, 우리 같은 인간들이 이해할 수 없는, 그래서 도무지 조절할 수도 없는 역량을 지닌 인공지능은 기술의 존재의미와 부합하지 않는다. 우리가 이해할 수도 조절할 수도 없는 어떤 것이 우리의 삶을 풍요롭고 행복하게 해줄 것으로 생각하는 것은 합리적 사고가 아니라 일종의 종교적 사고다. "초지능이 너희를 삶의 모든 질고에서 구원하리라"라는 메시지를 내세운 종교가 생겨날 수 있을 것이다. 그것은 여느 사이비종교의 메시지와 다름없는 수준의 메시지이지만, 거기에 현혹되는 사람들도 함께 생겨날 것이다.

5. 인공지능의 존재 지위

2016년 전후로 생산된 유럽연합의회의 문건에 나타난 '전자인격'(electronic person)의 개념과 제안이 인공지능이나 인공지능로봇의 존재 지위에 관해서 상당한 논의를 촉발했다. 어떤 이들은 이것이 인공지능이나 인공지능로봇도 마땅히 인격체로 간주해야 한다는 주장에 대한 신뢰할 만한 수준의 공적 정당화에 해당한다고 여기기도 한다. 그러나 이에 관하여 우리는 적어도 두 가지를 분명히 인식할 필요가 있다.

첫째는 이 문제에 관한 '진보 진영'이 의지하는 원래의 문건도 전자인격의 위상을 부여할 만한 인공물의 속성에 관해 상당히 높은 수준의 조건[23]을 상정하고 있다는 사실이다. 다시 말해 전자인격의 지위가 원칙적으로 수용된다 하더라도 그 문턱(threshold)의 구체적인 조건에 관한 치열한 토론이 필요할 수밖에 없다. 둘째는 더 중요한데, 그것은 결국 이 문제가 과학적 진위 판단의 문제가 아니라 사회적 관점으로부터의 평가와 결단에 걸린 문제라는 사실이다. 만일 우리 사회가 특정한 속성을 갖춘

23) "the most sophisticated autonomous robots"(DRAFT REPORT with recommendations to the Commission on Civil Law Rules on Robotics (2015/2103(INL), p. 12). 이후 2017년 2월 발표된 관련 문건 "European Parliament resolution of 16 February 2017 with recommendations to the Commission on Civil Law Rules on Robotics (2015/2103(INL))"도 참조할 것.

인공지능로봇을 그것이 창출한 이윤에 대한 권리를 가지고 그것이 유발한 피해에 대해서는 책임의 의무를 지는 인격체로 인정한다면, 그 이유는 그것이 존재론적 진리에 부합하는 것이어서가 아니라 그렇게 인정하는 것이 사회 전체의 이익에 부합하는 길이기 때문이다.[24)]

테크놀로지는 조물주나 자연이 아니라 우리 인간이 스스로를 위해 만들어온, 그리고 앞으로도 만들어갈 대상이다. 우리는 이런 대상에 대하여 관망자나 분석가의 태도가 아니라 제작자의 관점을 취해야 한다. 허버트 사이먼(Herbert Simon)의 통찰을 응용하여 말하자면, 인공지능이 장착된 로봇시스템 같은 인공물은 인간이 만드는 것이면서도 인간의 내적 환경, 즉 우리의 신체적, 정신적 속성들과 인간 생존의 환경으로서의 세계 사이에서 접속면의 성격을 띤다.[25)] 인공물들은 그런 관계 속에서 인간의 생존과 번영을 제약한다. 이 접속면을 사려 깊게 가꾸고 조절하는 능력이 우리, 즉 인간이라는 종의 성쇠를 좌우할 것이다.

인간은 인공지능, 그리고 그것을 활용한 로봇시스템 같은 인공물의 제작자다. 제작자는 무엇을 어떻게 만들 것인지 고심하고, 그 고심의 결론을 자신의 활동을 통해 실현한다. 인간은 그렇게 제작한 산물에 대하여 그것을 그렇게 만든 자로서의 책임을 진다. 또 공학의 다른 산물들도 그렇지만, 특히 기계학습의 과정을 통해 최초의 속성과 다른 속성들을 획득하게 되는 인공지능의 특성을 고려할 때, 그런 인공물을 관리하고 사용하는 이들에게도 응분의 권한과 책임이 있다. 무엇을 어떻게 만들지

---

24) 유럽의회 내에서 이 문제를 둘러싼 찬반논쟁과 토론이 여전히 진행 중이다.

25) Simon (1996), 1장의 논의 참조. 단, 여기서 사이먼이 말한 접속면(interface)은 인공물과 세계의 접속면이었다. 이 논문에서 논자는 그의 접속면 개념을 원용하면서 '인공물의 설계자-제작자-사용자인 인간과 세계 사이에 놓인 접속면으로서의 인공물'이라는 구도를 설정한다.

뿐만 아니라 만든 것에 어떤 의미, 혹은 지위를 부여할지도 우리가 결정할 사항이다. 이런 결정과 그것에 부수하는 법, 제도, 윤리규범 등은 첨단의 산물을 설계, 제작하는 일부 공학자나 기업의 소관이 아니라 사회적 토론과 합의를 통해 결정하고 실행해야 하는 사안이다.[26] 그러나 결국 사회적 합의에 맡겨야 할 사안이라고 해서 철학이 할 일이 없는 것이 아니다. 오히려 최대한의 합리성을 머금은 합의에 도달할 수 있기 위한 이론적 논구가 필요하다.[27]

인공지능이 동물 신체에 귀속된 것이 아니라는 이유만으로 그것이 지능일 수 없다고 판정하는 것은 '인공지능'이라는 개념어가 이미 그것이 '지능'임을 보여준다고 판정하는 것 못지않게 부적절해 보인다. 둘 다 인공지능이 진정한 지능인가, 또는 적어도 장차 지능이 될 수 있는가 하는 물음에 대한 토론을 원천봉쇄한다는 점에서 그러하다. 그러나 우리는 지능이 본래 동물 신체에 귀속된 능력을 가리키는 개념이라는 점을 여전히 유념할 필요가 있다. 지능은 그것을 가진 주체의 존속과 번영의 성패를 좌우한다. 지능은 둘레세계 즉 외부 환경을 이해하는 능력이고, 이러한 지능의 관념은 그 환경의 한가운데에 놓인 주체의 존재를 요청한다. 이 주체는 우리가 지능이라고 부르는 속성을 활용하여 그것 자체 혹은 자신의 관점에서 세계를 읽고 해석한다.

현행의 인공지능 담론에서 우리는 인공지능과 인간의 지능을 비교하

---

26) 앞에서 언급한 사이먼의 관점에서, 이런 법이나 제도 역시 인공물의 범주에 포섭된다.

27) 2018년 2월 고등과학원(KIAS)에서 열린 토론회 〈인공지능의 도전, 철학의 응전〉에서 인공지능이 도대체 지능인가에 대하여 토론에 참여한 철학자들의 상이한 견해가 충돌했다. 인공지능은 진정한 의미에서 지능조차 아니라는 주장과 지능이 인간을 비롯한 일부 동물에 국한된 것이라는 편협한 생각을 이제는 버려야 한다는 주장이 제시되었다. 토론회에서 이런 견해의 양끝은 각각 이종관과 신상규가 대변하였다. 이종관 (2017), 신상규 (2017) 참조.

면서도 인공지능이 누구의 지능인지, 혹은 무엇의 지능인지 따져 묻지 않고 있는 것처럼 보인다. 그러나 그 물음은 꼭 필요하다. 지능은 무엇인가의, 혹은 누군가의 지능이기 때문이다.[28] 다시 말해, 어디엔가 지능이 현존한다면 거기에는 지능을 가진 존재, 즉 지능적 존재(intelligent being)가 있어야 한다. 그리고 지능은 바로 그 존재의 운명을 좌우한다. 우리가 이제껏 알고 있는 지능은 생명체의 것, 특히 동물의 것이다. 그리고 그것은 뇌를 중심으로 하는 신경체계를 기반으로 구현되는 능력이다. 반면에, 서두에 인용한 보스트롬의 말에서도 드러나듯, 일반적으로 인공지능은 기계에 구현된다.

기계가 보이는 지능적 현상이 진정한 지능의 존재를 의미하는지 우리는 묻고 따질 수 있고, 이 물음 역시 결국엔 개념 사용에 관한 결정의 문제에 귀착할 것이다. 그러나 우리는 그 결정이 충족해야 하는 조건들을 하나씩 찾아냄으로써 그것이 임의적인 결정이 아니라 최대한 객관적인 결정이 되도록 유도할 수 있다. 예컨대, 앞에서 우리는 지능의 존재를 인정하기 위해서는 적어도 그것을 가진, 존속하는 주체가 확보되어야 한다는 것을 확인했다. 자연은 아주 오랜 시간을 들여서 그런 것을 만들어냈다고 생각된다. 진화가 낳은 수많은 종류의 생명체 가운데서도 아주 제한된 일부만이 지능을 가진 주체들이라고 인정된다. 컴퓨터나 로봇이 애초에 그런 주체가 될 수 없도록 만드는 본질적 배제의 이유가 없다 하더라도, 어떤 로봇을 그런 주체로 인정할 수 있기 위해서는 그것이 어떤 분명하고 적극적인 근거에서 자케-드로(Pierre Jaquet-Droz)가 만든 소년[29]이

---

28) 인공지능의 몇 가지 정의에 관한 러셀과 노빅의 분석(러셀 외 2016, 1.1 인공지능이란 무엇인가?)을 참조하라.

29) 18세기의 시계제조업자이면서 뛰어난 기계설계자였던 자케-드로가 1770년 전후로 제작한 자동인형. 스위스 뇌샤텔의 '예술과 역사 박물관'(Musée d'Art et d'Histoire de Neuchâtel)에

나 스마트폰의 게임 애플리케이션에 등장하는 캐릭터와 달리 존속하는 주체인지에 대한 소명이 있어야 할 것이다.

6. 맺는말: 제어가능성의 중요성

이 논문은 상이한 기원과 특성을 지닌 지능 간의 우월성을 저울질하는 문제를 다루었다. "인공지능은 그것의 창조자를 능가할 것인가?"라는 이 논문의 물음은 우열의 비교, 다시 말해 어떤 힘겨루기의 구도를 담고 있다. 문득, "우리는 왜 이처럼 우열의 관점에서 사물들을 비교하는 것일까?"하는 메타적 물음이 떠오른다. 어쩌면 그것은 우리가 가진 일종의 동물적 본능에 기인하는 것인지도 모른다. 보스트롬은 '슈퍼인텔리전스'를 논하지만, 우리 중 누군가는 "그렇다면 다시 그것을 뛰어넘는 울트라슈퍼인텔리전스는?" 같은 물음을 떠올리며 가슴 두근거리는 기대감과 더불어 우리를 압도하는 힘에 대한 두려움이 뒤섞인 감정을 느끼게 될지도 모르겠다. 논자는 그것이 더 강한 존재가 약한 존재를 잡아먹고 지배하는 생존경쟁의 역사가 우리에게 남긴 동물적 습성의 유산이라는 설명이 이에 대한 하나의 그럴듯한 해명이라고 본다.

그런데 이 지점에서 한 가지 분명히 짚어두어야 할 것은, 우월한 존재라고 해서 열등한 존재를 항상 통제할 수 있는 것은 아니라는 사실이다. 『슈퍼인텔리전스』에서 보스트롬의 관심은 초지능으로 인한 파괴적 위험에 있다.[30] 그러나 현실에서 훨씬 더 개연성 높은 위험은 통제가능성의

전시되어 있다.

30) 논문 첫머리에 인용된 부분에서 초지능이 실현된 시대에 인간들이 처할 운명을 오늘날 인간의 처분에 달린 고릴라들의 운명에 견주어 묘사했던 것을 상기하라.

한계에 내재한다. 그런 까닭에 우리는 현실의 맥락에서 인공지능에 관한 논의의 역량을 통제가능성 혹은 제어가능성(controllability)의 문제에 집중할 필요가 있다. 제어가능성의 열쇠는 어디에 있는가?

인류가 최소한 수천 년 전부터 사용해 온 물레방아와 기중기를 생각해 보자. 물레방아는 마을의 어느 아낙이나 장정보다 힘차게 그리고 꾸준히 그 일을 하고 기중기만큼 무거운 돌을 들어 올리는 장사도 없는데도 우리는 물레방아가 곡식을 제분하는 능력에서 인간을 능가했다거나 기중기가 무거운 물건을 들어 올리는 일에서 인간의 능력을 뛰어넘었다고 말하지 않는다. 물레방아나 기중기가 숭배의 대상이 되었던 흔적도 찾기 힘들다. 그런 이유는 무엇일까? 논자의 생각에 그 이유는 두 가지로 분석할 수 있다. 하나는 그것들이 그 자체로 그런 일을 해내는 주체로 이해되는 것이 아니라 자신들이 만든 도구로 인식되었고, 그리하여 그런 것들이 지닌 힘과 하는 일이 인간들 자신이 지닌 힘과 성과의 확장으로 인식되었기 때문이다. 또 한 가지 이유는, 그러한 초인적 작용의 과정이 비록 근대과학의 방식으로는 아니더라도 어떤 합리성의 수준에서 이해되어 있었기 때문이다.[31)]

여기서 우리는 인공지능 체계나 인공지능로봇의 경우에 적용할 만한 가르침을 얻는다. 첫째는 새로운 기술이 어떤 방식으로 신기하고 강력한 것이라 할지라도 그것이 우리가 만들어 사용하는 도구라는 사실을 정확히 인식하는 것이 필요하다는 메시지다. 제어가능성과 더 직접 관련된 둘째 가르침은 기술의 작동 원리에 대한 이해가 제어의 선행 조건이 되리라는 것이다. 우리는 이해하지 못하는 것을 제대로 제어할 수 없기 때

31) 이러한 전(前) 학문적 이해에 대해서는 'Protophysik'에 관한 로렌첸(Paul Lorenzen)과 야니히(Peter Janich) 등의 논의를 참고할 만하다. Janich (1997) 참조.

문이다. 조금 더 응용하여 말하자면, 우리는 제대로 이해할 수 있는 범위에서 기술을 개발하여 활용해야 한다.

『마스터 알고리즘』의 마지막 부분에서 저자 도밍고스는 다음과 같이 말한다. 그리고 그의 말은 인공지능의 위험에 관한 적절한 통찰을 담고 있다. "사람들은 컴퓨터가 너무 똑똑해져서 세상을 지배할 거라고 걱정하지만, 실제로 나타난 문제는 컴퓨터가 [아직] 너무 멍청하고 그런 컴퓨터가 이미 세상을 지배하고 있다는 것이다."[32] 아직 너무 멍청한데도 불구하고 그런 컴퓨터가 이미 세상을 지배하고 있는 것처럼 보인다면, 그 이유는 컴퓨터가 가진 인공지능의 힘에 있는 것이 아니라 그것을 다루는 우리의 역량이나 방식에 문제가 있기 때문이다. 이 논문이 논증한 것처럼 지능의 모든 차원에서 인간 지능의 수준을 뛰어넘었다는 의미의 초지능이 불가능하다고 해도, 우리가 적절히 제어하지 못하는 인공지능 기술로 인해 인간이 마치 인공지능의 지배를 받는 열등한 존재인 것 같은 느낌을 주는 집단적 체험을 하게 되는 일은 충분히 가능하다. 초지능에 관한 토론이 제공하는 중요한 지혜는, 실질적인 문제가 인공지능 그 자체가 얼마나 똑똑하고 강력한가에 있다기보다 우리가 그것을 얼마나 현명한 방식으로 만들고 또 다루는가에 있다는 인식일 것이다.

32) 도밍고스 (2016), p. 456.

14장

인공지능을 활용하는 인지능력 향상의 전망: 인공지능이 인간 인지체계의 일부로 작동할 조건

인공지능 칩을 뇌에 장착함으로써 인간의 인지능력을 향상시킬 수 있을까? 이런 향상이 실현될 수 있으려면 어떤 조건이 충족되어야 하는가? 이 논문은 인공지능이 인간 인지체계의 일부로 작동할 수 있을 조건을 따짐으로써 인공지능을 활용하여 인지능력을 향상하는 일을 전망하는 데 일조하려 한다. 이 일을 위하여 이 논문은 중앙신경체계에 연결되어 생각대로 움직이는 의수의 경우, 뇌에 알파고 칩을 장착하고 바둑을 두는 사람의 경우, 그리고 외국어 통·번역 인공지능을 작동하는 칩을 두개골 안에 이식한 사람의 경우를 차례로 검토한다. 생체공학 의수는 인공지능으로 지능을 직접 보강하는 경우는 아니지만 인공지능으로 인지체계의 작동을 보완하는 실질적 활용의 가능성을 함축하고 있다. 뇌 안에 이식된 알파고 칩에 관한 검토는 모종의 확률이 개입하는 인지능력 향상이 가능하다는 결론에 도달하지만, 그 과정에서 결정과 제어의 주체에

관한 물음을 촉발하고 이로 인해 '인간이 인공지능을 활용한다'는 구조를 재고하게 한다. 통·번역 인공지능의 경우에 대한 검토는 이 기술을 활용할 수 있게 할 특정 방식을 전망하게 하지만, 그 방식은 그 사람의 인지능력 자체를 향상하는 것이 아니다. 인간의 뇌가 언어의 의미를 어떻게 처리하는지 해명되기 전까지는 통·번역 인공지능을 인간 인지체계의 일부로 활용하는 일이 불가능할 것이다.

1. 문제: 인공지능으로 인간의 인지능력을 강화하는 일

인공지능을 작동하는 컴퓨터 칩을 뇌와 연결하는 방식으로 뇌의 기능을 향상시키는 일이 가능할까? 그런 향상이 바람직한지, 그런 기술을 어떤 범위에서 활용하는 것이 옳은지 같은 토론이 있지만,[1] 이러한 규범 논의에 선행되어야 할 것은 이런 향상의 현실성에 관한 검토다. 만일 그것이 현실에서 일어날 수 없는 일이라면 이 일에 관한 가치판단의 취지는 규범에 관한 사고실험의 범위를 벗어나지 않을 것이기 때문이다. 이러한 실현가능성 평가는 공학을 포함하는 경험과학의 기여를 필수요소로 요청하지만, 그런 평가가 실행될 수 있으려면 먼저 평가의 기준을 수립하는 일이 필요하다. 다시 말해 "인공지능을 뇌와 연결하여 인간의 인지능력을 향상하는 일이 실현가능하다고 판정하려면 어떤 조건이 충족되어야 하는가?"라는 물음이 대답되어야 한다. 이 논문은 인공지능이 인간 인지체계의 일부로 작동할 수 있을 조건을 따짐으로써 인공지능을 활

1) Burwell et al. (2017), Liao (2008)을 보라.

용하여 인지능력을 향상하는 일을 전망하는 데 일조하려 한다.

2019년 7월, 일론 머스크는 2020년쯤 '전자두뇌'를 인간의 몸에 적용하게 될 것으로 기대한다고 발표했다.[2] 그는 윌리엄 깁슨의 소설 『뉴로맨서』(1984)에서 묘사된 뇌-컴퓨터 연결 기술의 현실 버전인 뉴럴레이스(neural lace) 기술이 실현될 때에야 비로소 인간이 AI에 지배되지 않고 양자가 공생하는 일이 가능해질 것이라고 주장해왔다.[3] 인간의 지능과 컴퓨터의 기능을 결합하는 일은 과학기술의 미래에 관한 오래된 상상일 뿐만 아니라 흥미로운 논의 주제이며, 머스크가 아니라도 과학기술 영역의 프로젝트로 계속 거론되고 또 시도될 것이다. 그런데 이것은 도대체 실현 가능한 일이기는 한가? 만일 실현 가능하다면, 그런 실현의 방식은 어떠할 것인가? 또 이런 일의 실현을 어렵게 만드는 중요한 장애가 있다면 무엇인가?[4] 이 논문은 이러한 물음들을 따짐으로써 인간지능과 인공지능의 결합이라는 프로젝트의 성공 조건을 탐색한다.

효율적인 논의를 위하여 여기서 논할 문제 상황의 범위를 확인해 둘 필요가 있다. 우리는 이미 인공지능을 다양한 문제에 활용하는 세계에 살고 있으며, 그러한 활용은 구조적으로 인간과 인공지능의 결합 또는 연결이라는 형태를 띤다.[5] 인공지능의 학습과 의사결정 과정에 반드시 인간을 포함시킨다는 최근의 "Human(s) in the loop" 개념 역시 이러한 연

2) 2019년 7월 16일자 *Cnet.com* 기사 (Shankland 2019) 참조. 이 예고는 2022년 8월 현재까지 실현되지 않았을 뿐만 아니라 관련된 로드맵조차 제시되지 않았다.

3) 머스크의 2017년 인터뷰 참조(URL=https://www.youtube.com/watch?v=hQ3wyxDWVcw).

4) 뇌와 인공지능을 결합하는 공학적 시도의 현황에 관해서는 Vassanelli (2011)을 참조하라.

5) 최근 우리 사회에서 자주 거론되는 개념으로 '인간과 인공지능의 협업'이 있다. 그러나 그런 협업이 어떻게 실현될지, 또 어떻게 실현되는 것이 적절할지에 대한 토론은 상대적으로 빈곤하다. 이 '협업'이 실제로 어떤 양상으로 발전할 것인지에 대한 근거 있는 감각을 제공하는 일은 이 논문의 부수효과가 될 것이다.

결을 전제한다. 단, 여기서 '연결'은 인간이 데이터 더미에서 필요한 정보를 추출하거나, 제시된 문제해결 방안들을 평가하거나, 앞으로 벌어질 일을 예측하는 데 컴퓨터를 활용하는 것을 뜻한다. 이것은 인간과 컴퓨터가 각각 독자적인 정보처리체계로 작동하면서 서로 정보를 교환하는 방식으로 연결되는 경우다. 인간 인지체계의 관점에서 볼 때 이 연결은 체계 밖에서 일어나는 것이라는 의미에서, 이런 연결로 이루어지는 결합을 '외적 결합'이라고 부를 수 있다. 반면에 서두에서 언급한 연결은 인공지능을 작동하는 물리적 체계를 인간의 인지체계의 일부분으로 받아들임으로써 인간의 인지체계 자체를 강화하는 연결을 뜻한다. 이러한 연결은 인간 인지체계 내부의 사건이라는 의미에서 '내적 결합'이라고 부를 수 있다.

인간과 컴퓨터 간의 외적 결합은 이미 일상적인 현상이므로, 그것의 실현 가능성을 평가하거나 실현의 조건을 따지는 일은 무의미하다. 반면에 내적 결합의 실현 가능성이나 그런 실현의 조건을 따져보는 것은 의미가 있다. 그런 것은 아직 실현된 바 없으며, 실현될 수 있는지, 실현된다면 어떤 방식으로 실현될 것인지도 불분명하기 때문이다. 이것이 이 논문이 하려는 작업이다.

2. 인간에 인공물의 기능을 결합하는 시도

1990년대 말 미국 국방고등연구기획국(DARPA)은 생물융합 연구를 지원하기 시작했다. 연구의 취지는 군사기술 영역에서 기계 등의 수단을 활용하여 인간을 강화하는 것으로, 말하자면 그것은 트랜스휴머니즘을 실현하는 기획이었다. 비슷한 시기 미국에서는 이와 유사한 연구가 군사

목적 이외의 영역에서도 광범위하게 구상되고 제안되었다.[6] 이런 연구의 핵심은 개별 인간의 신체 단위 이하의 차원에서 인간과 인공시스템을 결합하는 계획이었다. 제이콥슨(A. Jacobsen)[7]에 따르면, DARPA의 이러한 지원을 받아 뇌에 전극을 심은 쥐의 움직임을 외부의 컴퓨터로 조절하는 연구나 번데기 단계에서 반도체를 삽입하여 나방의 발달을 제어하는 연구 등이 진행되었다.

우리는 인간 신체와 인공시스템을 결합하는 기술의 사례를 ―비록 현실이 아닌 영화적 상상의 영역에서지만― 이미 오래전에 감상하였다. 1970년대 TV 시리즈물인 '600만불의 사나이'[8]의 주인공 스티브 오스틴 대령은 사고로 잃은 한 팔과 두 다리, 그리고 한 눈을 인공물로 교체했다. 그렇게 얻은 그의 손과 발은 그의 의지에 따라 작동하고, 고성능 렌즈가 장착된 눈으로 본 것은 그의 정보 내용이 되었다. 그의 기계 부분과 생체 부분이 매끈하게 연결되어 있는 것이다.

'매끈한 연결의 성취'를 어떻게 확인할 수 있나? 이 물음에 관한 시험은 기능주의의 관점에서 지각과 운동의 현상을 고찰하는 방식으로 시행할 수 있다. 기계손이 원래의 손이 그랬던 것과 똑같이 모든 점에서 주체의 의도에 따라 작동하는 경우에 한하여 우리는 연결의 성공을 판정할 것이다. 또 거꾸로, 기계손이 촉각을 통해 그것이 만지는 대상에 관하여 최소한 원래의 손과 마찬가지 수준의 신뢰할 만한 정보를 얻는 통로가 되는 경우에 한하여 그 연결은 매끄럽게 이루어졌다고 볼 수 있다. 최근 의수족 기술의 발달은 이런 매끄러운 연결을 현실로 만듦으로써 사고로 손이나 발을 잃은 사람이 사고 이전처럼 새로운 손과 발을 사용할 수 있도록

6) Roco (2003) 참조.
7) Jacobsen (2015).
8) 미국 TV드라마 시리즈. 원제는 'The Six Million Dollar Man'.

하고 있다.[9] 그렇다면 이런 일은 어디까지 가능할까? 특히, 인간의 정신에 속한 기능을 인간의 신체와 인공시스템을 매끄럽게 연결하는 방식으로 보완하는 일은 가능할까?

이세돌이 알파고와 바둑 시합을 한 2016년 이후 바둑계의 환경에 변화가 생겼다고 한다. 최고 수준의 기사들까지 포함하여 인간이 인공지능에게서 바둑을 배우는 현상이 그것이다.[10] 알파고가 대국에서 사용한 새로운 포석이 모방의 대상이 되는 일은 뉴스거리도 아니다. 커제는 이런 인공지능의 영향 덕분에 기사들의 실력이 상향평준화되는 효과가 생긴 것으로 보인다고 말했다.[11] 다들 뛰어난 선생에게서 배우다 보니 그렇게 되었다는 평가다. 그렇다면 2절의 논의의 연장선 위에서 다음과 같은 상상을 하게 된다. 알파고 제로 같은 인공지능 프로그램을 작동시키는 장치를 두개골 안에 장착하면 누구든 세계 최고 수준의 바둑 실력자가 될 수 있지 않을까?[12]

유사한 상상이 이어지며 확장된다. 적절한 인공지능 장치를 뇌와 연결함으로써 여러 나라의 언어를 듣고 말하고 읽고 쓰는 능력을 가지게 된다거나, 어떤 분야의 전문지식이 담긴 저서들과 최근 10년 간 출간된 주요 학술지 논문들에 담긴 내용을 필요한 대로 술술 말하고 활용할 수 있

---

9) MIT 미디어랩 교수인 허(Hugh Herr)의 TED 강연(Herr 2014; 2018)을 참조하라.

10) 알파고 이후, 종전의 바둑에서 금기시되던 몇 가지 포석이 널리 활용되고 있다. 2019년 3월 9일 중앙일보 기사 "'알파고' 등장 3주년… AI 바둑은 이미 흔한 수법이 됐다" 참조.

11) 2019년 3월 11일 중앙일보 기사 "알파고 충격 3년, 프로 바둑계가 세졌다"에서 인용된 커제의 인터뷰 내용 참조.

12) 만일 그런 일이 가능하고 또 허용된다면, 더 우수한 인공지능 프로그램을 장착한 장치를 가진 사람이 이기는 판국이 될 것이다. 한편 그렇게 해서 강자가 된 기사는 이세돌-알파고 대국에서 이세돌과 바둑판을 사이에 두고 마주 앉아 있었지만 스스로 바둑을 두는 대신 알파고가 지정하는 곳에 바둑돌을 놓는 일을 대신했던 아자황과 자신이 비슷한 존재가 되었다고 느끼게 될 개연성이 크다. 4절의 논의를 보라.

게 된다거나 하는 일이 가능해지지 않을까 하는 식이다. 만일 이런 일들이 가능하다면, 계산이든 언어든 특수한 분야의 지식이든 온갖 종류의 지적 능력을 그런 방식으로 강화한 만물박사가 되는 것 역시 불가능한 일이 아닐 것이다. 사람이 실제로 무슨 까닭으로 그렇게 하려고 할지는 별개의 문제겠지만, 만일 그런 일이 가능하다면 막대한 비용과 위험을 감수하고서라도 스스로 그렇게 해 보려는 사람이나 누군가를 시험 삼아 그렇게 만들어보려는 사람은 많을 것이다. 그런데 이런 일이 실제로 가능할까? 기술에 의하여 그런 일이 실현되기 위해서는 어떤 조건이 충족되어야 할까? 1절에서 확인한 것처럼, 이것이 이 논문의 중심 물음이다.

3. 생체공학 의수의 경우

대뇌와 척수를 포함하는 인간의 중앙신경체계(central nervous system)는 감각 기관을 통해 수집된 정보를 종합하여 세계의 상태와 그 안에서 활동하고 있는 주체의 상태를 파악하고 나아가 '행동'이라는 개념으로 포괄될 반응의 양상을 결정, 명령하는 기관이다. 이 논문은 이런 신경체계의 작용과 인공물의 연결의 전망을 생체공학적(bionic) 의수, 뇌 장착형 알파고, 그리고 뇌 장착형 통·번역[13] 프로그램이라는 세 가지 경우에서 살펴볼 것이다. 세 경우는 각각 뇌와 인공물 간 소통과 결합의 특정한 유형을 보여줄 것이다.

---

13) 개념의 용법상 통역과 번역은 각각 구어와 문어에 적용되는 개념이고 이 논문이 다루는 상황은 주로 구어 차원의 변환이지만, Google Translate나 네이버 파파고 같은 프로그램들이 구어와 문어를 포괄적으로 다루는 점을 고려하면서 두 갈래의 언어 변환을 뭉뚱그려 "통·번역"이라고 쓴다.

첫 번째 고찰 대상인 생체공학적 의수는 중앙신경체계에 연결되어 그것의 제어를 받는다. 이 제어에서는 의수가 대신할 손이나 손가락, 팔, 다리의 근육들을 수축시키고 이완시키는 데 필요한 신경계의 명령이 의수를 제어하는 데 필요한 전기신호로 적절히 대체되도록 하는 것이 관건이다. 이를 위해 해결해야 할 핵심 과제는 의수가 연결되는 부분에서 생체 쪽 신호가 그것에 상응하는 전기신호로 매끄럽게 변환되도록 하는 것이다. 빠르게 발전 중인 의수족 공학은 이러한 과제를 이미 높은 수준의 세련도로 실현하고 있다.[14)]

생체와 인공물이 맞닿는 접속면 양쪽의 신호가 모두 전기 자극과 전달의 성격을 띤다는 점에서 동질성을 지니는 점도 이런 성공에 작용하지만, 의수족 기술이 사용자의 의식에 의한 인공지체 제어의 세련도를 빠르게 높여갈 수 있는 더 중요한 근거는 신경체계에 의한 근섬유의 제어가 단일한 물리량, 혹은 공통된 몇 가지 물리량으로 환산되는 신호에 의하여 이루어진다는 사실에 있다. 손목 부위에서 손목 위쪽과 손을 연결하는 접속부의 신경 연결이 N 가닥의 신경섬유(nerve fibers)로 이루어져 있다고 해 보자. 똑같은 한 쌍의 손목-손 연결이 있다고 가정할 경우, N 가닥의 신경섬유에 주어지는 전기적 자극이 동일하다면 두 개의 손은 손가락의 미세한 동작까지 포함하여 정확히 동일한 방식으로 움직일 것이다.

이런 관계를 고려할 때, 생체공학 의수 기술의 관건은 생체 손과 최대한 비슷한 방식으로 부드럽게 작동할 수 있는 기계손을 구현하고 신경전달을 매개로 뇌의 명령에 따르는 그것의 작동이 생체 손의 동작을 고스란히 재현할 수 있도록 하는 일이다. 그리고 이는 여러 차례의 통제된 시

---

14) Jee (2020) 참조. 이밖에도 *MIT Technology Review*에서 'prosthetics'라는 표제어로 검색되는 기사를 참조하라.

험을 활용하는 귀납적 방법을 통해 가능한 일이다. 이런 의수는 인간의 뇌와 인공물을 연결하는 사례인 동시에 신경생리학과 전기공학 등을 활용하여 신체 기능을 보완하는 사례인 반면, 일견 인공지능으로 인지체계의 기능을 보완하거나 증강하는 일과는 거리가 있어 보인다.

그러나 이 기술은 인공지능의 활용과 무관하지 않다. 뇌 기능의 쇠퇴나 이상으로 인하여 신체 제어 기능이 약화된 사람에게는 뇌의 미세한 신호를 증폭하거나 인공지체를 제어하는 신호에서 손의 불필요한 떨림 같은 잡음(noise)을 제거하는 보완이 필요할 것이고, 이런 일에 인공지능 기술이 활용될 것이기 때문이다. 인공지능의 적용은 뇌가 지체의 운동을 제어하는 원심(outbound) 방향에만 국한되지 않는다. 그것은 예를 들어 인공 손가락의 감각을 뇌에 전달하는 구심(inbound) 방향에도 적용됨으로써 인공 수족으로 생활하는 사람의 지각 체계를 보완할 것이다. 야심찬 트랜스휴머니스트는 뒤에서 검토할 한층 더 적극적인 인지 강화에 마음이 끌리겠지만, 과학의 눈으로 현실을 바라본다면 이런 생체공학 의수족이야말로 인공지능 기술이 인간의 인지체계에 접목되어 활용될 가장 중요한 영역일 것이다.

4. 뇌 장착형 알파고 칩의 경우

이번에는 알파고를 뇌에 장착한 기사(棋士)의 경우를 생각해보자. 뇌와 알파고 프로그램이 적절히 정보를 교환할 수 있다면, 그런 기사는 앞에서 언급한 것처럼 인공지능 기술로 증강된 인지체계의 힘을 보여줄 수 있을 것이다. 이러한 인지능력 증강의 경우를 살펴보기 위해, 뇌 안에 알파고 프로그램을 작동시키는 초소형 컴퓨터를 장착했다고 가정해보자.

우리는 이 컴퓨터가 뇌와 어떻게 정보를 교환할 수 있을지, 심지어 그것이 원리적으로 가능한지도 따져보아야 할 것이다. 그러나 그 일을 잠시 보류하고, 일단 그런 정보 교환이 가능하다고 가정하자. 즉, 여기서 뇌에 내장된 알파고 칩은 초소형 컴퓨터의 역할을 하고, 그것이 바둑 게임의 현재 상황에서 다음 돌을 어디에 두는 것이 승리의 확률을 최대로 만드는지를 계산하여 기사로 하여금 그 수를 두게 한다.

① 바둑판과 그 위에 놓인 바둑돌들을 보는 시각경험 – ② 바둑판 위 바둑돌들의 위치에 대한 정보가 뇌에 전달됨 – ③ 그 정보가 알파고 칩에 전달됨 – ④ 알파고 칩이 이 정보를 토대로 최선의 수를 계산함 – ⑤ 알파고 칩의 계산 결과에 대한 정보가 뇌에서 게임에 관한 판단을 내리는 부분에 전달됨 – ⑥ 이 정보가 바둑돌을 놓는 손의 운동을 조절하는 뇌 부위에 전달됨 – ⑦ 팔과 손의 근육이 제어되어 해당 위치에 바둑돌이 놓임[15)]

이 일이 실현되기 위해 제일 먼저 확보되어야 할 조건은 바둑판의 상황에 대한 정보가 뇌에, 그리고 뇌 안에 심어진 알파고 칩에 전달되는 것이다. 이것은 기사의 시각체계가 담당하는 일이다. 그 과정은 구체적으로 어떻게 진행되나? 가로세로 열아홉 줄씩으로 이루어진 바둑판과 주어진 시각에 그 위에 놓여 있는 바둑돌들의 위치가 2차원 영상 이미지로 알파고에 전달되고, 알파고가 그 이미지를 처리하여 바둑돌들의 정확한 위치를 계산하고, 그로부터 최선의 수에 해당하는 위치를 계산한다고 해

15) 『캠벨 생명과학』(Campbell 2015), 49장 참조.

보자.

이런 과정은, 앞에 서술된 각 단계가 실현된다고 가정할 경우, 알파고가 결정한 위치에 바둑돌이 놓이기 위한 충분조건인가? 아니면 알파고가 결정한 위치에 바둑돌이 놓이는 이러한 과정이 그 취지대로 실현될 수 있기 위하여 추가되어야 할 조건이 있는가? 그런 조건이 있다. 그것은 결정 경로의 단일성, 아니면 적어도 통일된 위계를 확보하는 일이다. 이 조건은 위의 경로에서 ⑤가 생략되고 알파고가 계산한 결과가 곧장 운동 조절을 담당하는 부위에 전달되어 근육을 제어하도록 할 경우 어렵잖게 충족될 수 있다. 말하자면, 그것은 알파고가 바둑돌을 잡는 손의 운동 양상을 직접 결정하는 경우다.

반면에 사람 손이 바둑을 두기 위해서만 존재하는 것은 아니라는 점을 고려하면, 생체적 신경체계에서 손의 운동을 제어하는 부분이 알파고와 별개로 작동하고 있으리라는 것을 짐작할 수 있다. 그렇기 때문에 기사는 바둑을 두는 중에라도 한 손으로 턱을 괴거나 양손을 깍지 끼는 등 바둑돌 놓는 일과 무관한 손동작을 할 수 있다. 문제는 손 제어의 이러한 경로와 알파고의 결정이 처리되는 경로의 관계다. 알파고 칩이 한 사람(기사)의 인지체계의 일부분으로 내장된 경우라면, 두 경로는 단일한 내용의 명령, 또는 적어도 서로 일관성 있게 조화되는 내용의 명령을 산출할 것이다. 또한 그러해야만 한다.

알파고가 손의 운동을 직접 제어하는 경우와 그렇지 않은 경우를 나누어 생각해보자. 먼저, 알파고가 손의 운동을 직접 제어하는 경우는 앞의 도식에서 ⑤의 단계 없이 ④에서 ⑥으로 진행하는 것에 해당한다. 그런데 알파고를 통한 인지능력 증강의 현실이 이렇게 진행된다고 보는 데는 두 가지 문제가 있다. 하나는 이 경우 바둑을 두는 사람이 바둑 게임의 진행 과정에서 알파고의 지배를 받는 것처럼 보인다는 것이다. 사람이 기계의 지배를 받을 가능성에 분개한다는 말이 아니다. 이런 관계가 문제가 되는 것으로 보이는 이유는 두 가지다.

하나는 이런 경우와 아닌 경우 간의 구별, 그리고 둘 사이의 매끄러운 전이가 어떻게 가능할 것인가 하는 물음을 통해 제기된다. 다른 하나는 이것이 직관적으로 바둑을 두는 주체와 그가 바둑을 더 잘 두기 위해 활용하는 기술산품 간의 권력 관계를 전복시킨다는 점이다. 알파고와 이세돌의 대국에서 아자황이 알파고 대신 돌을 놓던 것과 마찬가지로 알파고가 결정한 곳에 자동적으로 돌이 놓이게 되는 구조의 신경체계라면, 그것은 인간이 알파고를 활용하여 인지능력을 증강하는 경우가 아니라 알파고가 인간의 시각 체계와 팔 근육을 활용하는 경우라고 해야 할 것이다.

이번에는 '그렇지 않은' 경우에 대해 생각해보자. 즉, 알파고가 직접 근육을 제어하는 것이 아니라 알파고에서 도출된 결론이 대뇌피질에 전달되고 대뇌피질에서 종합된 판단에 따라 팔 근육을 제어하는 신경명령이 발생한다고 해 보자. 사태가 이렇게 진행된다면, 앞에서 본 전복은 발생하지 않는다. 이 경우 바둑을 두는 주체는 사람이고, 알파고는 특수한 영역의 문제에 관하여 의지할 만한 의견을 제시하여 주체의 인지능력을 보완하고 증강하는 뇌내 기관의 지위를 갖는다고 해석할 수 있다.

그러나 이 선택에도 까다로운 문제가 숨어 있다. 그것은, 간단히 말하자면, 알파고가 도출한 결정의 우선성을 어떻게 현실에 반영할 것인가 하는 물음이다. 예컨대, 방금 단수에 몰렸고 돌을 잇는 것이 기사 자신을 포함하여 거의 모든 사람에게 당연해 보이는 상황이라고 해 보자. 이런 상황에서 만일 알파고가 그곳의 돌을 잇는 대신 엉뚱해 보이는 다른 곳을 다음 착점으로 계산했다면, 기사는 어느 곳에 돌을 놓게 될까? 이 물음 자체에 답하는 일도 까다롭지만, 위에서 "까다로운 문제"라고 한 이유는 이 상황에서 다음 돌 놓을 곳을 결정해야 하는 기사 자신이 양립불가능한 두 결정 가운데 어느 것이 알파고의 결정이고 어느 편이 알파고에 의지하지 않은 결정인지 판별하기 어려우리라는 데 있다. 기사는 자신의 뇌가 결과적으로 도달한 결론을 인지하겠지만, 그런 결정이 이루어지는 과정에서 뇌의 어떤 부분이 어떤 기여를 했는지는 스스로 인식할 수 없기 때문이다.

이러한 어려움을 타개하려는 시도는 가능하지만, 그런 시도들은 일종의 딜레마에 봉착한다. 먼저, 이 상황에서 알파고 결정의 우선성을 실현하기 위하여 알파고의 결정이 일반 신경전달 신호와 차별되는 한층 강력한 신호로 대뇌피질에 전달되도록 할 수 있다. 그러나 만일 바둑에 관한 기사의 판단에 이러한 방식이 일관성 있게 적용된다면, 그것은 인간이 알파고를 활용하여 바둑 지능을 증강하는 경우가 아니라 알파고가 기사의 눈과 손을 이용하여 바둑을 두는 경우에 해당할 것이다.

한편, 이와 달리 앞의 해법과 같은 비대칭성을 만들지 않고 원칙적으로 대등한 위상을 지닌 수(手) 판단의 후보들 가운데 바둑판에 실현될 수가 대뇌피질에서 결정되도록 할 수 있다. 이렇게 할 경우, 대뇌피질에서 어느 수가 다음 착점으로 결정될 것인지는 대뇌피질의 신경체계의 특성에 따라 달라질 수 있는 경험적 차원의 문제가 된다. 이 경우 뇌가 어떤 방식으로 다음 수를 결정할지는 더 발달된 신경과학의 성과에 의지하여 답할 수 있을 물음이 될 것이다. 다만, 현재 서술된 상황에서, 각각 알파고 칩과 그것을 제외한 생체 뇌 부분에서 산출된 두 제안 가운데 한 편에 '알파고 추천'이라는 표지를 달 방안은 없어 보인다. 어떤 이는 위에 서술한 상황에서 기사가 자신의 머릿속에 누구나 택할 만한 수와 개연성이 희박해 보이는 수가 경쟁하는 것을 감지한 경우 일종의 메타 평가를 통해 후자가 알파고의 추천이라고 추정할 만한 귀납적 이유가 있다고 말할지도 모르겠다. 그럴듯한 생각이지만, 그러한 메타 평가가 일반적으로 가능하리라는 기대에는 별도의 정당화가 필요하다.

결국, 채택 가능한 복수의 안이 후보로 떠올랐을 경우 그중 어느 것이 뇌의 생체 부분이 생각한 안이고 어느 것이 알파고의 제안인지는 구별할 수 없을 것으로 보인다. 따라서 우리는 알파고가 제안한 '필승의 수' 대신 생체 뇌 부분에서 산출된 제안을 좇아 다른 수를 선택할 수도 있다. 그러나, 만일 알파고의 제안이 생체 뇌의 제안보다 실제로 더 나은 것이라면, 알파고를 뇌에 장착한 기사의 승리 확률은 알파고를 장착하지 않은 경우에 비하여 높아질 것이다. 자신이 결국 떠올린 수가 알파고 칩의 계산 결과인지 아니면 자기 뇌가 제시하는 안인지 구별하지 못하면서도 기사는 바둑을 둘 수 있다. 그리고 아마도 이것이 알파고 칩을 머리에 이식하여 수 계산에 활용하는 사람에게서 기대할 수 있는 인지능력 향상의 현실적인 양상일 것이다.

5. 통·번역 인공지능 칩을 뇌에 장착하는 경우

이제 뇌-인공지능 연결의 세 번째 유형으로 통·번역 인공지능을 작동하는 컴퓨터 칩을 두개골 안에 이식한 사람의 경우를 생각해보자. 인공지능의 번역 수준은 대상 언어에 따라서는 웬만한 외국어 능통자의 능력과 비견할 만하게 되었고 그 성능은 계속 향상되고 있는데, 이런 인공지능 번역기를 문자 그대로 머릿속에서 작동시키는 경우라고 생각하면 되겠다. 이것은 인간의 정신이 지닌 특유의 능력이면서 고도의 인지 역량이라고 간주되는 언어 능력과 관련하여 뇌와 인공지능의 결합을 통해 인지능력을 증강하는 경우라는 점에서 이 논문이 다루는 문제의 핵심부에 상응하는 사례이다.

그런데 구글의 번역 프로그램이나 파파고 같은 번역 인공지능을 인간 인지체계의 일부로 통합하는 일에는 앞서 논의한 경우들에서는 부각되지 않았던 중요한 난관이 있다. 통역이나 번역은 한 언어로 된 신호를 그 의미를 보존하면서 다른 언어의 신호로 바꾸는 일인데, 통·번역의 핵심 조건인 의미 보존의 실현을 어떻게 보장할 것인지가 문제다. 특히 언어를 통한 의사소통에서 의미가 맥락의 영향을 받는다는 것이 어려움의 중요한 원천이다. 즉 핵심 문제는 인공물(통·번역칩)과 생체 뇌 사이의 신호 교환 과정에서 발화 상황의 구체적 맥락 속에 놓인 언어표현의 의미를 어떻게 손실이나 왜곡 없이 보존할 것인가이다. 이제 논문의 후반부에서는 이 문제의 성격과 해결의 조건을 살펴보는 일에 주력할 것이다.

통·번역 마이크로프로세서 칩을 장착한 사람에게 어떤 언어 능력을 기대할 것인가에 따라 뇌-인공지능 결합의 유형은 두 가지로 나뉠 것이다. 하나는 통·번역 칩이 외국어 이해만을 담당하는 경우로, 이 경우에 입력된 말소리나 문자 자극에 대한 반응은 그 사람의 모국어로 이루어질 것이다. 한편 다른 경우는 통·번역칩이 외국어 이해를 유도할 뿐만 아니라 한 걸음 더 나아가 그에 대한 반응을 다시 입력 자극에 해당하는 외국어의 표현으로 변환하여 출력하는 경우다. 후자는 외국어에서 모국어로, 그리고 다시 모국어에서 외국어로, 두 차례의 언어 변환을 거친다는 점에서 복잡성과 비용이 전자보다 일층 커지겠지만, 만일 전자가 가능하다면 불가능할 이유는 없어 보인다.

그런데 후자의 구조는 중국어 방 논증에 서술된 상황을 상기시킨다.[16] 단, 썰(J. R. Searle)은 기능주의 비판을 위한 사고실험이라는 취지의 관점에

16) 중국어 방 논증에 관해서는 Cole (2020)을 참조. 이 논문이 상정하는 구조는 인공지능으로 작동하는 중국어 방이 언어사용자의 두개골 안에 장착된 구조라고 할 수 있다.

서 중국어 방이 중국어에 능통한 사람과 대등한 존재처럼 보일 수 있음을 가정했던 반면, 인지 향상의 현실을 전망하려는 이 논문은 그런 평가를 일단 유보한다. 만일 이런 칩이 장착되고 그 취지대로 활용된다면, 그 사람은 해당 외국어를 능숙하게 구사하는 사람처럼 보일 것이다. 그러나 "만일 …된다면"이라는 가정의 제약이 있음을 잊으면 안 된다. 이러한 가정이 실현되려면 어떤 조건이 충족되어야 하는가? 이 물음을 따져보아야 한다.

먼저 기본적인 제약 두 가지를 꼽아보자. 첫째, 통·번역 칩은 두 언어에서 상응하는 표현 간의 대응관계를 충분히 정확하게 연결해야 한다. 외국어로 입력된 소리를 한국어로 옮기기는 해도 원래 외국어 표현의 의미와 맞지 않는 한국어 표현을 출력하는 장치라면 앞에 서술된 취지의 통·번역 칩은 아니겠기 때문이다. 앞에서 말한 '충분히 정확한 연결'은 명료한 분석적 개념이라기보다는 실용적 개념이고, 그 성취 여부나 정도는 상황의 맥락 속에서 결정될 것이다.[17] 통역이나 번역은 두 언어에 속하는 표현들 간의 매핑 작업이다. 이 매핑은 낱말 대 낱말로 이루어질 수도 있고 문장 단위로 이루어질 수도 있고, 낱말이나 문장 같은 문법적 단위가 아닌 다른 어떤 의미 단위로 이루어질 수도 있다.[18] 그러나 어떤 경우든, 그것은 한 언어로 구현된 표현에 그것과 의미가 같은 다른 언어의 표현을 대응시키는 활동이다.

그런데 문제는 이러한 매핑이 재현하려는 대응 관계 자체가 불명료하

---

17) 그러나 이러한 맥락의존성이 임의성을 의미하는 것은 아니다. 맥락이 주어지면 대응관계의 성패는 대체로 명료하게 드러난다.

18) 이와 관련한 두 가지 참고사항: ① 다양한 문법적 요소가 생략되곤 하는 구어(口語)에서 문장이라는 단위의 종지(終止)는 일반적으로 명료하지 않다. ② 원래 언어표현의 두어 문장을 합쳐서 한 문장으로 통역, 번역하는 것이 적적할 때도 있고, 거꾸로 원래 한 문장으로 표현된 것을 두어 문장으로 풀어 통역, 번역하는 것이 적절할 때도 있다.

고 유동적이라는 점이다. 한 낱말에 대응시킬 수 있는 여러 번역어가 있는 경우는 물론이고, 낱말이 같아도 맥락상 상이하게 번역되어야만 할 경우를 흔히 만난다. 콰인의 원초적 번역의 미결정성 논제는 이러한 불확정성에 대한 고전적 논의에 해당한다. 1970년대 이후 발달한 인지의미론(cognitive semantics)도 일대일 매핑의 전망을 흐리는 설득력 있는 근거를 제시한다. 인지의미론에 따르면, 개념은 신체화된 경험을 토대로 형성되며, 그렇기 때문에 객관주의적-진리조건적 의미론은 언어의 현실을 포착하지 못한다.[19] 동일한 기호로 표현되는 개념일지라도 다른 신체에서 이루어지는 다른 경험의 역사와 결부되면서 미묘한 차이가 생성되고 누적된다. 언어를 통한 우리의 소통은 이런 차이에도 불구하고 대개 상당한 성공을 거두지만, 이러한 성공이 보장되는 것은 아니고, 성공의 근거도 아직 불투명하다. 그리고 그것이 불투명한 한, 상이한 집단적 경험의 역사 위에서 성립한, 두 가지 상이한 언어의 표현을 일대일로 연결하는 대응관계를 설정하는 일은 뚜렷한 한계를 지닌다.

유능한 통역자도 자기가 들은 말을 발언자가 어떤 뜻으로 했는지 명확히 알기 어려워서 어떻게 통역할지 막막한 상황을 만날 수 있다. 그런 상황에서 통역자는 그 말의 의미를 맥락 속에서 추정함으로써 적절한 통역을 결정할 것이다. "빨간색 우산이요."라는 말은 맥락에 따라 빨간색 우산을 건네 달라는 뜻일 수도 있고, 자기가 찾는 사람이 (앞에 있는 사람들 중에) 빨간 우산을 든 사람이라는 뜻일 수도 있다. 첫 번째 경우에 저 말을 영어로 "It is a red umbrella."라고 통역한다면 적절하다 할 수 없을 것이다. 어려움이 있다고 통역이 불가능한 것은 아니지만, 현실에서 진행되

19) 인지의미론의 관점에서 볼 때, 낱말들은 명확히 정의된 의미 덩어리가 아니라 방대한 규모의 지식 창고에 접속되는 접근점의 기능을 할 뿐이다. Evans & Green (2006), 특히 163쪽 이하 참조.

는 의사소통의 맥락에서 엉뚱한 오역의 위험은 완전히 제거되지 않는다. 유능한 통역자라면 그런 오역의 폭과 확률이 작을 것이다. 그는 자신이 통역하는 문자열의 속성과 더불어 대화가 진행되는 맥락을 파악하고 있을 것이기 때문이다.

둘째로, 통·번역 칩은 입력된 외국어 기호에 담긴 내용을 사용자의 뇌가 이해할 수 있는 방식으로 변환하여 전달해야 한다. 이것이 중국어 방 안의 사람과 통·번역 칩을 장착한 사람의 차이다. 전자는 입력된 기호의 의미를 인식하지 못하겠지만, 통·번역 칩은 그것을 장착한 사람의 인지체계에서 그런 의미의 이해를 촉발할 수 있지 않으면 안 된다. 중국어 방을 고스란히 두개골 안으로 옮겨오는 일은, 적어도 이론적으로, 가능할 것이다. 그것이 이 논문이 검토하는 통·번역 칩의 경우와 다른 점은 입력되고 처리되는 언어 기호의 내용이 뇌의 신경체계에서 처리되는지의 여부다.[20)]

앞에서 언급한 맥락의 문제의 일면을 1972년 테리 위노그래드(T. Winograd)가 제시한 다음과 같은 예에서 살펴보자.

[1] "The city councilmen refused the demonstrators a permit because they feared violence."

[2] "The city councilmen refused the demonstrators a permit because they advocated violence."[21)]

---

20) 만일 중국어를 전혀 알지 못하는 사람의 두개골 안쪽 일부 공간을 활용하여 중국어 방에 해당하는 장치를 하고 출력을 발성기관에 연결하여 입력된 중국어 자극에 따라 적절한 반응에 해당하는 중국어를 말하도록 한다면, 그는 중국어 사용자와 어려움 없이 의사소통을 하는 것처럼 보일 것이다. 그러나 그 사람은 자기가 듣는 말과 자기 입에서 나오는 말이 무슨 뜻인지 알지 못한다. 그런 경우를 인공지능 칩을 통한 인지능력의 향상이라고 평가할 수는 없다. 이 글 7절 참조.

두 문장은 밑줄 친 'they' 다음의 동사만 빼고 똑같다. 그러나 [1]에서 'they'는 문맥상 시의회 의원들(city councilmen)을 지칭하는 대명사인 반면, [2]에서 'they'는 시위군중(demonstrators)을 가리킨다고 보는 것이 옳다. 문제는 이러한 관계를 파악하기 위해서는 문장 전체의 의미를 이해해야 한다는 것이다. 그리고 이 문장들의 의미를 이해한다는 것은 시의회 의원들과 시위군중이 포함된 상황을 상정하고 거기서 모종의 요구에 대한 허가 여부가 고려되는 상황과 더불어 가능한 폭력의 발생이 연루된 상황 전개를 생각할 수 있는 능력을 요구하는 일이다. 달리 말하자면 그것은 문맥을 읽는 능력, 주어진 기호의 의미를 문맥 속에서 파악하는 능력이다.[22] 인공지능 통·번역 칩이 이런 능력을 발휘할 수 있을까? 이 물음에 답하는 것은 이 논문의 범위를 넘어서는 일이다. 그것은 논리와 개념에 관한 논의만으로 답할 수 없고 경험의 차원을 요청하는 물음이기 때문이다. 현재 시점에서 가능한 평가는, 주어진 문장이 발화되는 상황을 상정하면서 그러한 문장이 서술하는 상황에 자신을 가져다 놓을 수 있는 반사실적 가정의 역량을 가진 인지주체라면 이 문제를 해결할 수 있으리라는 것 정도다. 반면에 인공지능이 그러한 가정적 사고의 역량을 발휘할 수 있을지는 열린 문제다.

6. 통·번역 칩을 활용하는 두 가지 방식

페터 빅셀(Peter Bichsel)의 단편 〈책상은 책상이다〉에 등장하는 남자는

21) Winograd (1972). 이에 덧붙여 Winograd & Flores (1986), 특히 9장을 참조하라.

22) 이 문제에 대한 위노그래드 자신의 사후 평가는 Gams et al. (1997)에 실린 위노그래드의 서문을 참조하라.

어느 날 침대를 사진, 책상은 양탄자, 의자는 시계라고 부르기 시작한다. 그는 신문을 침대라고, 거울은 의자라고, 시계는 사진첩이라고, 옷장은 신문이라 부르고, 양탄자를 옷장이라고, 사진을 책상이라고, 그리고 사진첩을 거울이라고 부른다. 이런 그가 "사진 옆 양탄자 위에 놓인 책상을 좀 가져다 줘."라고 말하는 경우를 생각해 보자.

우리는 그의 이런 말을 듣고도 이해하지 못할 것이다. 뒤죽박죽이 된 그의 말을 우리가 그의 방식으로 이해하지 못하는 것은 이상한 일이 아니다. 그런데 유의할 것은 그의 머릿속에서 진행되었을 문장 구성 과정에서 "양-탄-자"라는 음성기호로 표현된 것은 책상을 향한 그의 생각이고 "책-상"이라는 음성기호로 구현된 것은 사진을 지시하는 생각이었으리라는 점이다. 남자가 그렇게 말할 때 그 문장은 그의 마음에 전혀 이상한 문장이 아니었다. 오히려 "침대 옆 책상 위에 놓인 사진을 좀 가져다 줘."라는 문장이 그에게는 의미가 통하지 않는 우스꽝스러운 문장일 것이다.

인공지능 통·번역 칩은 이것을 어떻게 처리할까? "사진 옆의 양탄자 위에 놓인 책상을 좀 가져다 줘."라는 이 남자의 말[23)]을 듣는 사람의 머리에 장착된 한-영 인공지능 통·번역 장치는 —"Please get me the picture lying on the desk beside the bed."가 아니라— "Please get me the desk lying on the carpet beside the picture."를 출력할 것이다. 이런 이상한 남자의 이상한 문장을 처리하기 곤란하리라는 이유로 통·번역 칩의 전망을 폄하하려는 것이 아니다. 다만, 이런 상상 덕분에 우리는 통·번역 칩을 통해 번역되는 대상이 무엇인가 하는 물음을 의식하게 된다.

인공지능 통·번역 칩이 처리하는 대상은 '야-ㅇ-타-ㄴ-자'라는 소리

---

23) 독일어 원문인 원작에서와 달리, 이 남자가 한국어로 말했다고 가정하자.

인가 아니면 소통 주체가 그런 소리를 통해 전달하고자 하는 내용, 즉 그 표현에 실린 뜻인가? 이 물음 덕분에 우리는 인공지능 통·번역 칩이 중요한 차이를 가진 두 가지 상이한 방식으로 구현될 수 있다는 사실을 의식하게 된다. 앞의 물음에 대하여 전자와 후자가 모두 나름으로 정당한 대답의 자격을 지니기 때문이다. 그 한 가지 방식은 칩이 청각기관과 뇌 사이에서 소리 신호를 변환, 전달하는 장치로 작동하는 방식이고, 다른 하나는 칩이 뇌의 신경체계 안에 삽입되어 해당 체계의 일부로 작동하는 방식이다. 두 방식을 다음과 같은 그림으로 묘사해 볼 수 있다.

먼저 〈그림 1〉에 나타난 '소리 변환 방식'부터 이야기해보자. 거기서 인공지능 통·번역 칩은 외부에서 입력된 소리를 처리하여 칩을 장착한 사람의 청각 체계[24]에 그 사람의 모국어로 된 소리 신호를 전달하는 기능을 한다. 이런 경우 통·번역 칩의 성패는 한 언어의 소리 신호를 다른 언어의 소리 신호로 변환하는 일이 어느 정도로 만족스럽게 실행되는가

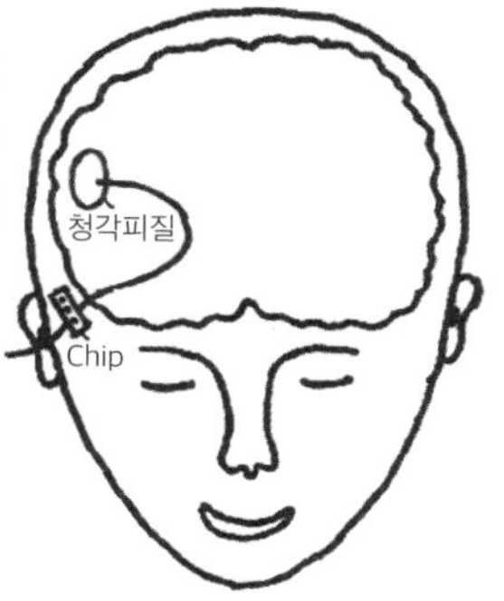

〈그림 1〉 소리 변환 방식

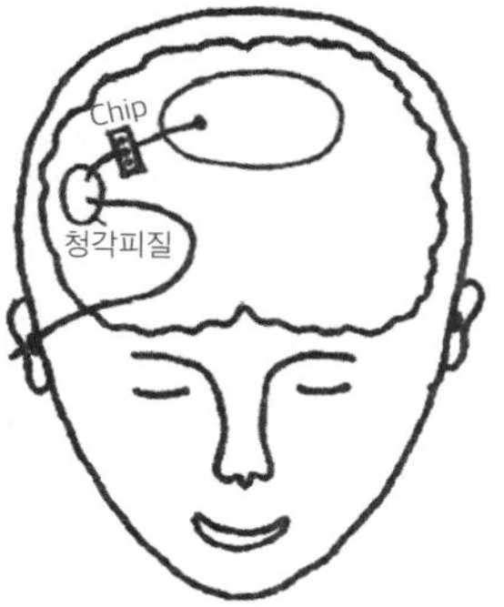

〈그림 2〉 의미 변환 방식

---

24) 듣는 지각의 경로와 메커니즘에 대해서는 상세한 지식이 누적되어 있다. 사람의 듣는 지각은 달팽이관의 섬모가 수용하는 자극에서 출발하여 종국적으로 측두엽의 청각피질(auditory cortex)에서 처리된다. Gazzaniga et al. (2014), 5장 참조.

에 달려 있다. 그런데 이미 훌륭한 수준의 음성 인식 기술과 인공지능 번역기가 개발되어 있는데다가, 그 수준은 점점 더 향상될 것이다. 수준 높은 번역기라고 해서 해당 언어를 모국어와 같은 수준으로 구사하는 사람—이른바 "바이링구얼(bilingual)"—의 번역 수준을 실행할 수 있을지는 분명하지 않지만, 현재 통용되는 기술만 고려해도 고객을 상당히 만족시킬 수준의 통·번역 칩이 작동할 수 있을 것이다. 그러나 분명히 해 둘 사항이 있다. 이 칩은 논문의 서두에 언급된 '뇌 장착 칩'이 아니라는 사실이다.

결과의 차원에서, 그것은 '인공지능 기술을 활용하는 인지능력 향상'에 해당한다. 그리고 인공지능 장치를 활용하여 인간 능력을 향상시키는 기술은 —뇌의 신경체계에 직접 개입하는 방식보다— 이러한 외부 장착(augmentation) 방식을 위주로 발전해 갈 것이다.[25] 그러나 그것은 사용자의 인지체계가 새로운 외국어 이해 능력을 가지게 되는 질적 향상을 이루는 경우가 아니다. 소리 변환 방식의 핀란드어 칩을 장착한 사람에게 핀란드어를 할 줄 아느냐고 물으면 그는 "할 줄 모르지요. 하지만 이 칩 덕분에 핀란드 사람과도 너끈히 소통할 수 있습니다."라고 답할 것이다.[26]

자신의 핀란드어 능력에 대한 사용자의 이러한 평가가 구식 관점과 결부된 관습의 문제이고, 그 사람은 칩을 장착한 시점에 이미 핀란드어를 이해하는 사람이 된 것으로 보아야 한다고 주장할 사람도 있을지 모른

25) 이것이 바람직한 기술 발전의 방향이기도 하다. 그러나 이런 가치판단의 문제는 다른 글을 통해 다뤄야 할 주제다.

26) 물론 이 칩이 제공하는 것은 핀란드어 표현을 이해하는 일일 뿐 사용자의 생각을 핀란드어로 표현하는 일은 별개의 과제이므로 현재 상황에서 "너끈히 소통"이라는 서술은 부풀려진 평가다.

다. 그러나 이것은 단순히 관습의 문제가 아니다. 〈그림 1〉의 경우는 칩 사용자가 자신의 외국어 능력을 향상시키는 대신 유능한 통역자를 동반하고 다니는 상황에 해당한다. 이 칩은 두피 안쪽 또는 두개골 내부에 장착할 수도 있지만, 그것을 보청기처럼 귀에 걸거나 피어싱으로 귓바퀴에 고정해도 기능의 차이는 생기지 않는다.[27] 모든 기능에서 동일한 두 칩을 한 사람은 두피와 두개골이 만나는 지점에 장착하고 다른 사람은 그가 늘 달고 다니는 피어싱 귀걸이에 장착했다고 가정할 때, 장착 방식에 따라 두 사람의 외국어 능력에 관한 평가가 달라진다면 불합리한 일일 것이다. 사실상 그것은 우리가 생소한 외국어가 사용되는 상황에서 스마트폰의 번역기를 켜서 활용하는 것과 다르지 않다.

이 방식과 〈그림 2〉에 나타난 '의미 변환 방식'의 핵심적인 차이는 후자에 없는 디코딩(decoding) 접속면이 전자에 있다는 것이다. 여기서 '디코딩'은 —특정 기호 체계의 규칙에 따라 구성된— 신호에서 그 안에 담긴 내용을 추출하는 과정을 뜻한다. 바로 인공지능 칩 형태의 통·번역기와 사용자의 인지체계 사이에 위치한 접속면이다. 사용자는 통·번역기가 변환한 신호를 특정한 소리 신호의 형태로 듣고, 그 의미를 이해해야 한다. 다시 말해 해당 신호를 처리하여 그 안에 담긴 의미를 올바르게 건져내야 한다. 이를 위해 사용자는 통·번역 칩에 연결된 소리 생성 장치에서 흘러나오는 소리를 놓치지 않고 포착해야 한다. 그 소리는 사용자에게 친숙한 언어로 구성된 신호지만, 우리가 귀에 들어오는 모든 소리를

27) 피부 아래 장착되어 내 신체에 고정되는 방식으로 결합되는 일이 '내 (신체의) 일부'가 되는 중요한 기준이라고 보는 린 베이커(Lynne Baker)의 입장에서는 둘 사이에 중요한 차이가 있다고 보겠지만(Baker 2009), 그러한 결합이 활동성과 결부된 실용적 차이는 낳을지언정 정보소통에 본질적인 차이를 유발하지는 않는다는 점에 이 입장의 한계가 있다. 더욱이, 피어싱 같은 경우를 고려하면 베이커의 기준은 모호해진다.

의식적인 정보로 수용하지 않는다는 사실을 상기하라. 이 통·번역기의 출력신호가 사용자의 유효한 이해를 산출하기 위해서는 적어도 두 가지 조건이 충족되어야 한다. 첫째는 사용자의 적절한 주의기울임(attention)이 있어야 한다는 것이고, 둘째는 전달된 내용이 성공적으로 해석되어 통·번역 칩 사용자의 인지체계에 수용되어야 한다는 것이다. 이런 두 조건은 필연적으로 충족되는 것들은 아니지만, 그것들이 충족되는 상황은 드물지 않다. 그것은 우리가 일상적으로 하는 대화의 상황에서도 똑같이 적용되는 조건들이다. 그러나 이를 인지체계의 향상이라고 평가할지는 따로 고민하여 결정해야 할 문제다.

7. 통·번역 칩이 인지체계의 일부로 작동하게 될 전망

이 논문이 고찰하는 인지적 인간 향상이 기술의 힘을 이용하여 결과적으로 인간의 지적 역량을 증강하는 일을 뜻할 뿐 그 방식이 직접이냐 간접이냐를 따질 이유가 없다면, 통·번역 칩을 통한 외국어 역량 향상 기술은 적어도 철학적 관점에서는 이미 해결된 문제일 것이다. 그 경우 남은 일은 전기공학, 신경과학, 신경외과학 등의 협력이 이 기획의 매끄러운 실행을 인도할 가까운 미래를 기다리는 것뿐이다. 그러나 인간 향상[28]이 각 사람의 고유한 신체적-정신적 역량을 증강하는 일을 뜻한다면 이야기는 다르다. 이것은 인간 향상의 개념을 어떻게 볼 것인가 하는 개념 규정의 문제이고, 따라서 관점의 다양성과 그에 부수하는 인간 향상 개념의 다수성이 허용되어야 한다는 생각도 가능하다. 그러나 인간 향상

28) '인간 향상'이라는 번역어에 관한 논의는 심지원 (2015), 각주 24) 참조.

의 개념에는 어느 정도 범위의 제한이 존재한다.

대표적인 향상 방법의 하나인 약물 투여(doping)를 생각해보라.[29] 그것은 외부의 물질을 향상의 필수 요소로 활용하지만 향상의 효과는 약물이 투여된 그 사람에게 나타난다. 어느 마라톤 대회에서 인간 향상 기술의 적용을 허용했다고 가정해보자. 이 대회의 출발선에서 '600만불의 사나이'[30]와 나란히 F1 경주용 자동차에 탄 참가자가 나란히 출발 준비를 하고 있는 것을 본다면, 우리는 전자와는 달리 후자를 '인간 향상 기술을 통해 빨리 이동하는 능력을 갖춘 경우'라고 인정하기 어렵다는 직관에 끌릴 것이다. 더 빨리 달릴 수 있기 위해 근육에 약물 주사를 놓는 일은 자신의 신체적 역량을 향상하는 방법인 반면, 같은 목적으로 잘 달리는 말 위에 올라타는 것은 그 사람의 신체적 역량을 향상하는 방법이 아니다. 이러한 직관의 취지를 반영한다면, 소리 변환 방식은 '인공지능 기술을 활용하여 사람의 외국어 역량을 향상시키는 인지 향상'의 경우라고 평가할 수 없다.

인공지능 칩이 한 언어의 소리 신호를 다른 언어의 소리 신호로 변환하여 뇌의 청각정보 처리 체계에 전달하는 기능을 하는 소리 변환 방식과 달리, 〈그림 2〉에 나타난 의미 변환 방식은 인공지능 칩이 입력으로 주어진 외국어 표현에 담긴 의미를 담은 다른 언어—사용자의 모국어 또는 그가 이해하는 언어—의 신호를 생성하여 직접 뇌의 언어 이해 체계에 공급한다. 이 신호는 소리 변환의 경우처럼 사용자의 청각 체계가 포착하여 그 의미를 해석(decode)해야 하는 신호가 아니라, 듣는 이의 주의나 선택과 무관하게 그의 신경체계 안에서 언어이해 기능에 직접 호소하

29) 인간 향상의 개념 그리고 관련 논의의 개관은 Juengst & Moseley (2019)를 참조하라.

30) 2절에서 언급된 TV드라마 시리즈 'The Six Million Dollar Man'의 극중 인물(주인공).

는 체계 내 신호다.

이런 기능을 하려면 칩은 뇌의 신경체계 내의 특정 위치에 장착되어야 한다. 즉 통·번역 칩은 언어 자극을 받아들여 처리하는 뇌의 정보처리 경로에서 의미 이해가 이루어지는 지점 직전의 위치에 자리 잡고, 청각에서 수용된 신호를 칩 사용자의 신경체계에서 통용되는 의미 신호, 다시 말해 더 이상 체계상대적 디코딩 작업을 거치지 않아도 그 자체로 인식 주체에게 의미를 전달하는 힘을 지닌 신호로 변환하는 역할을 해야 한다. 그것은 학습으로 어떤 외국어에 익숙해진 사람이 해당 언어 사용자의 말을 들으면서 이해할 때 작동하는 뇌 부분의 기능을 인공지능 칩이 대행하는 작용에 해당한다.

이런 일이 실현될 수 있으려면 두 가지 조건이 선결되어야 한다. 먼저, 뇌의 언어 이해 과정이 물리적 차원에서 소상히 밝혀져 있어야 한다.[31)]그렇지 않으면 우리는 어떠한 세부 특성을 지닌 칩을 구성하여 어느 위치에 장착하고 그것을 뇌의 부분들과 어떻게 연결해야 할지 알지 못한 채 방금 서술된 기능을 실현해 줄 기적이 일어나기를 기다려야 할 것이다. 두 번째 조건은 문장이든 낱말이든 한 단위의 언어표현이 주어졌을 때 그것의 의미에 상응하는 단일한 물리적 신호가 있어야 한다는 것이다. 의미와 신호 간의 이러한 상응은 일대일 대응의 구조이어야 한다. 다시 말해 의미가 다르면 신호도 달라야 하고, 의미가 같을 경우 신호도 같아야 한다. 이러한 조건이 부과하는 문제를 해결하려면 도대체 우리가

31) 이 논문 6절 이하에서 논의는 외국어 표현을 이해하는 일에 국한되었고, 그것도 청각을 통한 이해에 국한되었다. 한편 뇌에서 이루어지는 모국어 이해의 과정과 외국어 이해 과정의 세부가 얼마나 유사하고 어떤 점에서 상이한지는 경험적 연구를 통해 해명되어야 할 문제다. 청각을 통해서가 아니라 눈으로 문자열을 읽어 이해하는 일에 관해서도 이 논문의 고찰과 유비되는 논의가 전개될 것이다. 외국어 표현을 산출하는 일에 관한 논의는 이에 상응하는 요소들을 포함하는 또 하나의 주제군을 형성할 것이다.

언어를 통해 서로 전달하고, 또 때로는 잘못 전달하기도 하는 '의미'가 어떤 것인지, 그것이 물리적 차원에 어떻게 드러나고, 어떻게 물리적인 것으로 환산될 수 있는지 같은 문제들을 먼저 해명해야 할 것이다.

만일 어떻게든 이상의 두 조건이 충족되고[32] 의미 변환 방식의 통·번역 칩이 개발된다면, 나는 세계 여러 나라의 언어를 각각 경우에 맞도록 한국어의 의미 신호로 변환하여 나의 뇌의 언어이해 체계에 넘겨주는 칩[33]을 뇌에 장착함으로써 여러 나라의 말을 자유롭게 이해하는 사람이 될 것이다. 국제회의 참석자들이 모두 이런 칩을 장착했다면 참석자들은 각자 자기 나라 말로 이야기하면서 모든 참석자들의 말을 이해할 수 있을 것이다.

그런데 이런 상황을 상정할 때 인지하게 되는 또 하나의 문제는 언어 표현의 애매성이다. 특히 이 논문이 통·번역 칩의 전망을 고려하고 있으니만큼, 애매성의 언어상대적 측면에 주목해보자. 예를 들어 한국어를 모르는 영어 사용자의 한영 통·번역 칩에 "여왕이 위험해요."라는 한국어 신호가 입력되었다고 해 보자. 이 말은 여왕이 위험에 처해 있다는 의미와 여왕이 위험인물이라는 의미의 두 갈래로 해석 가능하다는 점에서 애매하지만, 일반적인 상황을 가정할 때 이 문장의 발화자는 이 말을 둘 중 한 가지 뜻으로만 사용했을 것이다. 그렇다면 발화자의 의도가 아니라 그가 말한 문장을 입력 자료로 공급받는 통·번역 칩은 이것을 "The queen is dangerous."와 "The queen is in danger." 중 어느 것으로 보고 의

32) 첫 번째 조건의 충족은 원칙적으로 우리의 노력에 달린 반면 두 번째 조건은 적어도 부분적으로 세계의 속성에 관한 조건이라는 성격을 띠기 때문에 우리의 노력과 무관하게 충족되기 어려운 것일 수도 있다.

33) 이것을 하나의 칩으로 만들 수 있을지 아니면 언어의 수만큼 여러 개의 칩을 장착해야 할 것인지는 공학의 문제다.

미 신호를 만들어야 할지 미결정의 상황에 봉착한다. 앞서 오간 대화나 이어지는 대화를 통해 애매성의 제거가 가능할 수도 있지만, 자연스러운 맥락 반영의 과정이 공학적으로 어떻게 실현될 수 있을지는 불투명하다. 게다가 전달된 정보가 달랑 이것 한 문장일 수도 있다. 잠시 동안이든 영구적으로든, 애매성의 문제는 미해결의 문제로 현전하게 된다. 그러나 이것으로 통·번역 칩을 탓할 수는 없다. 맥락에 관한 정보가 없는 한, 충분한 언어 능력을 가진 사람도 똑같은 미결정의 상황에 머물 것이기 때문이다.[34)]

이번에는 거꾸로, 영어를 모르는 한국어 사용자에게 "The queen is dangerous."라는 영어 문장이 제시되는 경우를 생각해보라. 영한 번역기가 그것을 "여왕이 위험해요."라고 옮긴다면 나무랄 데 없는 일이겠지만, 통·번역 칩을 통해 사용자가 이해하게 되는 내용은 앞의 한국어 문장에서 '여왕이 위험에 처해 있다'는 의미는 제거되고 '여왕을 조심하라'는 의미만 남은 것이어야 할 것이다. 이런 점을 고려할 때, 통·번역 칩이 앞선 〈그림 1〉의 방식으로 사용자의 청각에 저 문장을 제공한다면 그것은 원래 영어 문장에 없었던 애매성을 통·번역 칩이 덧붙이는 결과를 함축한다는 점에서 부적절한 작동일 것이다. 한편 〈그림 2〉 방식의 영한 통역에서 이러한 애매성 증가의 위험이 어떻게 해소될지는 아직 모른다. 다만, 통·번역 칩을 실현하는 과제가 언어 간의 이러한 애매성 차이를 어떻게 처리할 것인가 하는 문제의 해결을 과제의 일부로 요구한다는 사실만큼은 분명하다.

---

34) 네이버 파파고와 달리 Google Translate는 '여왕이'와 '여왕은'에 대해 상이한 번역을 내놓았다. 개연성의 관점에서 어느 정도 한국어 언어 감각에 부합하는 판단이라고 생각된다. 그러나 두 조사 '-이/가'와 '-은/는'이 그러한 의미 차이의 징표가 된다고 볼 이유가 없다는 점에서, 일반화는 불가능하다.

8. 뇌-인공물 결합의 전망에 대한 잠정적 평가

2020년 여름, 머스크는 뉴럴링크(Neurallink)사의 뇌 칩 기술이 척수 기능이 심각하게 손상된 사람의 운동 기능을 회복시키는 일에, 또 나아가 인간의 청각 범위를 정상 범위 밖까지 확장하는 데 활용될 것이라고 주장하면서 공개 이벤트를 예고한 후, 뇌에 전극을 심은 돼지를 데리고 나와서 기술 시연을 했다.[35] 뉴럴링크가 아니라도 뇌와 인공물을 연결하는 일은 계속 시도될 것이고, 개발자들은 그 범위를 확장하려 할 것이다. 그러나 이 논문에서 고찰한 것처럼 그러한 연결을 통해서 도달할 수 있는 효과의 범위는 한정적이다.[36] 한정된 범위 안에서도 점점 더 흥미롭고 풍부한 응용의 시도가 진행될 수 있고, 그것은 기술이 나아가는 건강한 발전의 경로다. 그러나 (아직) 되지 않을 일을 되는 것처럼 선전한다면, 첨단기술이라는 이름을 오용하는 지적 사기일 뿐이다.

이 논문의 고찰에 따르면, 뇌 안의 칩은 칩과 신경체계 사이에 신호를 의미로 바꾸는 디코딩이나 의미를 신호로 변환하는 인코딩의 문제가 개입하지 않는 한에서 활용 가능하다. 이러한 한계는 도대체 '의미'가 무엇인지, 의미를 처리하는 뇌의 물리적 기반과 과정이 어떠한지 상세히 알려지고, 우리 마음에서 이루어지는 의미 처리의 과정을 공학적으로 재현하고 조절할 수 있게 되는 날 해제될 것이다. 그러나 그것은 아직 학문적

---

35) AI타임스 2020년 8월 3일자 기사 "뇌와 컴퓨터 연결한다"와 영국 인디펜던트지 2020년 7월 21일자 기사 "Elon Musk Claims His Neurallink chip will allow you to stream music directly to your brain" 참조. 2020년 8월 29일의 공개 시연에 관한 BBC 기사 "Neuralink: Elon Musk unveils pig with chip in its brain"도 보라.

36) Musk & Neurallink (2019)에서 머스크가 언급하는 응용이 신경계 이상증을 개선하는 것의 수준에 머물고 있음에 유의하라. 청각 범위를 확장하는 일 역시 본 논문이 가능하다고 평가하는 응용의 범위를 벗어나지 않는다.

가시성의 지평선 너머에 놓인 일이다.

김재권은 뇌 전체를 고스란히 물리적으로 복제한다면 그것의 심적 상태도 복제되겠지만, 그러한 전체 복제 이외의 방식으로는 뇌의 심적 상태를 복제할 수 없을 것이라고 평가했다.[37] 이러한 평가는 어떤 뇌의 심적 상태 전체에만 적용되는 것이 아니라 특정 에피소드에 관한 기억이나 한 문장으로 표현되는 명제에 대한 지식에도 똑같이 적용될 것이다. 우리는 아직 뇌가 특정한 사건에 대한 기억이나 판단, 또 추상적 술어를 포함하는 명제를 어떻게 저장하는지 알지 못한다. 그것은 개별 뉴런의 물리적 특성에도 의존하는 기능일 수도 있고 신경세포들의 연결망의 구조에 수반하는 기능일 수도 있다. 전체가 전체를 재현하리라는 것은 분명하지만, 그것 말고는 아직 분명한 것이 없다.

오랫동안 익숙해진 컴퓨터와 뇌의 유비는 방금 언급한 특정 기억이나 믿음이 뇌의 특정 장소에 저장하고 인출할 수 있는 데이터로 기록되어 있다는 인상을 불러일으키지만, 그것은 과학적인 사실과 거리가 있다. 의식을 설명하는 신경과학자 스타니슬라스 드핸(S. Dehaene)의 광역신경작업공간(Global Neuronal Workspace) 이론[38]의 관점에서 보더라도, 하나의 생각은 ―도대체 그런 개념을 의미 있게 사용할 수 있다면― 뇌의 국소적 상태와 대뇌피질의 너른 영역을 포괄하는 광역적 과정의 결합을 통해 비로소 실현되는 사건이라고 추정할 수 있다. 다시 말해 사람의 마음속에서 일어나는 하나의 생각은 몇몇 신경세포의 상태나 대뇌피질의 특정한 주름에 담겨 있는 것이 아니라 어떤 방식으론가 뇌 전체를 연관시키는, 신경체계의 정적-동적 상태의 총합에 상응한다고 보는 것이 합리적

37) 김재권 교수가 제1회 김영정 기념강연(2011년 6월)의 토론에서 표명한 견해다.

38) Dehaene (2014) 참조.

이다.

현재 뇌-컴퓨터 상호작용(brain-computer interaction)의 통로로, 혹은 뇌-기계 인터페이스(brain-machine interface)로 주목 받으며 연구되고 있는 것은 뇌파(brain wave)다.[39] 그리고 뇌파 연구가 세분되며 확장되는 반면, 뇌파 이외의 통로는 사실상 눈에 띄지 않는다. 그러나 뇌파는 뇌 활동의 부산물이지 뇌의 커뮤니케이션 방식이라고 볼 근거는 없다는 점에서 이러한 접근의 한계가 예견된다.

두 뇌의 활동이 유사할 경우 거기서 검출되는 뇌파도 서로 유사하리라고 생각되며, 그런 상관관계를 고려할 때 뇌파의 유사성이 뇌 활동의 유사성을 함축하리라는 추정도 합리적이다.[40] 그러나 거기까지다. 문제는 유사성과 차이의 구체적인 양상인데, 우리는 뇌파 형태의 유사성에 적용되는 메트릭(metric)과 뇌 활동으로 실현되는 사고의 내용적 유사성에 적용될 메트릭이 각각 어떠한지 알지 못한다. 한 걸음 더 나아가, 뇌파로 나타나는 뇌의 동적 상태 A와 B가 어느 정도 유사한지 판정하는 일과 A와 B에 수반하는 마음 상태나 사고 작용의 내용을 파악하는 일은 질적으로 다르다. 전자가 후자에 대한 연구에 중요한 통로를 제공하리라는 물리주의적 신념이 옳다고 해도, 전자에서 후자를 읽는 방식이 해명되기 전까지 "뇌파에서 생각을 읽는다"라는 식의 선전은 실질적인 의미가 없는 막연한 기대의 표현에 지나지 않는다.

39) Millán (2014)과 Ferreira et al. (2008)을 보라. 뇌파 연구의 발달 과정을 개관하려면 다음 문헌들을 참조하라. EEG(electroencephalogram)의 시발점으로 간주되는 Berger (1929), 정신현상 탐구에 EEG를 활용하는 일의 역사와 관련하여 Pacella & Barerra (1941), 그리고 뇌-컴퓨터 커뮤니케이션에서 뇌파의 지위에 관해서는 Vidal (1973).

40) 단, 뇌파 차이로 검출되지 않은 뇌 활동 차이가 없다고 단언하는 것은 불합리하다.

참고문헌

고인석 (2000), 「과학의 조각보 모델: 통합된 과학의 구상」, 『철학』 63.

고인석 (2008a), 「'로봇의 정체성'이라는 관점에서 로봇윤리 다시 보기」, 제어로봇시스템학회 주관 〈로봇산업 정책연구 개발을 위한 산학연 학술대회(지능형 로봇 윤리 워크샵)〉 발표.

고인석 (2008b), 「마음의 수는 어떻게 세는가?」, 『화이트헤드 연구』 16.

고인석 (2008c), 「분산된 인지, 집합적 인지, 민주적 인지」, 한국과학철학회 2008년 정기학술대회자료집.

고인석 (2011), 「아시모프의 로봇 3법칙 다시 보기: 윤리적인 로봇 만들기」, 『철학연구』 93.

고인석 (2012a), 「로봇이 책임과 권한의 주체일 수 있는가」, 『철학논총』 67.

고인석 (2012b), 「체계적인 로봇윤리의 정립을 위한 로봇 존재론, 특히 로봇의 분류에 관하여」, 『철학논총』 70.

고인석 (2013), 「전문분야들의 융합적 작업에서 철학의 몫: 지능을 가진 인공물의 지위에 대한 토론이라는 사례」, 『범한철학』 70.

고인석 (2014), 「로봇윤리의 기본 원칙: 로봇 존재론으로부터」, 『범한철학』 75.

고인석 (2015), 「개념의 개념: 퍼트남과 버지의 외재주의」, 『철학논총』 82.

고인석 (2016a), 「로보틱스의 활용이 가져올 어떤 당혹감의 연원에 관하여」, 한국과학철학회 2016년 겨울 학술대회 발표문.

고인석 (2016b), 「인공지능 시대에 살아남는 법」, 『황해문화』 93.

고인석 (2017a), 「인공지능이 자율성을 가진 존재일 수 있는가?」, 『철학』 133.

고인석 (2017b), 「인공지능의 자율성?!」, 한국과학철학회 2017년 정기학술대회 발표자료.

고인석 (2018a), 「기계와의 공생: 철학적 도전과 고민」, 한국연구재단 언론홍보협의회 세미나 〈인공지능 시대 인간과 기계의 공생: 철학적 성찰과 해법〉 발표.

고인석 (2018b), 「미지의 기술을 대하는 태도: 과학기술학이 할 일」, 제4회 과학학 연합학술대회 자료집.

고인석 (2018c), 「인공지능의 존재 지위에 대한 두 물음」, 『철학』 136.
고인석 (2019a), 「인공물이 인간을 대행하도록 허용할 수 있을 조건: 자율주행자동차의 경우를 중심으로」, 『철학연구』 124.
고인석 (2019b), 「자율주행자동차를 어떻게 규율할 것인가」, 『철학논총』 96.
고인석 (2020), 「인공물이 행위주체가 될 수 있을 조건」, 『과학철학』 23/1.
고인석 (2021), 「데이터 기반 사회의 과학기술철학」, 『철학·사상·문화』 37.
김상봉 (2001), 「나(自我)」, 『우리말 철학사전 1: 과학, 인간, 존재』, 우리사상연구소 엮음, 지식산업사.
김세화 (2005), 「〈I, Robot〉과 비판적 사고」, 『철학교육연구』 21/34.
김재권 (1997), 『심리철학』, 하종호, 김선희 옮김, 철학과현실사.
김재근 (2012), 『분류학개론』, 라이프사이언스.
김종욱 (2007), 「레고 사유에서 그물 사유로」, 『철학논총』 47.
김준성 (2016), 「인과적 책임으로서 법적 상당성에 대한 확률 인과 이론의 해명: 자율주행자동차의 법적 책임을 중심으로」, 『예술인문사회융합멀티미디어논문지』 6/12.
김진석(2017), 「'약한' 인공지능과 '강한' 인공지능의 구별의 문제」, 『철학연구』 117.
김태수 (2000), 『분류의 이해』, 문헌정보처리연구회.
김효은, 최성호 (2009), 「색깔 속성은 객관적인가?: 타이의 논변을 중심으로」, 『철학탐구』 26.
도밍고스, 페드로 (2016), 『마스터 알고리즘: 머신러닝은 우리의 미래를 어떻게 바꾸는가』, 강형진 옮김, 비즈니스북스.
러셀, 스튜어트, 피터 노빅 (2016), 『인공지능: 현대적 접근방식 1』, 류광 옮김, 제이펍.
로봇윤리헌장제정위원회 (위원장: 김대원)(2008), 「로봇윤리헌장 초안, Release 1.0, Version 25(2008년 6월 22일)」, 미간행.
명순구, 김기창, 김현철, 박종수, 이상돈, 이제우, 정채연 (2017), 『인공지능과 자율주행 자동차, 그리고 법』(고려대학교 파안연구총서 개척1), 세창출판사.
목광수 (2019), 「인공적 도덕 행위자 설계를 위한 고려사항: 목적, 규범, 행위지침」, 이중원 엮음, 『인공지능 윤리학』, 한울.
문승빈 등 (2012), 『로봇 표준의 이해』, 성진미디어.
배일한 (2003), 『인터넷 다음은 로봇이다』, 동아시아.
백종현, 박은정, 김정하, 고인석, 정원섭, 김경환 (2017), 「특별좌담: 제4차 산업혁명과 포스트휴먼 사회」, 『철학과 현실』 112.

변순용 (2017),「자율주행자동차의 윤리적 가이드라인에 대한 시론」,『윤리연구』 112.
변순용 (2020),「데이터 윤리에서 인공지능 편향성 문제에 대한 연구」,『윤리연구』 128.
변순용, 송선영 (2013),「로봇윤리의 이론적 기초를 위한 근본 과제 연구」,『윤리연구』 88.
변순용, 송선영 (2015),『로봇윤리란 무엇인가?』, 어문학사.
보스트롬, 닉 (2017),『슈퍼인텔리전스: 경로, 위험, 전략』, 조성진 옮김, 까치.
신상규 (2008),『푸른요정을 찾아서: 인공지능과 미래인간의 조건』, 프로네시스.
신상규 (2017a),「인공지능, 새로운 타자의 출현인가?」,『철학과 현실』 112.
신상규 (2017b),「자율적 행위자로서의 인공지능」,『2017년 이화인문과학원·한국철학회 공동학술대회 '인공지능의 도전, 철학의 응전'』(학술대회 자료집).
신현우 (2010),「진화론적 지능형 서비스 로봇에 대한 실천윤리학적 고찰」,『윤리연구』 79.
심지원 (2015),「의족을 훔치는 행위는 상해죄인가 절도죄인가: 보형물을 신체의 일부로 규정할 수 있는 기준」,『과학철학』 18/3.
안승우 (2018),「『주역』 도덕체계의 인공지능 적용 가능성 고찰」,『유교사상문화연구』 73.
오요한, 홍성욱 (2018),「인공지능 알고리즘은 사람을 차별하는가?」,『과학기술학연구』 18/3.
윤보석 (2014),「지각과 몸: 노에의 이론을 중심으로」,『인지과학』 25/4.
이병규 (2020),「AI의 예측능력과 재범예측알고리즘의 헌법 문제: State v. Loomis 판결을 중심으로」,『공법학연구』 21/2.
이상돈 (2017),『형법강론』(제2판), 박영사.
이정모 (2009),『인지과학: 학문 간 융합의 원리와 응용』, 성균관대학교출판부.
이종관 (2017),『포스트휴먼이 온다: 인공지능과 인간의 미래에 대한 철학적 성찰』, 사월의책.
이중원 (2008),「로봇의 준인격체로서의 가능성은?」, 제어로봇시스템학회 주관 〈로봇산업 정책연구 개발을 위한 산학연 학술대회(지능형 로봇 윤리 워크샵)〉 발표.
이중원 (2009),「로봇기술의 윤리적 쟁점」, 2009년 6월 〈로봇윤리 전문가 워크샵〉 자료집.
이중원 (2017),「인공지능의 자율성, 어떻게 볼 것인가」, 미간행 원고.
이중원 (2019),「책무성 중심의 인공지능 윤리학 모색: 동·서 철학적 접근」, 이중원 엮음,『인공지능 윤리학』, 한울.
이중원, 박충식, 이영의, 고인석, 천현득, 정재현, 신상규, 목광수, 이상욱 (2018),『인공지능의 존재론』(포스트휴먼 시대의 인공지능 철학 01), 한울아카데미.
이중원, 고인석, 이영의, 천현득, 목광수, 박충식, 이상욱, 신상규, 정재현 (2019),『인공지능의 윤리학』(포스트휴먼 시대의 인공지능 철학 02), 한울아카데미.
이중원, 목광수, 이영의, 이상욱, 박충식, 천현득, 고인석, 신상규, 정재현 (2021), 『인공지능 시대의 인간학』(포스트휴먼 시대의 인공지능 철학 03), 한울아카데미.
이진우 (2017), 「인공지능, 인간을 넘어서다」, 『2017년 이화인문과학원·한국철학회 공동 학술대회 '인공지능의 도전, 철학의 응전'』(학술대회 자료집).
일본 경제산업성 (2009), 『로봇 전략기술 로드맵』.
일본 로봇산업정책연구회 (2009), 『일본 로봇산업정책연구회 보고서: 저출산·고령화 시대를 내다보며 로봇과 공존하는 안심·안전 사회 시스템을 구축하기 위해』.
정만태 (책임집필) (2007), 『로봇산업의 2020 비전과 전략』(정책자료 2007-63), 산업연구원.
정용욱, 정구섭 (2012), 『로봇공학입문』, GS인터비전.
정원섭 (2020), 「인공지능 알고리즘의 편향성과 공정성」, 『인간·환경·미래』 25.
플라톤, 『파이드로스』, 조대호 역해, 문예출판사.
한상기 (2017), 「독일 자율주행차 윤리 가이드라인의 의미와 이슈」, 『KISA Report』 2017년 Vol. 9.
한우진 (2019), 「경험적 접근과 지각 내용」, 『철학논총』 95.

Allen, C., G. Varner & J. Zinser (2000), "Prolegomena to any future artificial moral agent", *Journal of Experimental & Theoretical Artificial Intelligence* 12.
Andrews, D. A., J. Bonta & J. S. Wormith (2006), "The Recent Past and Near Future of Risk And/or Need Assessment", *Crime & Delinquency* 52/1.
Angwin, J., J. Larson, S. Mattu & L. Kirchner (2016), "Machine Bias", *ProPublica*, May 23, 2016, URL=https://www.propublica.org/article/machine-bias-risk-assessments-in-criminal-sentencing.
Arkin, R. C. (2009), *Governing Lethal Behavior in Autonomous Robots*, CRC Press.
Arkin, R. C. et al. (2009), "Responsibility and Lethality for Unmanned Systems: Ethical Pre-mission Responsibility Advisement", IEEE ICRA Workshop on Roboethics.
Armstrong, S. L., L. R. Gleitman & H. Gleitman (1983), "What Some Concepts Might Not Be", *Cognition* 13.
Arnheim, R. (1975), *Art and Visual Perception: A Psychology of the Creative Eye* (New Version), University of California Press.

Asimov, I. (1974), "…That Thou Art Mindful of Him", Reprint in *The Complete Robot* (1982).

Awad, E., S. Dsouza, R. Kim, J. Schulz, J. Henrich, A. Shariff, J.-F. Bonnefon & I. Rahwan (2018), "The Moral Machine Experiment", *Nature* 563.

Ayache, N. (1991), *Artificial Vision for Mobile Robots: Stereo Vision and Multisensory Perception* (P. T. Sander의 영역), MIT Press.

Baker, L. R. (2009), "Persons and the Extended-Mind Thesis", *Zygon* 44.

Balch, T. et al. (eds.)(2002), *Robot Teams: From Diversity to Polymorphism,* A. K. Peters.

Bar-Cohen, Y. & D. Hanson (2009), *The Coming Robot Revolution: Expectations and Fears About Emerging Intelligent, Humanlike Machines,* Springer.

Barnes, M. & J. Florian (eds.)(2010), *Human-Robot Interactions in Future Military Operations*, Ashgate.

Bechtel, W. & G. Graham (eds.)(1998), *A Companion to Cognitive Science*, Blackwell.

Berger, H. (1929), "Über das Elektroenkephalogramm des Menschen", *Archiv für Psychiatrie und Nervenkrankheiten* 87.

Bermúdez, J. & A. Cahen (2015), "Nonconceptual Mental Content", *The Stanford Encyclopedia of Philosophy*, E. N. Zalta (ed.), URL=https://plato.stanford.edu/archives/fall2015/entries/content-nonconceptual/.

Bichsel, P. (1969/1997), "Ein Tisch ist ein Tisch". in: Kindergeschichten, Suhrkamp. [이용숙 옮김 (2018), 『책상은 책상이다』, 위즈덤하우스.]

Blanco, M., J. Atwood, S. Russell, T. Trimble, J. McClafferty & M. Perez (2016), "Automated Vehicle Crash Rate Comparison Using Naturalistic Data", Virginia Tech Transportation Institute.

Blanco-Elorrieta, E. & L. Pylkkänen (2017), "Bilingual Language Switching in the Laboratory versus in the Wild: The Spatiotemporal Dynamics of Adaptive Language Control", *Journal of Neuroscience* 37.

Bostrom, N. & E. Yudkowsky (2011), "The Ethics of Artificial Intelligence", URL=http://www.nickbostrom.com/ethics/artificial-intelligence.pdf.

Bowker, G. C. & S. L. Star (1999), *Sorting Things Out: Classification and Its Consequences* (Inside Technology), MIT Press. [주은우 옮김 (2005), 『사물의 분류』, 현실문화연구.]

Brennan, T., W. Dieterich & B. Ehret (2009), "Evaluating the Predictive Validity of the

COMPAS Risk and Needs Assessment System", *Criminal Justice and Behavior* 36/1.

Bringsjord, S. (1992), *What Robots Can Be and Can't Be*, Kluwer, Dordrecht.

Bringsjord, S. (1999), "The Zombie Attack on the Computational Conception of Mind", *Philosophy and Phenomenological Research* 59/1.

Bringsjord, S. (2004), "On Building Robot Persons: Response to Zlatev", *Minds and Machines* 14.

Bringsjord, S. (2008), "Ethical Robots: The Future Can Heed Us", *AI & Society* 22.

Burge, T. (1979), "Individualism and the Mental", In: P. French, T. Uehling & W. Wettstein (eds.), *Midwest Studies in Philosophy* IV, University of Minnesota Press.

Burge, T. (2014), "Perception: Where Mind Begins", Philosophy 89.

Burwell, S., M. Sample & E. Racine (2017), "Ethical Aspects of Brain-Computer Interfaces: A Scoping Review". *BMC Medical Ethics* 18.

Buss, S. (2008), "Personal Autonomy", *The Stanford Encyclopedia of Philosophy* (Fall 2008 Edition), E. N. Zalta (ed.), URL=http://plato.stanford.edu/archives/fall2008/entries/personal-autonomy.

Buzsáki, G. (2019), *The Brain from Inside Out*, Oxford University Press (Kindle Edition).

Calverley, D. J. (2007), "Android science and animal rights, does an analogy exist?", *Connection Science* 18/4.

Campbell, N. A. et al. (2016), *Biology* (10th ed.), Pearson Education. [전상학 등 옮김 (2016), 『캠벨 생명과학』(제10판), 바이오사이언스출판.]

Charlotte, J. (2019), "Self-driving Cars could make city congestion a whole lot worse", *MIT Technology Review*, February 1, 2019.

Christman, J. (2011), "Autonomy in Moral and Political Philosophy", *The Stanford Encyclopedia of Philosophy* (Spring 2011 Edition), E. N. Zalta (ed.), URL=http://plato.stanford.edu/archives/spr2011/entries/autonomy-moral.

Christman, J. (2015), "Autonomy in Moral and Political Philosophy", *The Stanford Encyclopedia of Philosophy* (Spring 2015 Edition), E. N. Zalta (ed.), URL=https://plato.stanford.edu/entries/autonomy-moral/.

Clark, A. (1998), "Embodied, Situated, and Distributed Cognition", in Bechtel, W. & G. Graham (eds.), *A Companion to Cognitive Science*, Blackwell.

Clark, A. & D. Chalmers (1998), "The Extended Mind", *Analysis* 58.

Coeckelbergh, M. (2010), "Robot Rights? Towards a Social-Relational Justification of Moral Consideration", *Ethics and Information Technology* 12/3.

Cole, D. (2009), "The Chinese Room Argument", *The Stanford Encyclopedia of Philosophy* (Winter 2009 Edition), E. N. Zalta (ed.), URL=http://plato.stanford.edu/archives/win2009/entries/chinese-room.

Computing Community Consortium (2009), *A Roadmap for US Robotics: From Internet to Robotics,* CRA Computing Research Association.

Davenport, J. J. (2012), *Narrative Identity, Autonomy, and Mortality: From Frankfurt and MacIntyre to Kierkegaard,* Routledge.

Day, R. (1968), "Perceptual Constancy of Auditory Direction with Head Rotation", *Nature* 219.

Dehaene, S. (2014), *Consciousness and the Brain: Deciphering How the Brain Codes Our Thoughts, Viking*. [박인용 옮김 (2017), 『뇌의식의 탄생: 생각이 어떻게 코드화되는가』, 한언.]

DeMichele, M., P. Baumgartner, M. Wenger, K. Barrick & M. Comfort (2020), "Public Safety Assessment: Predictive Utility and Differential Prediction by Race in Kentucky", *Criminology & Public Policy* 19/2.

Dennett, D. C. (1984), *Elbow Room: The Varieties of Free Will Worth Wanting*, MIT Press.

Dennett, D. C. (1996), "Did HAL Commit Murder?" (Draft), URL=http://ase.tufts.edu/cogstud/dennett/papers/didhal.htm.

De Sio, S. F. (2017), "Killing by Autonomous Vehicles and the Legal Doctrine of Necessity", *Ethical Theory and Moral Practice* 20.

Dizikes, P. (2018), "How should autonomous vehicles be programmed?: Massive global survey reveals ethics preferences and regional differences", *MIT News*, October 24, 2018.

Domingos, P. (2015), *The Master Algorithm: How the Quest for the Ultimate Learning Machine Will Remake Our World,* Basic Books. [강형진 옮김 (2016), 『마스터 알고리즘: 머신러닝은 우리의 미래를 어떻게 바꾸는가』, 비즈니스북스.]

Dudek, G. et al. (1996), "A Taxonomy for Multi-Agent Robotics", *Autonomous Robots* 3.

Ellen, R. F. & D. Reason (eds.)(1979), Classifications in Their Social Context, Academic Press.

Elwood, R. W. (2011), "Pain and suffering in invertebrates?", *Institute of Laboratory Animal Resources Journal*, 52/2.

Ethikkommission (2017), *Ethics Commission Report: Automated and Connected Driving*,

Bundesministerium fuer Vehrkehr und digitale Infrastruktur (BMVI), Deutschland, 2017, URL=www.bmvi.de/report-ethicscommission.

European Parliament 2014-2019 (2016), "DRAFT REPORT with recommendations to the Commission on Civil Law Rules on Robotics (2015/2103(INL))", URL=http://www.europarl.europa.eu/sides/getDoc.do?pubRef=-//EP//NONSGML%2BCOMPARL%2BPE-582.443%2B01%2BDOC%2BPDF%2BV0//EN.

European Parliament 2014-2019 (2017), "European Parliament resolution of 16 February 2017 with recommendations to the Commission on Civil Law Rules on Robotics (2015/2103(INL)", URL=http://www.europarl.europa.eu/RegData/etudes/STUD/2016/571379/IPOL_STU(2016)571379_EN.pdf.

Evans, V. & M. Green (2006), *Cognitive Linguistics: An Introduction*, Edinburgh University Press. [임지룡, 김동환 옮김 (2008), 『인지언어학 기초』, 한국문화사.]

Ferré, F. (1995), Philosophy of Technology, University of Georgia Press. [박준호 옮김 (2009), 『기술철학』, 서광사.]

Ferreira, A. et al. (2008), "Human-Machine interfaces base on EMG and EEG applied to robotic systems", *Journal of NeuroEngineering and Rehabilitation* 5.

Flores, A. W., K. Betchel & C. T. Lowenkamp (2016), "False Positives, False Negatives, and False Analyses: A Rejoinder to "Machine Bias: There's Software Used Across the Country to Predict Future Criminals. And It's Biased Against Blacks"", *Federal Probation* 80/2.

Floridi, L. (2014), "Artificial Agents and Their Moral Nature", in P. Kroes & P.-P. Verbeek (eds.), *The Moral Status of Technical Artefacts* (Philosophy of Engineering and Technology 17), Springer.

Floridi, L. & J. W. Sanders (2004), "On the Morality of Artificial Agents", *Minds and Machines* 14.

Foot, P. (1967), "The Problem of Abortion and the Doctrine of the Double Effect", Oxford Review 5.

Forsyth, D. A. & J. Ponce (2011), *Computer Vision: A Modern Approach* (2nd ed.), Pearson.

Foucault, M. (1966), *Les mots et les choses*, Gallimard. [이광래 옮김 (1988), 『말과 사물』, 민음사.]

Frisby, J. P. & J. V. Stone (2010), Seeing: *The Computational Approach to Biological Vision* (2nd ed.), MIT Press.

Froese, T. & T. Ziemke (2009), "Enactive Artificial Intelligence: Investigating the Systemic Organization of Life and Mind", *Artificial Intelligence* 173.

Gallagher, S. (2000), "Philosophical Conceptions of the Self: Implications for Cognitive Science", *Trends in Cognitive Sciences* 4/1.

Gams, M., M. Paprzycki & X. Wu (eds.) (1997), *Mind versus Computer: Were Dreyfus and Winograd Right?*, IOS Press.

Gardner, H. (1993), *Multiple Intelligences: The Theory in Practice,* Basic Books.

Gazzaniga, M. S., R. B. Ivry & G. R. Mangun (2014), *Cognitive Neuroscience: The Biology of Mind* (4th ed.), Norton.

Gips, J. (1991), "Towards the Ethical Robot", in K. M. Ford, C. Glymour & P. Hayes (eds.), *Android Epistemology*, MIT Press.

Gogoll, J. & J. F. Müller (2017), "Autonomous Cars: In Favor of a Mandatory Ethics Setting", *Science and Engineering Ethics* 23.

Goldstein, E. B. (2007), *Sensation and Perception* (7th ed.), Cengage Learning. [김정오 등 옮김 (2011), 『감각과 지각』(제7판, 수정판), Cengage Learning.]

Goodall, N. J. (2014), "Machine Ethics and Automated Vehicles", in Meyer, G. & S. Beiker (eds.), *Road Vehicle Automation*, Springer.

Goodall, N. J. (2016), "Can You Program Ethics Into a Self-Driving Car?", *IEEE Spectrum* 53/6.

Gruen, L. (2010), "The Moral Status of Animals", *The Stanford Encyclopedia of Philosophy* (Fall 2010 Edition), E. N. Zalta (ed.), URL=http://plato.stanford.edu/archives/fall2010/entries/moral-animal.

Harris, C. E., M. S. Pritchard & M. J. Rabins (2008), *Engineering Ethics: Concepts and Cases* (4th ed.), Wadsworth. [김유신 등 옮김, 『공학윤리(제4판)』, 북스힐.]

Heidegger, M. (1946), "Brief über den Humanismus". [황문수 옮김 (1982), 『휴머니즘에 관하여』, 휘문출판사.]

Herr, H. (2014), "The new bionics that let us run, climb and dance", TED 강연, URL=https://www.ted.com/talks/hugh_herr_the_new_bionics_that_let_us_run_climb_and_dance.

Herr, H. (2018), "How we'll become cyborgs and extend human potential", TED 강연, URL=https://www.ted.com/talks/hugh_herr_how_we_ll_become_cyborgs_and_extend_

human_potential.

Hevelke, A. & J. Nida-Rümelin (2015), "Responsibility for Crashes of Autonomous Vehicles: An Ethical Analysis", *Science and Engineering Ethics* 21/3.

Hoffman, D. D. (1998), *Visual Intelligence: How We Create What We See*, Norton.

Howard, D. (2016), "Can Machines Become Moral?", URL=https://www.bigquestionsonline.com/2016/10/23/canmachinesbecomemoral.

Iagnemma, K. (2018), "Autonomous Vehicles and Urban Transportation", EmTech Next 강연 (Cambridge MA, 2018. 6. 4-5), URL=https://www.technologyreview.com/video/611361/autonomous-vehicles-and-urban-transportation.

Jacobsen, A. (2015), *The Pentagon's Brain: An Uncensored History of DARPA, America's Top-Secret Military Research Agency*, Back Bay Books.

Jain, R., R. Kasturi & B. G. Schunck (1995), *Machine Vision,* McGraw-Hill.

James, W. (1890), *The Principles of Psychology,* Henry Holt. [정양은 옮김 (2005), 『심리학의 원리』 1, 아카넷.]

Janai, J., F. Güney, A. Behl & A. Geiger (2017), "Computer Vision for Autonomous Vehicles: Problems, Datasets and State-of-the-Art", arXiv:1704.05519 [cs.CV].

Janich, P. (1997), *Das Maß der Dinge: Protophysik von Raum, Zeit und Materie*, Suhrkamp.

Jazar, R. N. (2010), *Theory of Applied Robotics: Kinematics, Dynamics, and Control* (2. ed.), Springer.

Jee, C. (2020), "An implant uses machine learning to give amputees control over prosthetic hands", *MIT Technology Review,* March 4, 2020, URL=https://www.technologyreview.com/2020/03/04/905530/implant-machine-learning-amputees-control-prosthetic-hands-ai.

Juengst, E. & D. Moseley (2019), "Human Enhancement", *The Stanford Encyclopedia of Philosophy,* E. N. Zalta (ed.), URL=https://plato.stanford.edu/archives/sum2019/entries/enhancement.

Kadota, K.(門田和雄) 지음/ 김진오 옮김 (2007/2008), 『로봇공학의 기초』, 성안당.

Kant, I. (1788), *Kritik der praktischen Vernunft.* [백종현 옮김 (2009), 『실천이성비판』, 아카넷.]

Kant, I. (1797), *Die Metaphysik der Sitten.* [백종현 옮김 (2012), 『윤리형이상학』, 아카넷.]

Ko, I. (2011), "How to recycle Asimov's laws in roboethics: An intermediate suggestion",

Presented at *14th Congress of Logic, Methodology and Philosophy of Science,* July 19.-26. 2011, Nancy, France.

Ko, I. (2016), "Agency and Patiency of Intelligent Artefacts: Patiency as an Essential Part of Agency", Talk at the 6th Asia-Pacific Conference on Philosophy of Science, held at Kyoto University, Japan.

Ko, I. (2017), "What the Unsupervised Learning Could Deliver Us (or, What Not)", Talk at the 7th Asia-Pacific Conference on Philosophy of Science, held at National ChungCheng University, Taiwan.

Korsgaard, C. M. (1996), *The Sources of Normativity,* Cambridge University Press. [강현정, 김양현 옮김 (2011),『규범성의 원천』, 철학과 현실사.]

Korsgaard, C. M. (2009), *Self-Constitution: Agency, Identity, and Integrity,* Oxford University Press.

Kuhn, T. S. (1970), *The Structure of Scientific Revolutions* (2nd, enlarged edition), MIT Press.

Lacey, N. J. & M. H. Lee (2003), "The Epistemological Foundations of Artificial Agents", *Minds and Machines* 13.

Larson, J., S. Mattu, L. Kirchner & J. Angwin (2016), "How We Analyzed the COMPAS Recidivism Algorithm", *ProPublica*, May 23, 2016, URL=https://www.propublica.org/article/how-we-analyzed-the-compas-recidivism-algorithm.

Lavine, M. S. et al. (2007), "A Robotic Future", *Science* 318.

Leveson, N. (1995), "Medical Devices: The Terarc-25", *Software System Safety and Computers,* Addison-Wesley.

Liao, S. M., J. Savulescu & D. Wasserman (2008), "The Ethics of Enhancement", *Journal of Applied Philosophy* 25/3.

Lin, P. (2014), "The Robot Car of Tomorrow May Just Be Programmed to Hit You", *Wired*, May 6, 2014. (URL=https://www.wired.com/2014/05/the-robot-car-of-tomorrow-might-just-be-programmed-to-hit-you/)

Lin, P. (2015), "Why Ethics Matters for Autonomous Cars", in M. Maurer et al. (eds.), *Autonomes Fahren*, Springer.

Luetge, C. (2017), "The German Ethics Code for Automated and Connected Driving", *Philosophy & Technology* 30/4.

Lyons, J. (1977), Semantics 1, Cambridge University Press. [강범모 옮김, 『의미론 1: 의미 연구의 기초』, 한국문화사.]

Margolis, E. & S. Laurence (eds.)(1999), *Concepts: Core Readings*, MIT Press.

Marr, D. (1982), *Vision: A Computational Investigation into the Human Representation and Processing of Visual Information*, Freeman.

Maurer, M., J. C. Gerdes, B. Lenz, & H. Winner (Hrsg.) (2015), *Autonomes Fahren: Technische, rechtliche und gesellschaftliche Aspekte*, Springer.

McGee, E. M. & G. Q. Maguire Jr. (2007), "Becoming Borg to Become Immortal: Regulating Brain Implant Technologies", *Cambridge Quarterly of Healthcare Ethics* 16.

Mehrabi, N., F. Morstatter, N. Saxena, K. Lerman & A. Galstyan (2019), "A Survey on Bias and Fairness in Machine Learning", arXiv:1908.096352v2.

Menary, R. (2010), "Introduction: The Extended Mind in Focus", in Menary, R. (ed.), *The Extended Mind,* MIT Press.

Millán, J. del R. (2014), "Brain-Machine Interfaces", in *Principles of Tissue Engineering*, Elsevier.

Moravec, H. (1988), *Mind Children: The Future of Robot and Human Intelligence*, Harvard University Press. [박우석 옮김 (2011), 『마음의 아이들: 로봇과 인공지능의 미래』, 김영사.]

Morecki, A. et al. (1999), *Basics of Robotics: Theory and Components of Manipulators and Robots,* Springer.

Mukhopadhyay, S. C. & N. K. Suryadevara (2014), "Internet of Things: Challenges and Opportunities", in: Mukhopadhyay, S. C. (ed.)(2014), *Internet of Things: Challenges and Opportunities*, Springer.

Murphy, R. R. & D. D. Woods (2009), "Beyond Asimov: The Three Laws of Responsible Robotics", *IEEE Intelligent Systems* July/August 2009.

Musk, E. & Neurallink (2019), "An integrated brain-machine interface platform with thousands of channels", *bioRxiv preprint*, doi: https://doi.org/10.1101/703801.

Neuhouser, F. (2011), "Jean-Jacques Rousseau and the Origins of Autonomy", *Inquiry* 54.

NHTSA (2017), "Automated Driving Systems 2.0: A Vision for Safety", URL=https://www.nhtsa.gov/sites/nhtsa.dot.gov/files/documents/13069a-ads2.0_090617_v9a_tag.pdf.

NHTSA, "Automated Vehicles for Safety", URL=https://www.nhtsa.gov/technology-innovation/automated-vehicles-safety.

Niku, S. B. (2001), *Introduction to Robotics: Analysis, Systems, Applications*, Prentice-Hall. [김정하, 염영일 옮김 (2002), 『로봇공학』, 사이텍미디어]

Nisbett, R. (2003), *The Geography of Thought: How Asians and Westerners Think Differently ... and Why,* Free Press.

Noë, A. (2004), *Action in Perception*, MIT Press.

O'Callaghan, C. (2016), "Auditory Perception", *The Stanford Encyclopedia of Philosophy*, E. N. Zalta (ed.), URL=https://plato.stanford.edu/archives/win2016/entries/perception-auditory/.

Pacella, B. L. & S. E. Barerra (1941), "Electroencephalography: Its Applications in Neurology and Psychiatry", *Psychiatric Quarterly* 15.

Palmer, S. E. (1999), *Vision Science: Photons to Phenomenology*, MIT Press.

Palmerini, E. et al. (2014), "D6.2 — Guidelines on Regulating Robotics", URL=www.robolaw.eu.

Parthemore, J. & B. Whitby (2013), "What Makes Any Agent a Moral Agent? Reflections on Machine Consciousness and Moral Agency", *International Journal of Machine Consciousness* 5/2.

Peacocke, C. (2001), "Does Perception Have a Nonconceptual Content?", *Journal of Philosophy* 98.

Pettit, P. (2007), "Responsibility Incorporated", *Ethics* 117.

Picciuto, V. & P. Carruthers (2014), "Inner Sense", in: Stokes, D., M. Matthen & S. Biggs (eds.), *Perception and Its Modalities*, Oxford University Press (Kindle Edition).

Pleiss, G., M. Raghavan, F. Wu, J. Kleinberg & K. Q. Weinberger (2017), "On Fairness and Calibration", arXiv:1709.02012v2.

Plett, H. F. (2000), *Systematische Rhetorik: Konzepte und Analysen*, Fink. [양태종 옮김 (2009), 『분류체계의 수사학: 구상과 분석』, 나남]

Prinz, J. (2002), *Furnishing the Mind: Concepts and Their Perceptual Basis,* MIT Press.

Prinz, J. (2006), "Putting the Brakes on Enactive Perception", *Psyche* 12.

Rachels, J. (2001), "Killing and Letting Die". in Becker, L. C., M. Becker & C. Becker (eds.), *Encyclopedia of Ethics* (2nd ed.), Routledge.

Roco, M. C. (2003), "Nanotechnology: Convergence with Modern Biology and Medicine",

Current Opinion in Biotechnology 14/3.

Russell, S. & P. Norvig (2010), *Artificial Intelligence: A Modern Approach* (3rd ed.), [류광 옮김, 『인공지능: 현대적 접근방식, 1』, 제이펍.]

SAE International (2014), "J3016. Surface Vehicle Information Report: Taxonomy and Definitions for Terms Related to On-Road Motor Vehicle Automated Driving Systems", Issued January 2014.

SAE International (2016), "J3016. Surface Vehicle Recommended Practice: (R) Taxonomy and Definitions for Terms Related to Driving Automation Systems for On-Road Motor Vehicles", Revised Sep 2016, Superseding J3016 JAN2014.

SAE International (2016), "Automated Driving: Levels of Driving Automation Are Defined in New SAE International Standard J3016", URL=https://www.sae.org/misc/pdfs/automated_driving.pdf.

SAE International (2018), "J3016. Surface Vehicle Recommended Practice: (R) Taxonomy and Definitions for Terms Related to Driving Automation Systems for On-Road Motor Vehicles", Revised June 2018, Superseding J3016 SEP2016.

Schlenoff, C. (2005), "Robots and Capabilities Classification", Presentation in Public Forum, URL=http://www.isd.mel.nist.gov/US&R_Robot_Standards/Presentations/Ontology_Effort_(Schlenoff).pdf.

Schlenoff, C. (2011), An Untitled Talk at IROS 2011 Workshop: Knowledge Representation for Autonomous Robots, URL=http://ias.cs.tum.edu/_media/events/knowledge-workshop-iros2011/slides-schlenoff.pdf.

Schlosser, M. (2015), "Agency", *The Stanford Encyclopedia of Philosophy* (Fall 2015 Edition), E. N. Zalta (ed.), URL=https://plato.stanford.edu/archives/fall2015/entries/agency.

Schmidt, C. T. A. & F. Kraemer (2006), "Robots, Dennett and the autonomous: a terminological investigation", *Minds and Machines* 16.

Shankland, S. (2019), "Elon Musk says Neuralink plans 2020 human test of brain-computer interface", URL=https://www.cnet.com/news/elon-musk-neuralink-works-monkeys-human-test-brain-computer-interface-in-2020/.

Silver, D., A. Huang, C. J. Maddison, A. Guez, L. Sifre, G. van den Driessche, J. Schrittwieser, I. Antonoglou, V. Panneershelvam, M. Lanctot, S. Dieleman, D. Grewe, J. Nham, N.

Kalchbrenner, I. Sutskever, T. Lillicrap, M. Leach, K. Kavukcuoglu, T. Graepel & D. Hassabis (2016), “Mastering the game of Go with deep neural networks and tree search”, *Nature* 529.

Silver, D., J. Schrittwieser, K. Simonyan, I. Antonoglou, A. Huang, A. Guez, T. Hubert, L. Baker, M. Lai, A. Bolton, Y. Chen, T. Lillicrap, F. Hui, L. Sifre, G. van den Driessche, T. Graepel & D. Hassabis (2017), “Mastering the Game of Go without Human Knowledge”, *Nature* 550.

Simon, H. (1996), *The Sciences of the Artificial* (3rd ed.), MIT Press.

Singer, P. (1975), *Animal Liberation,* HarperCollins. [김성한 옮김 (1999), 『동물해방』, 인간사랑.]

Smith, M. (1994), *The Moral Problem*, Blackwell.

Smithers, T. (1997), “Autonomy in Robots and Other Agents”, *Brain and Cognition* 34.

Spennemann, D. H. R. (2007), “Of great apes and robots: Considering the future(s) of cultural heritage”, Futures 39.

Stahl, B. C. (2004), “Information, Ethics, and Computers: The Problem of Autonomous Moral Agents”, *Minds and Machines* 14.

Sternberg, R. J. (1988), *The Triarchic Mind: A New Theory of Human Intelligence*, Viking.

Stewart, J. (2018), “Tesla's Autopilot was Involved in Another Deadly Car Crash”, Wired, March 30, 2018, URL=https://www.wired.com/story/tesla-autopilot-self-driving-crash-california/.

Stolk, A., L. Verhagen & I. Toni (2016), “Conceptual Alignment: How Brains Achieve Mutual Understanding”, *Trends in Cognitive Sciences* 20/3.

Sullins, J. P. (2006), “When Is a Robot a Moral Agent?”, *International Review of Information Ethics* 6.

Sullins, J. P. (2009), “Roboethics and Telerobotic Weapon Systems”, *2009 IEEE ICRA Workshop on Roboethics.*

Sullins, J. P. (2010), “RoboWarfare: Can Robots Be More Ethical Than Humans on the Battlefield?”, *Ethics and Information Technology* 12/3.

Sun, R. (1998), “Artificial Intelligence”, in Bechtel, W. & G. Graham (eds.), *A Companion to Cognitive Science*, Blackwell.

Tani, J. (1998), “An Interpretation of the 'Self' from the Dynamical Systems Perspective: a

Constructivist Approach", *Journal of Consciousness Studies* 5.

Thagard, P. (1998), "Machine Learning", in Bechtel, W. & G. Graham (eds.), *A Companion to Cognitive Science*, Blackwell.

Thimbleby, H. (2008), "Robot ethics? Not yet: A reflection on Whitby's "Sometimes it's hard to be a robot"", *Interacting with Computers* 20.

Tonkens, R. (2009), "A Challenge for Machine Ethics", *Minds and Machines* 19.

Torrance, S. (2008), "Editorial: Special Issue on Ethics and Artificial Agents", *AI & Society* 22.

Tucker, A. B. (1998), "An Engineering Disaster: Therac-25", URL=http://www.bowdoin.edu/~allen/courses/cs260/readings/therac.pdf.

Uexküll, J. von. (1920), *Theoretische Biologie*, Gebrüder Paetel. [영어판: —(1926), *Theoretical Biology,* Harcourt.]

US Department of Transportation (2018), "Automated Vehicles 3.0: Preparing for the Future of Transportation". URL=https://www.transportation.gov/sites/dot.gov/files/docs/policy-initiatives/automated-vehicles/320711/preparing-future-transportation-automated-vehicle-30.pdf.

Vassanelli, S. (2011), "Brain-Chip Interfaces: The Present and The Future", *Procedia Computer Science* 7.

Veruggio, G. (2006), "EURON Roboethics Roadmap", URL=http://www.roboethics.org/atelier2006/docs/ROBOETHICS%2520ROADMAP%2520Rel2.1.1.pdf.

Veruggio, G. & F. Operato (2009), "Ethical, Legal and Societal Issues in the European Strategic Research Agenda of the Coordination Action for Robotics in Europe", *2009 IEEE ICRA Workshop on Roboethics.*

Vidal, J. J. (1973), "Toward Direct Brain-Computer Communication", *Annual Review of Biophysics and Bioengineering* 2.

Vignaux, G. (1999), *Le démon du classement: penser et organiser,* Seuil. [임기대 옮김 (2000), 『분류하기의 유혹: 생각하기와 조직하기』, 동문선.]

Wallach, W. & Allen, C. (2009), *Moral Machines: Teaching Robots Right from Wrong,* Oxford University Press.

Whitby, B. (2008), "Sometimes it's hard to be a robot: A call for action on the ethics of abusing artificial agents", *Interacting with Computers* 20.

Wilson, G. & S. Shpall (2012), "Action", *The Stanford Encyclopedia of Philosophy* (Winter 2016 Edition), E. N. Zalta (ed.), URL=https://plato.stanford.edu/archives/win2016/entries/action.

Winograd, T. (1972), "Understanding Natural Language", *Cognitive Psychology* 3/1.

Winograd, T. & F. Flores (1986), *Understanding Computers and Cognition: A New Foundation for Design*, Ablex.

Woollard, F. & F. Howard-Snyder (2016), "Doing vs. Allowing Harm", In: *The Stanford Encyclopedia of Philosophy* (Winter 2016 Edition), E. N. Zalta (ed.), URL=https://plato.stanford.edu/archives/win2016/entries/doing-allowing.

Wright, A. (2008), *GLUT: Mastering Information through the Ages,* Cornell University Press. [김익현, 김지연 옮김 (2010), 『분류의 역사』, 디지털미디어리서치.]

Yanco, H. A. et al. (2002), "A Taxonomy for Human-Robot Interaction", *AAAI Technical Report* FS-02-03.

Yanco, H. A. et al. (2004), "Classifying Human-Robot Interaction: an Updated Taxonomy", *IEEE International Conference on Systems, Man and Cybernetics.*

Yates, J. F. & P. A. Estin (1998), "Decision Making", in Bechtel, W. & G. Graham (eds.), *A Companion to Cognitive Science*, Blackwell.

Yudkowsky, E. (2004), *Coherent Extrapolated Volition,* The Singularity Institute.

http://www.aaai.org/AITopics/

http://www.ieee.org/about/corporate/governance/p7-8.html

http://www.nspe.org/resources/ethics/code-ethics

http://www.riss.kr

http://www.roboethics.org

https://www.daimler.com/innovation/autonomous-driving/special/definition.html

찾아보기

ㅈ

인공지능과
로봇의 윤리